权威·前沿·原创

皮书系列为
"十二五""十三五""十四五"时期国家重点出版物出版专项规划项目

BLUE BOOK

智库成果出版与传播平台

洛阳蓝皮书
BLUE BOOK OF LUOYANG

洛阳文化发展报告
（2024）

ANNUAL REPORT ON DEVELOPMENT OF LUOYANG'S CULTURE
(2024)

主编／张亚飞　刘福兴

社会科学文献出版社
SOCIAL SCIENCES ACADEMIC PRESS (CHINA)

图书在版编目(CIP)数据

洛阳文化发展报告 . 2024 / 张亚飞, 刘福兴主编 . 北京：社会科学文献出版社, 2025.1. -- （洛阳蓝皮书）. --ISBN 978-7-5228-4822-8

Ⅰ.G127.613

中国国家版本馆 CIP 数据核字第 202516WD86 号

洛阳蓝皮书
洛阳文化发展报告（2024）

主　　编 / 张亚飞　刘福兴

出 版 人 / 冀祥德
责任编辑 / 仇　扬
责任印制 / 王京美

出　　版 / 社会科学文献出版社·文化传媒分社（010）59367004
　　　　　　地址：北京市北三环中路甲 29 号院华龙大厦　邮编：100029
　　　　　　网址：www.ssap.com.cn
发　　行 / 社会科学文献出版社（010）59367028
印　　装 / 三河市东方印刷有限公司

规　　格 / 开　本：787mm×1092mm　1/16
　　　　　　印　张：26.5　字　数：399 千字
版　　次 / 2025 年 1 月第 1 版　2025 年 1 月第 1 次印刷
书　　号 / ISBN 978-7-5228-4822-8
定　　价 / 198.00 元

读者服务电话：4008918866

▲ 版权所有 翻印必究

《洛阳文化发展报告（2024）》编委会

主　任　赵飞龙　李振刊

副主任　刘福兴　徐继东　李照斌

委　员　（按姓氏笔画排列）
　　　　马正标　王宏晓　毛阳光　史家珍　冯小六
　　　　吕海霞　刘保亮　刘振江　刘福兴　李国强
　　　　李俊杰　李振刊　李照斌　吴胜锋　张广修
　　　　张亚飞　张延峰　陈启明　赵飞龙　徐继东
　　　　席升阳　扈耕田　薛瑞泽

主编简介

张亚飞 中共洛阳市委党校党史党建部主任、副教授，河南师范大学马克思主义学院马克思主义理论博士后，中共中央党校博士，中共党史学会会员，入选洛阳市高等人才专家库、洛阳市文化智库人才专家库，洛阳市委宣传部党史宣讲团宣讲专家。主要研究方向为洛阳文化、改革开放史和抗日战争史。参与国家级课题1项，主持省部级以下课题10余项，发表各种学术论文20多篇，主编系列著作《洛阳文化发展报告》等。

刘福兴 中共洛阳市委党校原副校长、教授，洛阳市优秀教师，洛阳市优秀专家，洛阳市社会科学界联合会副主席（兼），洛阳市河洛文化研究会党支部书记、副会长，洛阳市经济与社会发展研究专家技术委员会副主任，洛阳市非物质文化遗产保护工作专家委员会副主任委员，洛阳市公共文化服务体系建设专家委员会委员，"洛阳市创建'国家公共文化服务体系示范区'制度设计研究"课题组组长。主要研究方向为文化建设、河洛文化。主编著作《河洛文化系列丛书（12卷）》《洛阳文化发展报告》《干部应用写作》《三门峡史话》等20多部，参编著作《河洛文化论衡》《洛阳知识读本》《马克思主义中国化简明读本》等10余部，发表学术论文20多篇，主持参与省市级课题20多项。

摘 要

党的二十大报告指出,坚持以文塑旅、以旅彰文,推进文化和旅游深度融合发展。2021年9月,河南省委工作会议把实施"文旅文创融合战略"作为河南省的"十大战略"之一。同年12月,河南省人民政府发布的《河南省"十四五"文化旅游融合发展规划》提出强力实施文旅文创融合战略,坚持"上线、下沉、重塑、出新、彰文、铸魂"总方针,推动河南在文化旅游融合领域持续创意创新、破题破冰、出圈出彩,蹚出一条文化旅游融合发展新路子,并特别提出要依托洛阳打造唐文化集中体验地,支持洛阳建设国际人文交往中心、"东亚文化之都"。2023年,洛阳市委市政府贯彻落实党和国家的重要部署安排,立足自身丰富的文化资源,夯实文化建设的基础,深度推进文旅融合发展,按照"颠覆性创意、沉浸式体验、年轻化消费、移动端传播"的理念,打造全国沉浸式文旅产业发展新高地,助推洛阳文旅文创产业高质量发展,新文旅发展理念初步形成。公共服务体系持续完善,公共文化阵地提质升级,公共文化服务供给日益丰富,公共文化队伍发展壮大;特色文化艺术活动蓬勃开展,剧本娱乐文化艺术活动悄然兴起,汉服经济火爆出圈,中国洛阳牡丹文化节成功举办,洛阳河洛文化旅游节品牌进一步彰显;历史文化街区活化利用取得新进展,老城东西南隅历史文化街区保护修缮取得较快进展,多渠道普及常识、宣传造势助力历史文化街区开发保护;文旅产业发展成效明显,文旅项目和影响力快速提升,以移动端传播释放"文旅融合新爆点";洛阳市国家文化和旅游消费示范城市持续推进,多元文艺活动溢出效应凸显,非遗保护传承亮点与带动成效突出,打造

"享游洛阳"文旅消费平台；文化交流合作渐入佳境，政府交流活动频次高、范围广、形式灵活，各类赛事和评选活动内容丰富、成绩突出，节庆和展览活动的交流功能提升；媒体营销高端化、数字化、系统化趋势加快。在推动文旅融合发展取得显著成绩的同时，一定的短板和不足也客观存在，如公共文化资源配置不均衡，文化传承创新体系建设不完善，洛阳文旅融合新业态培育发展体系化程度不高，国家文化和旅游消费示范城市国际化水平需要进一步提高，历史文化街区开发保护中难题突出，汉服经济产业化程度相对较低，红色文化资源开发和产业化发展严重滞后等。为进一步助推洛阳文旅融合高质量发展，建议从多措并举提升洛阳公共文化服务能力、保护融合聚力洛阳文化传承创新体系建设、加速洛阳文旅融合新业态培育和产业化、进一步提高国家文化和旅游消费示范城市国际化水平、因势利导破解洛阳市历史文化街区开发保护难题、大幅提升汉服经济产业化水平与加快红色文化资源开发和产业化发展速度七个方面持续发力。

2024年，洛阳市继续全面贯彻文旅文创融合战略，深入落实新文旅发展理念，着力激活城市经济，活化河洛文旅资源，大力发展平台经济，不断创新文旅产品形式，持续保持文旅热度，充分释放消费潜力，持续推动文旅融合高质量发展。

目 录

Ⅰ 总报告

B.1 2023~2024年洛阳文化建设发展报告
——进一步推动文旅融合高质量发展……… 张亚飞 任程远 / 001

Ⅱ 事业篇

B.2 洛阳公共文化服务体系建设发展报告………… 杜雨芳 张亚飞 / 039
B.3 洛阳市文化艺术活动发展报告……………………………… 李 雁 / 059
B.4 洛阳市文化传承创新体系建设发展报告………………… 王珺杰 / 079
B.5 洛阳建设青年友好型城市的路径研究…………………… 韩林林 / 095

Ⅲ 产业篇

B.6 洛阳市文旅融合新业态培育发展报告………… 任程远 崔江妍 / 110
B.7 洛阳市推进国家文化和旅游消费示范城市建设发展报告
………………………………………………………… 刘凡进 丁叶伟 / 126

001

B.8　洛阳推进历史文化街区建设的对策研究……………………武婷婷 / 148

Ⅳ　基层篇

B.9　老城区文化和旅游发展报告………………………………谢景景 / 165

B.10　孟津区文旅融合发展情况的调查……范　箫　张纹绮　韩　涛 / 192

B.11　宜阳县文化发展报告

　　　　……………李林林　李万军　王配鸟　温　茹　樊娜丽 / 211

B.12　栾川县全域旅游发展报告……………………王依凡　王雅琪 / 230

B.13　嵩县推动新文旅业态再造的问题与对策建议

　　　　………………………………………………嵩县党校课题组 / 242

B.14　洛龙区文化发展报告…………………………………………关淑一 / 255

Ⅴ　专题篇

B.15　洛阳市文化和旅游数字化创新发展报告…………………李晓涵 / 276

B.16　洛阳市剧本杀产业发展报告…………………崔江妍　任程远 / 293

B.17　洛阳市汉服经济发展报告……………………………………张宝利 / 304

Ⅵ　案例篇

B.18　洛阳市红色文化资源保护利用发展报告…………………苏珊影 / 319

B.19　老君山文化经济现象及发展路径浅析

　　　　………胡建吾　洪文超　李银汁　吴新宇　慎建波　张　记 / 333

B.20　洛邑古城古都文化体验区建设的调查………苗　菱　董云蒂 / 348

附 录

2023年洛阳文化建设大事记 ………………………… 李争艳　尹晓娜 / 372

Abstract ……………………………………………………………… / 386
Contents ……………………………………………………………… / 390

皮书数据库阅读使用指南

总报告

B.1
2023~2024年洛阳文化建设发展报告
——进一步推动文旅融合高质量发展

张亚飞 任程远*

摘 要： 近年来，洛阳市委市政府坚决贯彻党和国家的重要部署安排，按照"颠覆性创意、沉浸式体验、年轻化消费、移动端传播"的理念，立足自身丰富的文化资源，夯实文化建设的基础，深度推进文旅融合发展，文化建设成就斐然。在取得公共服务体系持续完善、特色文化艺术活动蓬勃开展、历史文化街区的活化利用和文旅产业发展成效明显、国家文化和旅游消费示范城市建设持续推进、文化交流合作渐入佳境等成绩的同时，也存在公共文化资源配置不均衡、洛阳文化传承创新体系建设不完善、洛阳文旅融合新业态培育发展体系化程度不高、国家文化和旅游消费示范城市国际化水平需要进一步提高、洛阳市历史文化街区开发保护中难题突出、汉服经济产业

---

* 张亚飞，中共洛阳市委党校党史党建部主任、副教授，河南师范大学马克思主义理论博士后，中央党校博士，主要研究方向为洛阳文化、改革开放史和抗日战争史；任程远，中共洛阳市委党校法学和社会治理教研部副主任，主要研究方向为基层社会治理、领导干部能力素质提升、干部考核测评等。

化程度相对较低、红色文化资源开发和产业化发展严重滞后等不容忽视的问题，建议未来从多措并举提升洛阳公共文化服务能力、融合聚力洛阳文化传承创新体系建设、加速洛阳文旅融合新业态培育和产业化、进一步提高国家文化和旅游消费示范城市国际化水平、因势利导破解洛阳市历史文化街区开发保护难题、大幅提升汉服经济产业化水平、提升红色文化资源开发和产业化发展速度等方面发力，推进洛阳文旅融合高质量发展。

关键词： 文旅融合发展战略　汉服经济　古都新生活　历史文化街区　红色文化资源

2020年9月，习近平总书记在教育文化卫生体育领域专家代表座谈会上指出："文化产业和旅游产业密不可分，要坚持以文塑旅、以旅彰文，推动文化和旅游融合发展，让人们在领略自然之美中感悟文化之美、陶冶心灵之美。"[①] 党的二十大报告提出，坚持以文塑旅、以旅彰文，推进文化和旅游深度融合发展。2021年12月，河南省人民政府发布的《河南省"十四五"文化旅游融合发展规划》指出：强力实施文旅文创融合战略，坚持"上线、下沉、重塑、出新、彰文、铸魂"总方针，推动河南在文化旅游融合领域持续创意创新、破题破冰、出圈出彩，蹚出一条文化旅游融合发展新路子。《河南省"十四五"文化旅游融合发展规划》明确提出，依托洛阳打造唐文化集中体验地，支持洛阳建设国际人文交往中心、争创"东亚文化之都"。近年来，洛阳市委市政府坚决贯彻党和国家的重要部署安排，立足自身丰富的文化资源，夯实文化建设的基础，深度推进文旅融合发展，提出要按照"颠覆性创意、沉浸式体验、年轻化消费、移动端传播"的理念，打造全国沉浸式文旅产业发展新高地，助推洛阳文旅文创产业高质量发展，

---

① 习近平：《在教育文化卫生体育领域专家代表座谈会上的讲话》，人民出版社，2020，第7~8页。

新文旅发展理念初步形成，洛阳入选第一批国家文化和旅游消费示范城市。2023年洛阳市全面贯彻文旅文创融合战略，深入落实新文旅发展理念，活化河洛文旅资源，不断创新文旅产品形式，推动文旅高质量发展迈上新台阶，在取得"新文旅风起洛阳　新业态频频出圈"文化建设成就的同时，也存在一定的问题，未来洛阳还要在文化建设快速发展和文旅融合高质量发展方面持续用力。

一　2023年洛阳文化建设的成就

（一）公共服务体系持续完善

1. 公共文化阵地提质升级

洛阳市持续加大对公共文化阵地的提质升级，先后实现基层文化场馆全覆盖，进一步完善博物馆网络，基本建成"10分钟健身圈"，在公共文化服务标准化、均等化水平的提升上下功夫，努力推动文化资源向基层下沉，通过高质量的文化供给提升群众的获得感和幸福感。

洛阳现有市、县两级文化馆15座，乡镇（街道）综合文化站190个，村（社区）级综合性文化服务中心3146个，公共文化服务的触角不断延伸，基本惠及基层每个角落。以市图书馆为中心馆，以14个县级图书馆为总馆，以洛阳市所有乡镇（街道）、村（社区）图书室为基层服务点，以及以205座"河洛书苑"城市书房、210多个流动服务点为补充的四级总分馆服务体系已经形成，仅市图书馆就开放数据库39个、电子书41万余册，与公共文化"河洛欢歌"市级平台和新安、老城等7个县级平台一起，构筑了"15分钟阅读圈"系统。截至2024年5月，洛阳市已拥有各类博物馆102家，一级博物馆包括洛阳博物馆、洛阳古墓博物馆（河南古代壁画馆）、二里头夏都遗址博物馆3家，博物馆总数、一级和三级以上博物馆数量均居河南省第一位；牡丹博物馆、隋唐大运河文化博物馆、客家之源纪念馆等目前也已建成开放；汉魏故城遗址博物馆、洛阳丝绸之路博物馆等一批富有特

色和文化内涵的博物馆正在加紧建设中，计划在未来几年陆续开放。多数博物馆已经配备了先进的展览设备、安防设施和公共服务设施，能够提供数字虚拟展厅，以及VR全息投影、幻影成像等技术来满足参观者的体验需求。2022年，洛阳市被国家体育总局授予首批全国全民运动健身模范市称号，成为河南省唯一获此殊荣的城市。截至2023年，洛阳市已建成社区体育公园224个，加上2024年即将建成的社区体育公园50个，总数达到274个，平均每个行政区将近50个，群众健身更加便捷，市区"10分钟健身圈"建设初见成效。2024年建成由邓亚萍体育产业投资基金投资的体育健身中心35处，按照"一天一元钱"（年卡365元）的标准，为群众提供多样化的健身服务。洛阳地标性公共场馆如洛阳市奥林匹克中心、黄河流域非物质文化遗产保护展示中心（以下简称"黄河非遗中心"）等多个项目已经建成投入使用，洛阳国际会展中心融演艺、展览、培训等功能于一体，是中原地区室内面积最大的会展中心。[1]

2. 公共文化服务供给日益丰富

洛阳公共文化服务供给也日益丰富，文艺创作的持续繁荣和各类文化活动的蓬勃开展，为群众提供了丰富的文化资源和精神享受。

持续繁荣文艺创作。近年来，洛阳在文艺创作方面持续繁荣，工业题材的音乐剧《青春那年》2021年首演成功，中国首部数字行浸演艺作品《寻迹洛神赋》备受游客青睐，隋唐洛阳城国家遗址公园（以下简称"隋唐洛阳城"）推出了《唐宫乐宴》《天门有道》《明堂韶乐》等沉浸式演艺项目，老君山景区和金东数创利用5G、AR、VR等新技术，将文化元素融入视、听、演交互体验中，联合打造了沉浸式文化剧目《知道·老君山》。

各类阅读推广活动频繁举办。春节期间，洛阳通过线上线下联动的方式，举办"猜灯谜 闹元宵""古风沉浸 剧本阅读"等一系列全民阅读活动，精心组织"书香洛阳·中国年"系列活动、"书香伴花香 阅享好春光"全民阅

---

[1] 本文所有数据，除已标明的外均来自《洛阳日报》、洛阳文旅和新闻广电局，以下不再一一标注。

读系列活动、"书香伴成长"少儿阅读年系列活动、"行走河南 阅见美好"带着书本去旅行活动和"江流万古·文润千年"中华传统晒书活动等阅读推广活动。2023年，市图书馆在社区新建流动服务点10个，市、县两级图书馆开展阅读服务进社区958场，服务群众31.4万余人次。洛阳市公共图书馆及"河洛书苑"城市书房共接待读者973万余人次，图书借阅量427万余册，新增办理读者证3.8万余张，数字资源访问量458.8万余次，举办线上线下阅读推广活动9200余场，有870万余人次参与活动，群众的阅读热情持续高涨。"兰台读书会""守护传统文化 非遗点亮童年""青年城市青年说""典籍里的洛阳"等宣传展示地方特色的阅读品牌不断涌现。

广泛开展群众文化活动。2023年洛阳精心策划举办第二届"惠民文化节"活动，包含"河洛欢歌·广场文化月"广场舞大赛，群众合唱大赛，"群星奖"音乐、舞蹈、戏剧、曲艺大赛，少儿艺术大赛等10项群众文化活动，涵盖音乐、舞蹈、书法、美术、民间艺术等多个类别，线上线下同步举办，让老百姓在家门口就可享受到高水平的文艺演出，线上线下受益群众210余万人次。洛阳举办的"我的乡村（社区）文化合作社才艺大赛"，以"线下+线上"形式，引导文化合作社通过微信、抖音等线上平台进行展演展示，在"河南省文化合作社线上平台"累计发布短视频作品达2.5万余个。在河南省2023年"我的乡村（社区）文化合作社才艺大赛"中，洛阳市入围作品19个，获奖作品数量居全省第一。在河南省第十五届"群星奖"音乐舞蹈大赛中，来自洛阳的国潮之音《书说洛阳》和舞蹈《情牵一线》荣获一等奖，数量位居全省第一。在"唱响新时代"河南省群众合唱大赛中，洛阳的《龙的传人》和洛神女子合唱团演唱的《敕勒川》荣获一等奖，获奖数量居全省第一。

3. 公共文化队伍发展壮大

洛阳公共文化队伍不断发展壮大，提升了新时代洛阳公共文化事业的服务质量和水平。建强文化合作社（自乐组织）队伍。在文化合作社队伍建设模式上，洛阳采取了"2+N"模式，即每个乡村或社区建立曲艺舞蹈、书画等2支基本文化活动队伍和"N"支非遗或文体特色队伍，通过举办培训班、组织交流活动、外部人才引进等方式，提高文化合作社成员的专业技能和综合素质。截至2023年，洛阳市已成立文化合作社1649个，有社员2.5万余人，这些文化合作社遍布城乡各个角落。

开展结对共建培训指导。截至2023年，洛阳市各级文艺院团、文化馆、文化类社会团体共结对帮扶社区204个，下沉社区2656次，培训群众6.3万余人次。为洛阳市文化事业发展注入新的活力和动力。同时，洛阳文化志愿者队伍规模庞大，在传承和弘扬洛阳历史文化、推动城市文明进步等方面发挥了积极作用，截至2023年，洛阳市文化志愿团队达到2284个，招募志愿者38169人。文化志愿团队方面，"789少儿阅读推广联盟"、"文化老城"艺术学堂、"海神乐社"等多个优秀文化志愿者服务团队不断涌现。三彩艺·爱和小镇"艺术之光点亮山乡"项目荣获第六届中国青年志愿服务项目大赛金奖；洛阳博物馆"红色记忆"宣讲团荣获河南省优秀社科普及志愿服务团队称号。洛阳积极调动公务员、教师、专家学者、离退休人员到公共图书馆、城市书房开展阅读指导志愿服务，市县两级均成立了人数不等的阅读推广队伍。以洛阳博物馆为例，其志愿者团队成立于2012年3月，志愿者服务团队注册人数已达300余人，累计服务时长达20多万个小时，洛阳博物馆被授予"全国学雷锋活动示范点"称号。

（二）特色文化艺术活动蓬勃开展

洛阳市牢牢把握以人民为中心的导向，组织引导市级公共文化场馆、文艺院团持续释放文化艺术创新活力，通过展览、戏剧、培训、讲座等群众喜闻乐见的形式，特别是利用剧本娱乐、汉服经济、牡丹文化、河洛文化等特色创新形式，把优秀公共文化资源奉献给广大市民，让老百姓的精神文化生活不断迈上新台阶。

1. 剧本娱乐文化艺术活动悄然兴起

从国内整体发展状况来看，剧本娱乐与文旅行业结合的模式还在起步阶段，但这是积极应对消费转型升级的探索之路，洛阳结合自身场景特点，深入了解目标群体需求，尝试拓展更多的"剧本+"概念，逐步构建剧本创作、制作、经营和对外输出等产业链条，丰富剧本娱乐艺术活动的表现形式。开发"景区+剧本""古镇+剧本""民宿+剧本"等"X+剧本"模式，与露营地、咖啡馆、商场等经营主体打造跨行业联盟，提供优质独特的沉浸式体验环境。打造"演艺+旅游"，以隋唐洛阳城景区、龙门石窟景区和黄河非遗中心为剧本产业载体，推出沉浸式剧本杀、剧本游戏、沉浸式演艺、行进式演艺等系列产品，策划实施"神都潮夏夜"潮音盛典，开展国风音浪、炫酷潮舞、泼水狂欢等系列活动，并培育"龙门金刚""画舫夜宴"等定制化高品质文旅项目。

2. 汉服体验文化经济火爆出圈

2023年"洛阳汉服"火爆出圈，洛阳长期霸榜抖音"最受欢迎汉服热门打卡地"，可谓"一城璀璨入画，罗衣锦绣如云"。"洛阳汉服"的出圈是立足城市特色优势、找准产业发展"风口"、打造全链条汉服产业、多维度丰富汉服体验、推进文旅产业转型发展的必然结果。

拉长汉服产业链条，完善上下游配套，打造全链条汉服产业，推动形成集群效应。用好汉服制造成熟平台，通过行业协会组织，以订单生产方式，加强与曹县、修武县等汉服生产集聚区的产销合作，保障中低端汉服市场供应规模和质量。在创意端发力，培育引进知名汉服设计制造企业，推出更多符合洛阳"颜值""气质"的特色汉服产品，满足游客个性化、定制化需求，抢占汉服消费高端市场。开发更多周边产品，结合城市IP，研发扇子、古风包、发簪等汉服配饰，设计武则天、狄仁杰、唐玄奘等系列盲盒和伴手礼等具有洛阳辨识度的文创产品。通过"汉服+"，将汉服元素融入其他文旅业态，多维度丰富汉服体验，提升汉服体验的场景感、互动感、故事感。"汉服+景区"，打造应天门、明堂天堂、九洲池等一批沉浸式汉服体验景区，依托景区内古色古香的建筑、小桥流水的精致布景，设置汉服拍照打卡点，吸引游客争相打卡。"汉服+剧本杀"，让游客选择不同身份穿上汉服进入剧本情节中，通过NPC演绎、互动，在游戏中获得身临其境的体验。通过沉浸式实景文旅剧本杀《无字梵行》等"汉服+剧本杀"活动，将整座城市变成大型剧本杀场馆，吸引了大量游客。"汉服+演艺"，策划汉服秀、国风达人巡游、古风宴

饮等活动，给游客带来集主题场景游玩、沉浸互动、歌舞演艺等于一体的深度体验。隋唐洛阳城推出了"神都华裳秀""神都梦华录"等主题活动，将国风之美、潮流时尚与历史文化完美结合，让游客仿佛进入隋唐盛世，过足"穿越"瘾。"汉服+研学旅行"，让学员在古代书院场景中，穿汉服诵读经典、演习传统礼仪，拓展研学的内涵与表现形式，寓教于游。

3. 中国洛阳牡丹文化节成功举办

第四十一届中国洛阳牡丹文化节3月21日至5月5日在洛阳成功举办，以"花开洛阳、青春登场"为主题，精心策划了多项主要活动，优化赏花场景，在年轻化消费上发力，全面强化网络传播影响力，推动了全域旅游发展。

优化赏花场景，全面提升王城公园、隋唐植物园、国花园、国家牡丹园等的园艺水平和服务水平，策划举办了牡丹花王大赛、"王城大典"、"国色无双梦回盛唐"等20余个沉浸式赏花游园活动，市直专业艺术院团陆续走进隋唐洛阳城、王城公园、洛邑古城、河洛古城、龙门古街开展演出活动40场。抢抓国风潮流，结合实景、角色扮演、真人演绎等多元形式，引进VR场景体验项目，推出"隋唐洛阳城国风穿越节""唐·霓裳艺术盛典"等活动，吸引游客百万人次以上。在年轻化消费上发力，引进青年演出活动，组织开展汪峰2023巡回演唱会、洛阳电糖音乐节、2023"音乐·科技人"演出季、"青春洛阳潮舞涧西"青年街舞邀请赛等活动。发布洛阳牡丹文化节期间"老字号嘉年华"等12项系列活动，丰富夜间文旅消费业态，持续擦亮"古都夜八点"城市名片。改变博物馆夜间不开门的常规，按照"重参与、重过程、重体验"思路，推出全国首个历史人文类博物馆"夜宿"项目，"宿古墓""宿运河""与国宝过夜"等活动让游客亲临体验，在愉悦刺激的参与中解读洛阳厚重的历史文化。同期举办的"商邑金戈——盘龙城青铜文明陈列"展览吸引游客15.2万人次；"曌——武则天和她的时代"特展在微博端开设话题4个，2次登上同城热搜，话题阅读量达1548万。携手世界研学旅游组织，诚邀国家、省相关部门的领导以及全球文旅组织代表和研学旅游服务商、研学营地代表等500多人莅洛共话研学发展，并发布了河南研学《洛阳宣言》。全面强化网络传播影响力，通过明星口播邀请、IP、平台传播、网红矩阵、种草经济、事件营销、圈层突破、打卡分享等手段，全方位推广洛阳牡丹文化节盛况。"赏花启动仪式"、"牡丹幻境之夜"、洛邑古城汉服体验、九洲池国风穿越节、应天门倒影和变装、汉服老奶奶、"西游仙魔团"等话题热度持续不减，各类相关短视频以轻松、明快、易传播的形式表达了洛阳人民诚邀天下宾客的心情。运用青年话语体系和短视频等新媒体手段，邀请流量明星王一博和网红房琪录制牡丹文化节宣传ID，全网曝光超数千万次。虚拟偶像"花小楼""颜如玉"也为洛阳文旅宣传造势，与网易联名合作把洛阳元素植入《大话西游》游戏中，展现古都洛阳盛景。拓展传播渠道。与京东物流开展战略合作，定制100万个洛阳牡丹文化节"牡丹主题盒"，在北上广等100个城市投放，发放旅游寄递券500万元，引导游客在洛购物寄递，在武汉黄鹤楼、成都宽窄巷子、重庆洪崖洞、上海外滩、西安大雁塔等处推广洛阳地标打卡，并通过"洛阳旅游""京东物流"等自媒体进行传播，邀请全国游客畅游洛阳，进一步提升了民众对洛阳牡丹文化节的关注度和参与度。推出剧本新玩法"全城剧本杀"，开创了以一座城市为剧本载体的先河，集中串联40多个沉浸式剧本娱乐项目，联合支付宝开发"神都舆图"小程序，以地图打卡的形式在空间、时间上形成全城全景的营销亮点，面向北京等36个城市推送消息达5000万人次，微博话题阅读量达到1.2亿。

4. 洛阳河洛文化旅游节品牌进一步彰显

洛阳市人民政府与河南省文化和旅游厅于2023年9月28日至10月26日在洛阳联合主办2023洛阳河洛文化旅游节，着眼文旅文创融合发展，紧盯城市文旅、乡村旅居"两大板块"，突出深体验、夜经济、可重复"三个着力点"，为加快塑造"行走河南·读懂中国"品牌作出了新贡献。

钢琴名曲唱响黄河之水。首届洛阳黄河小浪底钢琴音乐节以青少年钢琴演奏家为主体、以黄河文化为主题，构建开放包容可持续化发展的文化交流平台，讲好黄河的故事。在黄河河畔74台钢琴齐奏、300名洛阳学子共唱《歌唱祖国》，献礼新中国成立74周年。户外露营感受自然之美。涧西区举

办的"河洛风光,大美涧西"露营派对联盟、宜阳县举办的首届洛水昌谷户外露营节、洛阳市举办的"伊水青风"新户外活动等让游客远离城市的喧嚣去亲近大自然,感受大自然的美丽和宁静。特色民宿受到游客青睐。洛阳市的民宿经济持续火爆,特色民俗备受青睐。在洛阳老城,各家特色民宿的客房预订率、入住率远超预期,部分特色民宿更是"一房难求"。栾川县宾馆住宿率达到90%以上,精品民宿住宿率达到70%以上,游客停留时长由原来平均1.5天延长至2.5天,丰富的场景、沉浸式体验让游客在观景时慢下脚步,享受生活。洛邑古城、洛阳博物馆、丽景门、明堂天堂……随着一系列文旅景点的强势出圈,"十三朝古都"洛阳再一次成为热门旅游城市。

(三)历史文化街区的活化利用

洛阳市已有省级历史文化街区两片,均已设立标志牌,完成"历史文化街区和历史建筑数据信息平台"数据填报、挂牌及测绘建档工作,并形成了《洛阳市东西南隅历史文化街区(老城片区)保护规划(2019~2035)》《涧西工业遗产历史文化街区保护规划》《洛阳市历史文化名城保护条例》等一系列保护管理法规,以及日常巡查保护管理制度,并严格实施历史文化街区保护规划。

1. 东西南隅历史文化街区保护修缮取得较快进展

老城区投资2亿元,实施了中州路外立面及背街小巷改造项目,对包括义勇前街、义勇南街、左安街、民主街等在内的24条街道实施整治提升;投资2500万元,对东西大街的交通情况、街区整体风貌进行了改造提升;投资2000万元,对大中街、文化街进行改造提升,整修路面,更新外立面;投资700万元实施了西大街丽景门至魏家街段外立面微改造项目;投资40万元在南门口(长夏桥段)路面进行改造提升工程和西大街乡范街至十字街段及兴华街污水管网改造工程;同时计划每年投资约40万元,用于历史文化街区雨污水管网维修、青石板路面维护等市政基础设施维修维护,定期清淤疏通地下管网,及时更换老化线路,加强汛期内安全排查,新建(改造）公厕，完善街区基础设施建设。积极争取全国重点文物保护专项资金，近三年累计投入629万元完成了河南府文庙文物、河南府城隍庙辕门、金元洛阳故城东南角城墙遗址、董家大院、妥灵宫武安殿等东西南隅历史文化街区各级文物保护修缮工作。

2. 多渠道普及常识、宣传造势助力历史文化街区开发保护

多渠道拓展新闻媒体宣传报道，普及常识、宣传造势助力历史文化街区开发保护工作。在洛阳广播电视台FM88.1频道《洛阳新闻》节目中开设"历史文化名城保护在行动"专栏，播出《老城区民主街：在历史传承中绽放新光彩》节目，宣传报道了街区改造的正确做法。河南省第二批省级历史文化街区公布后，在《洛阳日报》《洛阳晚报》及网络媒体进行了宣传报道，加强市民对历史文化街区和历史建筑的认识和保护意识。2022年4月26日，在CCTV-13新闻频道新闻直播间播出河南洛阳《打造幸福宜居住所，提升群众宜居品质》的系列报道。报道了政府尊重居民意愿，按照"传承文化，记住乡愁"的更新织补与保护理念实施洛阳莲花寺街老旧小区改造项目的做法。近年来，洛阳文保集团、洛阳广电传媒集团联合通过爱奇艺平台，创新推出以洛阳文物古迹为依托、以代表性历史真人秀为表现形式的综艺影视作品——《登场了！洛阳》，全面探索挖掘洛阳历史文化资源，以全新的人文综艺表达手法，让更多年轻人了解洛阳的历史文化，为传统文化在现代的生动传承探索更多可能。自2020年以来，央视戏曲春晚、央视中秋晚会、河南省第十四届运动会开闭幕式等十余项重大活动接连落地隋唐洛阳城；围绕洛阳IP的多个影视、综艺作品陆续出品，引发连锁反应；四季主题的各类大型沉浸式活动接连开展；"与辉同行""房琪""参商""四月""白川""肉脸橙"等一众网络达人奔赴而来。官方媒体与自媒体合力完成洛阳文旅的氛围烘托，古城历史文化街区资源得到全方位展示。

（四）文旅产业发展成效明显

1. 文旅项目和影响力快速提升

洛阳加快培育新文旅产业，着力打造具有洛阳特色的文旅IP，形成了一批极具市场号召力的沉浸式文旅产品，各类文旅项目建设稳步推进，2022年155个重点文旅项目完成投资168亿元，其中纳入国家、省重点项目的有21个。隋唐大运河文化博物馆、隋唐大运河国家文化公园、牡丹博物馆、君河湾文商旅综合体等项目建成，先后与万达集团签订战略合作协议，以共同推进龙门旅游度假区、万安山主题乐园等项目。龙门石窟智慧文旅数字孪生平台项目获评文旅部2022年文化和旅游数字化创新实践优秀案例。牡丹博物馆数字化提升工程等5个项目入选"行走河南·读懂中国"100项重大标识项目。洛阳在2024年春节假期接待游客1113.53万人次，旅游总收入达82.93亿元，均创历史新高，同比2019年分别增加280.54%和345.36%。洛阳入选全国国庆假期旅游十大热门城市，并呈现长尾效应，节假日后接待游客力度依然不减，洛阳博物馆、二里头博物馆、洛阳古代艺术博物馆、栾川老君山等处节后依然保持假期日均客流的50%以上，洛阳市入选文旅部2022年度文化产业和旅游产业工作激励地市名单，获评河南省"落实文旅文创融合战略成效明显省辖市"。洛阳市20余条促消费举措点燃烟火气，进一步丰富发展了"夜经济"，成功入选"2023夜间经济新锐十城"。突出视频营销、移动端传播，持续释放"新爆点"，打造"城市IP"，《风起洛阳》VR项目入选文旅部"2023年文化和旅游数字化创新示范十佳案例"，登上全国热搜榜30余次。

2. 以移动端传播释放文旅融合新爆点

突破过去传统营销方式，加大利用手机客户端等互联网平台力度，通过热点话题与城市营销交互传播，实现高效引流。洛阳坚持"线上做流量、线下做变现"，抢占"掌上空间"，拓展引流入口，向海内外游客特别是年轻人充分展示古都新形象。一是深化与网络平台公司的合作，持续提高城市曝光率，扩大城市影响力。与携程、去哪儿等平台公司合作，打造以票务代理联动景区门票、住宿餐饮、交通出行等全链条全方位文旅消费服务。深化与抖音、小红书等平台合作，全球文旅创作者大会曝光16.49亿，带动洛阳市文旅曝光达60.87亿，登上热搜榜30余次。邀请头部博主近50人次莅洛采风制作短视频，与网易、京东等开展合作，把洛阳元素植入游戏之中，定制"牡丹主题盒",形成全民传播氛围。"全城古装 NPC""西游仙魔团"等话题热度持续攀升,"沉浸洛 young 城"话题播放量超 2.8 亿,"总要来洛阳穿穿汉服""神都洛阳恭迎公主王子回城"等话题热度持续攀升,"洛阳 IP 联动计划"入选全国旅游宣传推广优秀案例。与京东物流合作定制专属牡丹主题快递盒 100 万个,向武汉、北京、上海等 100 个城市投放,发放旅游寄递券 500 万元,并在武汉黄鹤楼、成都宽窄巷子等全国热门景点推广洛阳地标打卡,通过"洛阳旅游""京东物流"等自媒体进行传播,邀请全国游客畅游洛阳。二是突出视频营销。邀请流量明星、头部博主制作短视频,向新媒体投放,通过"饭圈效应"迅速扩大传播范围,打造了独具特色的"城市 IP"洛阳模式。《洛神水赋》《龙门金刚》《风起洛阳》等接连破圈,引领打卡热潮。洛阳市属新媒体持续发力,启动唱响"洛阳好声音"短视频挑战赛,开设话题"上分了洛阳",鼓励发动广大自媒体和网民创作发布涉洛正能量短视频,实现了央媒发稿不断线,在 2024 年全国地级市传播指数百强中,洛阳名列排行榜第四。

(五)国家文化和旅游消费示范城市建设持续推进

从 2016 年到 2020 年,从入选"试点城市"到正式成为"示范城市",从 1/26 到 1/15,洛阳实现了跨越式大发展。2023 年 6 月 30 日,河南省文旅文创发展大会在古都洛阳盛大开幕,洛阳文旅转型升级见成效。

1. 多元文艺活动溢出效应凸显

多元文艺活动溢出效应凸显。"这就是河南,这就是洛阳",这是 2020 年央视戏曲春晚洛阳分会场的豪迈开场白,非常振奋人心。该晚会在素有"天下第一门"美誉的应天门前录制,由 13 个节目组成,邀请了中原地区的许多戏曲名家参录,可谓名家荟萃,艺术家们为全国观众演唱了《朝阳沟》《打金枝》《卷席筒》《抬花轿》《收姜维》等经典"国风豫韵",涵盖曲剧、豫剧、越调以及一些稀有的剧目,这些精彩的节目在央视综合频道向全球播出,让全球观众感受了底蕴深厚的中国中原文化,传递了古都洛阳的风采。根据相关数据统计,在 9 月 14 日至 17 日"央视秋晚探班主持人带你探访录制现场"

的系列直播活动中,最高观看量达830.3万,6场直播总阅读量超2348.8万,总时长超11.8小时。9月14日央视新闻微博共发14条有关洛阳的图文稿件,总阅读量超5050万,点赞量超200万,彼时洛阳成为众多人重点聚焦的对象。央视戏曲春晚与秋晚的溢出效应凸显,特别是央视秋晚"带动洛阳成为2020年'双节'长假全国十大热门旅游目的地城市。8天长假,洛阳市共接待游客702.35万人次,同比增长2.16%,实现旅游综合收入63.59亿元,同比增长6.49%"。① 洛阳成为热门旅游的焦点城市之一,洛阳多样的文旅活动大幅度提升了古都的知名度、美誉度以及吸引力。

2. 非遗保护传承亮点频出,带动成效突出

洛阳非遗资源丰富,在非遗项目方面,拥有8个国家级非遗代表性项目、62个省级非遗代表性项目、240个市级非遗代表性项目以及718个县级非遗代表性项目,覆盖非遗名录全部的10大类。在非遗项目传承人方面,洛阳市有国家级非遗传承人7名、省级非遗传承人67名、市级非遗传承人205名、县级非遗传承人400余名,随着四级非遗项目与传承人体系的建构,许多独具特色的非遗项目与传承人已经成为宣传洛阳深厚文化的重要媒介。

非遗的跨界融合为文旅发展增添了新增长极。洛阳通过打造"洛阳礼物""平乐牡丹画""洛阳三彩"等文创品牌,将洛阳非遗和文创产品研发融合在一起,将非遗文化元素与生活实用性结合在一起,圈粉无数,并逐渐形成了洛阳九朝文物复制品有限公司(唐三彩烧制技艺)、洛阳酒家有限责任公司(真不同洛阳水席)等国家级、省级非遗生产性保护示范基地。洛阳通过打造青铜器小镇、手绘小镇、爱和小镇等非遗特色小镇,将非遗和古民居与古村落保护融合在一起。洛阳依托6条"文明之源,根在河洛"研学旅行线路和23个研学旅行基地,将非遗和研学旅行结合在一起,以旅游的方式传播洛阳特色非遗文化,宣传推广了洛阳丰富的非遗资源,擦亮了

---

① 《全省唯一 洛阳成为首批国家文化和旅游消费示范城市》,映象网,http://ly.hnr.cn/lyjpyc/article/1/1344120539907756032。

"研学洛阳，读懂中国"研学旅行名片，通过"古都夜八点""古都新生活"等活动，将传播非遗和促进消费联系在一起，掀起文旅消费新热潮。

3.打造"享游洛阳"文旅消费平台

洛阳持续发力促进文旅产业转型升级，文旅产业发展成效频频出圈出彩。2023年春节假期，洛阳市共接待游客593.86万人次，旅游总收入32.28亿元，同比分别增长66.03%和88.47%，游客接待量和旅游收入均超过2019年同期水平。洛阳深入推进黄河生态文化旅游带、华夏文明传承创新示范区以及伏牛山全域旅游示范区的建设，凸显"四季歌"与"全域游"的理念，展现洛阳独特的文化旅游资源魅力。同时，洛阳正逐渐从旅游城市向城市旅游发展，逐渐从门票经济向产业经济发展，依托云计算、大数据、人工智能信息技术，洛阳开发了"享游洛阳"文旅消费平台，探索了线上逛洛阳的应用模式。"享游洛阳"文旅消费平台是面向游客、市民和众多企业的旅游大数据应用，由"景区门票""酒店民宿""5G直播""美食餐饮"等模块构成，用户可以在抖音、新浪微博、微信公众号平台关注"享游洛阳"，也可以通过今日头条、快手平台关注"享游洛阳官方"，轻松使用"享游洛阳"文旅消费平台，这能最大限度满足众多游客在洛阳牡丹文化节期间的信息需求，更加丰富游客"享游洛阳"的体验感。根据相关数据统计，该平台上线首日就有百余家景区和酒店入驻，120家旅游商品企业、820余款文创和非遗产品、55种特色农副土特产品进驻平台；通过微信朋友圈和"快手"、"抖音"、百度、微博等平台直播及直播带货吸引1065万人次观看。"享游洛阳"文旅消费平台已然成为一个矩阵宣传平台，该平台把黄河文化、大运河文化、"东方博物馆之都"、商务推介、网络推广融合在一个平台之内，将文旅、农旅以及商旅结合在一起，集文旅产品集市、直播带货以及非物质文化遗产展演等功能于一体，创新了文旅消费场景。

（六）文化交流合作渐入佳境

强化河洛文化的国际表达，讲好洛阳故事，传播洛阳声音，洛阳市委市

政府在推进洛阳文化建设的过程中，充分利用各类文化资源，培养各类文化艺术专业人才，打造各类文化交流平台，通过政府搭桥，以各类赛事、节庆、评选、展会活动为依托，充分利用各类媒体，深入推进文化交流合作，取得了丰硕成果。

1. 政府交流活动频次高、范围广、形式灵活

2023年，洛阳市开展各类政府间交流活动63次，接待外地交流团队51次，外出交流12次。其中接待外国交流团队5次，涉及的国家有泰国、博茨瓦纳、莱索托、马拉维、纳米比亚、塞舌尔、索马里、乌干达、赞比亚、美国、加拿大、德国、马来西亚、阿根廷、西班牙、塞尔维亚等共20多个国家；接待省外交流团队涉及中国社会科学院、台州、宁波、温州、绍兴、舟山、临沂、山西、安徽、山东、河北、江苏、江汉大学、全国政协、商洛、韶关、中宣部宣教局、光明日报社、中国侨商联合会、中国民主促进会中央委员会、国家文物局、中国台湾地区等；接待省内交流团队涉及郑州、平顶山、三门峡、焦作、商丘等。

外出交流活动总计12次，主要以政府部门组织为主，参与主体有市委市政府主要领导人、洛阳非遗项目负责人和非遗传承人，以及洛阳日报报业集团技术研发部、二里头博物馆、洛阳博物馆等政府部门和文化资源部门。交流的方式有区域文旅推介活动、年会、融媒体研学会、联合体座谈会、直播活动、座谈交流、教育培训、全国十大考古新发现终评会、志愿服务、基地揭牌仪式、青年街舞邀请赛、签约授牌仪式、全媒体直播活动、书法交流作品展、访问、会谈、考察、八大古都文物特展、青年论坛、话剧、采访活动、代表团访问、考察团访问、主题活动启动仪式、政协调研组、职业篮球冠军赛、市政府考察团、立法工作专题调研、考察交流、研学活动启动仪式、全民健身工作会议、签署产业发展战略合作框架协议、美术书法作品交流展、关公文化论坛暨关林朝圣大典、核心价值观百场讲坛、项目对接会、主题展览、乡村振兴考察团、开明文化论坛、签署战略合作协议、技术培训班、客家城市联盟、研学基地等多种方式，立体系统，丰富多样。

2. 各类赛事和评选活动，内容丰富，成绩突出

2023年洛阳文化体育团队参加各类赛事和评选活动共计106场。其中，参与各类比赛活动17场，包括青少年田径锦标赛、体教融合"奔跑吧·少年"冠军进校园、青少年射箭锦标赛、中国大学生武术长短兵锦标赛、太极推手锦标赛、职业技能大赛、中国斯诺克元老赛、全国"行走大运河"全民健身健步走活动、青少年射击锦标赛（步、手枪项目）、全国职业院校技能大赛高职组河南省选拔赛、中国大学生武术套路锦标赛、全国学生（青年）运动会（公开组）场地自行车赛等。参与人次多，规模大，共获得各类奖牌49人次。参与各类评选活动共计89次，评选主体涉及英国温布尔登、2023全球减贫伙伴研讨会、中国科协、国家体育总局、国家文物局、人力资源社会保障部、农业农村部、中国外文局、中华全国总工会、中国美术家协会、共青团中央、文化和旅游部、中国旅游研究院、生态环境部、国家知识产权局、全国文物考古与保护利用产教融合共同体、国家考古遗址公园、全民终身学习活动周工作小组（中国成人教育协会）、广州及厦门市文化和旅游局、国家新闻出版广电总局、中国科协、教育部、科技部、第十九届中国（深圳）国际文化产业博览交易会、第十九届深圳文博会、河南省文化和旅游厅、共青团河南省委、阿里巴巴、搜狐旅游、抖音、携程、河南省文明办、河南省委宣传部、河南省围棋协会、河南省妇联、河南省非物质文化遗产保护和智慧化中心、河南科技大学、河南省人民政府新闻办公室、洛阳市教育局等众多单位。共获得各类荣誉达129项之多。获奖团队项目之多、志愿者服务团队之多、文化内涵之丰富均创历史新高。偃师二里头、龙门石窟、老君山、鸡冠洞等景区和各类博物馆以及洛阳非遗项目传承人等表现尤为突出。

3. 节庆和展览活动的交流功能提升

洛阳不仅连续举办四十一届中国洛阳牡丹文化节，而且拥有众多的传统文化和特色节会，如洛阳黄河小浪底观瀑节、河洛文化旅游节、关林国际朝圣大典、洛阳牡丹灯会、洛阳民俗文化庙会等项目，还先后举办了2023年全国新年登高活动、第九届中国诗歌春晚、2023世界研学旅游大会、第八

届中国舞蹈节、汉魏故城考古60周年国际学术研讨会、2022年度河南考古工作成果交流会、"复位合璧　华光再现——龙门石窟流散文物数据聚合成果专题展"、"其宁惟永——北魏洛阳永宁寺特展"、"CHINA·中国"陶瓷设计艺术展、亚洲文化遗产保护行动青年论坛、"两岸青年共聚力　千年古都促融合"——河南省两岸青年就业创业研习活动、2023年中国品牌日活动、第二届中国布鞋文化节暨第十一届中国布鞋之都·偃师2023秋冬产销对接会、"礼赞二十大　奋进新征程"——河南省书法家协会学习贯彻党的二十大精神主题书法展（洛阳展）、第三届"牡丹杯"——"新时代新风采"老少书画大赛、2023河南省文旅文创发展大会、中华霓裳汉服秀、2023全国非遗曲艺周、第四十三届全国最佳邮票评选、河南省第十四届运动会暨第八届残疾人运动会、"古今辉映　最早中国"夏文化创新传播活动、"历史中国　鼎铸文明"——中国历史研究院文物文献精品展、"河洛记"高均海摄影艺术40年系列摄影展、2023洛阳河洛文化旅游节暨第六届中原国际文化旅游产业博览会、河南省休闲农业和乡村旅游工作会议、第二届"夏文化考古"研修班、第五届全国（河南·嵩县）香菇产业创新发展大会、大运河博物馆联盟2023年度代表大会暨"拓界·创新——文旅融合中的运河城市博物馆"学术研讨会、第三届全国"八办"联盟年会暨八路军办事处史料整理与研究项目推进会、国家开放大学第三届学术委员会文史哲艺委员会全体会议暨"大地行走阅读"总结活动、"中原早期青铜时代——聚落与礼器专题研究"、第八届中国"当日"艺术展、"向新·探索·跨越"2023新联会会长论坛、2023年度河南省新的社会阶层人士统战工作汇报会等，在历史、考古、艺术等领域与省内外、国内外各类人士开展广泛深入的交流。

4. 媒体营销高端化、数字化、系统化趋势加快

洛阳市敏锐把握"移动端传播"的时代特征，迅速融合数字媒体技术，利用电子报纸、直播技术、融媒体平台，积极以互动等方式，放大媒体营销的传播半径和影响力。通过《光明日报》头版、央视科教频道、中央广播电视总台等国家级平台发表各类宣传文章；通过龙门石窟研究院与云冈研究院、洛阳日报报业集团掌上洛阳客户端在洛阳联合推出"云上龙门 牵手云冈"大型直播活动；在抖音、小红书、微信视频号、微博等平台，推送洛阳市2023元宵节音乐焰火晚会的相关视频、照片，并频繁转发、分享、评论，成为各种数字媒体的宠儿，先后被评为全国文博社教十佳案例获得者、2022文旅产业创新标杆城市。"洛阳IP联动计划"文旅宣传项目推出了《伊水栾山》《大运河之歌》《龙门国宝复原记（下集）》《寻古中国·河洛记》等精品数字营销作品，为洛阳的文旅融合发展、文化产业繁荣兴旺营造了浓郁的氛围。洛阳近几年重塑古都风貌，获得携程网"数说湾区"年度政务传播先锋奖等四个大奖。十一双节期间洛阳入选全国旅游十大热门城市，"洛阳旅游"政务新媒体矩阵用户已超500万，影响力位居"全国重点旅游城市文旅政务新媒体传播影响力"评选前列。"洛阳IP联动计划"入选国内旅游宣传推广优秀案例和2023世界城市品牌大会长城奖优秀案例。洛阳以创始会员城市身份加入丝绸之路旅游城市联盟，积极参与相关国际机构、国家和省级层面的对外交往活动和知名国际旅游展会活动，洛阳旅游TikTok海外宣传全面启动，携手京东、建行洛阳分行等发放"即查即送、线上认领"消费券近2000万元，千方百计把旅游"流量"变现为消费"增量"。栾川县老君山景区坚守7年的"一元午餐""暖心姜汤"收获一致好评，持续提高洛阳的城市美誉度和友好度。

二 2023年洛阳文化建设存在的问题和不足

洛阳虽然在文化建设尤其是文旅融合发展方面取得了一定的成就，但是也存在不少问题。

（一）公共文化资源配置不均衡

当前，洛阳的公共文化服务资源大多集中在城市中心区域，农村地区与偏远地区的资源相对较为匮乏。资源配置的不均衡使得城乡间的公共文化服务有较大差距，公共文化服务普惠性与公平性的实现仍需要继续努力。城乡之间公共文化设施建设不均衡，不同区域的公共文化设施在规模、质量等方面还存在明显差异，设施较为完善、功能齐全的图书馆和文化馆等多集中在城市中心区域，部分偏远地区或一些经济落后地区的公共文化设施相对匮乏，且较为简陋，难以满足群众对公共文化服务公平性的要求。尤其是部分乡镇还存在综合文化站面积不达标、功能室不全，甚至没有独立场所的现实情况；有些村（社区）存在公共文化设施老旧、更新不及时，或文化服务中心、文化广场建设不达标的情况。城乡之间公共文化服务经费投入不均衡，公共文化服务的经费投入在不同区域之间存在较大差别，政府重视或经济发展较好的地区在公共文化设施的建设、维护和运营上能够得到更多的财政支持，反之则可能面临经费短缺的问题。地区发展间存在的差异使更多高素质的文化专业人才倾向于在经济发展更好的地区工作，而经济落后地区的文化专业人才则相对不足，许多人才只能身兼数职，村一级的农家书屋更是因为无报酬、读者少，几乎没有设专人管理。城乡之间数字文化资源分布不均衡。文化资源数字化在公共文化服务中的作用日益凸显，只有将各类文化资源进行数字化加工，以文字、图片、音视频等多种方式上传网络并形成各种数据库，才能更好地满足群众的数字化需求。但洛阳不同地区在数字文化资源的建设与利用上存在较大差异，城市区大多已经建立较为完善的数字文化资源库和服务平台，而农村地区则由于技术、资金等因素，在数字文化资源的建设和利用方面相对滞后。

（二）洛阳文化传承创新体系建设不完善

对文化遗产摸底不清，文化遗产管理体系不健全。作为古都，洛阳地上地下有形的文化遗产很多，像龙门石窟、白马寺、二里头遗址、历史村落等。但数量庞大的文化遗产也带来了管理上的难题，对非物质文化遗产来说，一方面现有非遗名录体系的结构不够均衡，洛阳众多生动鲜活的文化形态和表现形式还没有得到充分梳理；另一方面，非遗保护工作长效保障机制尚未完全建立，机构队伍建设亟待加强，部分干部的非遗保护意识仍须提升，否则难以适应日益繁重的保护任务。不能有效地引导和管理基层的一些非遗传承实践活动，制约非遗保护工作的有效开展。文化传承创新有待加强。对文化遗产的活化利用程度不高，文化遗产资源利用的体验性、互动性不强。洛阳历史厚重，拥有丰富的文化遗产，但是现在的研究偏重历史和考古，对文化遗产没有进行全方位系统的研究和展示，文创店中虽有不少文创产品，但很多都是以文物为原型放大或缩小，缺乏进一步的创新，没有像甘肃省博物馆以"铜奔马"为原型设计的马踏飞燕玩偶那样的爆款产品。

（三）洛阳文旅融合新业态培育发展体系化程度不高

洛阳目前存在头部企业不强、文旅产品业态不优的困境。文旅产业发展缺少能够发挥龙头带动作用和强吸引力的文化旅游业头部企业，目前尚没有一家上市的文旅企业。本土酒店管理模式输出少，还没有开展与类似华侨城、方特、银基等大型文旅企业的合作。文旅产业链条不长，没有类似大唐芙蓉园、大唐不夜城、"只有河南"等高品位的文旅产品，对年轻人和高端人群的吸引力不够大。文旅融合产业发展区域联动性不强，城市区客流井喷式增长，但部分县区、景区则客流不足，游客县区分流、引流效果不理想。文旅新业态联动融合不足，还没有从沉浸式"产品体系"向沉浸式"产业体系"转化，"旺丁"不"旺财"，客均消费781元，虽然在河南省排第一位，但仍低于旅游发达城市客均消费水平，旅游消费潜力尚未得到充分挖掘。推动流量变现的能力亟待提升，城市消费场景打造得不够丰富，能够适配汉服元素的特色消费街区、国风市集和沉浸式景区数量还比较少。针对年轻人文旅、社交文旅等需求打造的特色打卡街区、"蹲城部落"等综合性区域较少，年轻人喜欢的特色业态布局较少，城市文旅对年轻消费群体的吸引力不足。新业态联动融合不足，产业链发展不足。虽然"洛阳汉服"火爆出圈，但总体仍处于产业培育期，与新文旅产业发展需求相比还存在不少的问题和短板。汉服产业链条仍不完善。洛阳市汉服产业链条较短，产品种类不丰富，不能有效满足市场需求。特别是汉服设计和生产主要集中在山东曹县、河南修武等地，洛阳市仅有少量厂家从事汉服生产，汉服体验店铺进货

渠道窄、种类少，部分产品品控差、交货慢；产品呈现同质化倾向，中低端市场趋于饱和，知名品牌、定制服务少，不能满足游客个性化需求；汉服头饰、配饰、文创等周边产品开发不足，缺乏生产、研发、设计的主体和平台，产品文化创意和科技含量较低，爆款文创产品不多。

（四）国家文化和旅游消费示范城市国际化水平需要进一步提高

"城市旅游国际化，是一个城市旅游业发展成熟的标志。在世界全球化的大背景下，随着城市旅游开发的深入、配套设施的完善、国际知名度的提升，旅游城市最终将向着国际化的方向发展。"[1] 提升国际化水平对于洛阳进一步夯实国家文化和旅游消费示范城市建设、构建国际人文交往中心与国际文化旅游名城而言，可谓意义重大。洛阳拥有国际人文交往的历史优势。历史上洛阳不仅是国际商贸大都市，更是四方文艺交流之地，国际人文交往中心城市应拥有强大的国际要素吸纳能力和较高的影响力，这是一个城市发展到高水平的鲜明表征。驻洛阳的国际机构较少，不能很好地发挥洛阳的国际人文交往能力。2024年3月7日，洛阳北郊机场迎来UQ2642航班，迎来了大批泰国入境游客。但相对于国内其他大城市而言，目前洛阳机场体量相对较小，国际航班的数量也相对较少，这在一定程度上制约了洛阳对外交流的能力。洛阳还需要多维建设国际大通道体系，提升对外"空中"实力，进而吸纳更多的国际游客来洛阳旅游观光，擦亮洛阳国家文化和旅游消费示范城市、国际人文交往中心城市以及国际文化旅游名城的城市名片。

（五）洛阳市历史文化街区开发保护中难题突出

街区人居环境改善亟待提速。基础设施建设较为落后，修缮力度不够。针对历史文化街区内市政基础设施老化、环卫设施滞后，无法满足居民正常生产生活等问题，虽然相关区政府已建立机制，每年投入大量财政资金对基础设施进行维修维护，并启动了街区市政管网改造工程，但由于目前仅开展

---

[1] 闻飞：《全力提升黄山文化旅游的国际影响力》，《黄山日报》2021年7月16日。

了街区主要街巷的基础设施提升改造，且改造速度缓慢，街区内部大部分区域基础设施保障能力与居民使用需求还有很大差距，导致街区居民生活满意度较低，形成非良性循环，人居环境改善亟待提速。保护和发展的矛盾依然突出。由于洛阳历史遗迹丰富，文物古迹众多，对城市建设的限制条件较多，特别是部分有重要历史遗存的街区，城市更新、企业改制、环境改善、功能提升等方面的需求均非常迫切，名城保护和发展的矛盾依然存在。在大遗址保护中，由于保护范围大且周边情况复杂，环境整治、民生改善难度相对更大，涧西工业遗产历史文化街区也面临工业遗产厂房现代化升级改造的矛盾。近年来由于老旧厂房不能满足企业现代化生产的需要，大部分企业把生产线向城市外围迁移，现有工业厂区面临"退二进三"的工作局面，同时迫于周边安置压力，城市区已多次提出对现有部分工业用地性质进行调整，将其转为住宅用地，用于安置周边群众或进行房地产开发。运营谋划能力欠缺，业态单一，缺乏联动。目前洛阳市两个历史文化街区普遍存在景点业态单一，景点之间缺乏联动，缺乏专业运营管理机构，难以整体从源头解决街区业态、招商、管理等多方面问题。老城区东西南隅历史文化街区业态层级档次低、小散乱，产业发展动力不足，层次相对落后，结构亟待调整。涧西工业遗产历史文化街区以往拆除厂区后土地出让用作房地产开发的模式比较多见，比如华山路以东的中侨绿城、嵩山路以东的元顺城、嵩苑小区等，就是将厂区的部分土地进行出让用作房地产开发的案例。近年来涧西老厂区的转型升级开始出现一些成功模式，但工业遗产历史文化街区可供参观游览的内容单一，可利用资源分散，且存在展示形式不丰富，引爆元素和引爆点培育困难等问题。总体来看规模偏小，特色不鲜明，经营水平不足，对工业遗产原状的保护手段偏于单一，文化内涵挖掘不够。涧西区占地近7平方千米的工业遗产价值没有得到有效发挥。

（六）汉服经济产业化程度相对较低

虽然洛阳市汉服经济发展已经初见成效，但是与国内其他汉服经济发达地区相比，仍然存在一定的差距。产业规模小。一是企业数量较少。数据显

示，陕西的汉服相关企业最多，仅西安就有1404家汉服相关企业，位居全国第一。但洛阳市注册的汉服相关法人企业不足百家，仅居全国第六。二是产业链较短。洛阳市汉服产业链条较短，产品种类不丰富，不能有效满足市场需求。洛阳市汉服相关企业主要集中分布在租赁、化妆造型、摄影跟拍等下游消费环节，生产设计等上游环节较为薄弱。三是品牌效应低。目前国内知名汉服品牌主要集中在成都（钟灵记、重回汉唐、都城南庄、如梦霓裳）、杭州（华裳九州、十三余）、合肥（花朝记、池夏）、广州（明华堂、汉尚华莲）等地。洛阳市虽有悠久的古都历史文化，有汉服发展需要的厚重文化基础，但鲜有独树一帜的汉服品牌。洛阳市汉服产品数量虽大但种类单一，同质化较为严重，中高端定制服务少，不能满足游客差异化、个性化的需求，缺乏本土特色。四是产品品控差、头部品牌溢价高等问题成为发展掣肘。五是消费群体受限。消费群体中女性消费者占大多数，男性消费者较少。多数男性消费者只是陪伴者角色，参与体验的意愿不强。消费群体年龄局限于中青年，老年和儿童消费者较少。调研显示，事实上，老年群体和儿童接受汉服的意愿强烈，但受限于服装款式和化妆造型大多是针对中青年消费者设计的，专门为老年人和儿童消费群体服务的较少。六是文化内涵表达不足。调研组在洛邑古城随机采访发现，许多消费者和商家并不了解汉服的历史和文化常识，消费者只看到汉服的颜值之"美"，而看不到汉服的文化之"魂"。有的汉服体验馆包装过度商业化，单纯追求汉服的款式新颖和观赏价值，忽视了汉服内在的文化内涵，这在很大程度上制约了汉服产业的持续健康发展。

（七）红色文化资源开发和产业化发展严重滞后

丰富的红色资源是洛阳文化底蕴厚重的支柱之一，但长期以来对红色资源的保护力度和利用率偏低，破坏、闲置现象严重，红色文化价值不断流失。洛阳市能够得到有效保护和合理利用的红色文化资源占比较低。闲置众多，无人问津，被改建现象严重，如张剑石曾为伊洛抗日根据地做出重要贡献，其故居位于宜阳县赵保乡东赵村三区，原为土木结构瓦房，被族人改建后居住，旧有故居已被完全拆除。更多的红色资源被破坏、搁置，既无妥善保护，又无宣传力度，知名度远低于传统文化资源。在传统媒体和新媒体社交网络中，洛阳市对红色文化资源的宣传力度远不如对传统文化资源，缺乏有影响力的红色影视作品、红色文创产品。活化利用水平低，以静态展示、参观游览为主要展示手段。洛阳市虽然将一些革命遗址、名人故居等红色文化资源开发为博物馆、纪念馆，但开发形式单一，以文物静态展示、革命事迹展板为主要展示手段，多数只涉及本地红色文化的发展历程、重要红色人物事迹及历史贡献等，游客体验以静态参观为主，缺乏具备参与性、体验性、趣味性的游览项目。红色文化资源既包括以革命遗址遗迹、烈士陵园烈士墓、纪念馆纪念地等为代表的物质资源，也包括大量的精神文化资源，如焦裕禄精神孕育形成在洛阳，丝路精神渊源于洛阳，伟大抗战精神、劳模精神、工匠精神数次展现在洛阳。洛阳市对本地红色文化精神的研究提炼有限，尚有较大的挖掘提升空间。

三　2024年进一步推进洛阳文化建设的对策和建议

（一）多措并举提升洛阳公共文化服务能力

1. 提升优化公共文化投入保障能力

政府财政投入是农村公共文化服务体系建设最主要的资金来源，优化公共文化投入必须解决城乡之间公共文化设施、经费投入和数字文化资源不均衡的问题。要不断加大市级、县级财政对广大农村地区，尤其是偏远地区公共文化服务的资金投入，可以采取预算拨款、专项资金、财政补贴、项目申报等方式推动财政资金向基层倾斜，充分保障农村公共文化服务体系建设有稳定的经费来源。要加强基层文化设施建设，完善农村公共文化软硬件设施，注重统筹规划、合理布局，优先建设最基本的和急需的文化设施，确保公共文化服务覆盖到城乡每一个角落。在此基础上逐步推动现有公共文化设施的提质升级和服务网络的不断完善。要推动农村地区公共文化资源数字化和网络化发展，加强农村地区网络基础设施建设，促进网络服务提质升级，

进而搭建并丰富公共文化的交流与服务平台，通过数字化平台上的各类文化资源，让广大农民群众获取优质公共文化资源与服务。

2. 提升公共文化服务质量

公共文化服务质量的提升，必须通过拓展公共文化服务内容、加强公共文化人才队伍建设等方面的工作来实现。要加强文化创新活动的开展，利用各种新技术、新手段着力打造洛阳本土特色浓郁的公共文化产品和文化服务。要做好数字文化服务的供给和宣传工作，探索"点单式"服务模式，让群众能够根据需求选择公共文化服务内容。要针对不同年龄段、不同兴趣爱好的城乡居民，开展差别化的公共文化服务活动。针对城市居民，可以采用定期举办各类文艺演出、展览、讲座等多元化的文化服务形式，并且要特别关注老年人、未成年人、残疾人等一些特殊群体的公共文化服务需求；针对农村居民，要有针对性地补充农家书屋的书籍，开展更具实用性的文化培训。要加强城乡之间的文化交流与合作，鼓励各县、区积极参加市级层面举办的各类文化节或艺术节等活动，促进各县、区优秀文化产品和文化服务间的交流，同时还可以引入部分外地优秀公共文化服务产品或服务形式，丰富群众的文化生活。要积极鼓励和支持群众组织一些自发性的文化活动，比如定期引导协助群众开展书画展以及摄影、广场舞、歌唱比赛等活动。注意引进和培养人才，加大对高素质文化人才的引进力度，同时通过定期举办培训班、研讨会等活动，不断加强对本土文化人才，尤其是农村本土文化人才的培养和选拔工作。

3. 提高公共文化服务市场化和社会化水平

构建现代公共文化服务体系，需要转变政府部门的思维理念，从过去"办文化"转向现在的"管文化"，鼓励和支持社会力量参与公共文化服务体系建设，形成由政府、企业、社会组织及个人等多元主体共同参与公共文化服务体系建设的良好局面。完善政府购买公共文化服务的制度和政策，建立健全公共文化服务标准制度、公共文化服务免费或优惠制度，并使其更具可操作性，这涉及服务流程和定价方式、收益计算、收益分配等内容。完善对参与公共文化服务的社会主体扶持政策和激励机制，充分激发各类社会主体参与公共文化服务建设的积极性。政府通过与社会资本合作的方式引入专业化的管理和运营团队参与公共文化设施建设和运营，不断提升城乡公共文化设施的管理及服务水平。鼓励企业、社会组织等社会各界通过投资、捐赠、赞助、资助等方式参与公共文化服务体系的建设与运营，形成多元化的资金筹措机制，并加强对公共文化服务的资金管理和监督。

（二）融合聚力洛阳文化传承创新体系建设

1. 加强文化遗产资源保护

文化资源管理是文化传承创新的前提。要提升文化遗产资源管理水平、加强文化遗产资源管理队伍建设，就必须对文化遗产管理单位、管理人员进行筛选和定期培训，增强其专业性，并责任到人。进一步推进文化遗产资源普查，定期对文化遗产进行调研、回访，了解文化遗产现状，及时更新文化遗产项目名录，完善文化遗产资源数据库。分级分类推进文化遗产系统性保护，加快完善遗址遗迹遗存保护开发补助政策和补偿制度，细化文化遗产保护措施，放眼长远，将文化遗产保护与洛阳整体发展相结合。创新文化遗产保护利用模式，利用数字多媒体等现代化技术手段，建设非遗代表性项目保护利用设施。

2. 推进文化遗产传承方式创新

文化传承必须赋予时代内涵，文化创新是传承的生命力所在。洛阳要保护和彰显自身的文化底蕴和优势，将二里头夏都遗址、隋唐大运河遗址等作为载体打造洛阳独特的文明标识和文化地标。打造根文化保护和展示平台，将洛阳与根文化相关的文化景观、历史故事集中展示出来。深入挖掘洛阳本土的河洛文化、客家文化、姓氏文化等文化内涵，把洛阳打造成为"河洛郎、归故乡"的精神家园。以年轻人更容易接受的影视剧、纪录片、动画动漫、短视频等多种形式充分展现洛阳历史文化的影响力、凝聚力和感召力。依托公共文化场所、"互联网+科技+非遗"等手段以及各类赛事、展览、节庆平台，开展各类非遗展示活动，提高洛阳非遗可见度、辨识度和非遗文化品牌影响力。针对不同的非遗项目推出更多的体验活动，增加可以让

游客便捷体验的项目，设置非遗集中体验区等，让感兴趣的游客更加方便、尽可能多地去体验洛阳非遗项目。

3.加深文化与旅游的跨界融合

文化传承与旅游发展是互利共赢的，只有加深文化与旅游的跨界融合，才能利用好洛阳得天独厚的历史优势。进一步实施"文化旅游+"产业融合提升战略，进一步提高文旅产业与其他产业的关联度和附加值。各级文化和旅游主管部门要将历史文化街区、历史建筑等纳入区域旅游内容，完善"街区+文旅"融合发展的方式方法。各县区要根据本地区历史文化资源，探索建设不同功能的主题街区，引导近似业态集聚，丰富同类业态的多样性，形成特色鲜明的文化街巷。积极发展文化创意风口产业，引入名人名家名师工作室、国医国药、书院书店、艺术培训等业态。推出"东方博物馆之都"研学、非遗手工体验展示等旅游产品。增加精品旅游线路，打造以华夏文明探源、河洛山水生态、博物馆研学、户外运动休闲等为主题的特色旅游线路。充分利用各类历史文化资源，开通隋唐文化、工业遗产等一批特色文化旅游专线，丰富周末游、节假日专线等旅游线路。提前调研筛选出高品质商家，在政府官网、微信公众号等公共平台从旅行目的地、衣食住行等各个方面列出推荐单。把握文旅消费的新要求新趋势，深入挖掘文化旅游消费需求，培育更多"日间+夜间""线上+线下""传统+现代"相结合的文旅消费产品。

（三）加速洛阳文旅融合新业态培育和产业化

洛阳应立足古都特色，找准文旅融合发展新赛道，打造文旅发展新业态和新场景，聚焦大力发展沉浸式演艺、剧本娱乐、汉服产业等"六大业态"，培育开发文旅融合新产品和新业态，大力推进"文化+旅游""文化+乡村振兴""文旅+科教体卫""文旅+城市提质"等多产业多领域融合发展，将"吃、住、行、游、购、娱"和"商、学、闲、情、奇"结合起来，创造更多文旅新业态。

1.打造文旅发展新场景

洛阳应打造"行走河南·读懂中国"品牌，着力打造具有洛阳特色的文旅IP，重点发展沉浸式演艺、电竞数娱、研学旅行等新业态，实现沉浸式体验，场景化消费。持续优化《寻迹洛神赋》等沉浸式演艺存量作品，推进打造《只看洛阳城》《神都上元杀》，鼓励支持《武则天》等大型实景演出优化升级；以大河荟剧本娱乐总部经济园区为依托，开展更多"全城剧本杀"活动，走出一条多场景跨界融合跨领域发展的破圈之路。全面做好汉服营销，做强移动端传播，更加重视线上线下联动，保持洛阳汉服IP热度。推动河南省级研学旅行示范基地创建，持续完善研学旅行配套服务体系，开发更多彰显黄河文化特色、历史文化特色、红色文化、地方特色文化的优质研学基地；以涧西5G+XR元宇宙产业园为引领，支持引导市场主体利用老旧厂房、商圈闲置空间打造中小型电竞数娱场馆。鼓励旅游民宿和高端民宿发展，选优育强民宿第三方平台，盘活城乡闲置资源，推动打造具有历史文化、地域特色的主题集群，用好文化资源和城市IP，叫响"宿享神都，一梦千年"等品牌。

2.完善政策保障，培育更多新文旅业态

加强文旅融合新业态系统培育，进一步深入研究文旅产业发展规律，培育高端高质产品。根据洛阳市出台的《洛阳市加强文旅文创深度融合推动高质量发展方案》，培育更多时尚、新潮、个性化的文旅产品。洛阳应对标先进地区，出台《洛阳市文化旅游产业发展扶持若干政策》和《洛阳新文旅目的地发展纲要》，进一步量化、实化激励机制。健全标准体系。着力打造洛阳特色文旅标准体系，加快出台旅游景区服务标准，进一步改善文旅发展环境，加快文旅发展和城市提质一体化推进，加快实施隋唐洛阳城中轴线保护展示工程，推进城市阳台、城市文化客厅等公共聚合新空间的营造，统筹抓好老旧小区改造、棚户区改造、市政微景观的打造等，重塑古都格局风貌，提升城市功能品质。

3.建强重点文旅品牌，拉长文旅产业发展链条

洛阳应加快构筑文旅新地标。加快方特华夏历史文明传承创新示范园建

设、龙门古街改造和龙门东北服务区提升。加快歌剧院改造提升工程，抓好运营，与城市文化客厅联动发展，坚持运营前置。抓好天街贯通建设、天津桥建设等项目，科学布局十二坊业态，优化古都风貌。推动历史文化街区开发和保护利用。提质大遗址保护利用和博物馆群建设。加快隋唐洛阳城国家遗址公园、汉魏故城遗址博物馆、夏商文明研究中心、白马寺博物馆建设；推进二里头夏都遗址博物馆、千唐志斋等博物馆创建国家一级馆。优化文旅基础设施。洛阳仍须"交通开路"，增加国际航线、国内航班，提高交通运输能力。统筹快进、慢游交通体系建设，提升旅游公路、停车场、机场、高铁站等基础设施建设，优化城市交通指挥调度系统，通过集散空间优化、区域交通改善、智慧停车建设、加强交通标识指引等配套体系建设，缓解重大节假日期间景区、消费聚集区、交通枢纽节点交通拥堵问题。

4. 发展壮大民宿经济，补足发展短板

健全规则体系。加快编制《洛阳特色民宿发展导则》，制定《洛阳民宿服务管理与安全规则》，条件成熟后出台《城市民宿发展的实施意见》，明确消防、特种行业证照办理等工作难点解决路径，提高城乡民宿服务品质和管理质量。推动集群发展。鼓励旅游民宿和高端民宿发展，因地制宜推动涧西、老城、伏牛山等片区布局打造工业赛博、隋唐古风、山水田园等特色民宿集群。选优育强民宿第三方企业，挖掘、盘活城乡闲置资源和低效资产，更好满足游客高中低多层次、多元化需求。提升品牌运营。将基础较好、特色鲜明的民宿产品和线路纳入文旅宣传推广体系，引导民宿企业在抖音、小红书、B站等自媒体平台加大营销力度。定期组织民宿技能培训，大力培养职业民宿管家，培育民宿管家文化。通过宣传，叫响"宿享神都，一梦千年""伏牛山居""黄河人家"等民宿品牌。

（四）进一步提高国家文化和旅游消费示范城市国际化水平

1. 持续为洛阳文旅消费产品供给提质增量

洛阳要深度发挥历史文化优势，在增色"老三篇"，拓展龙门石窟、关林以及白马寺传统影响力的同时，打响"新三篇"城市精神标识，提升二里头夏都遗址博物馆、"东方博物馆之都"以及隋唐洛阳城国家遗址公园文旅品牌影响力，不断描绘古今辉映、诗和远方的新画卷，助力国际文化旅游名城建设。将文旅与教育深度融合，不仅对中小学生群体的研学旅行门票实施优惠措施，还要科学培育研学旅行导师，更需要加强对研学旅行导师的管理，认定一些优质研学旅行服务机构，加快建设一批优质的研学旅行基地，进而确保研学旅行质量。多层次挖掘中共洛阳组诞生地纪念馆、八路军驻洛办事处纪念馆等洛阳地域内的红色旅游资源，让红色初心"薪火相传"。抢抓文化旅游市场消费热点，积极打造乡村文旅新场景，加强乡村旅游特色村建设，助力孟津卫坡古村落、嵩县三合村、洛宁三彩陶艺村等特色文旅村落的发展，建设魏家坡乡愁博物馆、汉魏故城乡愁博物馆等一批乡愁博物馆，创建将乡村美食、乡愁体验、乡村精品民宿、家风家训融为一体的特色乡村旅游产品体系，带给八方游客更多的乡村旅居新体验。由点到面，发挥国家文化和旅游消费示范城市带动作用，创建一批高质量的集文创产品、展览销售、文化旅游消费功能于一体的特色文旅消费综合体，如天心文化产业园、隋唐洛阳城国家遗址公园、洛邑古城等。

2. 多维助推夜间经济与假日经济发展提质增效

在进一步夯实洛阳国家文化和旅游消费示范城市建设过程中，洛阳应持续擦亮"夜游古都"品牌活动，打造具有洛阳古城特色文化街区、栾川县重渡沟风景区的国家级夜间文化和旅游消费聚集区名片，发挥"古都夜八点"的优势经验，进一步构建洛邑古城、十字街、西工小街"夜间经济"打卡地，助力东方文创产业园、大北门文化公园等综合性夜间文旅消费集聚区的持续成长。在提升应天门、九洲池、天堂明堂、龙门石窟等域内景区夜间游览服务质量基础上，精心打造若干具有洛阳特色的夜间游览主题线路，通过这些夜间网红打卡地"引客流"，多维带动美食、娱乐、文创行业的繁荣发展。洛阳持续聚焦假日经济，全面提升城市假日文旅服务品质，不仅要发挥智慧旅游交通导引优势，确保节假日期间域内交通顺畅，更需要牵头酒店、旅行社、企业积极开展重要节假日文旅宣传营销活动，通过高质量的真

诚服务、多元的营销服务、畅通的交通条件，给游客以旅游舒适感，增加他们在洛旅游的时长，刺激住宿、餐饮、购物消费增长。

3.持续唱好洛阳文旅消费"四季歌"

持续开展好"四季歌"洛阳文旅消费系列品牌活动，构建"洛阳四季歌文旅消费"大IP体系，讲好洛阳故事。根据洛阳四季不同的特色，在春季，依托中国洛阳牡丹文化节的强大影响力，持续推进"牡丹真国色，洛阳花正开"旅游观光活动；在夏季，借助龙潭大峡谷、鸡冠洞、老君山等景区的火爆热度，增强"夏韵中原，行知古今"系列活动的影响力；在秋季，依托采摘节、金秋购物月等组合拳，强力助推"丰收喜悦，最美乡愁"与"秋韵秋趣，五彩河洛"品牌活动影响力；在冬季，充分发挥域内冰雪、温泉、庙会等丰厚的文旅资源，带动地方民宿、美食、文创、消费，为洛阳"一样的冬天，不一样的城市"系列文旅活动持续注入活力，深入推进全域游，吸引大量国内外游客来洛旅游观光。为了全力提升洛阳"四季歌"文旅消费旺季效果、动态了解游客的情况，需要深入对接智慧文化旅游公共服务平台，通过对洛阳文旅消费数据监测与大数据分析，洛阳文旅主管部门可及时调整措施，满足不断变化的市场需求，持续唱好洛阳文化和旅游消费的"四季歌"。

（五）因势利导破解洛阳市历史文化街区开发保护难题

洛阳历史文化资源丰富，老城区东西南隅历史文化街区和涧西工业遗产历史文化街区分处洛阳城市区的东西两端，各自代表了洛阳典型的历史文化资源和工业文化资源，都亟须高水平地开发保护和利用。但囿于两街区文化背景的差异性，对两街区的开发保护和利用应该因地制宜、因势利导、合理有效地推进相关工作

1.加快推进历史文化街区保护的顶层设计

在兼顾涧西工业遗产整体风貌保护与大厂职工住房、城市发展、环境保护等现实问题的前提下，本着"理性对待、实事求是、以人为本、形式多样"的理念，按照"保留经典、集中连片、点线结合、形成规模"的保护

原则，参照国家文物局审核通过的《洛阳涧西苏式建筑群（2号/10号/11号街坊）修缮方案》，完成涧西工业遗产历史文化街区保护规划的编制工作。

2. 做足"绣花功夫"，以"微创新"不断推进保护利用工作

探索建立政府引领、社会支持、居民融入、专业支撑的多元保护和有机更新模式，主动回应民需，积极吸纳民智，鼓励居民深度参与历史文化街区规划设计、改造建设、管理经营等环节，汇聚历史文化街区保护利用的强大合力。政府、专家和公众共同努力，实现历史文化遗产从整体保护到活态传承的提升。探索工业用地高效利用和弹性使用的新路径，强调土地种类的多样化，增加土地功能的复合性，及时破除人为制造的土地政策障碍。利用好历史文化街区的文化IP，创新工作思路，用足用好有限资金，切忌急功近利，要从小处着眼，以"小尺度、绣花功、本土化、渐进式"的理念审慎推进历史文化街区更新织补和活化传承，每修缮一处都形成成功案例，每成功一处都形成精品典范，有力有效擦亮保护利用的辨识度，打造充满烟火气和人情味、富含丰富传统文化基因的洛阳特色历史文化街区。

3. 做好工业遗产文旅融合项目运营

以工业遗产历史文化街区保护规划为前提，进一步深化《涧西区工业旅游规划》，积极邀请城市转型与工业旅游专业团队为涧西工业旅游发展谋篇布局，形成可落地、可实施的行动计划，从新的旅游模式和居住、产业发展等多方统筹考虑，以点带线，从东至西将中铝洛铜、一拖、中信、中钢洛耐等几个大厂已建成或正在谋划建设的文旅项目串联起来，形成特色旅游线路，逐步树立涧西工业遗产文化创意的文旅品牌。

（六）大幅提升汉服经济产业化水平

1. 扩大产业规模，优化商业模式

我国汉服爱好者的数量和汉服市场规模逐年扩大，为汉服产业发展提供了巨大的市场动能。应从消费端发掘可供全民参与和共享的汉服文化热点，

积极扩大消费群体，设计推出更多适合男性、儿童和中老年人的汉服款式来满足不同年龄段和性别群体的需要，提升全民对洛阳汉服的认同度和体验参与度。创新商业模式。论证建设集设计、展示、制作、销售、体验等于一体的汉服文化园，采用设计师入驻、平台分成的商业模式，吸引知名汉服品牌和设计人才落户洛阳。加强汉服品牌与博物馆、游戏、影视剧或漫画等的跨界合作，通过举办线下活动等形式打破原有用户圈层，提升品牌知名度。丰富消费形态，推动"汉服+"多业态融合发展，如"汉服+文旅""汉服+剧本杀""汉服+节庆"等，进一步引入更多沉浸式体验与创意内容，丰富消费形态。打造热门IP产品。汉服商家花朝记与传统文化节目《国家宝藏》进行合作，推出了"洛神赋图"主题汉服，可以此为鉴，联合热门IP如《风起洛阳》《梦华录》《知否知否》等热门古装剧，推出还原剧中角色的汉服造型，吸引"粉丝"打卡。

2.打造本土品牌，引进汉服设计、营销优秀人才

充分挖掘和提升利用文化遗产，诸如河南府文庙、安国寺等，探索将老城的九街、十八巷、七十二胡同打造成全域化的古城历史景观。挖掘非物质文化资源，丰富汉服文化内涵。探索将汉服与武则天、太平公主、白居易、关羽等历史名人和故事有机结合，将这些故事以汉服为载体，结合不同的场景进行挖掘和包装，使游客通过穿汉服穿越时空、感知历史、触摸历史。行业协会组织龙头企业及时到西安、成都、杭州等汉服经济发达地区调研学习他山之石的经验做法，不断研发新产品，改变当前"外地进货"的局面，构建包括汉服设计、制作、销售、衍生周边（发带、发簪等软周边产品，唐宫夜宴手办等周边产品）、摄影、婚庆、旅拍、走秀等在内的汉服产业链，谋划全年四个季节不同款式的汉服产品及服务，设计洛阳特色汉服。探索研究各个朝代服饰特色并将其创新融入现代元素、融入牡丹元素，打造区别于其他城市的洛阳汉服品牌。在汉服产业中加大知识产权宣传力度，让汉服产业从业者和消费者了解版权、尊重版权、合理维权、保护原创，加强知识产权保护。加大汉服经济优秀人才引进力度，扩大人才培养规模，提升汉服经济人才培训质量。大力开展化妆造型、美容美发、摄影摄像、短视频剪

辑等汉服妆造类技能培训。通过校企联合培养人才，将教学标准与行业标准相衔接，实现高技能人才的精准培育。开展汉服周边培训。推动汉服进景区、进文化企业，开展汉服文化讲座和培训，讲解汉服形制、礼仪、文化内涵等相关知识，开设汉服妆造体验课程，形成"全民穿汉服"的浓厚文化氛围。另外加强汉服从业人员的培训，聘请专家为其提供汉服设计、搭配、妆容、礼仪等方面的专业培训，提升从业人员的业务水平。

3. 加强推广宣传，延续出圈热度

有关部门应积极鼓励引导企业创新打造洛阳本地汉服品牌，借助互联网新媒体展示汉服文化，打通线上产销渠道，宣传洛阳汉服品牌，扩大洛阳市汉服市场影响力。一是定期举办各类汉服主题活动。深挖汉服元素，组织好汉服设计和妆造大赛。二是办好第五届全球文旅创作者大会、摇滚马拉松等活动。加快推进《只看洛阳城》系列演艺项目落地。每年牡丹文化节过后举办汉服文化节，邀请具有影响力的知名汉服博主（KOL）、省内外汉服商家以及高校汉文化相关社团参与。三是举办多样化的主题活动，比如汉服超模大赛、汉风市集、汉服巡游、汉婚展演、汉服之夜、汉服品牌商家秀等，以"汉服+文创"的形式，向广大汉服爱好者和游客展示洛阳汉服，并充分利用自媒体提高影响力。四是通过微博、抖音、小红书等线上传播媒体展开商家营销，深化与抖音、小红书、腾讯等平台合作，开通并运营 TikTok 账号，依托 citywalk 城市漫游、腾讯综艺《开始寻宝吧》等，策划推广活动，持续种草引流。提高品牌知名度，结合洛邑古城、隋唐洛阳城等汉服网红"打卡地"吸引大批博主前来并推广，通过创新产业发展模式提升游客体验感，实现游客"自来水式"传播。创新城市推广。研究出台优秀短视频传播奖励机制，带动更多优秀短视频产出。五是聚焦河洛文化旅游节，创新引流方式，加强话题策划、明星演唱会等活动，培育青年群体对洛阳的认知。以世界客属第 33 届恳亲大会为契机，讲好洛阳故事，稳步推进东亚文化之都创建。六是强化区域联动。坚持"洛阳市一盘棋"思维，加强洛阳市宣传营销统筹，提高文旅智慧化水平，加大客流引导和线路规划，提升中心城区客流辐射带动能级。

4. 加大扶持力度，强化汉服经济发展体制保障

制定出台关于加快推动汉服经济发展的指导性政策文件，引导汉服经济健康发展。一是政府通过补贴、奖励等方法鼓励汉服企业入驻洛阳，成立汉服产业发展的专项资金，用于引导和支持汉服产业发展，搭建政银企对接平台，鼓励本地金融机构不断创新金融产品和服务，加大对汉服产业企业信贷资金支持的力度。二是发挥汉服协会作用，搭建产业合作平台，激励汉服设计创新。鼓励企业建立研发设计平台，加大汉服研发设计投入，鼓励企业注册和使用自主商标，加大品牌推广力度，提高品牌知名度和市场占有率。三是加强对汉服行业的监管，制定汉服及配饰制作、租赁、妆造、摄影等行业标准，实现汉服产业规范化运作，推动产业高质量发展。四是制定完善行业标准和经营规范，建立健全行业相关管理机制。对不良商家和违规经营行为进行查处，建立行业负面清单，切实保护消费者的利益，打造"汉服友好型"城市名片。

（七）提升红色文化资源开发和产业化发展速度

1. 全面保护与分类开发相结合，发挥红色文化资源最大价值

历史文化资源具有不可再生性，一旦在发展过程中被损毁，将直接造成无法估量的文化遗产损失。目前，洛阳各县区尚有大量未得到妥善保护的红色文化资源，要坚持尊重历史，修旧如旧，原貌留存。应由洛阳市制定统一规划，整合各县区红色文化资源。各级别红色文化遗产分级分类管理，设定不同的发展目标：县级、市级以服务本市、本县区为主，将其积极转化为当地大中小学思想政治教育基地、各级党校党性锻炼基地；省级、国家级面向全国，集中优势资源，打造知名红色文化品牌，形成红色 IP，发展红色旅游。在管理、开发体制方面，应因地制宜、因景点而异，不搞"一刀切"，灵活选取企业化经营或事业化管理模式。对于文物价值高、展示性差的红色资源采用事业化管理模式，将修复、保护放在第一位，待完成基础的考古、修复等保护工作后，评估市场化风险与优势，分阶段调整保护利用策略。对于文物状态好、红色价值高、基础设施便利、已具备展示条件的红色资源，引入市场机制，建立市场化运作体系，完善产业要素，丰富产品结构，探索多样性活化展示策略。

2. 差异化开发红色精品旅游线路，提升红色资源知名度

红色旅游内容丰富，寓意深刻，兼具旅游与教育的双重功能，成为旅游市场的一大热点。近年来，红色旅游市场持续升温，吸引力和影响力不断增强。洛阳市革命历史悠久，红色旅游资源丰富，有着巨大的红色旅游市场潜力。应借助历史文化名城知名度，借势中国洛阳牡丹文化节、河洛文化旅游节，提升古都红色旅游知名度。洛阳红色文化资源分布散、单体小，要避免单体开发，对同一主题、同一性质红色文化资源应进行整体规划，以红色精神为主线整合文物资源，连点成线，发挥规模效应，开发红色主题突出的精品旅游线路，如东线以红色革命为主题，规划八路军驻洛办事处纪念馆、贴廓巷红色文化步行街、"中共洛阳组"诞生地纪念馆、《新洛阳报》旧址纪念馆、洛阳市烈士陵园等一体游览，西线以红色工业游为主题，规划中国一拖东方红农耕博物馆、中信重工焦裕禄事迹展览馆、习仲勋纪念馆、赵春娥纪念馆等游览线路。

3. 政府主导、企业参与、民间资本准入解决资金困境

资金困境是文化遗产保护面临的普遍难题。洛阳市历史文化资源富集，尚有大量知名度较高的传统文化遗产未得到妥善保护，能够用于知名度不高、地理位置偏远的红色文化资源保护的资金缺口更大。因而不仅应增加政府对红色文化资源的保护、开发经费，调动国有企业担当作为，而且应努力争取民间资本，如吸引海内外对红色文化资源保护和开发感兴趣的团体和个人投资、捐赠，多渠道解决资金困境。推动红色旅游、红色文化产业发展，以收入反哺红色文化资源的维修和保护，形成良性循环。

4. 创新传播形式，还原红色文化资源历史精神内涵

以年轻人喜闻乐见的方式讲好红色故事，使红色文化真正入脑入心。充分发挥红色文化遗产场景优势，广泛开展隐性教育。2023年8月，文化和旅游部、教育部、共青团中央、全国妇联、中国关工委五部门联合印发《用好红色资源　培育时代新人　红色旅游助推铸魂育人行动计划（2023—

2025年）》，力争利用三年时间，针对青少年打造百堂红色研学精品课程，推出千条红色旅游研学线路，开展万场红色旅游宣讲活动，覆盖全国上亿名大中小学师生。[①] 与中小学、高校思想政治教育相结合，开发系列研学课程。将红色文化遗产转化为党校现场教学基地、领导干部党性教育基地，以红色文化精神的传递为目标，以红色文化仪式为载体，搭设情景，举办建党纪念日、建军节、国庆节等重要红色节日红色文化情景式、体验式活动。继续大力落实2022年10月发布的《洛阳市加快发展剧本娱乐产业实施方案》，发展红色实景剧本杀，与各大红色文化场馆合作，一馆一剧，以剧本娱乐形式直观展示各大红色场馆的革命历史与红色精神，到2025年底，将洛阳打造成为中国"剧本娱乐之都"。

[①] 《文化和旅游部 教育部 共青团中央 全国妇联 中国关工委关于印发〈用好红色资源 培育时代新人 红色旅游助推铸魂育人行动计划（2023—2025年）〉的通知》，中国政府网，https：//www.gov.cn/zhengce/zhengceku/202308/content_ 6897330. htm。

事业篇

B.2 洛阳公共文化服务体系建设发展报告

杜雨芳　张亚飞*

摘　要： 近年来，洛阳市以提升公共文化服务水平为目标，全面推进公共文化服务体系建设。通过对公共文化阵地提质升级，不断丰富公共文化服务供给和发展壮大公共文化队伍，已初步形成了覆盖城乡、功能完善、便捷有效的公共文化服务体系，取得了一定的成绩。但在公共文化服务体系建设的过程中，仍表现出公共文化资源配置不均衡、质量有待提升、管理制度不完善、市场化和社会化水平不高等现实问题。本报告全面梳理了洛阳公共文化服务体系建设的发展现状以及存在的现实问题，在此基础上提出了相应的对策建议。

关键词： 公共文化设施　公共文化服务　资源配置

---

* 杜雨芳，中共洛阳市委党校管理教研部讲师，主要研究方向为经济管理；张亚飞，中共洛阳市委党校党史党建部主任、副教授，河南师范大学马克思主义理论博士后，中央党校博士，主要研究方向为洛阳文化、改革开放史和抗日战争史。

公共文化服务作为政府提供的一项重要公共服务，不仅是满足人民群众精神文化需求的重要途径，也是提升人民群众文化获得感、幸福感的重要举措，更是促进社会和谐、增强城市凝聚力的关键因素。随着社会的发展和人民生活水平的提高，公共文化服务体系建设也越来越受到人们的关注。洛阳作为全国历史文化名城，拥有深厚的文化底蕴和丰富的文化资源，公共文化服务体系建设在近年来取得了显著进展，成为洛阳展现独特魅力、提升城市内涵的重要支撑。本报告旨在全面梳理洛阳公共文化服务体系建设的发展现状，深入分析其建设过程中存在的具体问题，进而提出相应的发展建议，以期推动洛阳公共文化服务体系建设持续、健康发展。

一 洛阳公共文化服务体系建设的发展现状

党的二十大报告强调要"健全现代公共文化服务体系，创新实施文化惠民工程"。近年来，洛阳市牢牢把握以人民为中心的工作导向，持续加大对公共文化设施的投入力度，积极拓展新型公共文化空间，不断创新公共文化服务方式，丰富公共文化产品和服务供给，探索优质公共文化服务新路径，进一步健全现代公共文化服务体系，为群众提供更高质量、更有效率的公共文化服务。2022年，洛阳市在河南省现代公共文化服务体系建设绩效考核中被评为"优秀"等级，综合成绩居河南省第一方阵；市、县共获得奖励资金460万元，居全省第一。

（一）公共文化阵地提质升级

洛阳市持续加大对公共文化阵地的提质升级，在公共文化服务标准化、均等化水平的提升上下功夫，努力推动文化资源向基层下沉，通过高质量的文化供给提升群众获得感和幸福感。

1. 完善提升各类公共文化设施

公共文化设施建设是公共文化服务体系建设中最基础性的工作，也是展示洛阳市文化建设成果、开展群众文化活动所依托的重要阵地，因而洛阳市多年来在文化设施建设上始终坚持全市"一盘棋"，同时结合推进城市提质工作，深入推进城乡一体化建设，科学配置、均衡覆盖，推动各类公共文化设施广覆盖并提高效能。

其一，基层文化场馆实现全覆盖。全市现有市、县两级文化馆15座、乡镇（街道）综合文化站190个、村（社区）级综合性文化服务中心3146个，确保基层文化场馆的全面覆盖，让公共文化服务的触角不断延伸，基本惠及基层每个角落。

其二，"15分钟阅读圈"建设不断巩固提升。全民阅读作为文化惠民工程建设的一项重要内容，一直以来都受到党和国家的高度重视，党的二十大报告明确提出要"深化全民阅读活动"。为积极推动全民阅读，洛阳市整合各类优势资源并积极拓展线上服务，多措并举加速"15分钟阅读圈"建设。一是日益完善以市图书馆为中心馆，以14个县级图书馆为总馆，以全市所有乡镇（街道）、村（社区）级图书室为基层服务点，以205座"河洛书苑"城市书房、210多个流动服务点为补充的四级总分馆服务体系。二是不断丰富数字化资源，市图书馆开放数据库39个、电子书41万余册；建成公共文化"河洛欢歌"市级平台和新安、老城等7个县级平台，打造"百姓文化云"，及时发布文化活动信息。三是积极推动社区文化建设，建设20个社区精品书屋，在提升社区公共文化服务水平、推动全民阅读等方面发挥了积极作用，不断巩固提升"15分钟阅读圈"建设质量。

其三，博物馆网络较为完善。洛阳丰富的历史文化遗产为建设"东方博物馆之都"提供了得天独厚的条件，目前已经形成较为完善的博物馆网络，这些数量众多且种类丰富的博物馆向公众展示了洛阳乃至中原地区悠久的历史文化和丰富的艺术遗产。一是博物馆的数量与质量均有大幅提升。数量上，截至2024年5月，全市已拥有各类博物馆102家，一级博物馆包括洛阳博物馆、洛阳古墓博物馆（河南古代壁画馆）、二里头夏都遗址博物馆3家，形成了主体多元、特色鲜明、富有活力、互为补充的博物馆展示体

系，博物馆总数、一级和三级以上博物馆数量均居河南省第一位。① 牡丹博物馆、隋唐大运河文化博物馆、客家之源纪念馆等目前已经建成开放，汉魏故城遗址博物馆、洛阳丝绸之路博物馆等一批富有特色和文化内涵的博物馆正在加紧建设中，计划在未来几年陆续开放。质量上，二里头夏都遗址博物馆的"华夏第一王都"展览、洛阳博物馆"丝绸之路音乐文物"展览荣获年度全国十大精品陈列。二是博物馆基础设施建设完备。目前洛阳多数博物馆已经配备了先进的展览设备、安防设施和公共服务设施，涵盖导览系统、无线网络、休息区等，能够较好地满足观众更加便捷、舒适的参观体验需求。三是博物馆数字化建设取得积极进展。随着科技的进步，洛阳博物馆等一些重要场馆在数字化建设上加速推进，通过建立数字虚拟展厅，以数字化的形式将展品呈现给观众，实现了资源共享和展示空间的扩展；利用VR全息投影、幻影成像等技术和手段，为观众提供沉浸式体验；组织策划线上直播、竞答等活动，丰富历史知识的传播方式和途径，增强受众的参与感。如洛阳博物馆、二里头夏都遗址博物馆数字博物馆建成开放，牡丹博物馆数字化提升工程入选"行走河南·读懂中国"100项重大标识项目，隋唐大运河文化博物馆"城与运"等沉浸式数字化产品深受观众喜爱。四是博物馆服务体系完善。洛阳多数博物都建立了完善的服务体系，在预约参观、导览讲解、纪念品销售等各个环节为观众提供周到细致的服务，通过开展研学、公益讲座等活动，为社会公众提供更丰富的文化体验与更多的学习机会。

其四，"10分钟健身圈"基本形成。2022年，洛阳市被国家体育总局授予首批"全国全民运动健身模范市"称号，截至2024年6月，洛阳仍是河南省唯一获此殊荣的城市。自2021年以来，洛阳市聚焦群众就近健身新需求，以社区为依托，探索建立兼具公益性与经营性的"社区体育公园"全民健身体系，通过合理改造社区公共绿地、游园或街头道路沿线场地，建设包括运动场地、体育设施、便利店和公厕等在内公共服务设施，着力打造

---

① 《全省第一！洛阳新增两家国家一级博物馆！》，https://city.cri.cn/20240521/aa763b6d-2323-d2e7-1e40-b7fdf5e04c51.html。

城市社区"10分钟健身圈"。截至2023年，全市已建成社区体育公园224个，其中洛龙区65个，涧西区42个，伊滨区40个，西工区31个，瀍河区25个，老城区21个。[①] 所有社区体育公园免费对社区居民开放，群众健身更加便捷，城市区"10分钟健身圈"建设初见成效。2024年，洛阳持续推进全民健身惠民工程，强化城乡统筹，将社区体育公园的建设工作由核心城区扩展至周边区、县，充分保障群众的健身权益。同时，洛阳引入邓亚萍体育产业投资基金，建设35处社区健身中心，基于公益属性，按照"一天一元钱"（年卡365元）的标准，为群众提供多样化的健身服务，引领健身新风尚。

其五，地标性公共场馆建设顺利推进。近几年，洛阳地标性公共场馆的建设呈现蓬勃发展的态势，洛阳市奥林匹克中心、黄河流域非物质文化遗产保护展示中心等多个项目已经建成投入使用。洛阳市奥林匹克中心已成功承办了河南省第十四届运动会等大型体育赛事，成为展示洛阳城市形象的重要窗口；黄河流域非物质文化遗产保护展示中心成为展示和传播黄河流域非遗文化的重要平台。此外，还有一些重点项目正在稳步推进中，如谋划实施"城市文化客厅"项目，洛阳国际会展中心融演艺、展览、培训等功能于一体，同时也是中原地区室内面积最大的会展中心。除了重点项目，洛阳还在积极推进其他地标性公共场馆的建设工作，如翠云阁项目、汉魏故城遗址博物馆等都在紧锣密鼓的建设中。这些地标性公共场馆对洛阳城市功能布局的进一步完善、形象和品位的提升都发挥着重要作用，同时也丰富了广大市民的健身和文化娱乐生活。

2. 积极拓展新型公共文化空间

近年来，为深入实施"文旅文创融合战略"，持续巩固提升国家公共文化服务体系示范区创建成果，不断提高公共文化服务质效，洛阳积极探索和创新，重点打造了一批具有地方特色、功能多样、服务便捷的新型公共文

---

① 《洛阳今年将新建50个社区体育公园，举办150余项体育赛事》，https：//www.henan.gov.cn/2024/03-09/2959470.html。

空间，不仅满足了人民群众追求美好生活品质的需求，也在一定程度上推动了城市文化的建设与发展。2023年6月28日，洛阳受邀在全国政协创新拓展城乡公共文化空间座谈会上做典型发言，全国仅有上海、洛阳两个城市的代表发言。在乡村地区，洛阳还因地制宜地建设了文化礼堂、村史馆、民俗馆等主题功能空间，也取得了显著成果，比如新安县千唐志斋新馆等10个新型公共文化空间入围了2023年长三角及全国部分省市最美公共文化空间大赛。

其一，打造城市书房和社区书屋。目前，洛阳已经建成投用多座特色鲜明的"河洛书苑"城市书房，如洛龙区的关林城市书房位于开元游园中，环境优美，这是新华书店首次入驻洛阳的城市书房并设立阅读体验服务中心；涧西区的郑州路城市书房位于学校聚集区，学习氛围浓厚，因而深受学生喜爱。还有部分城市书房将洛阳地方文化元素融入其中，极大地增强了书房的文化氛围。城市书房不仅为市民提供丰富的图书资源和便捷的阅读空间，还非常重视阅读环境的营造，包括装有空调、暖气、无线网络、插座等各类完善的内部设施，部分书房还设有专门的儿童阅览区、休闲沙发区等，且大多数城市书房市民只需刷身份证即可进入阅读，部分还提供借阅图书服务。此外，社区书屋也是洛阳公共阅读服务体系的重要组成部分，通常位于社区服务中心或居民聚集区附近，配备有各类图书和阅读设施，方便居民借阅和阅读，旨在丰富社区居民的文化生活，提高居民的整体文化素养。目前，洛阳已建成多个社区书屋，比如洛龙区龙祥社区精品书屋等。

其二，积极探索城市书房第三方运营。洛阳各县区积极探索城市书房第三方运营模式，如新安县9座城市书房全部实现第三方运营；瀍河区与教育企业合作，打造了4座"河洛书苑·研书房"，以"市民身边的研学微基地"为理念，把阅读和研学集合在一起，实现了阅读活动质量和教育效果双提升的目标，市场反响良好；偃师区将茶艺、口才培训、插画、绘本馆等企业或社会团体引入6座城市书房；其他县区也结合实际情况，选取转型发展试点，不断探索新的运营模式。2023年，洛阳在全国城市书房合作共享机制年会暨智慧城市书房建设研讨会上，以"智慧城市书房建设"为主题作经验分享与交流。

其三，融合多元服务业态。洛阳在新型公共文化空间的建设中，非常重视融合图书阅读、艺术展览、文化沙龙、轻食餐饮等多元服务业态，打造功能复合、体验丰富的文化空间。洛阳各县区因地制宜，积极推进公共文化"嵌入式"服务，如洛龙区部分城市书房引入"了了一杯"咖啡业态，与咖啡店合作设立咖啡角，打造集休闲和阅读于一体的休闲型阅读空间；涧西区、伊川县部分社区书屋与咖啡店、新华书店合作经营。这种综合性的空间布局，为市民提供了更加丰富的公共文化服务，也促进了文化产业的发展。

此外，洛阳各县区结合自身实际，积极推动基层综合性文化服务中心与党群服务中心、新时代文明实践站、邻里中心、家风家训馆、学校图书室等场所的融合共建、资源共享，涌现出涧西区重三社区、洛龙区赵村乐和坊、伊滨区永泰嘉苑社区、瀍河区利民街社区等一批空间集约、内涵丰富的综合性文化阵地，为群众提供了更好的文化体验。

（二）公共文化服务供给日益丰富

随着我国不断加强和推动公共文化服务体系建设，洛阳公共文化服务供给也日益丰富，集中体现在文艺创作的持续繁荣和各类文化活动的蓬勃发展上，为群众提供了丰富的文化资源和精神享受。

1. 持续繁荣文艺创作

近年来，洛阳在文艺创作方面持续繁荣，在市文联等文艺组织的积极引领和广大文艺工作者的共同努力下，文艺精品不断涌现。在文学创作领域，洛阳涌现出一批优秀的文学作品，不仅在国内文坛上产生了广泛影响，还多次获得国家级和省级文学奖项。在音乐剧创作领域，洛阳联合多方力量，推出了多部原创音乐剧作品，如工业题材音乐剧《青春那年》以洛阳工业历史为背景，通过现代舞台技术和艺术形式展现了洛阳几代工业人的奋斗历程和精神风貌，2021年首演成功，填补了本地原创音乐剧空白。在沉浸式演艺领域，洛阳努力挖掘洛阳深厚的历史文化底蕴，多个景区和演艺场所都推出了沉浸式演艺项目，发展尤为突出，已经成为文旅融合的新亮点，如洛阳

大河荟将文学、历史、艺术和科技相结合，推出了中国首部数字行浸演艺项目《寻迹洛神赋》，备受游客青睐；隋唐洛阳城国家遗址公园推出了《唐宫乐宴》《天门有道》《明堂韶乐》等沉浸式演艺项目，让游客通过沉浸式体验感受盛唐风情；老君山景区和金东数创联合打造的沉浸式文化剧目《知道·老君山》，注重利用5G、AR、VR等新技术，将文化元素融入视、听、演交互体验中，以数字创意探寻文化瑰宝。

2. 举办各类阅读推广活动

洛阳近年来在推动全民阅读方面做出了积极努力，举办了一系列丰富多彩的阅读推广活动，不断擦亮"书香洛阳"品牌，努力在全社会营造"爱读书、读好书、善读书"的浓厚氛围。

其一，结合传统节日、重大节庆活动等重要节点，精心组织"书香洛阳·中国年""喜迎二十大　阅读颂辉煌""行走洛阳　读懂历史"等主题阅读推广活动。例如，在春节期间，洛阳通过线上线下联动的方式，举办"猜灯谜　闹元宵""古风沉浸　剧本阅读"等一系列全民阅读活动，营造浓厚的阅读氛围。

其二，依托成熟成型的图书馆体系，精心组织"书香洛阳·中国年"系列活动、"书香伴花香　阅享好春光"全民阅读系列活动、"书香伴成长"少儿阅读年系列活动、"行走河南　阅见美好"带着书本去旅行活动、"江流万古·文润千年"中华传统晒书活动等阅读推广活动。2023年，全市15座公共图书馆及205座"河洛书苑"城市书房共接待读者973万余人次，图书借阅量427万余册，新增办理读者证3.8万余张，数字资源访问量458.8万余次，举办线上线下阅读推广活动9200余场，参与活动的读者达870万余人次，群众的阅读热情持续高涨。

其三，在推动全民阅读活动的过程中，打造了一批具有地方特色的阅读品牌。例如，"兰台读书会"邀请知名学者、作家等作为嘉宾，与市民进行面对面的交流和互动，提升参与者的阅读鉴赏能力；"守护传统文化　非遗点亮童年"将传统文化和非物质文化遗产与儿童阅读相结合，助力传统文化的传承与弘扬，激发儿童对阅读的兴趣和热爱；"青年城市青年说"聚焦青年群体，通过组织阅读分享会、文化沙龙等活动，着力培养青年的阅读习惯和思维能力。

其四，注重古籍保护与文化展示，比如举办"典籍里的洛阳"古籍宣传展示活动，通过传统文化展示体验活动及晒书活动等形式，加强古籍保护宣传，提升市民对传统文化的认知和兴趣。

3.推动优秀文化活动进社区

社区是推进精神文明建设的重要阵地，洛阳不断推动文艺文化资源要素向社区倾斜，赋能文化进社区，打通便民利民的"最后一公里"。

洛阳市、县两级图书馆作为全市公共文化服务的重要阵地，通过设立流动服务点、举办阅读推广活动、开展公益讲座等多种形式，将图书借阅、阅读指导、亲子阅读、文化讲座等多种阅读服务送到社区居民身边。2023年，市图书馆在社区新建流动服务点10个，市、县两级图书馆开展阅读服务进社区958场，服务群众31.4万余人次。

洛阳积极举办"我的乡村（社区）文化合作社才艺大赛"，以"线下+线上"形式，开展"寻找村宝""共秀村艺""乡创产品"等多样化比赛活动，展示乡村（社区）文创成果，成功展示了乡村（社区）的文创成果和百姓的生动故事。同时，还引导文化合作社通过微信、抖音等线上平台进行展演展示，在"河南省文化合作社线上平台"累计发布短视频作品2.5万余个。在河南省2023年"我的乡村（社区）文化合作社才艺大赛"中，洛阳市入围作品19个，获奖作品数量居全省第一。

4.广泛开展群众文化活动

近年来，洛阳围绕传统节日、重大节庆，组织开展了类别多样、丰富多彩的群众文化活动，推出了"河洛欢歌·广场文化月""河洛欢歌·文化惠民演出"等一系列文化惠民活动，不仅丰富了群众的精神文化生活，还促进了文化的传承与发展。以2023年为例，洛阳精心策划举办第二届"惠民文化节"活动，包含"河洛欢歌·广场文化月"，广场舞大赛，群众合唱大赛，"群星奖"音乐、舞蹈、戏剧、曲艺大赛，少儿艺术大赛等10项群众文化活动，涵盖音乐、舞蹈、书法、美术、民间艺术等多个类别，线上线下同步举办，让老百姓在家门口就享受到高水平的文艺演出，线上线下受益群众210余万人次。在河南省第十五届"群星奖"音乐舞蹈大赛中，来自洛阳的国潮之音《书说洛阳》和舞蹈《情牵一线》荣获一等奖，获奖数居全省第一。在"唱响新时代"河南省群众合唱大赛中，来自洛阳的《龙的传人》和洛神女子合唱团演唱的《敕勒川》荣获一等奖，获奖数居全省第一。

5. 促进河洛文化的传承与交流

洛阳在近几年通过多种方式有效促进了河洛文化的传承与交流，如洛阳各博物馆举办、引进优秀陈展120余个，多次赴波兰、韩国等国家举办文物外展；在世界旅游合作与发展大会、中国-中亚地方合作论坛、东亚地方政府会议上视频发言，获得2024年世界客属第33届恳亲大会举办权；以国家级河洛文化生态保护区建设为契机，不断加强非遗保护传承，唐三彩烧制技艺等非遗作品入藏中国国家版本馆，栾川县被评为河南"非遗助力乡村振兴"试点，孟津区平乐镇获"河南省民间文化艺术之乡"称号。

（三）公共文化队伍发展壮大

随着社会的不断发展和进步，洛阳公共文化队伍也在不断发展壮大，通过提升服务质量和水平，较好地适应了新时代洛阳公共文化事业发展的新要求和新挑战。

1. 建强文化合作社（自乐组织）队伍

洛阳高度重视文化合作社的建设与发展，不仅出台了《洛阳市乡村文化合作社建设指导意见（试行）》等政策措施，还逐步加大了对文化合作社的资金投入，这些都为文化合作社的成立、运营和发展提供了有力保障。在文化合作社队伍建设上，洛阳采取了"2+N"模式，即每个乡村或社区建立曲艺舞蹈、书画等2支基本文化活动队伍和"N"支非遗或文体特色队伍，不断拓展壮大文化合作社队伍，提高其吸引力和影响力。在文化合作社人才的培养和引进上，洛阳通过举办培训班、组织交流活动等方式，提高文化合作社成员的专业技能和综合素质。同时，还非常注重外部人才的引进，为文化合作社的发展注入新的智慧和力量。

洛阳积极推动文化合作社的成立，截至2023年，全市已成立文化合作社1649个，有社员2.5万余人，这些文化合作社遍布城乡各个角落，为基层文化的繁荣发展提供了有力保障，促进了社会和谐与稳定。

2. 开展结对共建培训指导

在推动文化事业发展方面，洛阳采取了多项鼓励措施，其中之一就是积极推动各级文化馆、文艺院团、文化艺术社会团体与文化合作社"结对子"。各级文化馆、文艺院团和文化艺术社会团体根据基层文化需求，组织文艺名人名家、专业人员深入基层，精准开展戏曲舞蹈、书法绘画、声乐器乐等不同类别的专业培训和指导，提升文化合作社社员和基层群众的文艺素养。

截至2023年，全市各级文艺院团、文化馆、文化类社会团体共结对帮扶社区204个，下沉社区2656次，培训群众6.3万余人次。结对共建这种资源共享、优势互补的方式，进一步促进了基层文化的繁荣发展，为洛阳市的文化事业注入新的活力和动力。

3. 壮大志愿者服务队伍

洛阳文化志愿者队伍规模庞大，在传承和弘扬洛阳历史文化、推动城市文明进步等方面发挥着积极作用，截至2023年，全市文化志愿团队达到2284个，招募志愿者38169人。文化志愿团队方面，洛阳打造了"789少儿阅读推广联盟"、"文化老城"艺术学堂、"海神乐社"等多个优秀文化志愿者服务团队。三彩艺·爱和小镇"艺术之光点亮山乡"项目荣获第六届中国青年志愿服务项目大赛金奖。洛阳博物馆"红色记忆"宣讲团荣获河南省优秀社科普及志愿服务团队称号。志愿者方面，洛阳积极调动公务员、教师、专家学者、离退休人员等到公共图书馆、城市书房开展阅读指导志愿服务，市县两级均成立了人数不等的阅读推广人队伍。以洛阳博物馆为例，其志愿者团队成立于2012年3月，志愿者服务团队注册人数已达300余人，累计服务时长达20多万个小时，这些数据充分展示了洛阳文化志愿者队伍的活跃度和贡献度。此外，洛阳高度重视和大力支持文化志愿者队伍的发展，通过建立健全激励机制和荣誉表彰制度来激发广大文化志愿者的服务热情和积极性，如授予洛阳博物馆"全国学雷锋活动示范点"称号。

二 洛阳公共文化服务体系建设的现实问题

尽管洛阳在公共文化服务体系建设中取得了一定的成绩，如连续多年在河南省现代公共文化服务体系建设绩效考核中获评优秀，实现了基层文化场馆的全覆盖，建立了图书馆四级总分馆服务体系等，但在持续发展的过程中，仍存在一些现实问题。

（一）公共文化资源配置不均衡

当前，洛阳的公共文化服务资源大多集中在城市中心区域，农村地区与偏远地区的资源相对较为匮乏。资源配置的不均衡使得城乡间的公共文化服务有较大差距，公共文化服务普惠性与公平性的实现仍需继续努力。

1. 城乡之间公共文化设施建设不均衡

虽然就整体情况而言，洛阳基层文化场馆已经实现了全覆盖，但不可否认的是，不同区域的公共文化设施在规模、质量等方面在存在明显差异，一些设施较为完善、功能齐全的图书馆和文化馆往往集中在城市中心区域，部分偏远地区或一些经济落后地区的公共文化设施仍然相对匮乏，且较为简陋，难以满足群众对公共文化服务公平性的要求。例如，部分乡镇的综合文化站存在面积不达标、功能室不全，甚至没有独立场所的情况；有些村庄存在公共文化设施老旧、更新不及时，文化服务中心、文化广场建设不达标等情况。

2. 城乡之间公共文化服务经费投入不均衡

由于洛阳不同地区经济发展水平存在较大差异，公共文化服务的经费投入在不同区域之间也存在差别，一些政府重视且经济发展较好的地区在公共文化设施的建设、维护和运营上能够得到更多的财政支持，反之则可能面临经费短缺的问题。随之而来的就是文化人才资源的配置不均衡，因为地区间发展差异存在待遇问题，更多高素质的文化专业人才倾向于在经济发展好的地区工作，而经济落后地区的文化专业人才则相对不足，即使有也是身兼数职，村一级农家书屋更是因为无报酬、读者少，几乎没有专人管理。此外，公共文化人才"不专业、不专干、在编不在岗"的问题在基层也较为常见，同时频繁的岗位调整使得人才流动性较大，对基层公共文化服务工作的开展非常不利。

3. 城乡之间数字文化资源分布不均衡

随着数字化时代的到来，文化资源数字化在公共文化服务中的作用日益凸显。只有将各类文化资源进行数字化加工，以文字、图片、音视频等多种方式上传网络并形成各种数据库，才能更好满足群众的数字化需求。但洛阳不同地区在数字文化资源的建设与利用上存在较大差异，城市区大多已经建立了较为完善的数字文化资源库与服务平台，而农村地区则由于技术、资金等问题，在数字文化资源的建设与利用方面相对滞后。比如在数字化资源平台建设上，洛阳农村只有个别地区或个别典型村镇零星建设了数字广播、数字书屋、数字电影放映、网络教育中心等基础公共文化设施，大多数农村地区的数字化建设仍处于起步阶段甚至还未起步，利用移动设备访问文化资源更是处于萌芽阶段，信息化建设滞后，数字化服务资源缺口比较大，城乡之间的数字文化鸿沟依然存在。

（二）公共文化服务质量有待提升

当前，洛阳的公共文化服务供给参差不齐，难以满足群众多层次、多元化的精神文化需求，需要进一步提升质量。

1. 公共文化服务的内容和形式无法适应群众需求

为群众提供公共文化服务的方式目前多数仍是由政府部门安排或上级指定，供需矛盾与结构性供给短缺表现得较为明显，在某种程度上也使得文化资源和资金投入等方面存在浪费现象。例如，一些农家书屋由于距离远、可读的书目少等问题，不能满足农民的生产生活和娱乐需求，存在实际使用率较低的问题；在当前网络与手机已经普及的年代，送戏曲、送电影等一些文化下乡活动也因受到播放时间、地点以及内容的限制，难以吸引广大群众去观看，上座率并不高，远不如医疗服务、实用技术、手写春联等活动更受群众欢迎；部分公益培训因为缺乏事前与基层群众的有效沟通和交流，导致培训流于形式，无法适应基层群众的现实需求，并没有起到公益培训应有的效果。

2.缺乏对基层公共文化人才的有效培训

由于基层公共文化服务经费有限、专业培训师资不足、培训体系不健全、培训内容与实际需求脱节等，洛阳目前针对民间艺人、非遗传承人、业余文化骨干、文化热心人、文化志愿者等基层公共文化人才的培训还存在一定滞后，这个问题在镇、村级尤为突出。大多数文化活动都属于爱好者的自娱自乐，缺乏本土原创文艺精品，这也在一定程度上制约了基层文化事业的发展和进步。

（三）公共文化服务管理制度不完善

近年来，洛阳虽然逐步加大了对公共文化场所与设施建设的投入，兴建了城市书房、社区体育公园等大批公共文化场所，为群众开展文化活动、丰富精神生活创造了便利条件，但公共文化服务管理制度仍不够完善，存在"重建设、轻管理"的现象。

其一，管理体制较为落后。公共文化服务仍存在多头管理、信息共享不畅、流程冗余的现象，各个部门拥有的公共文化设施、队伍、资源各自为政、自成一体，直接导致管理效率低下与资源浪费。

其二，监督评估机制不健全。由于缺乏对公共文化服务状况进行有效监督评估的机制，难以保障公共文化服务的质量与效果，更是无法进行客观评价。相关部门存在"重硬件、轻软件，重建设、轻管理"的思想，更加关注公共文化服务的资金投入数量与公共文化设施的建筑面积，往往忽视了公共文化设施的使用和后期管理与维护，建而不管、重建轻管、管而不严等管理失灵现象屡有发生，如因为不当使用使得部分公共文化设施损坏较为严重，个别综合性文化服务中心、农家书屋被挤占、挪用或闲置，利用率较低，公共文化设施的服务水平需要得到进一步提升。

（四）公共文化服务市场化和社会化水平不高

洛阳公共文化服务的供给绝大多数是由政府直接提供的，由市场主体、社会组织、社会工作者、志愿者等市场力量和社会力量参与提供的服务较少，且相对集中在养老、医疗等领域，市场力量和社会力量尚未形成对政府的有效补充，致使众多社会资源并没有得到充分利用，严重限制了公共文化服务的创新与发展空间。

1. 市场化程度不高

其一，市场竞争机制不健全。当前洛阳在推动公共文化服务市场化方面存在一些问题，如市场主体的引入、管理和退出机制不健全，一定程度上限制了市场资源的优化配置；服务标准不明确、进入门槛较低、考核评估缺失，使得提供服务的企业水平参差不齐且管理混乱，造成部分公共文化服务质量不高。

其二，市场化手段单一。在公共文化服务市场化过程中，洛阳存在过于依赖某一种或几种手段的问题，如大多采用政府购买服务的形式，且政府购买或补贴的项目较少，对更为灵活和多样的市场化手段利用不足。市场化手段单一直接导致市场活力难以被充分激发，进而使得人民群众多样化的文化需求无法得到有效满足，如一些社区公共服务综合体建设滞后，市场化运营不足，导致社区文化服务供给不够便捷高效。

其三，市场机制与公共文化服务特性结合不紧密。由于公共文化服务最大的特点就是公益性和普惠性，而市场机制更加强调效率和效益，二者之间的紧密结合是推动公共文化服务市场化的关键，洛阳在考虑两者之间的结合点上有所欠缺，使得市场机制在公共文化服务领域的作用受到限制。

2. 社会化运作不足

其一，社会参与度不高。公共文化服务要实现社会化运作，离不开各种社会力量的参与和支持，但洛阳的实际情况是广泛的社会力量尚未被充分调动，宣传、参与渠道和激励机制等方面做得不到位，同时与社会组织、慈善机构等社会力量的对接也不够积极主动，使它们只能发挥极其有限的作用。

其二，社会组织力量较弱。在公共文化服务领域，洛阳的社会组织发展无论是在数量还是质量上都有待进一步提高，因而在提供公共服务时可能存在资源不足、能力有限等问题。

其三，合作机制不完善。政府与社会组织在合作的过程中存在信息不对称、沟通不顺畅等问题，很难有效整合与利用社会组织力量，影响了公共文化服务的社会化运作效果。

三 推动洛阳公共文化服务体系建设的发展建议

高质量推动洛阳公共文化服务体系建设，需要政府、社会、群众等多方面的共同努力与协作，通过不断优化公共文化资源配置、提升公共文化服务质量、完善公共文化服务管理体系、提高公共文化服务市场化和社会化水平，持续强化洛阳公共文化服务体系的建设水平和服务效能。

（一）优化公共文化资源配置

政府财政投入是农村公共文化服务体系建设最主要的资金来源，因而要优化公共文化资源配置，解决城乡之间公共文化设施、经费投入和数字文化资源不均衡的问题。

其一，要不断加大市级、县级财政对广大农村地区，尤其是偏远地区公共文化服务的资金投入，可以采取预算拨款、专项资金、财政补贴、项目申报等方式推动财政资金向基层倾斜，充分保障农村公共文化服务体系建设有稳定的经费来源。

其二，要加强基层文化设施建设，完善农村公共文化软硬件设施，注重统筹规划、合理布局，优先建设最基本的和急需的文化设施，确保公共文化服务覆盖到城乡每一个角落，在此基础上逐步推动现有公共文化设施的提质升级和服务网络的不断完善。同时要注意加强城乡公共文化设施的资源共享，比如推动图书在城市图书馆和农村图书室间合理、高效流动，实现图书资源优化配置。

其三，要推动农村地区公共文化资源数字化和网络化发展，以加强农村地区网络基础设施建设为最低要求，促进网络服务提质升级，进而搭建并丰富公共文化的交流与服务平台，通过数字化平台上的各类文化资源，比如在线课程、电子图书等，让广大农民群众获取优质公共文化资源与服务。此外，还要增强农民群众的网络素养、人文素养及防诈意识，避免造成个人损失，推动农村地区公共文化资源数字化和网络化稳步有序发展。

（二）提升公共文化服务质量

在提升公共文化服务质量方面，洛阳需要继续做好拓展公共文化服务内容、加强公共文化人才队伍建设等方面的工作，以此推动洛阳公共文化服务的高质量发展。

1.拓展公共文化服务内容

其一，要加强文化创新活动的开展，在继续保持提供传统公共文化服务内容的基础上，鼓励拓展文化创意、数字文化资源等新兴领域的服务内容，让公共文化服务与现代科技完美融合。通过利用各种新技术、新手段，着力打造一些洛阳本土特色浓郁的公共文化产品或服务，不断提升洛阳公共文化服务的创新能力和竞争力；同时，要做好数字文化服务的供给和宣传工作，探索"点单式"服务模式，让群众能够根据需求选择公共文化服务内容。

其二，要针对不同年龄段、不同兴趣爱好的城乡居民，开展差别化的公共文化服务活动。针对城市居民，可以采用定期举办各类文艺演出、展览、讲座等多元化的文化服务形式，并且要特别关注老年人、未成年人、残疾人等一些特殊群体的公共文化服务需求；针对农村居民，在充分调研其真实的生产生活及娱乐需求基础上，有针对性地补充农家书屋的书籍，开展更具实用性的公益培训，让公共文化服务真正满足群众的需求。

其三，要加强城乡之间的文化交流与合作。鼓励各县、区积极参加市级层面举办的各类文化节或艺术节活动，促进各县、区优秀文化产品或服务间的交流，同时还可以引入部分外地优秀公共文化服务产品或服务，丰富群众的文化生活。

其四，要积极鼓励和支持群众组织一些自发性的文化活动，如定期引导协助群众开展书画展以及摄影、广场舞、歌唱比赛等活动，让广大群众在亲身参与此类文化活动中激发学习文化的热情，领悟文化的魅力。

2.加强公共文化人才队伍建设

加强公共文化人才队伍建设是提升洛阳公共文化服务水平的重要举措，因此需要从公共文化人才引进与培养、完善公共文化人才激励机制等方面入手，着力培养一支高素质、专业化的公共文化人才队伍。一是要注意引进和培养人才，加大对高素质文化人才的引进力度，同时通过定期举办培训班、研讨会等活动，不断加强对本土文化人才，尤其是农村本土人才的培养和选拔工作，加强农村文化人才队伍建设，不断提升公共文化人才的专业素养和服务能力。二是要建立科学合理的激励机制，如对公共文化服务中表现突出的个人或团队给予一定的物质奖励或荣誉称号，充分激发公共文化服务人才的工作积极性。

（三）完善公共文化服务管理制度

洛阳要解决公共文化服务领域"重建设、轻管理"的问题，政府要不断强化自身主体责任，通过政府、社会、群众等多方面的共同努力和协作，逐步完善公共文化服务管理制度。

其一，加强部门间的统筹协调。政府要注意建立跨部门、跨领域的协调机制，确保文化、财政、规划、建设等相关部门沟通渠道的畅通，强化部门之间在公共文化服务设施建设和管理上的协同合作，同时要对各项服务流程进行优化，提高服务效率。

其二，强化监督与评估。要建立健全公共文化服务监督评估反馈机制，通过设立投诉渠道、开展满意度调查等方式，定期对公共文化服务质量和效果进行客观评价反馈，进而根据评估结果及时调整公共文化服务的策略和内容，持续改进和提升公共文化服务质量，不断满足群众的需求和期望。

其三，加强社会监督。鼓励引导群众积极参与公共文化服务设施的管理和监督，充分发挥群众的自治作用，开展自主管理与自我服务。同时，要健全民众表达机制，接受社会公众监督且过程公开透明，支持引导群众直接参与公共文化服务的规划、建设和管理，对于群众提出的具有建设性的意见要合理采纳。

（四）提高公共文化服务市场化和社会化水平

构建现代公共文化服务体系，需要转变政府部门的思维理念，从过去"办文化"转向现在的"管文化"，鼓励和支持社会力量参与公共文化服务体系建设，形成由政府、企业、社会组织及个人等多元主体共同参与公共文化服务体系建设的良好局面。

其一，完善政府购买公共文化服务的制度和政策。一是要建立健全公共文化服务标准制度、公共文化服务免费或优惠制度，要使其更具可操作性，涉及服务流程和定价方式、收益计算、收益分配等内容。二是要完善对参与公共文化服务的社会主体的扶持政策和激励机制，充分激发各类社会主体参与公共文化服务建设的积极性。

其二，引入市场机制，吸引社会资本参与公共文化服务建设。公共文化服务体系建设需要大量财政资金的支持，但财政资金又是极为有限的，因而必然会出现城乡之间公共文化资源配置不均衡的问题，需要政府不断创新融资方式。具体而言，就是政府通过与社会资本合作的方式引入专业化的管理和运营团队参与公共文化设施建设和运营，不断提升城乡公共文化设施的管理及服务水平。

其三，激励引导社会力量参与公共文化服务体系建设。鼓励企业、社会组织等社会各界通过投资、捐赠、赞助、资助等方式参与公共文化服务体系的建设与运营，形成多元化的资金筹措机制。需要注意的是，政府应加强对公共文化服务的资金管理和监督，建立健全财务制度和审计制度，并且定期公开其使用情况，接受来自社会公众的监督，确保合理、高效使用资金。可以先在城市区探索开展公共文化设施社会化运营试点，充分总结其中具有推广价值的经验和模式，成熟后再逐步扩大推广范围，从而形成以点带面的良好发展态势。

参考文献

［1］木江涛：《农村公共文化服务体系建设》，《文化产业》2023年第36期。
［2］戚帅华、刘延：《我市现代公共文化服务体系建设获评全省优秀》，《洛阳日报》2023年11月22日。
［3］葛静娴：《聚焦公共文化服务需求，深挖媒体"中央厨房"效能》，《广播电视信息》2024年第2期。
［4］苏瑶：《成都市P县农村公共文化服务体系建设研究》，西南科技大学硕士学位论文，2023。
［5］《推动社会力量参与公共文化服务建设》，中国经济网，http：//m.ce.cn/bwzg/202404/11/t20240411_38965502.shtml。

B.3 洛阳市文化艺术活动发展报告

李　雁*

摘　要： 广泛开展文化艺术活动，是保障人民文化权益、改善人民生活品质、补齐文化发展短板的重要途径。洛阳市文旅市场情况持续向好，为洛阳市文化艺术活动发展提供强大的支撑作用，洛阳文化艺术活动主要有剧本娱乐文化艺术活动、汉服体验文化艺术活动、中国洛阳牡丹文化节、洛阳河洛文化旅游节等精彩纷呈的活动，同时洛阳市文化艺术活动还存在文化基础设施建设相对滞后、组织策划能力不足、宣传渠道匮乏、创新能力不强等短板与不足，要做好洛阳市文化艺术活动还需要在深化认识、加强领导、加大投入、重视文化队伍建设、大力开展群众文化活动、提升洛阳的知名度和美誉度、加强行业监管、激发消费潜力等方面下功夫。应始终秉承"文艺为了人民"的坚定立场，创作出更多优秀作品、奉献更多精神食粮，让文艺活动成为沟通群众的桥梁，不断扩大群众参与度，以高质量文化供给增强人们的文化获得感、幸福感。

关键词： 洛阳市　文化艺术活动　文化供给

广泛开展文化艺术活动，发展公共文化服务，让人民享有更加充实、更为丰富、更高质量的精神文化生活，是保障人民文化权益、改善人民生活品质、补齐文化发展短板的重要途径。近年来，洛阳市以群众需求为引领，全面推进文化文艺活动提质增效，鼓励支持各级公共文化场馆、文艺院团不断

---

* 李雁，中共洛阳市委党校中国特色社会主义理论教研部讲师，主要研究方向为中国特色社会主义理论和党的建设等。

创新服务方式，打造更多优秀文艺精品力作，策划举办多项文艺展演展示活动，更好地服务了广大人民群众对文化生活的新期待。

一 洛阳市文化艺术活动发展的背景与优势

洛阳是拥有深厚历史文化底蕴的城市，自古以来就是华夏文明的发祥地之一。凭借得天独厚的地理位置和丰富的历史文化遗产，洛阳市的文化艺术活动也开展得如火如荼。

（一）洛阳市文旅市场情况

洛阳文旅市场持续升温，实现旅游接待服务质量和经济效益双丰收，成为节假日期间全国最热门的旅游城市之一。文旅对洛阳发展的重要性和支撑性不言而喻，《洛阳市国民经济和社会发展第十四个五年规划和2035年远景目标纲要》提出了洛阳"文旅融合进入新境界"的社会发展主要目标，尤其要引进培育文化旅游龙头企业，打造在全国具有知名度和吸引力的文旅融合项目，洛阳市"十四五"文旅融合发展规划还提出，到2025年，洛阳的文化产业增加值将达到500亿元，完成接待入境游客达到300万人次，接待国内外游客及旅游收入比重占全省20%。文旅产业在河南省、洛阳市两个层面都被赋予了重要使命，是现代化建设的主阵地之一，文旅集团更是地区文旅发展的主力军、主平台。

（二）文旅产业新趋势

1. 沉浸式体验开拓消费"新蓝海"

近年来，沉浸式公园、沉浸式演艺、沉浸式展览、沉浸式娱乐等新业态不断涌现，呈火爆发展态势。沉浸式剧本娱乐行业、沉浸式电影潮玩、多元化沉浸式剧情体验主题娱乐场馆、全景式全沉浸戏剧主题公园等越来越多的沉浸式文旅项目在全国各地上马落地，呈现多点开花的发展态势。

2. 文化消费成为扩大内需"新引擎"

文化体验已成为旅游消费的重要组成部分，文化旅游成热门选项。以历史建筑、博物馆、展览馆为目的地的文化旅游越来越受欢迎，文创产品也成为消费市场上的重要商品。中国旅游研究院专项调研数据显示，文化旅游中以文创为代表的购物占比达55%。自2023年以来，大型音乐会、剧场演出等文化消费呈现强劲复苏态势。

3. 情绪消费和精神治愈逐渐成为"新热点"

人们正在从功能性消费向情感性消费转变，对产品的需求已经逐渐从物质需求转变为对物质和精神的共同追求。在当今快节奏的生活中，人们越来越重视情绪价值和精神消费。调节情绪、缓解压力、放松身心的需求也催生了一批解压新业态。以萌宠互动馆、轰趴馆、蹦床馆、发泄吧、健心坊、换装自拍馆、轻极限运动体验馆等为代表的情绪消费项目快速兴起。

4. 线上文旅消费成为"新主流"

随着移动通信技术快速发展，消费者在做出文旅消费决策时越来越依赖网上评价和口碑信息，线上预订成为新趋势。此外，云旅游、云观演和直播平台等线上赛道强力助推文旅线上消费发展，为消费者带来更多选择和便利，拉动线上文旅消费迅速增长。

5. 细分客群成为"新赛道"

随着社会发展和人口结构变化，三类新兴消费客群呈现新的消费意愿。第一类是"Z世代"消费客群；第二类是"银发族"消费客群；第三类是"新女性"消费客群。携程《她旅途》消费报告显示，超六成家庭旅行度假是由女性主导的，无论是选择目的地、制定预算还是安排行程，女性都在其中扮演关键的主导角色。

二 洛阳文化艺术活动开展的基本情况

洛阳市牢牢把握以人民为中心的导向，组织引导市级公共文化场馆、文艺院团持续释放文化艺术创新活力，通过举办展览、戏剧演出、培训、讲座等群众喜闻乐见的形式，把优秀公共文化资源奉献给广大市民，让老百姓的精神文化生活不断迈上新台阶。

（一）剧本娱乐文化艺术活动

近年来，我国新兴的文化娱乐消费业态蓬勃发展。其中以密室逃脱和剧本杀为主的剧本娱乐业态备受广大年轻人追捧，已成为不可忽视的推动文旅融合发展的新动力。历经十余年发展，密室游戏从最初的密室逃脱（把玩家关到封闭的空间中，经过玩家脑力与体力的协作，最终逃出此封闭空间的游戏）发展成实景游戏（在真实空间里搭建场景并结合电子机械、自动化控制、手持PDA、穿戴设备、AR技术、真人NPC等技术与玩家进行互动的剧本杀游戏）。相比最初的定义"密室逃脱"，"实景游戏"更能概括当今密室业态的特点（见图1），承载了更多互动、戏剧的元素，更加注重玩家的参与感和体验分享。

选择剧本 → 分配人物角色 → 玩家阅读剧本 → 搜证推理获得线索 → 集体讨论找出凶手 → 公开结局复盘

图1 剧本杀游戏模式

资料来源：笔者自制。

然而，目前洛阳这一行业的上下游分散、原创能力不足、内容输出欠缺、知识产权保护空白等弊端不利于该行业规范化发展，剧本娱乐行业整体抗风险能力仍然较低。未来要想获得长足发展需要在以下几个方面下功夫。

1.打造独立IP

两年来，文化和旅游部及各省市已累计出台了20余份有关数字文化产业发展的纲要文件，政策暖风为剧本娱乐行业提供了良好的发展条件。泛娱乐产业的核心是IP，强化IP的培育与输出是高质量发展剧本娱乐行业的关键之举。一方面，在聚焦头部IP引入的同时，应积极关注对独立IP、本土文旅资源、历史文化的挖掘，积极探索"剧本+IP""IP+旅游目的地"等沉浸模式，开发具有地方特色的沉浸式文旅主题剧本娱乐活动，最大限度地还原剧情氛围，提升场景的真实感、游戏的代入感和沉浸感及互动体验，提升文旅融合的核心价值。依托剧本内容重塑文旅这种方式已渐渐成为国潮出圈、本土 IP 传播的重要推手。另一方面，好的 IP 剧本内容设计缜密、场景布置精良，可盘活地方闲置资源，可将一些废弃的厂房、空地交给商户去运营，将其打造为主题沉浸式娱乐场所，打造地方大型主题剧本娱乐项目，形成地方旅游的独特竞争力，让新生代玩家能够忽略距离、交通等因素也要前来体验。为此，要充分尊重剧本娱乐的内容创意，在数字化进程中为内容创作营造良好的环境。

2. 利用数字化手段

作为数字时代的新业态，剧本娱乐行业有着天然的数字化、网络化、智能化属性。用好数字化是丰富游戏内容、升级娱乐体验的必然手段。要牢固树立推理解谜不一定非要玩刺激走偏门的理念，情感化的推理解谜同样能达到释放精神压力、丰富想象力、加强人际沟通的效果。如长沙博物馆将文物特展与剧本推理游戏相融合，依托云端互联技术和 VR、AR、MR 推出了剧本杀《法门梦影》，一经面世即好评如潮。媒体评价其"做到了通过文物讲故事、通过故事传文化、通过文化看时代的多层次教育和传播目标，带给观众丰富的游戏体验"。长沙的实践为洛阳提供了利用游戏弘扬时代正能量的探索，社会各界要用好深邃的中华文化资源，在推广、营销、发行等各个环节树立文化自信，让剧本内容生产具备更强的韧性和更广阔的商业想象空间。

3. **扶持与整合结合**

剧本娱乐行业目前仍处于高速成长期，发展前景广阔。剧本娱乐行业聚集了一批具有策划能力、谜题设计能力、沉浸式表演能力的人才，能够有效弥补当前部分旅游娱乐项目内容陈旧、对年轻人缺乏吸引力的问题。在具体项目落地中应多考虑剧本娱乐产业链条各要素的基础保障作用，通过明确线下娱乐业新职业人群的从业者地位，鼓励专业教育机构和职业培训机构设置相关专业并开展职业教育，不断扩大剧本娱乐行业的"朋友圈"，持续整合线上线下资源，打破经营壁垒，不断提升文旅高质量融合带来的红利和

价值。

目前剧本娱乐与文旅结合的模式尚在发展阶段，这是应对消费转型升级的积极探索之路，需要从业者对自身的管理模式、运营模式、盈利模式进行深入研究。结合自身场景特点，深入了解目标群体需求，尝试拓展更多的"剧本+"概念。除了开发"景区+剧本""古镇+剧木""民宿+剧木"等，还可与露营地、咖啡馆、商场等经营主体打造跨行业联盟，提供优质独特的沉浸式体验环境。打造"演艺+旅游"，以隋唐洛阳城景区、龙门石窟景区和黄河非遗中心为剧本产业载体推出沉浸式剧本杀、剧本游戏、沉浸式演艺、行进式演艺等系列产品，策划实施"神都潮夏夜"潮音盛典、国风音浪、炫酷潮舞、泼水狂欢等系列活动，培育"龙门金刚""画舫夜宴"等定制化高品质文旅项目，同时逐步完善剧本创作、制作、经营和对外输出等产业链条。

（二）汉服体验文化艺术活动

近年来，"洛阳汉服"火爆出圈，洛阳长期霸榜抖音"最受欢迎汉服热门打卡地"，可谓"一城璀璨入画，罗衣锦绣如云"。"洛阳汉服"的出圈不是偶然事件，而是深刻把握新文旅产业"颠覆性创意、沉浸式体验、年轻化消费、移动端传播"理念，立足城市特色优势，找准产业发展"风口"，推进文旅产业转型发展的必然结果。

1. 多维度丰富汉服体验

通过"汉服+"，将汉服元素融入其他文旅业态，提升汉服体验的场景感、互动感、故事感。一是"汉服+景区"。打造应天门、天堂明堂、九洲池等一批沉浸式汉服体验景区，依托景区内古色古香的建筑、小桥流水的精致布景，设置汉服拍照打卡点，吸引游客前来打卡。二是"汉服+剧本杀"。让游客穿上汉服、选择身份进入剧本情节，通过NPC演绎、互动，在游戏中获得身临其境的体验。通过《无字梵行》、"博物馆奇妙夜"等"汉服+剧本杀"活动，将整座城市变成大型剧本杀场馆，这吸引了大量游客。三是"汉服+演艺"。策划汉服秀、国风达人巡游、古风宴饮等活动，给游客带来集主题场景游玩、沉浸互动、歌舞演艺等于一体的深度体验。隋唐洛阳城推出了"唐宫乐宴""神都华裳秀""神都梦华录"等主题活动，将国风和潮流时尚与历史文化完美结合，让游客进入隋唐盛世、过足"穿越"瘾。四是"汉服+研学旅行"。让学员在古代书院场景中，穿汉服诵读经典、演习传统礼仪，拓展研学的内涵与表现形式，切实做到寓教于游。

2. 打造全链条汉服产业

拉长汉服产业链条，完善上下游配套，推动形成集群效应。用好汉服制造成熟平台，通过行业协会组织，以订单生产等方式，加强与曹县、修武县等汉服生产集聚区的产销合作，保障中低端汉服市场供应规模和质量。在创意端发力，培育引进知名汉服设计制造企业，推出更多符合洛阳"颜值""气质"的特色汉服产品，满足游客个性化、定制化需求，抢占汉服消费高端市场。开发更多周边产品，结合城市IP，研发扇子、古风包、发簪等配饰，设计武则天、狄仁杰、唐玄奘等系列盲盒、伴手礼等具有洛阳辨识度的文创产品。

3. 增强游客沉浸式体验

从丰富沉浸式体验角度，深度挖掘汉服文化内涵，强化创意引领，打造更多沉浸式文旅业态。紧跟潮流热点和年轻人喜好，推出唐宫夜宴、龙门金刚、洛神水赋等妆造，依托剧本杀头部企业创新热门游戏、影视作品等角色扮演体验。借鉴西安大唐不夜城"盛唐密盒·房谋杜断"的成功模式，培育本地"相声新势力"等品牌，推出与游客互动性强的沉浸式体验。促进"汉服经济"与其他业态深度融合，依托研学、餐饮等企业，将汉服元素融入传统习俗、礼仪、琴棋书画、诗酒花茶等场景，推动"汉服+非遗""汉服+茶艺"等业态发展，催生新业态，带来新体验。加强数字技术运用，打造身临其境的交互式沉浸体验，增强游客的场景感、代入感。

4. 创新互联网引流方式

打造新媒体营销矩阵，持续形成引流热点。强化营销平台用户引流，借

助平台海量用户行为分析，做好目标消费人群的精准宣传推送，吸引更多潜在消费者。深化与社交媒体平台合作，不断策划推出热搜短视频和热门话题，及时回应热点话题、热门事件，实现二次传播，特别是以更有深度的作品实现内涵式传播，掀起更为持久的舆论热潮。采取短视频竞赛、直播PK、超话互动等形式，鼓励引导本地网红、游客、市民广泛参与，多视角多层次多维度进行各种内容生产创作，形成全民推介、全民为洛阳代言的浓厚氛围。

5. 推动流量充分变现

结合洛阳历史文化、美景美食等特色优势，不断丰富城市消费场景，推动线上流量转化为现实消费量。加快推进隋唐洛阳城历史中轴线天街、十二里坊复原展示工程以及城市阳台、城市客厅建设等特色街区的建设，布局建设国风市集、文创市集，提升消费体验。建设一批精品青年蹲城部落，布局发展首店经济，引入年轻人喜欢的品牌加盟店，以汉服体验消费联动餐饮、酒店等生活服务消费，形成更加丰富的消费场景。

以弘扬河洛文化、拓展汉服经济、助推文旅消费为目的，重点对天街进行汉唐文化打卡氛围营造，通过设置汉服展位、演出舞台、宫灯花灯、彩旗道旗、非遗美食、房车营帐、无人机表演等，创新优化节会体验形式，吸引年轻人的眼球，将洛阳打造成为河洛文化的体验地、打卡地，形成"高举高打"的洛阳风格，将线下沉浸式体验与线上话题互动相结合，努力营造具有青春活力、休闲时尚的洛阳特色文旅氛围。

（三）中国洛阳牡丹文化节

中国洛阳牡丹文化节每年4~5月在洛阳举办。2024年，洛阳按照"颠覆性创意、沉浸式体验、年轻化消费、移动端传播"的新文旅理念，以"花开洛阳、青春登场"为主题，精心策划了多项独具特色的文化活动。同时，牡丹文化节赏花期间（赏花期4月1日至5月5日），社会各界举办了一系列文化旅游类活动。2024年牡丹文化节始终守牢安全底线，不断提升城市管理水平，持续拉动文旅消费，叫响了牡丹节"国字号"文化名片，为建强副中心城市、形成增长极、重振洛阳辉煌作出积极贡献。中国洛阳牡丹文化节的主要亮点及成效如下。

1. 在颠覆性创意上突破，形成了办节办会新理念

牡丹文化节秉承"颠覆性创意、沉浸式体验、年轻化消费、移动端传播"的理念，围绕青年群体，突出沉浸式互动体验，不断推陈出新。一是提出办节新思路。省、市领导高度重视牡丹文化节，省主管领导多次亲临洛阳指导，市主要领导多次主持召开专题会议，研究部署推进牡丹文化节筹备组织工作，提出了许多新的办节理念和思路。坚持群众主体，淡化行政色彩，赏花启动仪式现场观众即演员，更加突出了游客市民的参与度。打破惯性思维，坚持市县联动，整合文旅资源，各县区围绕牡丹文化节主题，积极策划举办了一批独具特色的文旅活动，积极推介各自特色文旅产品，吸引更多游客深度体验，推动了全域旅游发展，扩大了节会综合带动效应。二是推出剧本新玩法。"全城剧本杀"开创以一座城市为剧本载体的先河，集中串联40多个沉浸式剧本娱乐项目，联合支付宝开发《神都舆图》小程序，以地图打卡的形式在空间、时间上形成全城全景的营销亮点，面向北京、陕西等36个城市，推送消息达5000万人次，微博话题阅读量达到1.2亿。三是引领青春新风尚。"赏花启动仪式"上5000名观众全场互动，呈现青春盛景，点燃了牡丹文化节第一个高峰。"牡丹幻城之夜"融合多种表演形式及XR技术、CG特效等科技手段，线上线下同步打造了一场兼具时尚与传统韵味的视觉盛宴，增强了青年群体对牡丹文化的认同感和体验感。四是打破文博旧定式。改变博物馆夜间不开门的常规，按照"重参与、重过程、重体验"思路，推出全国首个历史人文类博物馆"夜宿"项目，"宿古墓""宿运河""与国宝一起过夜"让游客亲临体验，在愉悦刺激的参与中解读洛阳厚重的历史文化。同期举办的"商邑金戈——盘龙城青铜文明陈列"展览吸引游客15.2万人次；"墨——武则天和她的时代"特展在微博端开设话题4个，2次登上同城热搜，最高话题阅读量1548万。

2. 提升沉浸式体验，拓宽文旅融合新模式

牡丹文化节不断探索文旅融合新模式，挖掘文旅消费新潜力，提升沉浸

式体验。一是优化赏花场景，让游客火起来。全面提升王城公园、隋唐城遗址植物园、国花园、国家牡丹园等园艺水平和服务水平，策划举办了"牡丹花王大赛""王城大典""国色无双梦回盛唐"等20余个沉浸式赏花游园活动，实现了牡丹园场景改造、形象塑造、艺术运用的新提升。市直专业文艺院团陆续走进隋唐城遗址植物园、王城公园、洛邑古城、河洛古城、龙门古街开展演出活动40场，通过专业院团进景区，增强了游客互动体验。隋唐城遗址植物园、中国国花园、王城公园3家市管牡丹观赏园，盛花期日均门票收入超过120万元。二是抢抓国风潮流，让景区热起来。结合实景、角色扮演、真人演绎等多元形式，新引进VR体验项目，推出"隋唐洛阳城国风穿越节""唐·霓裳艺术盛典"等活动，还原国风市集场景，彰显文化自信，让游客"穿越千年古都，梦回隋唐盛世"，感受千年历史与时尚潮流相互交融的国风洛阳，吸引游客百万人次以上。三是推进汉服经济，让洛阳秀起来。举办"梦里隋唐尽在洛邑"汉服文化节，发起"总要来洛阳穿穿汉服"短视频挑战赛；赏花启动仪式上，邀请近3000名汉服志愿者向全世界行叉手礼，欢迎四方宾朋来洛赏花；牡丹文化节开幕式上，汉服是小姐姐们的演出服，秀出洛阳锦绣、国潮国风；生活中，汉服是小姐姐们的休闲装，罗衣飘飘，风采照人；赏花时，汉服是小姐姐们的打卡装，执子之手，徜徉花海。坐地铁、游古城、赏牡丹穿汉服一律免费，洛阳持续霸榜抖音最受欢迎的汉服热门打卡地，洛阳"汉服经济圈"日渐成型，目前全市从事汉服经济服务的机构粗略统计达1000家以上。洛邑古城以"汉服+古城"的打卡方式和"服装+造型+拍摄+修图"的一条龙服务，带动周边汉服店300余家，日均吸引客流量达2.5万人次。

3. 在年轻化消费上发力，丰富了文旅消费新业态

为助力打造青年友好型城市，牡丹文化节瞄准青年消费新特点，主动挖掘青年消费新潜力，积极策划举办了系列青年时尚类活动，吸引更多青年向往洛阳、集聚洛阳、爱上洛阳。一是引进青年演出活动。组织开展汪峰2023巡回演唱会、洛阳电糖音乐节、2023"音乐·科技人"演出季、"青春洛阳潮舞涧西"青年街舞邀请赛等活动，使洛阳演出市场重新迸发出活力，吸引青年群体前往现场观看，带动相关产业消费。二是开创剧本娱乐产业链。向全国剧本娱乐企业发出"英雄帖""招募令"，提包入住等系列优惠政策吸引入驻企业30家，新增意向入驻企业14家，推动剧本产业链持续完善。三是点亮夜间文旅消费。发布牡丹文化节期间老字号嘉年华等12项系列活动，丰富夜间文旅消费业态，持续擦亮"古都夜八点"城市名片。四是叫响研学洛阳品牌。携手世界研学旅游组织，诚邀国家、省相关部门的领导以及全球文旅组织代表、研学旅游服务商、研学营地代表等500多人莅洛共话研学发展，发布了研学《洛阳宣言》，建起了洛阳与国内外服务商合作沟通的平台，极大地促进了洛阳研学旅游的发展。会议期间，嵩州丝绸研学营地与53家国内研学机构达成合作意向，黄河文化研学营地、博物馆隋唐研学营地都得到了研学旅游服务商的青睐。

4. 加强在移动端传播，引发节会旅游新爆点

牡丹文化节全面强化网络传播影响力，通过明星口播邀请、平台传播、网红矩阵、种草经济、事件营销、圈层突破、打卡分享等手段，全方位推广牡丹文化节盛况。一是坚持创意引领。"赏花启动仪式"、"牡丹幻城之夜"、洛邑古城汉服体验、九洲池国风穿越节、应天门倒影和变装、汉服老奶奶、"西游仙魔团"等话题热度持续不减，各类相关短视频以轻松、明快、易传播的形式表达了洛阳人民诚邀天下宾客的心情。二是突出青年视角。运用青年话语体系和短视频等新媒体手段，邀请流量明星王一博和网红房琪录制牡丹文化节ID宣传片，全网曝光超数千万，虚拟偶像"花小楼""颜如玉"也为洛阳文旅宣传造势，深受年轻人喜爱。与网易联名合作把洛阳元素植入《大话西游》游戏中，在画面中构建洛阳胜景。三是拓展传播渠道。与京东物流开展战略合作，定制100万个牡丹文化节"牡丹主题盒"，在北上广等100个城市投放，发放旅游寄递券500万元，引导游客在洛购物寄递，在武汉黄鹤楼、成都宽窄巷、重庆洪崖洞、上海外滩、西安大雁塔等开展地标打卡，并通过"洛阳旅游""京东物流"等自媒体进行传播，邀请全国游客畅游洛阳，进一步提升了民众对中国洛阳牡丹文化节的关注度和参与度。

（四）洛阳河洛文化旅游节

由河南省文化和旅游厅、洛阳市人民政府主办的2023洛阳河洛文化旅游节，于9月28日至10月26日在洛阳成功举办。河洛文化节以"新文旅新体验新消费"为主题，深入贯彻习近平总书记关于文化旅游工作的重要论述和全省文旅文创发展大会精神，秉承"颠覆性创意、沉浸式体验、年轻化消费、移动端传播"理念，着眼文旅文创融合发展，紧盯城市文旅、乡村旅居"两大板块"，突出深体验、夜经济、可重复"三个着力点"，为加快塑造"行走河南·读懂中国"品牌作出了新贡献。洛邑古城、洛阳博物馆、丽景门、明堂天堂……随着一系列文旅景点的强势出圈，"十三朝古都"洛阳再次成为热门旅游城市。

1. 聚焦"新媒体"，引领新潮流

随着新媒体的崛起，利用在网红流量带动下火起来的汉服热，积极推动汉服与消费的持续深度融合，让"洛阳汉服"热度不减、持续走红，让洛阳城成为人人皆想前来体验的"汉服城"。一是引领汉服时尚。河洛文化旅游节开幕式采用全息投影技术，加持无人机表演等内容，为人们带来了一场沉浸感强、科技范足、唯美性高的视觉盛宴，让洛阳汉服再次成为万众瞩目的焦点。二是展现汉服神韵。在正大广场举办汉服时尚设计周活动。以"越汉服，越时尚"为主题，集中展示中华千年服章之美、礼仪之美，持续推动"洛阳汉服"热，助推洛阳新文旅产业高质量发展，助力洛阳打造全国沉浸式文旅目的地。三是扩大汉服效应。开展汉服时尚设计周、汉服快闪等活动，把汉服和剧本娱乐、沉浸体验等充分融合。

2. 丰富"新场景"，增强新体验

围绕深体验、夜经济、可重复"三个着力点"，创新活动内容，丰富活动场景，满足青年的多元化需求。一是推出"博物馆奇妙夜"2.0全面升级版。"十一"双节期间，二里头夏都遗址博物馆、隋唐大运河文化博物馆等延长开放时间，开启"夜游模式"，接续推出"逛古博剧好玩""多少楼台烟雨中"沉浸式剧本体验及"神秘客·洛小文夜探博物馆"大型沉浸式讲

解活动，带给体验者更加全面、生动、沉浸的文化盛宴，打造一站式洛阳文化 IP 之旅，门票上线即告罄。二是沉浸式演艺热度不减。隋唐洛阳城景区推出的《唐宫乐宴》《天门有道》《无字梵行》《夜探天堂》《风起洛阳》沉浸式体验项目深受游客爱戴，"高光时刻"不断出现辉煌璀璨的盛世美景，这些项目成为越来越多游客的"心之所向"。大河荟推出的"寻迹洛神赋"以"洛阳神韵"为精神符号，以河洛文化为主线，运用数字影像、机械装置、现场演艺相结合的方式，令观众深度参与场域之中，体验尘封已久的洛阳故事。

3. 瞄准"新户外"，培育新品牌

一是钢琴名曲唱响黄河之水。首届洛阳黄河小浪底钢琴音乐节以青少年为主体，以黄河文化为主题，构建开放包容可持续发展的文化交流平台，讲好黄河的故事。在黄河河畔，74 名洛阳钢琴少年同时在 74 台钢琴上演奏，300 名洛阳少年学子在钢琴伴奏下高唱《歌唱祖国》，献礼新中国成立 74 周年。二是户外露营感受自然之美。涧西区举办的"河洛风光，大美涧西"露营派对联盟、宜阳县举办的首届洛水昌谷户外露营节、洛阳市举办的"伊水青风"新户外活动，让游客离开城市的喧嚣，亲近大自然，感受大自然的美丽和宁静。三是特色民宿受到游客青睐。洛阳市的民宿经济持续火爆，特色民俗备受青睐。在洛阳老城，各家特色民宿的客房预订率、入住率远超预期，洛邑古城周边热门区域的民宿线上线下预订十分火爆，部分特色民宿更是"一房难求"。栾川县宾馆住宿率达到 90% 以上，精品民宿住宿率达到 70% 以上，游客平均停留时长从原来的 1.5 天延长至 2.5 天，丰富的场景、沉浸式的体验让游客在观景的同时慢下脚步，享受生活。

总之，洛阳市文化艺术活动丰富多彩，无论是传统艺术还是现代艺术，都散发着独特的魅力和文化气息，让人感受到了深厚的文化底蕴和无限的创意灵感。这些活动不仅丰富了市民的精神文化生活，也提升了洛阳的文化软实力和国际影响力。在未来的发展中，洛阳将继续致力于推动文化艺术事业的发展，为市民和游客带来更多的艺术享受和文化盛宴。

三 洛阳市文化艺术活动存在的短板

近年来，市委市政府在努力做好洛阳市经济建设的同时，坚持经济文化两手抓的方针，逐年加大对文化艺术活动的投入，推进全市群众文化活动深入开展，使群众文化生活更加丰富多彩，人民精神风貌更加昂扬向上，促进了全市文化艺术活动的大繁荣大发展，取得了非常好的成绩。但在当前文化艺术活动发展过程中，也暴露出了一些短板和问题，亟待解决。主要表现在以下几个方面。

（一）文化基础设施建设相对滞后，组织策划能力不足

文化基础设施建设相对滞后。一是群众文化活动场所缺乏；二是文化设施、设备陈旧落后，而且数量不足。目前一些文艺活动的组织策划开展主要依靠服务外包，这样的方式不仅增加了文艺活动的成本，而且在时间、费用、场次等方面都受到一定的制约。同时，县区政府对文化活动主导作用不强，文化人才匮乏。

应鼓励和支持公共文化场馆、文艺院团发挥主观能动性，组建自己的活动运营团队。活动组织方可以聘请专业老师对工作人员进行培训，在专业老师的指导下更新和完善运营体系，增强工作人员专业素养。加强与成熟运营企业及团队机构的合作，通过实践帮助工作人员将理论知识转化为实际操作能力。增加交流和合作的机会，让团队有机会接触不同类型的活动，拓宽视野，这样才能更好地开展活动，把更好的作品、更丰富的精神食粮奉献给广大人民群众。

（二）多数乡村文化活动群众参与率较低，宣传渠道匮乏

洛阳市区群众文化活动活跃，但是多数县乡农村群众的文化活动方式单一，内容单调，没有吸引力。良好的宣传能够有效提升活动的知名度，塑造活动的品牌形象，吸引更广泛的受众群体参与，这对于传递活动的核心价值观和文化内涵、扩大活动的影响力有重要作用。目前部分文艺活动宣传过程中存在策略

不够精准、宣传内容缺乏创新和多样性、忽视口碑营销、新媒体宣传手段运用不足等问题，导致宣传策略无法精准触及潜在参与者，影响受众的参与意愿。

应通过调研和数据分析，确保宣传活动能够触及正确的目标受众，制定更加精准的宣传策略，加强新媒体宣传，利用微博、微信公众号、小红书、抖音等多种平台和形式，提高宣传互动性，让文艺活动拥有更开阔的舞台。丰富宣传内容，采用多种形式和角度展示文化艺术活动的魅力，以吸引不同背景的潜在参与者，建立宣传效果的评估和反馈机制，定期分析宣传活动的效果，及时调整策略以提高宣传效率。

（三）历史文化资源挖掘不够，创新能力不强

从内容上看，洛阳市业余文化团体演出的节目体现洛阳市历史文化底蕴的作品不多，创新能力不强。创新是增强文艺活动吸引力、提升竞争力、促进文化传承、丰富文艺活动供给、保持文艺活动生机和活力的重要手段。目前部分文艺活动内容缺乏新意，活动的多样性和包容性不足，艺术水平不高，难以吸引不同层次受众的兴趣和关注，活动达不到预想的效果。

应鼓励和支持文艺活动组织者、艺术家和相关人员充分挖掘和吸收中华优秀传统文化的精髓，不断探索和尝试新的创意、新的表现形式和新的技术应用，引入更多创新元素和高水平的艺术作品，有效提升文化艺术活动的整体质量和观众满意度，促进文化艺术活动的健康发展。

总之，洛阳市文化艺术活动的发展还存在短板与不足，亟待解决。还需要政府、社会各界共同努力，通过丰富活动内容、完善设施建设、增加资金投入、加强人才培养等措施，推动洛阳市文化艺术事业不断繁荣发展。

四 做好洛阳市文化艺术活动的对策

（一）深化认识，加强领导，把开展洛阳市群众文化活动摆在更加突出的位置

文化是政治、是形象、是环境、是生活、是软实力。重不重视文化、抓

不抓文化，不仅仅是对文化的态度问题，而且反映了对文化的认知问题。不重视文化、不抓文化，就是失职，就是政治上的近视，更不符合科学发展观的要求。推动洛阳市群众文化活动大发展大繁荣不仅是全市人民的事情，也是各级党委和政府的重要职责，要从贯彻落实科学发展观的高度，从建设全面小康社会、构建和谐新农村的客观要求，从提高民族文明进步的高度，充分认识做好洛阳市群众文化活动的重要性和紧迫性。

（二）要加大投入，进一步加强文化基础设施建设

市委市政府要建立以政府为主导的多元投入机制，加快文化基础设施建设步伐，为群众文化活动搭建平台。一是要增加政府财政投入，每年财政预算要按要求安排专项资金，并逐年加大投入用于文化基础设施建设和活动的经费。二是要充分利用国家"十四五"规划抓基层文化建设和省推进文化大省建设的契机，积极向上争取资金。三是通过市场化运作的方式，鼓励社会力量参与文化建设和支持群众文化活动开展。四是号召群众自筹，实现自我发展。通过多渠道的资金投入，不断完善文化基础设施，使全市逐步形成以县城为中心、以乡镇为依托、以村为基础的具有设施完备和功能齐全的三级群众文化活动网络。

（三）要重视文化队伍建设，积极培养群众文化活动骨干

一是按照上级要求，重建乡镇文化工作机构和充实专职专业技术人员，为群众文化活动的开展提供组织保障。二是要培养年轻骨干演艺创作人员，提高县文化馆专业人员的业务能力和水平。解决专业人员不足问题，逐步实现结构的优化和指导得力。三是要挖掘培养群众文化人才。通过组织普查、举行比赛、开展活动等多种途径挖掘文化能人，使民间文化人才浮出水面。县文化部门要进一步加大对基层文化骨干的培训力度，提升文化骨干的综合素质。同时，做好引导保护工作，充分发挥他们在群众文化活动中的引领、带动作用。经过不懈努力，逐步建立健全遍及城乡、能人辈出的群众文化工作机制和队伍。

（四）要大力开展群众文化活动，丰富城乡群众文化生活

一是要以民俗节日、重大节庆日和重大活动为载体，确定群众文化活动主题，大力开展群众文化活动。吸引群众走出家庭，进入社区，融入社会，增强文化活动吸引力、凝聚力，拉动群众文化活动向更高层次、更高领域、更多种类发展。二是要加强乡镇综合文化站和农村文化大院建设，广泛开展各类群众文化活动，解决农村文化活动形式单一、内容单调的问题。三是由政府出资组织文艺演出专业队，常年送戏下乡，并到全市各地巡演，及时把党和政府新时期的方针政策以文艺的形式宣传到千家万户。四是在城乡举办有影响力、参与性强的演、展、赛活动。在邀请省内外各文艺团体和演员来洛阳市演出的同时，发动群众、依靠群众，举办群众自身参与的文艺活动，增强群众的参与度，形成全民参与文化活动的新风尚。

（五）深度挖掘历史文化资源，提升洛阳的知名度和美誉度

洛阳市历史文化底蕴浓厚，是"中国民间绘画之乡""龙门年橘之乡""全国十佳旅游目的地"等。为此，市委市政府应整合相关部门的专业力量，特别是离退休老干部和社会上熟悉和热爱文化艺术活动的有志之士，成立专门队伍，在深度挖掘文化历史资源和开发温泉旅游文化的基础上，推出一批具有地方特色的文艺作品，创出品牌，打出精品，丰富温泉旅游文化名城的文化内涵，引领群众文化活动的发展，进一步提升洛阳市的知名度和美誉度。

（六）加强行业监管，筑牢安全生产底线

一是加强娱乐场所管理，压实安全责任。深刻吸取近年来重大事故教训，切实做好安全生产工作。一方面，压实企业消防安全主体责任，指导企业加强隐患自查能力，要求企业做好消防演练及消防培训，持续加强隐患排查治理工作，严防各类事故发生；另一方面，压实安全监管责任，严格按照"三管三必须"要求，加强娱乐场所内容及消防安全监管，持续做好日常安

全巡查，确保娱乐场所安全稳定。二是提升旅游景区服务水平，压实企业主体责任。推进旅游景区转型提质行动，以适应市场新变化、游客新需求。指导万安山山顶公园、薰衣草庄园、豪泽国际郁金香花海欢乐城等A级旅游景区对照标准，持续提高基础设施和接待设施档次，提升管理水平和服务质量。同时，加强从业人员培训，号召各旅游企业及从业人员诚信规范经营，文明礼貌待客，增强游客的归属感、获得感、满足感。

（七）持续开发文旅促消费活动，激发消费潜力

一是利用牡丹文化节、"五一""十一"等节会开展促消费活动。加强市县区各相关部门的沟通，对接各类优惠政策，发挥好政策效能，带动洛阳市文旅消费。积极参与、策划各项文旅促消费活动，丰富节会内容，探索构建文旅消费新场景。协调景区与酒店、民宿、旅行社达成合作，打好"组合拳"，共同推出优惠套餐，为游客提供"吃住行游购娱"一站式服务，助力洛阳市文旅产业优势互补、联动发展，释放文旅消费潜力。二是依托旅游景区开展促消费活动。在牡丹文化节、国庆节、春节等重点节假日期间，以"牡丹之约·花香伊滨""游伊滨山水，品乡愁文化""春节之源·伊滨过年"为主题，策划举办万安山登山节、万安山星空露营季、倒盏民俗节、神都灯宴灯会、万安山冰雪嘉年华、奥斯陆冰雪狂欢节等文旅活动，持续拉动人流。在此基础上引导旅游景区推出免门票、门票打折、优惠套票等优惠措施，全面推动文旅消费。三是开发文旅文创产品。持续开发系列文创产品，打响"伊滨礼物"品牌。一方面，不断开发文创产品，深入挖掘洛阳市历史文化、非遗项目、历史名人等资源，推出系列特色美食、土特产、装饰品以及文创艺术品等商品；另一方面，建立立体化消费渠道，探索品牌"精准化"营销，加强宣传推广，提高"伊滨礼物"品牌影响力。四是持续打造文旅街区，促进文旅消费。积极对接相关部门，将"诸葛里"、伊河渡早茶等文旅街区纳入消费推介活动中，丰富文旅街区的消费活动。通过线上线下多种渠道的宣传，提高文旅街区的知名度和美誉度。同时，注重收集游客的意见和建议，不断改进和提升街区的服务质量。

结　语

"源于人民、为了人民、属于人民"是社会主义文艺的根本立场，也是社会主义文艺繁荣发展的动力所在。我们将始终秉承"文艺为了人民"的坚定立场，创作出更多优秀作品、奉献更多精神食粮，让文艺活动成为洛阳市民众沟通的桥梁，不断扩大参与度、影响力，以高质量文化供给增强人们的文化获得感、幸福感。

参考文献

[1] 孙雅楠：《后疫情时代陕西文化艺术旅游模式探析》，《旅游与摄影》2022年第10期。

[2] 潘朱云、许佳：《旅游文化背景下彝绣艺术创作的尺度分析》，《中国民族博览》2021年第13期。

[3] 姜勃宇、姜宇威：《敦煌艺术对丝路旅游文化的积极影响》，《当代旅游》2021年第16期。

[4] 赵希岗、汪慧娴：《苏州旅游文化创意产品设计应用研究》，《艺术与设计（理论）》2020年第5期。

[5] 马阳、周凹凸、周俊良：《基于城市旅游文化视角下古瓷器艺术与旅游文创产业融合发展探析——以天津"瓷房子"为例》，《陶瓷》2019年第12期。

[6] 萨如拉：《民族文化艺术和旅游融合实践研究——以〈千古马颂〉为例》，《艺术品鉴》2019年第14期。

[7] 戴艳：《艺术设计对茶乡旅游的文化再生及促进性研究》，《福建茶叶》2018年第9期。

[8] 周颖然、林灿：《红色动漫产业对旅游文化与公共艺术产业发展的影响研究》，《艺术科技》2018年第6期。

[9] 龙一棻：《河北民间剪纸艺术与旅游文化的关系探究》，《大观（论坛）》2018年第4期。

[10] 栾瑞敏：《民间艺术是旅游文化亮丽的风景》，《大众文艺》2018年第7期。

[11] 张曦予：《数字媒体艺术在旅游文化传播中的应用研究》，《明日风尚》2018年第1期。

［12］区穗玲：《肇庆文化艺术产业与旅游业融合模式路径研究》，《旅游纵览（下半月）》2017年第24期。

［13］《东江湖奇石馆——赏石艺术+科普、旅游文化》，《宝藏》2017年第12期。

［14］王晓露：《数字媒体艺术在大理市喜洲镇旅游文化产业开发中的运用》，《祖国》2017年第15期。

［15］燕倩：《浮世绘艺术风格的西安旅游文化元素的图案设计及其应用》，西安工程大学硕士学位论文，2017。

［16］陈小娟：《彩陶艺术在甘肃旅游文化中的运用研究》，《兰州交通大学学报》2016年第5期。

B.4 洛阳市文化传承创新体系建设发展报告

王珺杰*

摘　要： 洛阳历史文化资源丰富，地理位置优越，是中原文化的发源地，是河洛文化的核心地带。在新时代，洛阳文化健康发展需要传承创新。文化传承创新能够促进文化自身发展，能更好发挥文化产业的辐射带动作用，有利于塑造良好的城市形象。如今，洛阳文化资源大数据库初具规模、非物质文化遗产保护传承和古籍保护研究利用不断加强。但依然存在对文化遗产摸底不清，文化遗产管理体系不健全，文化传承创新有待加强，文旅融合深度不够等不足之处，要继续推动各项政策落实，加强文化遗产资源保护，在文化遗产传承的基础上加以创新，深入挖掘城市文化，加快文旅深度融合。

关键词： 洛阳　文化资源　传承创新体系

党的二十大报告指出："全面建设社会主义现代化国家，必须坚持中国特色社会主义文化发展道路，增强文化自信，围绕举旗帜、聚民心、育新人、兴文化、展形象建设社会主义文化强国，发展面向现代化、面向世界、面向未来的，民族的科学的大众的社会主义文化，激发全民族文化创新创造活力，增强实现中华民族伟大复兴的精神力量。"[①] 2024年4月15日，《求是》杂志发表习近平总书记重要文章《加强文化遗产保护传承　弘扬中华

---

* 王珺杰，中共洛阳市委党校统战理论教研部助教，主要研究方向为中国历史。
① 习近平：《高举中国特色社会主义伟大旗帜　为全面建设社会主义现代化国家而团结奋斗——在中国共产党第二十次全国代表大会上的报告》，人民出版社，2022，第42~43页。

优秀传统文化》，文章强调文物和文化遗产承载着中华民族的基因和血脉，是不可再生、不可替代的中华优秀文明资源，不仅属于我们这一代人，也属于千秋万代。《洛阳市"十四五"文化旅游融合发展规划》指出，"创立文化保护传承创新体系"是洛阳"十四五"期间文旅发展的重点任务之一。洛阳历史文化资源丰富，地理位置优越，是中原文化的发源地，孕育的河洛文化是中华民族的主流文化。在新时代，洛阳文化健康发展需要传承创新。

文化传承创新能够促进文化自身发展。对文化进行传承创新一方面有助于弘扬中原文化，让更多的人了解洛阳的历史文化底蕴，展现洛阳的"河洛精神"；另一方面也可为洛阳文化发展注入活力和生机，让洛阳文化发展更加适应社会发展的需要，增强洛阳文化软实力。

文化传承创新能更好发挥文化产业的辐射带动作用。对经济发展来说，文化属于上层建筑领域，是社会政治和经济在意识形态上的反映。大力发展文化产业并发挥文化产业的带动辐射作用有利于增强城市文化软实力和竞争力。近年来，洛阳文旅融合步伐加快，对文化进行传承创新能够帮助洛阳加快产业结构调整升级，加快文化与人才、资本、科技等要素的深度融合，从文化建设中还可获得经济红利，实现社会经济可持续发展，打造文化旅游融合发展新格局。

文化传承创新有利于塑造良好的城市形象。在城市发展过程中，由于政治、经济、自然环境、地理区位等各种因素不同，各个城市逐渐形成了各具特色的城市文化。城市文化是这座城市的灵魂，拥有特色文化是城市个性的体现，有文化特色的城市才有魅力。传承和彰显特色文化是未来城市可持续发展的必由之路。洛阳历史文化资源丰富，在文化传承与创新当中应彰显洛阳城市特色，突出洛阳文化优势，找好洛阳城市定位，这有助于洛阳塑造良好的城市形象，增强城市竞争力，更好地推动洛阳国际人文交往中心的建设。

一 洛阳文化传承创新体系建设现状

（一）资源大数据库初具规模

1. 建立文化旅游资源体系

洛阳历史积淀深厚，文旅资源丰富，依据国家标准，结合《河南省文化和旅游资源分类、调查与评价》《河南省文化旅游资源普查工作导则》，运用遥感技术（RS）、地理信息系统（GIS）、北斗、大数据等科技手段，开展洛阳市文物、非遗、古籍、美术馆藏品、地方戏曲剧种、传统器乐乐种等六大类文化资源的普查工作，完善名录体系，建立跨部门、跨行业文化旅游资源体系。截至2022年6月，洛阳市共有文化资源六大类，其中国家级8个，省级5个，市级36个，县级541个；世界文化遗产3项6处、全国重点文物保护单位51处，省级文物保护单位146处，市县级文物保护单位592处；尚未核定公布为文物保护单位的不可移动文物8000余处，馆藏文物60余万件（套）。

丰富的文物资源为洛阳博物馆建设和文旅发展提供了基础。2020年，洛阳市首次提出要塑造"东方博物馆之都"品牌。2020年5月，《洛阳市加强文物保护利用改革实施方案》出台，旨在打造华夏历史文明传承创新核心区，加强文物价值传播推广，加强革命文物保护传承等，使文物保护利用成果更多更好地惠及人民群众。近年来，洛阳市各类博物馆建设规模不断扩大，截至2022年7月，已有各类博物馆和纪念馆102家，其中除了热度持续高涨的洛阳博物馆，还有在2023年4~5月因推出剧本杀、"夜宿"项目而火爆出圈的隋唐大运河文化博物馆、二里头夏都遗址博物馆、洛阳古墓博物馆等，通过颠覆性的创意让文物和文物背后的故事"活"起来，吸引了来自全国各地的游客来洛阳打卡，博物馆发展更加具有活力。2024年5月，洛阳古墓博物馆、二里头夏都遗址博物馆被评为国家一级博物馆，加上洛阳博物馆，目前洛阳共有三家国家一级博物馆。

截至2022年10月,洛阳共有传统村落113家,历史文化街区2个。2020年10月16日,洛阳市通过《洛阳市历史文化名城保护条例》,对历史文化街区、历史文化名镇和名村等的申报、范围、保护措施以及传承利用等都做出了具体规定。2023年12月,洛阳市政府印发《洛阳市东西南隅历史文化街区保护管理暂行办法》,提出构建"一环两轴六点十二片"总体格局,明确东西南隅历史文化街区六大重点保护对象、社会功能管理和审查备案管理等规定,鼓励文旅文创产业优先发展,并提出要在遵循"科学规划、严格保护、依法管理、合理利用"原则的基础上,进行保护与管理,实现经济、社会和文化效益融合发展。

2. 建设文化旅游资源管理平台

为实现资源分级分类保护利用和线上线下动态管理,洛阳探索建立多个文化旅游资源大数据库,多方拓展文化资源转化利用途径,让洛阳的文化可见、可感、可亲。

2018年建成洛阳工业遗产档案数据库。洛阳是一座历史文化名城,同时也是一座重要的工业新城。在"一五""二五"期间,许多重点建设项目在洛阳落地,这不仅奠定了洛阳当代工业的基础,而且在国内和国际都产生过重要影响。历经时光淘洗,洛阳已有多处体现这一时期工业发展状况的、保护较为完好的工业遗产景观,在中国工业建筑遗产领域有极其重要的价值和非常特殊的地位。2011年5月,在第三批中国历史文化街区评选中,涧西工业遗产街成为唯一入选的工业遗产项目,这也是洛阳第一个入选的工业遗产项目。2013年5月,洛阳涧西苏式建筑群被国务院核定公布为第七批全国重点文物保护单位。2017年,洛阳市图书馆与洛阳理工学院联合申报了中央支持地方公共文化服务体系建设补助资金,用于建设数字图书馆推广工程地方特色文化专题项目——影像与记忆:洛阳工业遗产档案。数据库收集的资料以1985年之前为基本时限,资料内容十分丰富,既有厂史、大事、人物、文物、建筑、媒体报道等资料,也有图书期刊文献、影像资料、上级重要文件、内部重要文件、经营情况、口述史与回忆录等资料。数据库将传统文献、新型文献与实体文献相结合,通过多种文献载体形式,将文献抢救与保护相统一，是目前国内唯一的、具有示范意义的当代工业遗产数据库，这也给洛阳乃至全国保留下了"一五"计划期间国家工业遗产的珍贵资料。

2021年12月，洛阳市图书馆上线全省首家"黄河文化特色资源数据库"。该数据库由洛阳市图书馆联合三门峡、济源、焦作、平顶山四地市公共图书馆共同建设，构建专题导航分类、数据检索引擎、数据统计分析系统，以独具地方性、交互性、特色性及便捷性的互联网数据库服务于广大读者，内容呈现注重用户的交互体验效果，充分展示黄河流域文化带的文化遗存，彰显黄河文化底蕴和特色，弘扬黄河文化的价值内涵，催生更多文化旅游新业态，旨在通过共建共享，推进黄河文化遗产的系统保护，深入挖掘黄河文化蕴含的时代价值，讲好"黄河故事"。

2024年，洛阳继续推进洛阳历史文化名城保护名录数据库建设。2024年1月，洛阳市出台《关于加强历史文化街区历史建筑名镇名村及传统村落保护利用工作的通知》，全面加强历史文化街区、历史建筑、历史名镇名村及传统村落的系统性保护利用，措施之一就是建立洛阳历史文化名城保护名录数据库。要求各县区对各类保护对象统一设置传统村落等保护标志，实行挂牌保护，通过设立标志牌、开展信息采集和测绘建档，形成"一栋一册"，并按照"一村一档"制作传统村落档案。在此基础上，洛阳市将建立洛阳历史文化名城保护名录数据库，开发"洛阳历史文化名城信息综合管理平台"系统。

此外，已经建成的还有洛阳隋唐大运河多媒体数据库、洛阳图书馆馆藏珍贵古籍全文数据库、洛阳儿歌民谣数据库、洛阳寻根文化数据库和文化保护研究平台等，充分运用互联网、大数据、人工智能通信等现代信息技术，以信息共享、跨界创意和智慧应用为重点，建设文化资源官方网站和数字云平台，对文化资源进行数字化展示。

制定文化资源"保护利用指南"，推进洛阳文化保护研究平台建设，推广"河洛郎话河洛"等载体的运用和功能发挥。加强与省内外高等院校合作，依托河南科技大学、洛阳师范学院、洛阳理工学院等本地高校人才优势，创办河洛文化研究、实习、培训基地，培养一批文化保护研究专业人才。河南科技大学成立了黄河文明与河洛文化研究中心、洛阳工业遗产文化研究院、黄河文明与河洛文化发展研究院等。洛阳理工学院成立了河南古都文化研究中心，2016年又成立了河洛文化研究院，自1989年举办河洛文化学术研讨会以来，对于河洛文化的研讨持续不断，且出版多本论文集，收录大量相关论文，对河洛义化研究起到较大推动作用。

（二）加强非物质文化遗产保护传承

1. 实施非遗资源普查工程

详细梳理非遗家底，做好非物质文化遗产资源普查工作。从2007年开始，洛阳市人民政府陆续公布《洛阳市非物质文化遗产名录》，积极参与国家级非物质文化遗产代表性传承人申报、评审等有关工作。推动非遗保护专项经费纳入财政预算，制定并实施《洛阳市非物质文化遗产资金使用管理办法》，统筹河洛文化生态保护区建设各项工作。

截至2022年6月，洛阳市有国家级非物质文化遗产代表性项目9项、省级89项、市级240项、县级718项。"河图洛书传说""关公信俗""牡丹花会"等国家级非物质文化遗产代表性项目在中华传统文化中占有重要地位。现有国家级非遗代表性传承人8名、省级75名、市级267名、县级577名，已初步建立起国家、省、市、县四级代表性项目和代表性传承人名录体系，非遗名录和传承人队伍不断扩充。

2. 推进非遗分类保护

开展"传统技艺抢救数字化工程"。推进名录建设，将对河洛文化有重大意义的非遗项目列入名录申报计划并逐级推进，形成结构更趋合理、彰显河洛文化地位的非遗四级名录体系。加强抢救保护，对非物质文化遗产密集、文化生态良好的村落和乡镇建立目录，进行小型区域性整体保护。对急需抢救的非物质文化遗产名录项目优先抢救保护，予以公布，并在保护经费上予以倾斜。开展非遗传承人研修研习培训，为非遗传承人搭建宣传展示交流平台，开阔他们的眼界，提高传承能力。早在2016年就出台了《洛阳市非物质文化遗产保护条例》，该条例不断得到落实。

3. 做好非遗生活化传承

策划各种非遗传承活动，让非遗融入游客行程，实现非遗的生活化传承和利用。持续推进二十四节气、红红火火过大年、河洛飞花、河洛大鼓曲艺节等非物质文化遗产展演展示活动。2006年，河洛大鼓被列入首批国家级非物质文化遗产名录，为了让非物质文化遗产走进百姓生活，进一步保护和传承河洛大鼓表演艺术，从2008年起洛阳市非物质文化遗产保护中心连续多年举办河洛大鼓曲艺节，在偃师、宜阳、汝阳等地共举办了11届。2015年3月，洛阳市非物质文化遗产保护中心开始每个月举办一次非遗大讲堂活动，每堂课以一个非遗项目为主题，向人民群众进行介绍和展示。2018年，举办"河洛飞花"洛阳市非物质文化遗产创新成果大赛暨洛阳市非物质文化遗产成果展，展示作品包括瓷器、金属雕刻、剪纸、竹编等，涵盖国家级、省级、市级、县区级的60余个非遗项目。除了在本地弘扬非遗文化，2021年10月14～19日，还组织"唐三彩制作技艺"等项目参加文旅部"新疆是个好地方——对口援疆19省市非遗展"活动，加强了与新疆等地的学习、交流。

依托牡丹文化节、河洛文化旅游节等节庆活动举办非遗展区、非遗专场展演等系列活动。积极承办黄河非遗大展、河南省曲艺周等展览赛事活动。实施"留住河洛乡愁"计划，推出"记住乡愁"特色旅游体验线路及活动，延续乡村文化根脉。实施"非遗驻校""非遗驻社区"计划。2018年借助"河洛大鼓进校园"开展传习活动，让更多群众特别是学生群体了解、学习到了关于河洛大鼓的知识，领略到了中原曲艺的魅力。2021年6月10日，洛阳市文化广电和旅游局与洛阳职业技术学院签订战略合作协议，积极支持该院做好非遗课程进驻校园、非遗社团服务学生生活、非遗创意作品孵化等工作，积极推荐该校马金凤艺术博物馆申报省级非遗展示示范馆。让特色非遗项目长驻校园，为非遗培育后继力量，建设新型社区文化形态。落实《中国传统工艺振兴计划》，推动传统工艺类非遗项目与旅游体验、创意开发、青年消费等有机结合。

推动黄河流域非物质文化遗产保护展示中心项目纳入国家"十四五"

时期文化保护传承利用工程项目储备库。2021年7月6日，洛阳市文化广电和旅游局副局长王丽娟率洛阳旅游发展集团有限公司有关人员赴文旅部非遗司汇报项目建设、展陈方案等推进情况，目前该项目已被纳入国家储备库。

从2006年洛阳加强非物质文化遗产保护工作以来，保护传承弘扬非遗项目的活动就从未间断过，且随着时代的发展形式愈加多样，成效显著，拉近了非遗项目与人民群众的距离，让更多群众领略到了非遗项目的魅力，对非遗项目的后续发展起到了良好的推动作用。

（三）加强古籍保护研究利用

洛阳是华夏文明的重要发祥地，在中国古代图书收藏史上有着重要地位，东周守藏室、东汉兰台等皆对中国典籍的收藏保护起到过重要作用。洛阳历史悠久，文化灿烂，留下了极其丰富的古代典籍。洛阳市图书馆现藏古籍5.3万册，其中善本262种4026册。早在2007年，洛阳就开始实施"中华古籍保护计划"，为加强全市古籍保护工作，建立了由洛阳文广旅局、发改委、财政局、教育局、科技局、民委、文物局、卫生局等8个局委组成的古籍保护局际联席会议制度，成立了洛阳市古籍保护中心（设在洛阳市图书馆）和古籍专家委员会，并制定了工作章程。截至2022年6月，先后举办过4次全市古籍保护工作会议、古籍保护工作局际联席会议和古籍保护工作专家委员会会议，及时通报全市古籍保护工作情况，并对相关工作进行部署，积极开展对收藏单位古籍普查工作的业务指导，编发洛阳市古籍保护《工作简报》8期，推动全市古籍保护工作持续、有序开展。

古籍普查工作取得阶段性成果。自2010年起，洛阳市古籍保护中心在洛阳市文广旅局的领导下，协调全市公共图书馆、高校图书馆、宗教机构图书馆、科研图书馆、博物馆等古籍收藏单位努力推进全市古籍保护工作，全市共有3部古籍先后入选《国家珍贵古籍名录》，21部古籍入选《河南省珍贵古籍名录》，洛阳市图书馆被列入全国古籍重点保护单位，洛阳市图书馆、洛阳师范学院图书馆、洛阳市文物考古研究院被列入河南省古籍重点保护单位。通过普查发现了多部珍稀善本古籍，市中心按照国家保护中心的要求，积极组织全市古籍普查平台著录工作，共完成数据登记7126条，2018年1月由国家图书馆出版社出版了《洛阳市图书馆等九家古籍收藏单位登记目录》一书，古籍普查工作取得了显著成果，为下一步《中华古籍总目·河南卷》的编纂奠定了基础。

古籍收藏单位的古籍保管条件得到极大改善。洛阳市图书馆在2019年搬迁新馆之后，古籍的保管条件得到极大改善。实行古籍寄存保管制度。由于县区图书馆古籍保管条件及人员水平有限，古籍往往得不到妥善保管。洛阳市图书馆出台了古籍寄存保管制度，本着自愿的原则，保管条件不好的单位，可以将古籍放市馆寄存，有随时取用和索还的权利；对于市馆来说，这既补充了馆藏，又加强了整个辖区的古籍保护工作。

注重能力提升，持续加强古籍保护队伍建设。人才的匮乏是古籍保护工作的瓶颈之一，洛阳也不例外。洛阳市图书馆多次选派市馆及其他相关单位人员参加国家古籍保护中心举办的古籍普查、古籍修复、碑拓研修、古籍鉴定与保护等培训班，先后举办五期全市古籍普查培训班和普查管理人员培训班，全市15家古籍收藏单位的100余人次参加了培训，为全市建立一支古籍保护工作专业队伍奠定了基础。

加快数字化传播与推广，建立馆藏珍贵古籍全文数据库。为加强馆藏珍贵古籍文献资料的保护与利用，提高古籍数字资源服务水平，洛阳市图书馆于2017年启动了珍贵古籍资源数字化项目，建立了"洛阳市图书馆珍贵古籍全文数据库"。截至2022年6月，共建设完成古籍数字化126部1192册，共计近17万拍，读者登录洛阳市图书馆官网"馆藏珍贵古籍数据库"栏目，便可免费阅览全文数字影像，读者足不出户，就可以快速、便捷地了解洛阳市图书馆的古籍存藏情况和在线阅览古籍，为学习研究古籍提供了便利。2020年洛阳市图书馆作为河南省唯一一家受邀单位参加了国家图书馆古籍数字资源联合在线发布会，古籍数字资源的在线发布与共建共享，开创了洛阳市图书馆古籍服务的新模式，对有效传播中华优秀文化起到了很好的作用。

强化宣传报道，不断提升全民对古籍的保护意识。自古籍普查工作开始以来，洛阳市图书馆就十分注重古籍知识与保护成果的社会化宣传，向公众普及和介绍中华传统文化，经常举办古籍书库参观、馆藏珍贵古籍展览等活动，如开设四库文献专藏室，在古籍阅览室开架陈列《中华古籍再造善本》，让广大读者能够亲身接触、了解、阅读和利用古籍，从而热爱古籍。另外，洛阳市图书馆通过微信公众号开设馆藏品鉴、古籍知识小讲堂、古籍线上展览等栏目来展示古籍馆藏，完成了古籍线上展览《馆藏珍贵古籍展》《古籍装帧之美》《中国古籍之最》等，在《洛阳晚报》"洛图有约"专栏，向社会公众推介馆藏《唐书》《宋邵康节伊川击壤集》《西清古鉴》《陶渊明集》等十余部古籍，通过多种形式，拉近古籍与公众的距离，让古籍里的文字真正"活起来"。

十几年的古籍保护历程，有力地推动了洛阳市古籍保护事业的发展，因工作成绩突出，2015年洛阳市图书馆被文化部评为"全国古籍保护工作先进单位"；2017~2021年连续5年被河南省文化和旅游厅评为"古籍保护与展示"活动先进单位。

目前仍在继续推进全市古籍普查登记、数字化建设、整理出版和宣传推广等工作，积极开展珍贵古籍名录和古籍重点保护单位申报工作并参与中华古籍保护计划。开展古籍数字化工作，开展古籍推广活动，依托全市各级图书馆开展珍贵典籍展示利用。开展黄河文化遗产古籍的普查、调查、揭示利用工作以及黄河文化古籍数据库建设、中华古籍总目分省卷编撰以及古籍整理出版工作。

二　洛阳文化传承创新体系建设存在的不足

（一）对文化遗产摸底不清，文化遗产管理体系不健全

洛阳作为十三朝古都，文化遗产丰厚，既有有形的物质文化遗产，如古代城门遗址、墓葬遗址等，也有非物质文化遗产，如河洛大鼓、水席制作技艺等。

洛阳地上地下有形的文化遗产很多,如龙门石窟、白马寺、二里头遗址、历史村落等。但数量庞大的文化遗产也带来了管理上的难题,如位于洛阳偃师区的二里头遗址,作为都城遗址,整个文化遗存的占地面积比较大,不少于3平方公里,既有二里头夏都遗址博物馆,也有位于博物馆北侧的二里头考古遗址公园,而二里头遗址、博物馆、公园分属三个部门管理,主管部门权属不一、较难协调。"基层文化遗产主要分布于田野乡村,很难像市区一样建设遗址公园和博物馆,缺乏相关资金和专业人员,从而造成文化遗产的保护与管理面临严峻挑战。"[1] 多数县区文化遗产保护存在不足,特别是对古建筑的维修保护覆盖率不高,文物保护基础较为薄弱,还未形成相对完整清晰的文化遗产保护体系。

对非物质文化遗产来说,一方面现有的非遗名录体系结构不够均衡,洛阳众多生动鲜活的文化形态和表现形式还没有得到充分梳理。目前,洛阳非遗名录分为民间文学,传统音乐,传统舞蹈,传统戏剧和曲艺,传统体育、游艺与杂技,传统美术,传统技艺,传统医药和民俗十个门类,而在洛阳已公布的非遗名录当中,民间文学、传统舞蹈、传统技艺、传统医药占比较多,其他项目数量略少,非遗结构不平衡,相关非遗资源还有待挖掘。另一方面,非遗保护工作长效保障机制尚未完全建立,机构队伍建设亟待加强,部分干部对非遗保护的认识仍需提升。县一级绝大部分非遗相关工作人员都是兼职,专业性不强,现有机构和人员队伍对非遗工作了解不深、不全,难以完成日益繁重的保护任务。不能有效地引导和管理基层的一些非遗传承实践活动,制约了非遗保护工作的有效开展。非遗传承人年龄普遍偏大,传承后继乏人。这与非遗本身的特点有关,非遗技艺往往需要长年累月的学习才能有所成就,但学习非遗的经济效益往往不足以谋生,这就造成传承人想要将技艺传承下去却没有人愿意学习的困境。

---

[1] 姚寅歌、李丁杰:《文旅融合背景下洛阳文化遗产保护与利用研究》,《洛阳理工学院学报》(社会科学版)2022年第3期。

（二）文化传承创新有待加强

对文化遗产的活化利用程度不高，文化遗产资源的体验性、互动性不强。洛阳历史厚重，拥有丰富的文化遗产，但是现在对其的研究偏重历史研究和考古，对文化遗产没有进行全方位系统的研究和展示。例如洛阳市博物馆，作为洛阳的热门打卡地和首批国家一级博物馆，在全国热度不减，但是打开洛阳市博物馆网站，"洛博文创"一栏下是空白的。在购物平台上，洛阳市博物馆文创店中虽有很多文创产品，但多是对文物原型的放大或缩小，缺乏进一步的创新，没有甘肃省博物馆以"铜奔马"为原型设计的马踏飞燕玩偶那样的爆款。设计出既有历史文化气息，又符合年轻人审美的文创产品，拉近年轻人与文物的距离，是现在洛阳文化传承创新中亟须解决的问题。

对非物质文化遗产的传承展示缺乏深度，部分非遗文化在传承上面临严峻挑战，有些甚至存在失传的风险。非遗往往以展演的形式呈现，观众看演出时被吸引，但是很难去体会其背后的文化意味。再加上有些非遗技艺，如传统医药、民间文学等，并不适合演出，更加不被民众知晓，这些非遗技艺也不容易转化成经济效益，因此在传承上缺乏资金支持，容易陷入恶性循环，面临失传的风险。

（三）文旅融合深度不够

传统观光旅游产品居多，特色文旅产品开发力度不够，缺乏高品位、高附加值、高集聚性的文化旅游产品，文化探胜游、商务会展游、研学教育游等高端复合型旅游还不成规模，亮点也不多，文化旅游二次消费比重偏低。例如2024年4月冲上热搜的全球首颗用牡丹花提炼碳元素制作而成的3克拉"牡丹钻石"，因为其是从建园时第一颗洛阳红牡丹中提取的，被赋予了特殊的意义，体现了传承与创新的力量，这次的宣传活动让洛阳又一次出圈。但是热度上涨并没有带来实际的经济增长，宣传之后并没有相应的后续配套措施，一些人看到这些报道之后想要购买此类钻石却不知相关信息和渠道，导致宣传报道带来的热度白白流失，对洛阳文旅发展没有起到实际的推动作用。

洛阳既是历史名城，又是工业城市，也在新时代不断发展、进步，传承洛阳文化遗产，不仅是让游客了解洛阳的过去，也要让他们了解洛阳的现在和未来，而目前大多数游客往往只关注洛阳几个著名景点，对洛阳本地城市文化则知之甚少，缺乏由点及面的宣传和介绍。在牡丹文化节期间以及节假日，游客往往选择到龙门石窟、白马寺等景点参观游玩，洛阳非遗项目虽多，但在洛阳体验非遗项目的游客少之又少。一方面因为许多非遗项目不在市区，交通不便；另一方面也是因为洛阳市弘扬非遗文化的方式比较传统，多是通过举办线下集会、展览的方式来展示非遗项目，且非遗活动范围大多局限于河南省甚至洛阳市内，影响力不足，游客对非遗项目不了解，自然也没有太多兴趣。前文提到洛阳非遗项目不仅数量多，而且内容十分丰富，如何让非遗项目更好地被游客了解和体验，尚需要继续探索更好的方式。

三 加强洛阳文化传承创新体系建设的建议

（一）推动政策落实，加强文化遗产资源保护

提升文化遗产资源管理水平，加强文化遗产资源管理队伍建设，对文化遗产管理单位、管理人员进行筛选和定期培训，增强他们的专业性，并责任到人。进一步推进文化遗产资源普查，定期对文化遗产进行调研、回访，了解文化遗产现状，及时更新文化遗产项目名录，完善文化遗产资源数据库。分级分类推进文化遗产系统性保护，加快完善遗址遗迹遗存保护开发补助政策和补偿制度，细化文化遗产保护措施，放眼长远，将文化遗产保护与洛阳整体发展相结合。创新文化遗产保护利用模式，利用数字多媒体等现代化技术手段，建设非遗代表性项目保护利用设施。

（二）在文化遗产传承的基础上加以创新

洛阳作为古都，必须保护和彰显自身的文化底蕴和优势，避免同质化倾向。将二里头夏都遗址、隋唐大运河遗址等重大文化遗产作为载体打造洛阳独特的文明标识和文化地标。

提高根亲文化的传承展示水平。打造根文化保护和展示平台，将洛阳与根文化相关的文化景观、历史故事集中展示出来。深入挖掘洛阳本土的河洛文化、客家文化、姓氏文化等文化内涵，把洛阳打造成为"河洛郎归故乡"的精神家园。各县区在保护的基础上，要加强对当地建筑文化的系统研究，深入挖掘展示古都文化、河洛文化、牡丹文化、大运河文化、工业遗产文化、客家文化、非遗文化等精神内涵。加大宣传推广力度，将已比较成熟的牡丹文化节、河洛文化旅游节等节庆活动开展好，同时不断探索举办世界古都论坛、文化年等形式多样的文化主题活动。创新表达方式，跟上时代步伐，以年轻人更容易接受的影视剧、纪录片、动画动漫、短视频等多种形式充分展现洛阳历史文化的影响力、凝聚力和感召力。

科技赋能文化创新，加强非遗的传承展示。依托公共文化场所、"互联网+科技+非遗"等手段以及各类赛事、展览、节庆平台，开展各类非遗展示活动，提高洛阳非遗可见度、辨识度和非遗文化品牌影响力。非遗代表性项目大致分为三类。一是兼具文化价值与实用价值的，例如唐三彩、洛阳小街锅贴、瓷窑烧制技艺、杜康酿酒工艺等，这类非遗代表性项目与现代社会更贴近，仍活跃于市场，有很大的市场价值。二是存在于特定场合的非遗代表性项目，如大里王狮舞、东关双龙、二鬼摔跤、南庄木偶戏等传统舞蹈和民俗活动等。三是传统手工技艺，如洛宁竹编、传统砖瓦烧制技艺、豫西小木作技艺等。针对不同的非遗项目可以推出不同的体验活动，现在也有很多非遗体验的活动，但大多集中在孟津区南石山村，市区内可以让游客便捷体验的项目并不多，可以通过设置非遗集中体验区等方法让感兴趣的游客更加方便地去体验洛阳非遗项目。这些体验活动一方面可以加强文旅融合，促进旅游业的发展；另一方面也可拉近民众与非遗的距离，更有利于加深民众对非遗文化的了解和传承，实现旅游城市向城市旅游转变。

（三）深入挖掘城市文化，加快文旅深度融合

文化传承与旅游发展是互利共赢的，将传统文化融入旅游产业，既可以促进旅游发展，也可以让更多的人了解和喜爱传统文化。加强两者之间的联系，不断守正创新，才能利用好洛阳得天独厚的历史文化优势，实现全社会高质量发展。

加快文化旅游产业转型升级，实施"文化旅游+"产业融合提升战略，提高文旅产业与其他产业的关联度和附加值。各级文化和旅游主管部门要将历史文化街区、历史建筑等纳入区域旅游内容，立足洛阳实际，创新"街区+文旅"融合发展的方式方法。洛阳有根文化，如河图、洛书、八卦，并且是中华姓氏的主要发源地，洛阳有佛教文化，如龙门石窟、白马寺等，还有古都文化，牡丹文化。各县区要根据本地区历史文化资源，探索建设不同功能的主题街区，结合街区职能区划与业态现状分析，引导近似业态集聚，丰富同类业态的多样性，形成特色鲜明的文化街巷。按照"颠覆性创意、沉浸式体验、年轻化消费、移动端传播"的理念，积极发展文化创意风口产业，引入名人名家名师工作室、国医国药、书院书店、艺术培训等业态。依托街区资源要素，推出"东方博物馆之都"研学、非遗手工体验展示等旅游产品。

设计推出精品旅游线路，打造以华夏文明探源、河洛山水生态、博物馆研学、户外运动休闲等为主题的特色旅游线路，提升文旅消费产品供给水平。充分利用各类历史文化资源，开通隋唐文化、工业遗产等一批特色文化旅游专线，推出周末游、节假日专线等旅游线路。提前调研筛选出高品质商家，在政府官网、微信公众号等公共平台从旅行目的地、衣食住行等各个方面列出推荐名单，让游客在良好的旅游体验中感受洛阳文化。发展研学旅行，以学生为主体，联合各级学校探索开展农耕文化特色研学，深度体验乡土生活，将传统村落旅游与其所依托的地方风土资源充分结合。

把握文旅消费的新要求新趋势，深入挖掘文化旅游消费需求，培育更多"日间+夜间""线上+线下""传统+现代"相结合的文旅消费产品。例如现在洛阳热门的打卡地——小街天府、十字街等，可以在门店、庭院里增加打卡点，增加文创产品和服务，吸引年轻消费群体打卡消费；发挥老字号的文化属性，节假日举办不同主题、形式新颖的节会活动，与多个剧团、非遗组织合作，举行各种表演和技艺展示等。让老字号穿新衣，发展文旅主题餐饮，创造新的消费场景吸引年轻人前来打卡，再由年轻人去推送，实现良性循环。

B.5
洛阳建设青年友好型城市的路径研究

韩林林*

摘　要： 青年是城市建设的中坚力量，青年的发展状况关系到城市的未来前景。自国家提出建设青年友好型城市以来，洛阳不断出台务实普惠的青年专属政策，使洛阳城市建设对青年的吸引力凝聚力不断增强。本文通过对洛阳建设青年友好型城市背景及基本情况的阐述，重点分析了洛阳建设青年友好型城市的现状，提出实现洛阳与青年双向奔赴面临的问题和挑战，明确洛阳建设青年友好型城市的现实路径，并从加强青年思想政治引领、发挥工作联席会议机制作用、健全青年就业创业生态、完善青年住房保障体系和持续丰富青年文化生活等方面提出青年成长与洛阳发展相互成就的相关建议。

关键词： 城市发展　人才政策　青年友好　就业创业　洛阳市

青年友好型城市也称"青年发展型城市"，它认同和尊重青年发展的优先权，在城市经济社会发展的全领域和全过程都充分有效地考虑青年的视角、利益和需求。城市在发展过程中对青年的吸纳力、吸引力和承载力不断提升，青年人群对城市的贡献力、创新力和创造力也不断增强，从而实现青年发展与城市发展的有机融合和良性互动。青年作为整个社会最积极、最有活力的群体，是城市经济建设的主要动力。近些年来，国家针对青年成长的相关政策显著增加。2017年，由中共中央与国务院共同发布的《中长期青年发展规划（2016—2025年）》，成为青年发展的指引方针、基本原则及长

---

* 韩林林，中共洛阳市委党校工业创业创新教研部教师，主要研究方向为洛阳市情、意识形态建设。

远目标。2019年，河南省出台的《河南省中长期青年发展规划（2019—2025年）》被视为河南省青年发展的"全面指南"，它广泛涉及青年的思想品德培养、教育学习、身心健康、就业创业以及权益维护等多个领域。2022年4月21日，国务院新闻办公室发布《新时代的中国青年》白皮书，成为新时代中国青年成长的行动指南。

国内首先倡议建设青年友好型城市的是上海。2010年上海世博会举办之时，200多名来自上海世博会、奥运会及广州亚运会的志愿者，也称海宝一代，共同发布了《海宝宣言》，提出在上海建立青年友好型城市。[①]2016年，江苏提出了打造青年人才友好型示范小镇的构想，旨在将小镇作为平台，为青年创造一个优质的就业及创业环境，满足青年人就业创业、住房保障、社交消费等各方面需求。2017年，武汉积极推行"百万大学生留汉创业就业计划"，努力建成对大学生最友好的城市。2019年，宁波市着手打造"青年北仑"，并制定《北仑区青年发展中长期规划》。2020年，深圳制定了《深圳市青年发展中长期规划及青年发展型城市建设规划》，结合新时代青年的新特征，深入推进相关青年人才引进措施。2022年6月，共青团中央协同17个部门联合发布了《青年发展型城市建设试点名单》，涵盖了45个地级市（包括直辖市的市辖区）和99个区县（见表1）。截至2024年6月，据不完全统计，全国已有200多个地级以上城市开始探索建设"青年友好型"、"青年发展型"或"青年创新型"城市。

表1 全国青年友好型城市及县域试点的分布

地区	城市试点个数	县域试点个数	总数	地区	城市试点个数	县域试点个数	总数
广东	4	6	10	黑龙江	1	3	4
浙江	3	6	9	吉林	1	3	4
江苏	2	6	8	辽宁	1	3	4

---

① 朱峰：《青年发展型城市政策观察》，《中国共青团》2018年第2期。

续表

地区	城市试点个数	县域试点个数	总数	地区	城市试点个数	县域试点个数	总数
山东	3	5	8	青海	1	3	4
贵州	2	5	7	山西	1	3	4
河北	2	5	7	陕西	1	3	4
湖北	1	6	7	宁夏	1	3	4
河南	1	5	6	新疆	1	3	4
四川	2	4	6	云南	1	3	4
安徽	1	4	5	湖南	1	2	3
江西	2	3	5	北京	2		2
福建	1	3	4	重庆	2		2
甘肃	1	3	4	上海	1		1
广西	1	3	4	天津	1		1
海南	1	3	4	西藏	1		1
内蒙古	1	3	4				

资料来源：笔者根据国家统计局资料整理。

一 洛阳建设青年友好型城市的发展现状

青年因城市而聚，城市因青年而兴。2021年8月，洛阳市委书记江凌于瀍河区进行调查研究时，提出在洛阳建设青年友好型城市。同年9月，洛阳市第十二次党代会举行，会议报告中明确提出，将打造青年友好型城市作为洛阳顶层设计的一部分。此后，洛阳市委积极响应并深入贯彻习近平总书记关于青年工作的指导思想，遵循青年成长成才规律，根据青年职业发展需求统筹规划，全面满足青年在工作和生活方面的深层次需求，采取多种措施加速青年友好型城市的建设进程，努力提升城市功能与青年需求的匹配度，实现了青年个人成长与城市整体发展的有效融合与积极互动。这一系列举措主要围绕以下四个方面展开。

（一）凝聚青年友好的思想共识

2021年9月27日至28日，中央人才工作会议召开。之后各城市开始展开日益激烈的抢夺青年大战。越来越多的城市认识到，随着城市老龄化程度不断加深，一座城市对青年群体是否友好、能否吸引留住青年，直接决定着这座城市的前途命运。为此，洛阳在中部地区率先提出建设青年友好型城市，主要抓了三件事。一是加强统筹指导。市委主要领导率先垂范，专题研究青年友好型城市建设、青年人才政策完善提升等工作，指导制订"河洛专才计划"，主持召开"河洛茶叙·书记人才面对面"等活动，释放关心青年成长、支持青年发展的强烈信号。2021年12月，洛阳市政府发布《洛阳市建设青年友好型城市行动方案》，该方案包括五大工程27项具体措施，五大工程即产业平台聚才工程、青年就业创业工程、青年安居保障工程、社交消费赋能工程、城市活力提升工程等，全方位推进青年友好型城市建设。二是有针对性地调整政策。更多关注青年的特点、需求，对原有人才政策体系进行优化调整，构建"1+22"人才政策体系，覆盖青年人才引育激励、创新创业扶持、公共服务保障等多个方面。例如，《洛阳市青年人才生活补贴实施细则（试行）》不仅扩大了对青年人的补贴范围，涵盖了"本科生、专业技术人才和技能人才"，还提高了补贴额度，并取消了户籍门槛。该政策重点针对来洛就业创业的青年人才，主要以产业领域的高技能人才和专业技术人才为主，只要满足相应标准，他们就可以享受一定补贴，购房补贴最高可申请10万元，生活补贴最高可享受7.2万元，租房补贴最高领取4.3万元，而在购房方面，公积金贷款额度也提升至65万元。三是汇聚工作合力。市委人才工作领导小组加强工作统筹，建立责任分解、联席会议、信息报送、调查研究、考核督查、奖惩激励6项工作机制，推动21个职能部门和15个县区根据自身职能定位、发展需求，出台配套政策，最大限度凝聚青年工作合力。

（二）做大青年就业创业平台

着力打造全要素、多层次的就业创业平台，为青年人才施展才华提供广阔舞台。一是强化优势产业基础。立足洛阳现有产业基础，重点发展5大先进制造业集群、17条优势产业链，引进百万吨乙烯、中州时代项目，推动光电元器件、高端轴承、人工智能等产业集群蓬勃发展。二是做强创新平台。全市布局各类创新平台（载体）达3560个、中试基地24个、企业技术中心331家、工程研究中心117家。龙门实验室以"管委会+产业研究院+运营企业"的模式高效运转，普莱柯P3实验室规模排全国第三，伊滨、周山智慧岛建设全面提速。重点培育科技产业社区20个，完成投资100多亿元，入驻企业约1000家，集聚各类创新人才8000余人。三是扶持就业创业。紧扣"四新一装备"产业发展需求，开发见习岗位2.4万个，提供就业岗位37.9万余个。积极承办招才引智洛阳专场活动，现场签约项目228个，累计引才2.1万余人。开辟"政录企用"引才新模式，采取"定向配编""带编入企"等方式，引进企业急需的科技创新人才，增加对青年人才的吸引力。建立政府引导与市场培育相结合的创新创业投资体系，设立总规模5亿元的河洛英才创新创业投资基金，目前已有4个人才团队共获得5500万元基金支持。在全省率先推行"科技贷""成长贷""知识产权质押融资"，优化青年创业担保贷款流程，累计为1.6万余名青年发放创业担保贷款29.3亿元，推动解决融资困难这一青年创业的痛点难点。

（三）加大青年安居保障力度

全面提升住房保障、教育医疗水平，为青年提供暖心、贴心的安居支持。一是住房保障持续发力。制定《洛阳市发展保障性租赁住房实施方案》《洛阳市青年人才公寓建设与使用管理办法》，促进保障性住房与人才公寓建设衔接，截至2024年5月，洛阳共建成青年人才公寓9551套（间），持续解决青年人才居住难题。二是住房补贴提标扩面。执行在省内具有吸引力的住房补贴标准，将技能人才和大专学历青年人才纳入住房补贴发放范围，减轻青年人才居住压力，累计发放住房补贴15757人次，共计8966.523万元。三是医教资源不断优化。聚焦子女教育、医疗健康等"关键小事"，新建、改扩建幼儿园70所，建成投用7所现代化高中；呼吸、中医（脑病）

2个国家级区域医疗中心顺利开诊，5个省级区域医疗中心有序运营；建成邻里中心297个，整合养老、托幼、卫生健康等基本服务，让青年在家门口享受一站式公共服务，切实为青年免除后顾之忧。

（四）提升城市青春活力

持续提升城市功能与青年需求的匹配度，为青年人才创造丰富多彩的生活环境。一是丰富青年消费场景。以古城片区、西工小街、上海市场周边街区为重点，培育一批主题鲜明的青年友好街区。积极打造新都汇、万达广场、泉舜购物等13个省级品牌消费聚集区，开展智慧商圈与智慧商店的示范创建，布局一批符合年轻人需求的"蹲城部落"，更好释放青年群体消费潜力。二是打造青年聚集新地标。着力实施城市提升微改造，全市建成224个社区体育公园，增加体育运动场地60多万平方米，促进中心城区从"15分钟健身圈"迈向"10分钟健身圈"，在城市公园的核心地带设置儿童游园和亲子乐园，增设以青年为主的户外运动区域，增加年轻化的户外运动设施，如攀岩、平衡车和轮滑等，营造时尚潮流的生活环境。三是创新沉浸式文旅业态。重点发展剧本娱乐、研学旅行、电竞数娱、趣味体育等文旅新业态，创新推出汉服体验、夜宿博物馆等具有洛阳特色的沉浸式文旅产品，让青年在深度参与中获得沉浸式体验。应天门等景区联合推出全城剧本杀活动，设计线上购票、通关认证等新玩法，吸引大量年轻人到景区闯关打卡；栋能魔王健身公园等体育场馆推出的电竞赛事、潮玩娱乐、健康教培等沉浸式文体产品已成为文旅消费新热点，让更多青年人爱上洛阳、留在洛阳。

二 洛阳建设青年友好型城市面临的问题和挑战

洛阳在建设青年友好型城市的过程中也面临着多重挑战。首先是从建设主体来看，存在对青年友好型城市建设的内涵把握不够到位情况。其次是住房问题，高昂的房价和有限的住房资源成为留住青年人才的一大障碍。再次是就业创业环境需要进一步优化，必须提供更多的岗位机会和创业支持，以激发青年的创新活力。最后是城市的文化生活丰富度、基础设施建设、教育医疗水平等各方面也有待提升，以满足青年多元化、高品质的生活需求。面对这些挑战，洛阳必须不断创新政策和服务，营造更加宜居宜业宜游的城市环境，以吸引和留住更多青年人才。

（一）对青年友好型城市建设的内涵把握不够到位

在理解青年友好型城市的相关内涵方面，洛阳各县区存在把握不到位的情况。有的只是将其视为原有工作对象的年轻化，把相关服务措施的服务对象更换为青年，并未深层次地考虑城市发展和青年成长的双向互动，也没有发挥青年人才对城市发展的助力作用。事实上，青年友好型城市的建设是双向互动的过程，一方面城市对青年展示友好，推出相应的普惠性措施；另一方面青年也要在城市的舞台中展示自己的才华，推动城市经济社会的发展。各县区在制定相应的行动规划时，只是根据上级的规定照搬实施，与县区经济社会的重点工作衔接不够紧密，长远来看，对青年助力洛阳城市建设的探讨不足。青年友好型城市建设是新型城镇化建设的延伸，也可以说是对城市建设发展理念的创新，不应该只局限于城市规划的物理空间领域，只是将其视为对青年实施的优惠政策，而且吸引青年、留住青年和成就青年的政策也不只是针对城市功能区，从长远角度看，各县区的发展也需要青年力量的注入。各县区、乡镇、街道和社区在解读相应政策时，存在解读不充分的情况，导致洛阳各县区建设成效不明显，区域建设差异化突出，各县区对青年友好型城市的实现路径和建设模式还需要进一步探索。

（二）服务青年发展的就业创业机制还不够完善

从现有政策文本看，洛阳在就业创业方面推出了相应的政策，针对提升来洛留洛大学生就业数量，2023年印发了《关于组织开展2023年度洛阳市青年人才生活补贴申报工作的通知》和《2023年洛阳市支持高校毕业生等青年就业创业若干措施》，但是这些政策重在"抢人"，忽视了"育人""养人"，注重青年人才引进，却忽视了培育培养问题。

一方面表现为产业转型升级步伐还不够快，科技创新平台有待进一步完善。凭借城市魅力将青年人才引进洛阳只是第一步，关键是要解决其在洛阳就业创业问题。洛阳是国家老工业基地，传统制造业占比较大，抢占产业新赛道、发展新质生产力的有效办法不够多，产业结构调整仍面临艰巨任务。洛阳传统产业占比依然较高，六大高耗能行业在规模以上工业中的比重高达40.3%，中小企业数字化改造投入产出比不高。"风口产业"尚在起步阶段，还未形成集群优势，战略性新兴产业、高技术制造业增加值分别仅占规上工业的12.6%、4.4%，产业集群培育仍需加力。龙头企业、产业链中起主导作用的头部企业在相应领域的带动作用需要进一步加强，产业规模达到千亿元级的产业集群只有2个，产业转型升级步伐还不够快。洛阳市政协回收的2039份调查问卷显示，其中有关科技创新平台方面还有许多不足，亟待进一步完善（见图1）。

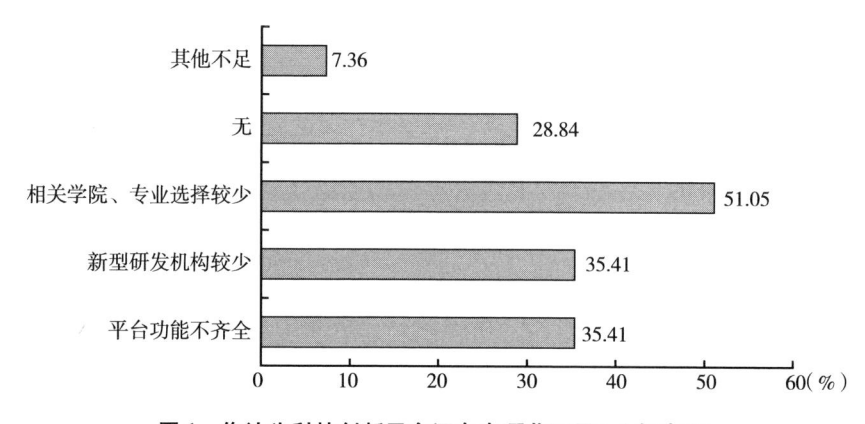

图1　您认为科技创新平台还存在哪些不足？（多选题）

资料来源：笔者根据洛阳市政协发放调查问卷回收统计表数据整理。

另一方面，科技赋能创新水平还不高。洛阳市在新兴产业和未来产业领域产学研体系还不够完善，产业链供应链的韧性和竞争力还不强。新一代信息技术、人工智能等技术创新主要聚焦于应用层，基础层、技术层产业链薄弱。如新一代信息技术企业以配套居多，现有的中航光电、中硅高科等企业主要集中在电子元器件、芯片生产等产业链上游，产业带动力不强，整体附加值偏低；中科慧远、百克特等人工智能企业开发的产品主要应用于工业视觉检测等垂直领域；中科寒武纪的人工智能芯片、人工智能操作系统等关键技术研究和孵化处于起步阶段。这导致年轻人来洛之后，很难找到良好的就业创业平台，无法高效地开展进一步的就业创业工作。

（三）住房保障政策落实工作有待进一步提高

在住房保障方面，各县区住房补贴工作开展滞后，有的甚至出现工作脱节现象。如有的县区住建部门虽然已经正常开展了人才补贴工作，但对新受理的人员没有进行过审核，也没发放过住房补贴，造成人才住房补贴工作开展缓慢。有的县区甚至一直未开展人才住房补贴工作。除此之外，还存在各区住房补贴不能及时发放的问题。按照《洛阳市人才住房补贴办法（试行）》的规定，应每季度定时发放租房补贴，并且应在每季度的第一个月发放上一季度的补贴费用，但是有的县区从未对申请者发放过，造成投诉问题增多，严重影响了各级政府的信誉及形象。

在人才公寓项目实施方面，存在以下几个问题。一是由于各县区实行自行筹集人才公寓项目，引进人才的企事业单位只能租住所在区的青年人才公寓，跨区域租用存在壁垒，抑制了个性化的选择需求以及资源的有效利用。二是市场主体参与建设人才公寓的相关鼓励政策尚未完善，具体操作时路径不清晰，往往面临规划审批难、资金不足、房屋性质未确定等问题，影响了市场主体参与的积极性。按照现有模式，青年人才公寓建设项目营利回报周期长，参与建设人才公寓的运营成本、资金压力令企业望而却步。三是部分县区在青年人才公寓入住和补贴方面缺乏切合实际的政策，没有解决相关青年人才居住问题的有效措施和机制安排，落实政策的渠道不通畅，导致人才补贴等相关政策"靴子不落地"。四是虽然出台了《洛阳市青年人才公寓建设与使用管理办法》文件，但内容不全面，使用年限不明确，缺乏物业管理等规定，导致在具体运营管理中往往无规可依。五是国家、省、市出台了与人才公寓相关的政策规定，但部分县区对政策了解不透，导致相关审批手续办理缓慢，致使项目无法顺利开工建设。虽然明确了银行业、金融机构要加大对人才公寓建设项目资金贷款的支持力度，但是相应的资金贷款、金融产品和金融服务并未见有效提供。

（四）城市活力有待进一步激发

城市活力是吸引外部投资和优秀青年人才的关键因素，有助于推动城市经济发展，充满活力的城市能够激发青年的创新思维和创造力，为城市发展带来新的机遇，使城市在激烈的市场竞争中脱颖而出。[1] 洛阳建设青年友好型城市的活力还有待进一步激发，具体问题表现为以下几点。一是青年友好型城市建设氛围不够浓厚。高铁站、轨道交通、公交等重要窗口，地标建筑、消费街区、城市广场等青年聚集场所均缺乏显著的青年友好型城市标识、海报及宣传青年人才优待政策等的公益广告。二是创新推动青年友好型城市建设的主动性不够。对青年友好型城市的概念和体系理解不深、吃得不透，往往是上面安排什么干什么，而不是围绕青年所需、青年友好、青年发展对标先进地区主动思考，积极谋划，以有解思维创新性出台切实有效的政策和举措，让青年人有更多参与感和获得感。三是部门间沟通不够、联动不足，缺乏硬性的考核督导机制，还没有形成推进工作的强大合力，洛阳青年友好型城市建设成效与先进地区相比还存在较大差距。

三 探索洛阳建设青年友好型城市的路径

洛阳应聚焦提升青年生活品质与促进城市发展相融合，通过加强青年思想政治引领、发挥工作联席会议机制作用、完善住房保障体系、优化创新创业环境和丰富青年文化生活等多维度举措，打造宜居宜业宜游的青年理想之城。

---

[1] 单耀军、王贺：《中长期青年发展规划纵深实施与我国青年友好型城市建设路径考察研究》，《中国共青团》2020年第7期。

(一)加强青年思想政治引领

青年友好型城市建设的观念源于《中长期青年发展规划（2016—2025年）》中提出的十大重点项目，该规划强调只有突出青年群体在城市建设中的重要性，尊重青年的主体地位，重视青年进入城市之后各个成长阶段的需求，才能真正理解青年，制定他们需要的措施，吸引凝聚青年为城市的发展贡献力量。作为城市的管理者更要把握这个关键，立足工作实际，找准青年工作发力点，最大限度地释放青年的巨大潜能，从而推动洛阳发展和青年进步双向互动。在实践过程中，应坚定遵循马克思主义青年观和中国特色社会主义青年运动的方向，这是实施《中长期青年发展规划（2016—2025年）》的核心要义。新时代青年要深刻理解中国特色社会主义青年运动的本质，自觉融入历史发展的大潮，明确自身在社会中的定位和作用，并积极参与青年事业的推进。在青年友好型城市建设中，青年发展与城市建设相互促进，青年应强化主人翁意识，全面提升自己的思想、文化和技能水平，积累知识和经验，增强专业素养和综合能力，同时，积极投身自主创业、志愿服务、公益事业，成为城市发展的生力军和主力军，实现"青年在城市更有为"的目标。此外，还应加强对青年的政治引导，除了利用"洛阳青年"公众号等平台，还可以探索建立共青团融媒体中心和团校，重点面向机关企事业单位的青年干部和社区专职工作者，开展专项培养工程，并将其纳入全区年度干部教育培训计划。

(二)发挥工作联席会议机制作用

建设青年友好型城市的核心在于坚持党的领导，要坚持党管青年的原则。根据国内建设经验来看，城市青年工作开展的关键是党政领导的重视和有力指导，可以说，青年友好型城市建设相应政策的制定、实施，以及后续服务工作高效开展的强大动力主要来自党政领导。城市建设是一个复杂的系统工程，涉及多方领域和部门，需要多方合作和努力。因此洛阳青年友好型城市的建设工作要充分利用党委领导下的青年工作联席会议机制，打破部门

限制，整合相应资源，一切资源都为城市建设服务。具体可通过横向和纵向的跨部门合作，实现各部门的联动，高效整合青年发展事务和城市建设相关工作。

具体来说，可以从以下几个方面入手。首先，成立协同治理联盟，联盟的成立可以促进成员单位形成协同治理的紧密关系。联席会议的主要协调单位由共青团洛阳市委担任，在开展相应工作时发挥主要作用，主要职能是协同部门之间的工作，培育部门之间的协同文化，促进各成员单位建立深厚的信任关系。其次，建立明确的专项协商合作运行机制。成立专项工作协商工作机构和领导小组，明确牵头和配合的部门，主要职能是保障青年工作的重点项目和工作高效开展，尤其是针对重点任务，如就业创业、住房保障、社交消费、城市活力等。现在洛阳已成立青年友好型城市建设专班，以确保各项工作有序、高效推进，但还需要进一步提升跨部门合作能力。最后，联席会议成员单位的考核激励机制应进一步健全。县区各单位的日常工作部署要将青年发展事务纳入，并且相关部门的绩效考核范围也要涉及青年友好型城市建设任务，以此激励各部门积极参与相关工作的协同治理。通过这些措施的实施，可以更好地推动青年友好型城市建设，为青年创造更加友好的发展环境，实现青年成长与城市发展的相关互动和相互成就。

（三）构建和完善青年就业创业生态

青年就业创业生态在促进经济社会发展中起着关键作用。它不仅可为青年提供多样化的就业机会和创业平台，助力其实现个人价值和梦想，还可通过创新活动和新兴业态的涌现，推动产业升级和经济增长。此外，可营造鼓励创新、宽容失败的创业文化，激发更多青年的创业热情，为社会发展注入新的活力。构建和完善青年就业创业生态对于促进青年发展和社会进步具有重要意义。

一是政策支持与激励，出台多项优惠政策，如"河洛英才计划""万名大学生留洛计划"等，为青年提供创业补贴、低息贷款等支持；设立专项基金，如"河洛英才创新创业投资基金"，为青年创业项目提供资金支持。

鼓励和支持青年自主创业，通过举办"才聚河洛"招才引智等活动，吸引青年人才来洛就业创业。二是加强高校创新创业教育，深化校地合作。在产业对接、就业创业、人才资源开发、青年及艺术交流等方面建立长效机制。为培养更多适应区域产业需求的人才，不断完善青年职业教育体系，推动产教深度融合。科技产业园区是洛阳聚才育才的平台，要加快各县区科技产业园区的建设力度，同时也要学习国内其他城市的建设经验，根据园区的主导产业，积极培育和打造特色产业链，引进和培育新型研发机构，建设产业研究院和中试基地，依托这些创新平台，吸引青年科技创新人才，并推动科技创新成果的转化应用。三是加强服务平台与资源的对接。打造青年就业创业服务平台，整合政府、企业、高校等多方资源，为青年提供一站式服务。通过举办创业大赛、创业沙龙等活动，搭建青年创业者之间的交流平台。同时，推广"龙门卡""牡丹卡"等金融产品，降低青年创业融资门槛。设立创业担保贷款、风险补偿资金池等，为青年创业提供有力支持。四是营造创新创业文化氛围，宣传创业典型和成功案例，激发青年的创业热情和信心，营造鼓励创新、宽容失败的社会氛围，让青年敢于尝试、勇于创新。

（四）完善青年住房保障体系

洛阳在建设青年友好型城市过程中，完善青年住房保障体系是关键一环，它不仅能有效吸引和留住青年人才，降低他们的生活成本，增强归属感，还能激发青年的创新活力，促进经济和社会发展。同时，这也有助于优化城市人口结构，提高城市竞争力。此外，完善的住房保障体系本就是青年友好型城市的重要标志，能提升城市品牌形象和知名度，增强城市的软实力。因此，为了建设更加宜居宜业的青年友好型城市，必须高度重视并不断完善青年住房保障体系，需要重点关注以下几个方面的工作。

一是加大住房供给。持续增强保障性租赁住房的建设投入，确立清晰的建设目标与时间规划，确保房源充足。鼓励社会力量参与青年住房建设，通过政策引导和支持，吸引更多企业和个人投入青年住房建设。二是优化住房结构。针对不同层次的青年人才，提供多样化的住房选择，包括小户型公

寓、共有产权房等。注重提升住房品质和居住环境，确保青年人才能够享受到舒适、安全的居住条件。三是完善租房补贴政策。根据青年人才的实际情况和需求，适时调整租房补贴政策，提高补贴标准和覆盖面。简化补贴申请流程，提高审批效率，确保补贴资金能够及时、准确地发放到青年人才手中。四是强化住房服务与管理。建立健全青年住房服务和管理体系，提供一站式住房服务，包括提供房源信息、租赁咨询、维修保障等。加强住房市场的监管和调控，打击违法违规行为，维护青年人才的合法权益。五是促进住房与产业融合发展。将青年住房保障体系与洛阳的产业发展紧密结合，通过住房政策引导青年人才向重点产业和区域集聚。鼓励企业在产业园区内建设青年公寓或合作提供住房保障服务，实现住房与产业的协同发展。六是加强宣传与教育。加大对青年住房保障政策的宣传力度，提高青年人才对住房保障政策的知晓率和认知度。开展住房保障知识普及和教育活动，引导青年人才树立正确的住房观念和消费观念。

（五）持续丰富青年文化生活

青年文化生活不仅能增强青年的归属感和认同感，促进青年全面发展，还能提升洛阳的文化软实力和城市吸引力。通过组织多样的文化活动，洛阳可以吸引更多青年参与，展现城市文化底蕴，同时培养青年的创新精神和实践能力。此外，丰富的文化生活还有助于提升青年的生活质量和幸福感，使洛阳成为更加宜居宜业的城市。因此，为了建设青年友好型城市，洛阳需要持续丰富青年的文化生活，为青年提供更多元化、更高质量的文化体验。

一是打造青年文化活动平台。规划并建设一批集休闲娱乐、文化体验、艺术展览等功能于一体的青年文化地标，如青年文化中心、艺术街区等，为青年提供展示自我、交流思想的空间。定期举办青年文化节、创意市集、音乐节、戏剧节等系列活动，鼓励青年参与文化创作和表演，展现青春风采，促进文化交流。二是出台推动青年文化产业发展的相关政策，支持青年创办文化创意企业，发展数字文化、动漫游戏、网络文学等新兴业态，打造青年文化创意产业集群。鼓励高校与企业合作，共建青年文化创意实训基地，为青年提供实习实训机会，促进产学研用深度融合。三是优化青年文化服务设施。在公园、图书馆、博物馆等公共场所增设青年友好型设施，如青年阅读区、创意工作坊、户外运动设施等，满足青年多样化的文化需求。利用数字技术提升公共文化服务效能，如开发青年专属的文化App、在线图书馆、数字博物馆等，为青年提供便捷、丰富的文化资源。四是营造青年友好型文化氛围。在全社会倡导开放包容的文化理念，尊重青年的个性表达和创新精神，鼓励青年参与城市文化建设和治理。加强青年文化交流与合作，加强与国内外青年文化组织的交流与合作，举办青年文化交流论坛、展览等活动，拓宽青年的国际视野和文化视野。五是结合本地特色创新文化活动。洛阳作为历史文化名城，可以深入挖掘历史文化资源，举办与古都文化相关的青年主题活动，如汉服体验、历史剧表演等，让青年在体验中感受传统文化的魅力。结合现代科技手段，创新文化活动形式和内容，如举办电竞比赛、VR体验展等，吸引更多青年参与文化活动。

结 语

展望未来，洛阳在建设青年友好型城市的道路上将迈出更加坚实的步伐。我们期待看到一个充满活力、创新和包容的洛阳，它不仅是历史文化的瑰宝，更是青年人才梦想实现之地。在这里，青年将享受到更加完善的住房保障，减轻生活压力，安心扎根；就业创业环境将更加优化，为青年提供广阔的舞台和无限的可能；文化生活将更加丰富多彩，满足青年的精神需求，提升城市的文化软实力。同时，洛阳将继续加强基础设施和公共服务建设，为青年创造更加宜居宜业的生活环境。相信在不久的将来，洛阳将成为一座真正的青年友好型城市，吸引来自世界各地的青年才俊汇聚于此，共同书写这座城市的辉煌篇章。让我们携手努力，为洛阳的未来贡献青春力量，共同见证这座城市的蜕变与成长。

产业篇

B.6
洛阳市文旅融合新业态培育发展报告

任程远 崔江妍[*]

摘 要: 党的二十大报告提出,以文塑旅、以旅彰文,推进文化和旅游深度融合发展。洛阳市加快文旅融合新业态培育,提出"颠覆性创意、沉浸式体验、年轻化消费、移动端传播"的文旅融合发展理念,大力发展新文旅新业态,使洛阳文旅火爆出圈。文旅融合蓬勃发展的同时,与新文旅产业发展需求相比,洛阳仍存在新业态发展数量不多、文旅消费新场景打造不够丰富、新业态联动融合发展不足、产业链条延伸不足、公共服务体系有待完善等问题。应建强重点文旅项目,拉长新文旅产业发展链条,持续激活消费潜力,强化发展新动能,进一步完善政策保障,培育更多文旅融合新业态。

关键词: 文旅融合 新业态 产业链条

---

[*] 任程远,中共洛阳市委党校法学和社会治理教研部副主任,主要研究方向为基层社会治理、领导干部能力素质提升、干部考核测评等;崔江妍,中共洛阳市委党校法学与科技文化教研部教师,主要研究方向为国际政治文化。

一 洛阳市文旅融合新业态培育发展现状

党的二十大报告提出，坚持以文塑旅、以旅彰文，推进文化和旅游深度融合发展。2020年9月，习近平总书记在教育文化卫生体育领域专家代表座谈会上指出："文化产业和旅游产业密不可分，要坚持以文塑旅、以旅彰文，推动文化和旅游融合发展，让人们在领略自然之美中感悟文化之美、陶冶心灵之美。"[①] 坚持以文塑旅、以旅彰文，推动文化和旅游更广范围、更高水平深度融合，打造更多人们喜闻乐见的新场景、新业态、新模式。近年来，河南省委省政府锚定"两个确保"，把文旅文创融合战略作为"十大战略"之一。2021年12月，河南省人民政府发布的《河南省"十四五"文化旅游融合发展规划》指出：强力实施文旅文创融合发展战略，坚持"上线、下沉、重塑、出新、彰文、铸魂"总方针，推动河南在文化旅游融合领域持续创意创新、破题破冰、出圈出彩，蹚出一条文化旅游融合发展新路子。《河南省"十四五"文化旅游融合发展规划》明确提出，依托洛阳打造唐文化集中体验地，支持洛阳建设国际人文交往中心、东亚文化之都。为顺应新时代文旅产业发展趋势，2022年洛阳市委市政府提出要按照"颠覆性创意、沉浸式体验、年轻化消费、移动端传播"的理念，抢抓文旅产业发展新风口，加快重塑洛阳古都风貌，依托优质文旅IP打造一批沉浸式体验项目，打造全国沉浸式文旅产业发展新高地，助推洛阳文旅文创产业高质量发展，加快打造传承中华文化的世界级旅游目的地。2023年洛阳市成功举办第四十届中国洛阳牡丹文化节、世界研学旅游大会、全省文旅文创发展大会、河南省第十四届运动会开闭幕式、黄河流域视听合作发展大会、河洛文化旅游节、中原国际文旅产业博览会等7项大型活动及近700场配套活动。2023年，洛阳市文化广电和旅游局全面贯彻文旅文创融合战略，深入落实

---

① 习近平：《在教育文化卫生体育领域专家代表座谈会上的讲话》，人民出版社，2020，第7~8页。

新文旅发展理念，推动文旅高质量发展迈上新台阶，全市累计接待游客超1.2亿人次，旅游总收入逾941亿元。

（一）加快培育新文旅产业

洛阳近几年加快培育新文旅产业，着力打造具有洛阳特色的文旅IP，形成了一批极具市场号召力的沉浸式文旅产品，各类文旅项目建设稳步推进。2022年，155个重点文旅项目完成投资168亿元，其中被纳入国家、省重点项目的有21个。隋唐大运河文化博物馆、隋唐大运河国家文化公园、牡丹博物馆、君河湾文商旅综合体等项目建成，先后与万达集团签订战略合作协议推进龙门旅游度假区、万安山主题乐园等项目。龙门石窟智慧文旅数字孪生平台项目获评文旅部2022年文化和旅游数字化创新实践优秀案例。牡丹博物馆数字化提升工程等5个项目入选"行走河南·读懂中国"100项重大标识项目。洛阳在2024年春节假期接待游客1113.53万人次，旅游总收入达82.93亿元，均创历史新高，同比2019年分别增加280.54%和345.36%。洛阳入选全国国庆假期旅游十大热门城市并呈现长尾效应，节假日后群众前来旅游的热度依然不减，洛阳博物馆、二里头夏都遗址博物馆、洛阳古代艺术博物馆、栾川老君山等景点节后依然保持假期日均客流的50%以上。洛阳市入选文旅部2022年度文化产业和旅游产业工作激励地市名单，获评河南省"落实文旅文创融合战略成效明显省辖市"。洛阳市20余条促消费的举措点燃烟火气，进一步丰富发展"夜经济"，成功入选"2023夜间经济新锐十城"。进一步深化平台合作，突出视频营销和移动端传播，持续释放新爆点，打造城市IP，《风起洛阳》VR项目入选文旅部"2023年文化和旅游数字化创新示范十佳案例"。强化流量变留量，洛阳登上全国热搜榜30余次。

（二）沉浸式文旅新业态快速发展

近几年，洛阳市大力发展沉浸式演艺、剧本娱乐、汉服产业等"六大业态"。

一是"汉服融城"引领新风潮。洛阳深入挖掘中华传统汉服文化，打造"汉服友好型"城市，2023年牡丹文化节启动仪式以"千人叉手礼"开局，点燃汉服热度，推出穿汉服免费乘地铁、免费入景区等惠民举措，洛邑古城、应天门等汉服目的地全网出圈，洛阳市汉服店从不足百家猛增到近2000家。2023年"五一"期间，洛邑古城日均接待汉服游客近6万人次。河洛文化旅游节以"越汉服　越时尚"为主题举办中原国际文旅产业博览会，访问量超5000万，成交金额近8000万元。举办汉服时尚设计潮流创新大会等六大活动引领汉服热潮，金牡丹奖、金妆奖落地洛阳。"汉服+造型+拍摄+写真+研学+旅游"全产业链条基本成型。洛阳汉服受邀参加韩国耽罗文化节系列活动，海外出圈受到广泛欢迎。洛阳持续霸榜抖音最受欢迎的汉服热门目的地。

二是"剧本+"开创文旅融合新业态。自2023年以来，洛阳市以丰富剧本娱乐题材、持续引进行业人才、推动产业链条延伸为抓手，逐步形成了"剧本+景区""剧本+演艺"等多元化沉浸式文旅新业态，剧本娱乐产业赋能文旅项目，成为提升新文旅的重要抓手，领衔沉浸式文旅出圈出彩。洛阳剧本娱乐企业在全国行业培训中占70%的市场份额，卡卡、FB等率先进入美国、澳大利亚市场。紧盯年轻人消费风向，依托洛邑古城、天堂明堂、洛阳古墓博物馆等国风场景，从剧情、场景、服饰、食宿等方面还原唐朝风貌，打造《无字梵行》《万国来朝》《神都诡实录》《风起洛阳》VR项目等大型沉浸式剧本演艺项目10余个，为游客提供了"一朝梦回千年"的沉浸式体验。

三是注重沉浸式文旅新业态培育。建成全国首家"剧本娱乐+党建"融合业态项目——"向导故事馆"。开创国内先河，把整个城市作为剧本实景，串联40家景区、景点，推出"神都奇幻志"全城剧本杀等沉浸式产品，让游客"人在城中，又在剧中"。洛阳市现有剧本娱乐体验店60余家，2023年开展的"神都奇幻志"全城剧本杀城市营销活动，实现了线下体验超万人次，线上体验超5000万人次，微博话题阅读量达到1.2亿，主视频播放量达111万。

四是开启"奇妙游",打破传统单一体验模式。推出全国首个历史人文类博物馆"夜宿"项目,"住古墓""宿运河""与国宝过夜"等夜宿博物馆项目,使游客沉浸式体验博物馆,在实景实地中与古人对话。2023年节假日期间,洛阳博物馆、二里头夏都遗址博物馆、隋唐大运河文化博物馆等均延长开放时间,开启"夜游模式",接续推出《逛古博 剧好玩》《多少楼台烟雨中》沉浸式剧本体验,以及"神秘客·洛小文夜探博物馆"大型沉浸式讲解活动,门票上线即告罄。洛阳市图书馆推出"遇见阅读·图书馆奇妙游"活动,通过线索卡的方式引导读者领略洛阳不同朝代的文化特色和历史风貌,获得数十万网友点赞,吸引读者近20万人次。

五是实现"科旅融合",彰显新魅力。推进数字赋能文旅产业发展,洛阳市涧西区依托第一拖拉机厂17000平方米大厂房,综合运用VR、AR、裸眼3D等数字技术,建设5G+XR元宇宙电竞产业园,其中元宇宙幻境超体空间核心项目是目前亚洲最大的单体元宇宙综合科幻乐园,立体呈现XR国风赛博、5G智能电竞、沉浸式时空穿越核心内容,带来集国风文化、工业质感、未来科技等元素于一体的数字文旅新体验。营地内部住宿、餐厅、体育中心等可同时满足1500余人使用,打造了"研学+工业+红色"的文化旅游新模式。中国一拖东方红工业游景区入选国家工业旅游示范基地。"赏花启动仪式""牡丹幻城之夜"融合XR技术、CG特效等多种表演形式和科技手段,线上线下同步打造视觉盛宴,将牡丹文化与洛阳千年古城文明凝结在一起,开创性地展现洛阳魅力。河南省文旅文创发展大会启动仪式、省运会开闭幕式,以城市为背景、以遗址为舞台、以网络为载体,将穿越千年的"大遗址"变成时尚靓丽的"会客厅",展示出洛阳独特的城市魅力。隋唐洛阳城、老君山、洛邑古城等景区沉浸式水平持续提升,《无上龙门》《知道·老君山》《寻迹洛神赋》等大型实景演艺作品吸引大批游客争相观看。

(三)以移动端传播释放文旅融合新爆点

突破过去传统营销方式,加大利用手机客户端等互联网平台引流,通过热点话题与城市营销交互传播,实现高效引流。洛阳坚持"线上做流量、线下做变现",抢占"掌上空间",拓展引流入口,向海内外游客特别是年轻人充分展示古都新形象。

一是深化与网络平台公司合作,持续提高城市曝光率,扩大城市影响力。与携程、去哪儿等平台公司合作,打造以票务代理联动景区门票、住宿餐饮、交通出行等全链条全方位文旅消费服务。深化与抖音、小红书等平台合作,全球文旅创作者大会加推曝光16.49亿次,带动全市文旅曝光达60.87亿次,登上热搜榜30余次。邀请头部博主近50人次莅洛采风制作短视频,与网易、京东等开展合作,把洛阳元素植入游戏之中,定制"牡丹主题盒",形成全民传播氛围。在全国地级市传播指数百强中,洛阳名列第四。"全城古装NPC""西游仙魔团"等话题热度持续攀升,"沉浸洛young城"话题播放量超2.8亿,"总要来洛阳穿穿汉服""神都洛阳恭迎公主王子回城"等话题热度持续攀升,"洛阳IP联动计划"入选全国旅游宣传推广优秀案例。与京东物流合作定制专属牡丹主题快递盒100万个,向武汉、北京、上海等100个城市投放,发放旅游寄递券500万元,并在武汉黄鹤楼、成都宽窄巷子等全国热门景点开展洛阳地标打卡活动,通过"洛阳旅游""京东物流"等自媒体进行传播,邀请全国游客畅游洛阳。

二是突出视频营销。邀请流量明星、头部博主制作短视频,向新媒体投放,通过"饭圈效应"迅速扩大传播范围,打造了独具特色的"城市IP"洛阳模式。"洛神水赋""龙门金刚"等接连破圈,引领打卡热潮。洛阳市属新媒体持续发力,启动唱响"洛阳好声音"短视频挑战赛,开设话题"上分了洛阳",鼓励发动广大自媒体和网民创作发布涉洛正能量短视频,实现了央媒发稿不断线,在2024年全国地级市传播指数百强中,洛阳列排行榜第四名。

（四）以年轻化消费集聚文旅融合新优势

洛阳市以青年友好型城市建设为契机,通过年轻化消费、场景化消费集聚文旅融合发展新优势,提升消费服务水平和服务档次,将城市美学融入街边微景观打造,点亮"古都夜八点"。洛阳市各个县区深挖历史文化特色,打造了西

工小街、上海市场、广州市场等夜间消费街区，布局夜游、夜娱、夜食、夜购、夜演、夜拍等6大业态，文商旅深度融合，推动新文旅产业集群发展。

一是瞄准青年群体，释放"夜经济"消费活力。洛阳市2021年出台《洛阳市建设青年友好型城市行动方案》，明确提出要丰富发展夜间经济，围绕"吃、行、游、玩、赏、买"等出台支持夜间经济发展的系列举措，以年轻化消费集聚新优势，点燃青年消费新引擎。洛阳市涧西区广州市场步行街、豫北新街等通过"微改造"的方式打造具有民国风特色的消费街区，成为年轻人网红打卡地；西工小街、大唐花市等街区策划举办美食节等活动，推动夜间文旅经济"越夜越精彩"；老城区天心文化产业园引入剧本娱乐、拾叁堂LiveHouse、相声新势力、旧城记沉浸式餐厅等新业态，实现老厂房焕发新活力；洛龙区依托正大文化交流中心开展了高雅艺术殿堂活动，新落成的大河荟文旅商综合体推出中国首部数字行浸式演出《寻迹洛神赋》，持续丰富夜间文旅消费产品和消费项目。

二是打造强交互、深沉浸的文旅活动，增强文旅文创深度体验。大力发展夜游、夜娱、夜购、夜宴等"夜消费"，推出西工小街、老城十字街等一批夜间文旅消费聚集区，进一步擦亮"古都夜八点"城市名片，国庆期间全市夜间文旅消费占比达到66%，洛阳成功入选"2023夜间经济新锐十城"。先后举办龙门动漫展、《少年歌行》国漫Cosplay、"洛城中街杯"宅舞大奖赛、"邑起穿越吧"汉服短视频大赛、明教坊"乘热气球赏天街"等活动，花样迭出的活动成为吸引Z世代脚步的"原动力"。成功举办汪峰演唱会、蔡依林演唱会、"老君山·鸡冠洞"山谷音乐节等，打造栾川音乐共创空间，赋能栾川风情小镇不夜城项目打造，引领旅游消费升级。着力打造沉浸式露营产品，围绕沉浸式微旅游，打造42处野外露营地。以"露营+音乐节""露营+集市""露营+游园会"为代表，打造洛阳青年之家等露营基地30多个，布局音乐节、生活节、街头艺术、蹲城部落、帐篷木屋等业态，让青年人以高性价比体验到"向往的生活"。在天心产业园、东方文创园、丽景门、天街等地开展街头表演、声动涧西春日音乐会、青年露营春日派对等各类年轻时尚活动。

三是做强工业研学产业。携手世界研学旅游组织，成功举办世界研学旅游大会。洛阳成功举办世界研学旅游大会，发布河南研学《洛阳宣言》《河南省研学旅游发展白皮书》；河南研学营地教育研发中心、世界研学旅游组织（加拿大）河南代表处落户洛阳；"行走河洛，豫见中国"全域数字研学平台正式上线。2023年洛阳市接待研学旅游的学生超70万人次、暑期文博研学团近900个批次。引进启行教育等头部企业进驻洛阳，开创了"营地共建、资源共享"的研学新模式，促成河南省研学课程融创中心落户洛阳，洛阳市各类研学基地达到68家，居全省前列。"匠心寻彩 根在河洛"体验之旅入选全国非遗特色旅游线路，是全国仅有的20条入选线路之一。"东方博物馆之都"研学营地二期项目获得2023"全球世界遗产教育创新案例"卓越之星奖，是全国仅有的8个获奖项目之一。西子湖、大步湾、星空帐篷等28个露营地上榜"河南省首批露营地"推荐名单。成功开创"营地共建、资源共享"工业研学新模式，建成华润电力首阳山电厂研学旅行基地等工业研学基地，其中东方红研学营地将一拖东方红农耕博物馆和"东方红智创空间"有机联合，开发东方红农耕博物馆、东方红智创空间、苏式厂房建筑群、亚洲最先进的拖拉机生产线等研学课程。"听涛大运河"等研学活动受到了青少年喜爱，仅暑期文博研学团就达近900个批次。打造"研学+工业+红色"的文化旅游发展新业态。中国一拖东方红工业游景区入选国家工业旅游示范基地。

四是加快城市提质改造，重新布局文旅新业态。洛阳市把文化遗产保护与文物活化利用结合起来、把传统元素与时代气息融合起来，大力发展新文旅业态。按照"保护工业遗产、延续城市文脉、发展文化产业"原则，依托工业厂区遗存厂房建筑，改造天心文化产业园、东方文创园。通过统一招商、统一运营，创新打造景区商业生态联盟，充分融合"文商旅"业态，引入文化创意、创新创业、运动中心、主题酒店、餐饮休闲、配套服务等功能区。布局网红餐饮、国潮文创、高端民宿、剧本娱乐、相声小剧场等年轻化互动体验项目，提升文旅消费能级，实现新旧动能转换，不断探索工业遗产活化利用。广州市场步行街获评省级旅游休闲街区。

（五）持续提高洛阳城市美誉度和友好度

一是洛阳近几年重塑古都风貌，先后获得携程网"数说湾区"年度政务传播先锋奖等四个大奖，"十一双节"期间洛阳入选全国旅游十大热门城市，"洛阳旅游"政务新媒体矩阵用户超500万，影响力位居《全国重点旅游城市文旅政务新媒体传播影响力》前列。"洛阳IP联动计划"入选国内旅游宣传推广优秀案例和2023世界城市品牌大会长城奖优秀案例。

二是进一步打造国际人文交往中心。洛阳以创始会员城市身份加入丝绸之路旅游城市联盟，积极参与相关国际机构、国家和河南省层面对外交往和知名国际旅游展会等活动，洛阳旅游TikTok海外宣传全面启动，洛阳—曼谷航线成功复航，与日、韩、泰等国家对外文化交流持续深化。强化流量变现，携手京东、建行洛阳分行等发放"即查即送、线上认领"消费券近2000万元，千方百计把旅游"流量"变现为消费"增量"。栾川县老君山景区坚守7年的"一元午餐""暖心姜汤"收获一致好评。

二　洛阳文旅融合新业态培育发展存在的问题

（一）文旅消费新场景打造不够丰富

洛阳历史文化遗存丰富，但是景区分布较散，业态仍停留在以景区观光为主，仍依赖传统旅游模式，缺乏对年轻游客的吸引力。

一是洛阳目前存在头部企业不强、文旅产品业态不优的困境。文旅产业发展缺少具有龙头带动作用和强吸引力的文化旅游头部企业，目前洛阳还没有一家上市文旅企业，本土酒店管理模式输出少，缺少与华侨城、方特、银基等这种大型文旅企业的合作。

二是文旅产业链条不长，没有类似大唐芙蓉园、大唐不夜城、"只有河南"等高品位的文旅产品，对年轻人和高端人群的吸引力不够。文旅融合产业发展区域联动性不强，城市客流量虽井喷式增长，部分县区、景区却客流不足，游客县区分流、引流效果不理想。文旅新业态联动融合不足，还没有从沉浸式"产品体系"向沉浸式"产业体系"转化，"旺丁"不"旺财"，客均消费仅为781元，虽然排河南省第一位，但仍低于旅游发达城市的水平，旅游消费潜力尚未得到充分挖掘。

三是推动流量变现的能力亟待提升，城市消费场景打造不够丰富，能够适配汉服元素的特色消费街区、国风市集和沉浸式景区数量还比较少。针对年轻人文旅、社交等需求打造的特色打卡街区、蹲城部落等综合性区域少，年轻人喜欢的特色业态布局较少，城市文旅对年轻消费群体的吸引力不足。

（二）文旅新业态发展环境不优

2023年9月，国务院办公厅印发了《关于释放旅游消费潜力 推动旅游业高质量发展的若干措施》。辽宁省、陕西省、广东省、河南省相继出台文旅产业支持政策；厦门市、青岛市、宝鸡市、郑州市、安阳市等旅游城市均出台支持文旅产业融合发展相关政策。而多年来，洛阳市从未出台有效促进文旅产业发展的支持政策，更缺乏产业引导资金。洛阳市汉服行业协会商会发展滞后，在自我服务、自我管理、行业自律等方面发挥作用不足，涉及汉服体验消费的游客投诉主要集中于商家宣传与实际体验不一致、以次充好、拍摄纠纷、抄袭山寨等，影响了游客消费体验和产业健康发展，汉服市场秩序亟待规范。此外，热门景区交通出行、住宿餐饮、公共厕所等配套设施还存在短板，热门打卡地交通拥堵、停车难、住宿价格涨幅大等现象尚未得到有效解决。机场、高铁建设不能满足需要，导致旅游旺季来洛高铁票供不应求，洛阳机场吞吐量有限，国际、国内航线较少，限制了境内外游客入洛，成为制约洛阳客流的一大因素。

（三）新业态联动融合不足，产业链发展不足

洛阳客均消费虽排全省第一，但低于全国其他先进地区，消费潜力尚未充分挖掘。虽然"洛阳汉服"火爆出圈，但总体仍处于产业培育期，与新文旅产业发展需求相比，还存在不少问题与短板。汉服产业链条仍不完善。

洛阳市汉服产业链条较短，产品种类不丰富，不能有效满足市场需求。特别是汉服设计生产主要集中在山东曹县、河南修武等地，洛阳市仅有少量厂家从事汉服生产，汉服体验店铺进货渠道窄、种类少，部分产品品控差、交货慢；产品呈现同质化倾向，中低端市场趋于饱和，知名品牌、定制服务少，不能满足游客个性化需求；汉服头饰、配饰、文创等周边产品开发不足，缺乏生产研发设计主体和平台，产品文化创意和科技含量较低，爆款的文创产品不多。

三 洛阳市文旅融合新业态培育发展路径探析

（一）打造文旅发展新场景

洛阳应立足古都特色，找准文旅融合发展新赛道，打造文旅发展新业态和新场景，大力发展沉浸式演艺、剧本娱乐、汉服产业等"六大业态"，培育开发文旅融合新产品和新业态，文旅融合产业发展应向个性化、多元化、体验化方向发展，同时，多业态融合发展已成为必然趋势。大力推进"文化+旅游""文化+乡村振兴""文旅+科教体卫""文旅+城市提质"多产业多领域融合发展，将"吃、住、行、游、购、娱"和"商、学、闲、情、奇"结合起来，创新更多文旅新业态。洛阳应打造"行走河南·读懂中国"品牌，着力打造具有洛阳特色的文旅IP，重点发展沉浸式演艺、电竞数娱、研学旅行等新业态，实现沉浸式体验、场景化消费。

一是持续优化《寻迹洛神赋》等沉浸式演艺存量作品，推进打造《只看洛阳城》《神都上元杀》，鼓励支持《武则天》等大型实景演艺优化升级。

二是以大河荟剧本娱乐总部经济园区为依托，开展更多"全城剧本杀"活动，加快剧本娱乐跨界融合。

三是全面做好汉服营销，做强移动端传播，更加重视线上线下联动，保持洛阳汉服IP热度。

四是推动河南省级研学旅行示范基地创建，持续完善研学旅行配套服务体系，开发更多彰显黄河文化特色、历史文化特色、红色文化和地方特色文化的优质研学基地。

五是以涧西5G+XR元宇宙产业园为引领，支持引导市场主体利用老旧厂房、商圈闲置空间打造中小型电竞数娱场馆。

六是鼓励旅游民宿和高端民宿发展，选优育强民宿第三方平台，盘活城乡闲置资源，推动打造具有历史文化、地域特色的主题集群，用好文化资源和城市IP，推动融合发展，叫响"宿享神都，一梦千年"等品牌。

（二）完善政策保障，培育更多新文旅业态

一是加强文旅融合新业态系统培育，进一步深入研究文旅产业发展规律，培育高端高质产品。洛阳市出台《洛阳市加强文旅文创深度融合推动高质量发展方案》，重点突出深体验、夜经济、可重复"三大方向"，推动沉浸式演艺、汉服产业等"六大业态"，着力打造隋唐、古城、白马寺等"九大片区"，培育更多时尚、新潮、个性化的文旅产品。

二是洛阳应对标先进地区，出台《洛阳市文化旅游产业发展扶持若干政策》和《洛阳新文旅目的地发展纲要》，进一步量化、实化激励机制。

三是健全标准体系。着力打造洛阳特色文旅标准体系，加快出台旅游景区服务标准，进一步提升文旅发展环境，加快文旅发展和城市提质一体谋划推进，加快实施隋唐洛阳城中轴线保护展示工程，推进城市阳台、城市文化客厅等公共聚合新空间的营造，统筹抓好老旧小区改造、棚户区改造、市政微景观的打造等，重塑古都格局风貌、提升城市功能品质。

四是深化机制创新。稳步推进文艺院团改革，走向市场化。推动应天门等国有景区以市场为导向，引进更多市场化运营主体。

（三）建强重点文旅品牌，拉长文旅产业发展链条

一是洛阳应加快构筑文旅新地标。加快方特华夏历史文明传承创新示范园建设、龙门古街改造和龙门东北服务区提升。加速歌剧院改造提升工程，抓好运营，与城市文化客厅联动发展。坚持运营前置，抓好天街贯通提升、

天津桥建设等项目，科学布局十二坊业态，优化古都风貌。推动东西南隅历史文化街区和涧西工业遗产历史文化街区保护利用。

二是提质大遗址保护利用和博物馆群建设。加快隋唐洛阳城国家遗址公园、汉魏故城遗址博物馆、夏商文明研究中心、白马寺博物馆建设；推进二里头夏都遗址博物馆、千唐志斋博物馆等创建国家一级馆。

三是优化文旅基础设施。洛阳仍须以"交通开路"，增加国际航线、国内航班，提高交通运输能力。统筹快进、慢游交通体系建设，提升旅游公路、停车场、机场、高铁站等基础设施建设，优化城市交通指挥调度系统，缓解重大节假日景区、消费聚集区、交通枢纽节点拥堵现象，加强集散空间优化、区域交通改善、智慧停车建设、交通标识指引等配套体系建设。

（四）持续激发消费潜力，强化发展新动能

为适应年轻一代消费群体旅游从"看"到"玩"的转变。应大力发展剧本杀，推进"文旅+音乐""文旅+电竞""文旅+定向""文旅+研学"，以及非遗市集、书茶雅集、国风国潮、露营房车等新型的休闲娱乐方式。

一是推动文旅商深度融合。擦亮"盛世隋唐"等城市名片，差异化发展城市文旅消费集群。如以历史文化为主题，打造应天门—洛邑古城—洛城中街文旅消费聚集片区；以潮流时尚为主题，打造广州市场—上海市场文旅消费聚集片区；以国际文化消费为主题，引进东南亚风情，打造环开元湖周边文旅消费聚集片区；扩大西工小街辐射范围，进一步强化运营前置思维，打造业态多元的文旅消费项目，并要可持续运营。深化牡丹文化节、河洛文化旅游节文商旅融合，打造惠民消费季（月），聚焦青年消费趋势，加强商圈联动，推出一批文创产品。

二是持续推进"引客入洛"。持续推动景区门票减免和优惠人群门票优惠工作，不断丰富多元业态，提高龙门石窟、隋唐洛阳城等景区二消比重。常态化组织文旅企业前往文旅先进地区、活跃地区定向招商。扩大"乘飞机免门票游洛阳"活动影响力，加强大湾区年票市场销售力度，开展好长三角、云南等客源地推介工作。

三是进一步丰富文旅业态。建议旅游景区、夜间消费聚集区、旅游休闲街区等引入剧本娱乐、非遗表演、街头演艺、小剧场等沉浸式演艺新业态。鼓励商户延长营业时间，活跃夜间消费，完善夜游等消费场景，推动环开元湖商圈等创建国家级夜间文旅消费集聚区，广州市场步行街、洛城中街等创建国家、省级旅游休闲街区，更好满足多元化需求。

四是激活乡村文旅动能。围绕乡村旅居"深体验"，增加多元产品供给，推动重渡沟、魏坡等传统乡村景区迭代升级，在嵩县陆浑水库周边布局康养、高端民宿和户外运动业态，在嵩县白云山周边围绕伏牛山度假民宿产品做好招商引资，不断丰富乡村旅游产品业态。统筹美丽乡村建设和乡村运营需求，持续加强乡村康养旅游示范村建设，助推美丽乡村向"美丽经济"蝶变。

（五）发展壮大民宿经济，补足发展短板

一是健全规则体系。加快编制《洛阳特色民宿发展导则》，制定《洛阳民宿服务管理与安全规则》，条件成熟后出台《城市民宿发展的实施意见》，明确消防、特种行业证照办理等工作难点解决路径，提高城乡民宿服务品质和管理质量。

二是推动集群发展。鼓励旅游民宿和高端民宿发展，因地制宜推动涧西、老城、伏牛山等片区布局打造工业赛博、隋唐古风、山水田园等特色民宿集群，选优育强民宿第三方企业，挖掘、盘活城乡闲置资源和低效资产，更好满足高中低多层次、多元化需求。

三是提升品牌运营。将基础较好、特色鲜明的民宿产品和线路纳入文旅宣传推广体系，引导民宿企业在抖音、小红书、B站等自媒体平台加大营销力度。定期组织民宿技能培训，大力培养职业民宿管家，培育民宿管家文化。通过宣传，叫响"宿享神都，一梦千年""伏牛山居""黄河人家"等民宿品牌。

（六）提升城市宣传热度，放大发展势能

一是延续出圈热度。深挖"洛阳汉服"元素，组织好汉服设计和妆造

大赛。办好第五届全球文旅创作者大会、摇滚马拉松等活动。加快推动《只看洛阳城》系列演艺项目落地。

二是拓宽宣传渠道。深化与抖音、小红书、腾讯等平台合作，开通并运营 TikTok 账号，依托 citywalk 城市漫游、《开始寻宝吧》等，策划推广活动，持续种草引流。

三是创新城市推广。研究出台优秀短视频传播奖励机制，带动更多优秀短视频产出。聚焦河洛文化旅游节，创新引流方式，加强话题策划，举办明星演唱会等活动，培育青年群体对洛阳的认知。以世界客属第 33 届恳亲大会为契机，讲好洛阳故事，稳步推进东亚文化之都创建。

四是强化区域联动。坚持"全市一盘棋"思维，加强全市宣传营销统筹，提高文旅智慧化水平，加大客流引导和线路规划，提升中心城区客流辐射带动能级。

结　语

洛阳市应进一步加强对文旅融合新业态的培育引导，系统推进新兴业态培育、文旅消费提质、城市提质、文化市场主体发展、公共文化惠民等工程。

一是深入推进国家首批旅游休闲城市、国家级河洛文化生态保护区、东亚文化之都、智慧旅游沉浸式体验新空间培育试点项目创建，创新办好牡丹文化节、河洛文化旅游节等重大活动。进一步加强国际人文交往，积极开展形式多样的走出去与引进来相结合的文旅交流活动，通过各种国际媒体，输出洛阳文化。稳步推进东亚文化之都建设。加大优质文旅企业引进力度，对重大涉旅招商项目实行专班跟进，推动重点招商引资项目落实。

二是做强做大做优本土文旅企业，加快组建洛阳演艺集团，重点培育壮大一批具有较强核心竞争力的本土民营文旅企业，大力支持中小微旅游企业"转企升规"，支持符合条件的文旅企业上市融资。提升文旅人才培养质量，开展"新文旅产业专家智库"筛选认定。加大讲解员、导游员人才队伍培养力度，开展"五好讲解员"和"红色讲解员"培养及"金牌导游"大赛等活动。研究制定旅游景区服务标准，加强文旅市场监管和综合执法，严厉打击非法经营、欺诈消费等违法违规行为。推进信用分级分类监管，促进行业诚信自律。持续推进行业服务标准化、专业化建设。严守安全生产、意识形态风险和安全播出防线。

三是推动文旅产业转型升级，加快数字文旅产业发展，持续做好"行走河南、读懂中国"百大标识数字化项目推荐工作，争创国家级、省级文化产业示范园区，国家文化产业和旅游产业融合发展示范区。

四是强化非遗保护传承。推进河洛文化生态保护实验区建设，扩大非遗工坊建设保护工程，举办非遗专题展演展示活动，推进非遗街区建设，探索非遗进景区的途径，提升洛阳非物质文化遗产保护与旅游融合发展，培育更多时尚、新潮、个性化的文旅特色产品。

参考文献

[1] 习近平：《在教育文化卫生体育领域专家代表座谈会上的讲话》，人民出版社，2020。

[2]《坚定走好独具特色的中国旅游发展之路——习近平总书记重要指示引领旅游强国建设开创新局面》，新华网，http://www.xinhuanet.com/20240518/e5c67770b8834ab69e53a1764522b56a/c.html。

[3] 刘春香：《加快塑造"行走河南·读懂中国"品牌　为推进中国式现代化建设河南实践注入新动能》，《河南日报》2023年7月1日。

[4] 余嘉熙：《以汉服为媒，洛阳找到文旅转型发展的"核心密码"》，《工人日报》2023年11月12日。

[5] 付远书：《供需两端发力　文旅消费涌新潮》，《中国文化报》2023年11月22日。

B.7 洛阳市推进国家文化和旅游消费示范城市建设发展报告

刘凡进　丁叶伟*

摘　要： 2016年，洛阳成功入选第一批国家文化消费试点城市，2020年洛阳正式入选第一批国家文化和旅游消费示范城市名册，从入选文化消费试点城市到成为文化和旅游消费示范城市，洛阳实现了跨越式大发展。这是国家和河南省对洛阳市文化和旅游成绩的充分肯定，也是"十三五"以来，洛阳着力建设国际人文交往中心和国际文化旅游名城结出的硕果。近年来，洛阳不断推进文旅消费深度融合，创新文旅产品形式，推出异彩纷呈的文化和旅游消费活动，受到了大量海内外游客的盛赞，显著提升了洛阳国际文化旅游名城的知名度和美誉度。

关键词： 洛阳　国家文化和旅游消费示范城市　创意引领　跨界融合　沉浸式体验

2016年6月，全国文化产业工作会议在北京胜利召开，会议全面总结了"十二五"期间我国文化产业各方面的发展成就，并对"十三五"时期文化产业发展工作提出了重点要求。在此次工作会议上，文化部公布了第一批国家文化消费试点城市名单，包括北京、天津、石家庄、鄂尔多斯市、沈阳、长春、哈尔滨、洛阳等在内共计26个城市。其中洛阳成为中原地区唯

---

* 刘凡进，洛阳师范学院新闻传播学院教师，主要研究方向为洛阳文化；丁叶伟，洛阳师范学院新闻传播学院20级广播电视编导专业学生，主要研究方向为新闻传播。

一入选城市，这既是国家对洛阳的充分认可，也是对洛阳的殷切希望。2019年8月，国务院办公厅印发《关于进一步激发文化和旅游消费潜力的意见》，文件指出"将在国家文化和旅游消费试点城市中遴选出一部分国家文化和旅游消费示范城市"。2020年10月，三部委（文化和旅游部、国家发展改革委以及财政部）宣布第一批国家文化和旅游消费试点城市与消费示范城市申报评选工作正式拉开帷幕。2020年12月，在推动文化产业高质量发展电视电话会议上，文化和旅游部公布了15个国家文化和旅游消费示范城市和60个消费试点城市的名单。其中，洛阳入选第一批国家文化和旅游消费示范城市名单，是河南省唯一入选的城市，从入选文化消费试点城市到成为文化和旅游消费示范城市，洛阳实现了跨越式大发展。2023年，河南省文旅文创发展大会在洛阳盛大开幕。"新文旅风起洛阳，新业态频频出圈"，近些年来，洛阳全力推进文旅消费深度融合，活化河洛文旅资源，不断创新文旅产品形式，形成了供需匹配的场景打造模式，营造了供需匹配的文旅消费场景，大力推进"古都夜八点""古都新生活"等异彩纷呈的文化和旅游消费活动，受到广大海内外游客的盛赞，显著提升了洛阳国际文化旅游名城的知名度和美誉度。

一 洛阳市推进国家文化和旅游消费示范城市建设的成效

从2016年到2020年，从入选文化消费试点城市到正式成为文化和旅游消费示范城市，从1/26到1/15，洛阳实现了跨越式大发展。2023年6月30日，河南省文旅文创发展大会在古都洛阳盛大开幕，此次盛会是河南省规格最高与规模最大的文化旅游行业会议，也是国家和河南省对洛阳市文化和旅游事业发展的充分肯定，更是"十三五"以来洛阳市致力打造国际人文交往中心与国际文化旅游名城的重要成果，这为洛阳文化和旅游消费转型升级提供了非常好的契机。洛阳高度重视国家文化和旅游消费示范城市建设，结合实际情况，因地制宜，充分利用地域资源优势，发挥文旅消费拉动经济增

长的积极作用,"2019 年,洛阳市居民人均文化娱乐消费支出增速 11.1%,比消费支出增速的 7.9% 高出 3.2 个百分点;全年接待游客 1.42 亿人次,旅游总收入 1321.02 亿元,同比分别增长 7.33%、15.03%"①,来洛游客数量呈现井喷式增长,"古都洛阳"的知名度和美誉度得到进一步提升,有效地推动了洛阳文化产业和旅游产业的高质量发展,体现了洛阳着力推动文旅产业向上向好发展的积极态势与优异成绩。

(一)新景新式:公共服务体系得到持续完善

文化是一个民族的根与魂,是一个国家强盛的重要支撑。自古以来,"读书"就是河洛大地的优良传统,河洛文化历史悠久、底蕴深厚,世代传诵着"程门立雪""洛阳纸贵"等千古佳话;脉脉的书香气质融进洛阳每个角落,浸润着河洛大地,让古今辉映、诗和远方兼具的洛阳熠熠生辉。近些年来,洛阳持续完善公共文化服务体系。随着国家公共文化服务体系示范区建设、"书香洛阳"建设、智慧旅游建设等一系列重要公共文化工程项目的深入推进,洛阳公共文化服务体系持续完善,公共文化服务水平不断提升,这不仅让市民、游客切实地享受到多元的文化大餐,而且将社会主义先进文化传递到市民、游客心中,助力主流文化和主流价值的传播与弘扬。近年来,洛阳着力打通公共文化服务"最后一公里",深入推进"书香洛阳"建设,地标性的洛阳市图书馆中心馆与少年儿童图书馆已投入使用,图书馆现代化的模数化设计理念与实用性的文化空间普惠洛阳百姓,图书馆内经常出现"一座难求"的现象。目前,洛阳"建成投用城市书房 205 座,全市藏书 107 万余册,年接待读者 900 余万人次,改造提升 600 个基层综合性文化服务中心图书室,纳入图书馆总分馆服务体系"②,205 座城市书房、107 万余册的藏书让洛阳弥漫在书香氛围中。"书香洛阳"的建设让百姓在家门口

---

① 《我市入选首批"国家文化和旅游消费示范城市"》,https://www.ly.gov.cn/html/1/2/4/5/10933975.html。
② 《关于印发洛阳市"十四五"文化旅游融合发展规划的通知》,https://www.ly.gov.cn/html/1/2/10/29/13/78/571/10964056.html。

就可以便享新型公共文化空间，洛阳"15分钟阅读圈"不断完善，较好地满足了市民、游客对"精神食粮"的需求。

精心推出众多消费惠民措施，激发文旅消费活力。洛阳持续推进域内文化产业示范园区、夜间文旅消费集聚区等的高质量发展，精心组织美食文化节、汉服文化节、实景演艺等众多活动，进一步激发文旅消费潜力。"2023年洛阳市将结合文化和旅游部组织开展的'百城百区　金融助力'文旅促消费活动，联合建行洛阳分行投放1200万元文商旅消费补贴，对文旅、商务等消费进行补贴。"[1] 随着深入实施《推进洛阳都市圈文旅融合联动发展的十条措施》，洛阳推出都市圈旅游年票、旅游一卡通，惠及区域内更多的百姓，义马、卢氏、孟州、鲁山、济源来洛旅游的人数明显增加。同时，洛阳积极提质智慧旅游建设，大力提升智能化信息服务水平，2012年洛阳市被国家旅游局确定为全国第一批智慧旅游试点城市，2014年洛阳获得全国十佳智慧旅游城市的殊荣，当前，洛阳正向新型智慧城市建设大踏步迈进，2019年1月二里头夏都遗址博物馆正式投入使用"智慧导览系统"；2019年8月龙门石窟成功打造了全国首个5G全覆盖景区，"5G+龙门"满足了游客对高清直播的网络需求，让洛阳龙门成为全国第一家游客刷脸入园的景区；2023年老君山智慧文旅网络提质项目共投入1078万元，"围绕老君山网络升级新建、改建5G基站21个，优化传输线路23公里，可推动景区网络能力提升3~5倍，可同时满足3.6万人通信需求，大幅提升景区游客购票扫码、直播等各种业务的体验质量"[2]，有效地推动了老君山智慧文旅的提质升级；2024年3月，为满足游客的高流量诉求，隋唐洛阳城国家遗址公园成功展开了5G-A（5G后续演进网络）与3CC（三载波聚合）连片规模的部署，而隋唐洛阳城国家遗址公园亦成为河南省第一个旅游场景5G-A示范区，"洛阳移动网络部工作人员在隋唐洛阳城国家遗址公园应天门遗址

---

[1] 《河南郑州、开封、洛阳等城推出文化旅游季惠民政策》，https://cj.sina.com.cn/articles/view/1704103183/65928d0f020037j83。

[2] 《提速建设智慧文旅！洛阳启动全市景区5G网络提质升级工程》，https://news.lyd.com.cn/system/2023/12/28/032439764.shtml。

博物馆门前所做实测数据显示，移动无线网络下载速率达到4.18Gbps，是5G速率的4倍以上"[1]，洛阳正式开启了5G-A网络时代。目前，洛阳市有15家景区获得河南省景区信息化建设示范单位的殊荣，极大满足了海内外游客的信息化需求。

（二）"这就是河南，这就是洛阳"：多元文艺活动溢出效应凸显

文艺是时代前进的号角，彰显着时代风貌。洛阳始终以习近平新时代中国特色社会主义思想为指导，高扬主旋律，传递正能量，多维举办各种文艺活动，如洛阳新年音乐会、九洲池音乐会、油画展、书法展、摄影展、微视频作品大赛等。每年举办的洛阳新年音乐会都会邀请许多音乐翘楚参演，音乐人用精湛的技艺传递祝福，用灵动的音符诠释奋进强音，为洛阳百姓带来了丰富的文化体验。其中，2024洛阳新年音乐会通过《洛阳晚报》及精彩洛阳、洛阳网等新媒体平台开启矩阵式直播，为线上和线下的观众献上了一场精彩绝伦的音乐表演。同时，洛阳积极推进都市圈地域内各文艺院团的联动发展，组织了众多文化惠民演出。洛阳组织了50场公益性文化演出，并与其他县（市）互演，丰富了都市圈范围内百姓的业余文化需求，彰显了洛阳都市圈文旅发展新格局，一场场精彩的文艺盛宴让百姓领略到洛阳文艺之美，一场场文化惠民演出丰富了群众的精神文化生活。

多元文艺活动溢出效应凸显。"这就是河南，这就是洛阳"这句话是2020年央视戏曲春晚洛阳分会场的开场白，十分振奋人心。该晚会在素有"天下第一门"美誉的应天门前录制，由13个节目构成，邀请了中原地区的许多戏曲名家参录，可谓名家荟萃，艺术家们为全国观众演唱了《朝阳沟》《打金枝》《卷席筒》《抬花轿》《收姜维》等经典"国风豫韵"，涵盖曲剧、豫剧、越调以及一些稀有的剧目，这些精彩的节目在央视综合频道向全球播出，让更多观众感受了底蕴深厚的中原文化，传递了古都洛阳的风

---

[1] 《洛阳率先迈入5G-A时代！隋唐洛阳城成为河南首个3CC连片部署景区》，河南日报客户端，https://news.lyd.com.cn/system/2024/03/13/032447071.shtml。

采。2020年央视总台中秋晚会在洛阳圆满录制。现场不仅舞台设计精巧，古色古香，而且加持高科技赋能，给人美轮美奂的视觉美感，一时间，央视秋晚在洛阳录制的消息刷爆"朋友圈"，让洛阳百姓极感自豪。根据相关数据统计，9月14日至17日在央视中秋晚会探班主持人带你探访录制现场的系列直播活动中，"最高观看量达830.3万，6场直播总阅读量超2348.8万，总时长超11个小时。自9月14日起央视新闻微博共发14条图文稿件，总阅读量超5050万，点赞量超200万"[1]，彼时洛阳成为人们重点聚焦的对象。央视戏曲春晚与中秋晚会的溢出效应凸显，特别是央视中秋晚会"带动洛阳成为2020年'双节'长假全国十大热门旅游目的地城市。8天长假，全市共接待游客702.35万人次，同比增长2.16%，实现旅游综合收入63.59亿元，同比增长6.49%"[2]。洛阳成为热门旅游的焦点城市之一，洛阳多样的文旅活动大幅度提升了古都的知名度、美誉度以及吸引力。

（三）彰显洛阳文化自信：非遗保护传承亮点与带动成效突出

我国悠久的历史与灿烂的文明，为华夏儿女留下了丰富多彩的非物质文化遗产，它们是炎黄子孙的根脉，不仅承载着中华民族的精神与情感，而且是我国劳动人民智慧的表征，更是维系各民族大团结的重要基础。我国非常重视非遗的保护与传承，这也是每一位华夏儿女的义务与担当。2005年《关于加强我国非物质文化遗产保护工作的意见》正式颁布；2011年《中华人民共和国非物质文化遗产法》正式实施；2021年《关于进一步加强非物质文化遗产保护工作的意见》正式印发；2023年10月，全国宣传思想文化工作会议召开，习近平总书记指出要"着力赓续中华文脉、推动中华优秀传统文化创造性转化和创新性发展"。洛阳非遗资源丰富，在非遗项目方面，拥有8个国家级非遗代表性项目、62个省级非遗代表性项目、240个市

---

[1] 《2020年央视中秋晚会在洛阳圆满完成录制》，光明网，https://m.gmw.cn/baijia/2020-09/22/1301595030.html。

[2] 《全省唯一，洛阳成为首批国家文化和旅游消费示范城市》，映象网，http://ly.hnr.cn/lyjpyc/article/1/13441205399077756032。

级非遗代表性项目以及718个县级非遗代表性项目，覆盖非遗名录全部十大类。在非遗项目传承人方面，洛阳市拥有国家级非遗传承人7名、省级非遗传承人67名、市级非遗传承人205名、县级非遗传承人400余名，随着四级非遗项目与传承人体系的建构，许多特色的非遗项目与传承人已经成为宣传洛阳深厚文化的重要媒介。

扎实推进非遗保护与传承工作。洛阳始终坚持"保护优先、整体保护、见人见物见生活"的理念，通过非遗的保护传承为河洛文化生态保护实验区注入活力，通过"非遗+"将非遗与现代生活、时代文化、文化旅游相互融合，彰显洛阳的文化自信。2017年，《洛阳市非物质文化遗产保护条例》正式颁布，有效助力了非遗的保护与传承，许多非遗项目纷纷成为国家级和省级传统工艺振兴项目。通过抢救保护工程的积极推进，洛阳为公众留下了许多珍贵的非遗资料，同时，洛阳深入推进河洛文化资源保护工程，"共采集线索17万余条，完成项目调查9946个，收集登记实物资料1581件，1000余个非遗项目被列入各级保护名录"[1]，有15名非遗传承人获得"河洛大工匠""河洛工匠"的殊荣，洛阳陆续推出《洛阳市非物质文化遗产资源汇编》和《洛阳非物质文化遗产资源简介》，为公众详细介绍了洛阳地区丰富的非遗资源。2020年，"文化和旅游部正式批复同意河南省洛阳市设立河洛文化生态保护实验区。至此，全国共有23个国家级文化生态保护实验区，河南省占两个，位居全国第二"[2]。近些年，洛阳扎实推进"非遗驻校园进社区"计划，"古都乡韵"非遗进景区、"河洛飞花·洛阳非遗"等特色活动的成功举办，让传统非遗散发出时代的魅力，而且域内各文化馆、图书馆以及博物馆纷纷推出非遗课堂，2019年"五一"假期，洛阳博物馆推出唐三彩讲解活动，让市民游客深度了解唐三彩的魅力，三天时间洛阳博物馆共接待游客达11.2万人次，有效地向公众普及了非遗保护传承的知识，提升

---

[1] 《洛阳拥有1000余个非遗项目 覆盖非遗名录十大类》，河南省人民政府门户网站，https://www.henan.gov.cn/2021/06-08/2160128.html。

[2] 《"河洛文化生态保护实验区"获国家批复成立》，河南省人民政府门户网站，https://www.henan.gov.cn/2020/06-09/1546771.html。

了公众非遗保护的意识。

非遗的跨界融合为文旅发展增添新增长极。洛阳通过"洛阳礼物""平乐牡丹画""洛阳三彩"等文创品牌的打造,将洛阳非遗和文创产品研发融合,将非遗文化元素与生活实用性结合在一起,一时间圈粉无数,成为省内外游人的首选之礼,逐渐形成了洛阳九朝文物复制品有限公司(唐三彩烧制技艺)、洛阳酒家有限责任公司(真不同洛阳水席)等生产和展示非遗产品的公司。洛阳通过青铜器小镇、手绘小镇、爱和小镇等非遗特色小镇的打造,将非遗和古民居与古村落保护相融合。洛阳依托6条关于"文明之源,根在河洛"研学旅行线路、23个研学旅行基地,将非遗和研学旅行相结合,用旅游的方式传播洛阳特色非遗文化,宣传推广了洛阳丰富的非遗资源,擦亮了"研学洛阳,读懂中国"研学旅行名片。洛阳持续推出"古都夜八点""古都新生活"等活动,将非遗文化和促进消费相联系,掀起文旅消费大热潮。

(四)频频出圈出彩:文旅产业发展成效明显

近些年来,洛阳持续发力促进文旅产业转型升级,文旅产业发展成效频频出圈出彩。2023春节假期,"洛阳市共接待游客593.86万人次,旅游总收入32.28亿元,同比分别增长66.03%和88.47%,游客接待量和旅游收入均超过2019年同期水平"[①]。洛阳深入推进黄河生态文化旅游带、华夏文明传承创新示范区以及伏牛山全域旅游示范区的建设,凸显"四季歌"与"全域游"的理念,展现洛阳独特的文化旅游资源魅力,如今洛阳正从旅游城市向城市旅游发展,从门票经济向产业经济发展。"老三篇"与"新三篇"交相辉映,一同绘就洛阳文旅最美画卷,九洲池、应天门、天堂明堂正逐渐成为洛阳文化新地标,是八方游客来洛打卡的网红地标;大谷关客家小镇、黄河流域非物质文化遗产保护展示中心、隋唐大运河国家文化公园、隋唐洛阳城国家遗址公园品牌出圈出彩,有力地助力了黄河历史文化主题地

---

① 《春节假期,洛阳共接待游客593.86万人次》,《河南商报》2023年1月29日。

标城市的建设。洛阳头部景区带动效果更是明显，老君山景区国内主营业务年收入已超亿元，白云山景区荣获省级旅游度假区殊荣。此外，洛阳大力落实乡村振兴战略，不断挖掘乡村旅游资源，完善基础设施，不断提升游客乡村旅游的舒适度，为乡村旅游提质增效，擦亮"5A嵩县""来孟津耍吧""奇境栾川"等县域旅游品牌，推出如孟津区白鹤镇堡子村、新安县正村镇石泉村、嵩县车村镇天桥沟村、宜阳县花果山乡等乡村文旅特色镇（村）（见表1），积极发挥这些乡村文旅特色镇（村）引领作用，不断提高服务质量，改善接待条件，提升洛阳乡村旅游发展水平，2021年，"洛阳乡村旅游接待游客5890万人次，综合收入205亿元"[①]，有效地提升了农民的收入，亦有效地巩固了脱贫攻坚的成果，打造了洛阳乡村旅游新格局。

表1 洛阳十大乡村文化旅游特色镇（村）统计

批次	入选时间	乡村文旅特色镇（村）
第一批	2021年	伊川县南府店村、洛龙区溢坡村、偃师区缑氏村、宜阳县养马村、新安县王村村、洛宁县前河村、栾川县重渡沟村、孟津区白鹤镇、嵩县车村镇、汝阳县付店镇
第二批	2022年	孟津区白鹤镇堡子村、新安县正村镇石泉村、伊川县江左镇张瑶村、洛宁县兴华镇沟门村、汝阳县蔡店乡杜康村、栾川县潭头镇拨云岭村、嵩县车村镇天桥沟村、嵩县车村镇顶宝石村、宜阳县花果山乡、新安县石井镇

资料来源：笔者根据调研资料整理。

依托云计算、大数据、人工智能信息，洛阳开发了"享游洛阳"文旅消费平台，探索了线上逛洛阳的应用模式。"享游洛阳"文旅消费平台是一款面向游客、市民和众多企业的旅游大数据应用，由"景区门票""酒店民宿""5G直播""美食餐饮"等模块构成，用户可以在抖音、新浪微博、微信公众号平台关注"享游洛阳"，也可以通过今日头条、快手平台关注"享游洛阳"，就能轻松使用"享游洛阳"文旅消费平台，这能最大限度地满足

---

① 《非凡十年，出彩洛阳》，大象网，https://www.hntv.tv/dxly/article/1/156994934611791 4626。

众多游客对洛阳旅游的信息需求，更加丰富游客"享游洛阳"的体验感。根据相关数据统计，该平台上线首日就有百余家景区和酒店入驻，120家旅游商品企业、820余款文创和非遗产品、55种特色农副土特产品进驻平台；通过微信朋友圈和"快手"、"抖音"、百度、微博等平台，直播及直播带货吸引1065万人次观看。[1]"享游洛阳"文旅消费平台已然成为一个矩阵宣传平台，该平台把黄河文化、大运河文化、"东方博物馆之都"、商务推介、网络推广融合在一个平台之内，将文旅、农旅以及商旅结合在一起，集文旅产品集市、直播带货以及非物质文化展演功能于一体，创新了文旅消费场景，2020年"依托'享游洛阳'文旅消费平台举办洛阳购物节等活动，发放3亿元文旅消费券"[2]，提升了线上文旅消费效果。该平台亦成为展示洛阳城市形象、传播洛阳历史文化的重要窗口。洛阳"古都新生活，时尚洛阳城""古都夜八点，相约洛阳城"等文旅消费活动打通线上销售渠道，"线上卖家带动线上实体商家""夜晚带动白天"，充分释放消费潜力，助力现实购物热潮的形成。

（五）展开跨界融合：文旅融合新业态成果丰硕

从"汉服热潮"在古都频频吸睛到"特种兵式旅游"，再到"唐妞"文创圈粉无数，洛阳文旅市场可谓"热辣滚烫"，业已成为全国文旅城市"顶流"之一，成为人们频频聚焦的核心旅游城市，越来越多的游人在此感受"诗和远方"。这些丰硕成果的取得得益于洛阳积极探索供给侧结构性改革，推进文化旅游行业与工业、农业、科技、体育等产业的融合创新，进而衍生多元新业态，延展了洛阳文化旅游链条，进一步释放了文旅消费潜力，走出了一条有特色的新文旅产业发展之路，而文旅融合新业态又成为促进洛阳文旅消费增长的新引擎。

---

[1] 《洛阳发布"享游洛阳"文旅消费平台　线上就能逛洛阳》，洛阳网，http://news.lyd.com.cn/system/2020/04/10/031650207.shtml。

[2] 《洛阳市人民政府：我市入选首批"国家文化和旅游消费示范城市"》，https://www.ly.gov.cn/html/1/m/2/4/5/10933975.html。

创意引领，实现传统文化的现代化表达与时尚化呈现。洛阳积极探索传统文化的现代化表达与时尚化呈现，在量和质方面亮点颇多。基于洛阳博物馆资源的优势，积极策划，新奇创意，精心推出"博物馆奇妙游"，为游客提供新颖的文博体验，让游客穿梭于"诗和远方"的古都，沉浸式体验和回味盛唐之景。依托五大都城遗址群，洛阳积极为天堂明堂、九洲池、应天门、定鼎门"吸引流量"，将它们打造成热门的"旅游打卡地"，而汉魏故城遗址博物馆与天街十二坊项目的推进，持续带火了古文化遗产，有利于长久传播洛阳声音。可圈可点的还有洛阳文创产品，从手机壳到冰箱贴，从考古盲盒到钥匙链，一个个富有创意的文创产品阐述了洛阳底蕴深厚的历史文化，火爆出圈，成为游客们争相购买的佳品，洛阳文创产品销量创历史新高。

丰富文旅业态，打造文旅融合新模式。洛阳积极将博物馆、特色景区联动起来，构建"剧本娱乐+"特色文旅融合模式，"吸引了卡卡、FB等30多家知名企业进驻；推出全城实景剧本娱乐活动，串联40多个沉浸式剧本，开创了将一座城市作为剧本载体的先河"[①]，穿上飘逸的汉服，与"上官婉儿""狄仁杰"一同探案，穿越大唐，在"古今辉映"的沉浸式体验中，游客们体验了"诗和远方"的洛阳。同时，集休闲养生、露营体验以及民宿度假功能于一体的乡村旅居也初露端倪，洛阳精心推出康养度假、帐篷木屋、房车住宿等文旅新产品，吸引越来越多的年轻游客来此放松心情，感受乡村慢生活，这些产品正在成为擦亮洛阳文旅新业态的亮点。"纸上得来终觉浅，绝知此事要躬行"，研学旅行正成为全国文旅消费的新增长极，洛阳抢抓"新风口"，借助洛阳丰富的历史文化资源，将沉浸式体验和研学旅行嫁接在一起，推出了丰富的研学旅行产品，提升了学生群体的研学体验，吸引学生奔向"诗"和"远方"。一如"研学+文旅"一样，"电竞+文旅"也是洛阳丰富文旅业态、打造文旅融合的新模式，洛阳紧跟

---

① 《新文旅风起洛阳　新业态创新出彩》，掌上洛阳客户端，https://new.qq.com/rain/a/20230629A01KTQ00。

时代热点，精心推出潮玩娱乐、电竞赛事相关的文旅产品，将电竞和文旅融合在一起，取得了较好的成绩，洛阳文旅产业发展正由观光旅游向沉浸式体验迭代升级发展。

聚焦年轻化消费新体验，为文旅注入新动能。洛阳积极将汉服与文旅资源跨界联动，从内容呈现到创新场景设置，精心的构思满足了年轻群体的汉服体验，洛邑古城、龙门石窟、隋唐洛阳城国家遗址公园纷纷推出各景点特色的国风演艺与实景剧本娱乐活动，充分将汉服元素穿插其中，通过"汉服热"为景区持续引客流、提热度。洛阳也一度高居"抖音最受欢迎的汉服打卡地"魁首之位。"汉服IP"的成功打造归因于洛阳真诚地对待年轻群体的需求。"2021年4月27日晚，在隋唐洛阳城国家遗址公园，12名'唐朝小姐姐'或蹴鞠嬉戏，或研究美妆，或进行捣练，活泼而真实的演绎再现了唐代名画《捣练图》中的场景，让'古画里的大唐'走进现实。"[1] 不仅让年轻观众体味到了洛阳"古今辉映"的气质，而且让许多年轻人感受到了洛阳汉服国潮的热情涌动，吸引了许多年轻群体来此感受"诗和远方"。洛阳市正在积极构建青年友好型城市，积极满足青年人的消费需求，推出夜间文旅产品，"夜游""夜购""夜食""夜娱""夜演"为夜经济注入鲜活的动力，打造"露营+演艺""露营+研学"新形式，多维度地丰富年轻群体的业余生活。丰富的沉浸式文旅消费氛围为青年群体带来了全新的文旅体验。

创新传播形式，由"网红"文旅向"长红"文旅转变。随着信息技术的飞速发展，各种移动式、交互式传播平台正成为现代文旅宣传的新方式。新的传播形式亦为洛阳文化旅游行业带来了全新赋能，洛阳遵循现代传播规律，积极利用多元新型传播媒介与各种传播方式，多维提升洛阳文旅品牌影响力，逐渐由"流量"向"留量"转变、由"网红"文旅向"长红"文旅转变。洛阳以移动端、交互式传播为主轴，以创意文旅营销和青年文旅消费

---

[1] 《洛阳篇｜"三个转变"打造文化旅游强市》，河南日报客户端，https://baijiahao.baidu.com/s?id=1701243748652145322。

为两翼，探索出一条特色文旅宣传之路。"洛阳在2022年度城市旅游影响力百强榜单中排名前五，在2023年全国地级市传播指数前100名中位列第四；携手爱奇艺实施洛阳IP联动计划，构建国内首个城市IP'洛阳宇宙'，《风起洛阳》《登场了！洛阳》等掀起全网'打卡'热潮。"[1] 从河南卫视春晚舞蹈节目《唐宫夜宴》到融合科技的舞蹈《龙门金刚》，再到古装悬疑剧《风起洛阳》，许多洛阳IP惊艳世人，形成了洛阳特色文化符号，为古都洛阳注入了更多的青春活力，让洛阳更具"古今辉映"的独特气质，也为洛阳带来源源不断的客流。仅就2021~2023年"五一"小长假期间来洛游客和旅游收入而言（见图1），从2021年到2023年来洛游客和旅游收入呈现快速递升趋势。在"五一"假期间，2021年共接待游客196.75万人次，旅游收入10.78亿元；2022年共接待游客472.38万人次，旅游收入43.83亿元；2023年共接待游客636.69万人次，旅游收入52.39亿元，故此，洛阳正由"网红"文旅向"长红"文旅转变。

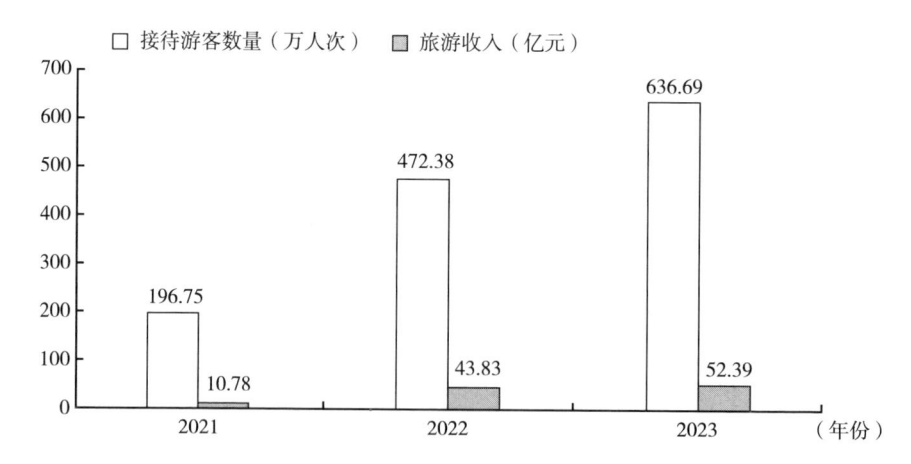

图1 2021~2023年"五一"假期洛阳接待游客数量与旅游收入情况

资料来源：笔者根据历年洛阳文化发展报告整理。

---

[1] 《新文旅风起洛阳 新业态创新出彩》，掌上洛阳客户端，https://new.qq.com/rain/a/20230629A01KTQ00。

二 当前洛阳进一步夯实国家文化和旅游消费示范城市需要解决的短板问题

"使命重在担当，奋斗创造未来"。回首过往，洛阳文旅取得了许多耀眼的成绩，同时也遇到了一些新的问题与挑战，诸如文旅发展体制机制还需要进一步创新、国际化水平需要进一步提高、需要多维探索文旅融合发展的重要抓手等。只有持续解决这些制约洛阳文旅高质量发展的问题，才能更加夯实国家文化和旅游消费示范城市的建设，持续提升洛阳国际文化旅游名城的知名度和美誉度。

（一）文旅发展体制机制还需要进一步创新

当前洛阳在文化和旅游方面取得了许多喜人成绩，来洛游客每年迅速递升，旅游综合收入增长迅猛，游客满意度持续提升，文旅品牌影响力不断扩大，但是在进一步夯实国家文化和旅游消费示范城市建设过程中，洛阳文旅还存在一些明显的提升空间，在文化和旅游资源整体开发体制机制方面还需要进一步创新。一方面，部门和部门之间、县区与县区之间以及行业与行业之间的壁垒依然存在，需要进一步统筹破除，健全机制、形成合力，这样才能打造具有强竞争力的文旅资源集群，进而激活全市文旅的"一池春水"，由"点状"向"集群"强势发展，激发洛阳文旅业态与消费群体焕发更强活力。另一方面，文旅项目的单体化与碎片化现象较为明显，不利于打好文旅资源"组合拳"，尤其是一些文旅项目在目标、定位以及产品供给方面同质化现象较为明显，未能充分彰显自我特色，这种雷同现象很容易导致出现旅游观光后劲不足的问题，游客也很有可能被大量"分流"，景点亦会逐渐失去"引客力"。此外，多层次的、多元化的投资机制还需要进一步健全，鉴于文旅企业资金缺口大，社会融资渠道还有待进一步拓展，为文旅投资创造利好条件，吸引更多投资机构的关注，还需要激发洛阳龙头企业的发展活力，激活洛阳文旅发展的强引擎，进而带动

上下游文旅企业协同发展，多维推动文化产业高质量发展，带动旅游业加快转型升级。

（二）国际化水平需要进一步提高

提升国际化水平对于洛阳进一步夯实国家文化和旅游消费示范城市建设、构建国际人文交往中心和国际文化旅游名城而言，可谓意义重大。洛阳拥有国际人文交往的历史优势。公元166年，罗马帝国大秦王安敦派使团来访东汉，彼时洛阳（雒阳）见证了中土与罗马的初始交往，随着时间的推移，洛阳与四方的交往日益频繁，东汉兰台令史李尤曾在《函谷关赋》中描绘了各国使节、众多商贾云集于函谷关前的繁忙情景："会万国之玉帛，徕百蛮之贡琛，冠盖纷其云合，车马动而雷奔"。北魏时期洛阳三市成为中外商贸交流的活跃之处，彼时中土蚕桑技术传到西域诸国，而西域玻璃制造技术亦随着商贸活动传到了中土，杨衒之曾在《洛阳珈蓝记》中描写了此时中外商贸交流盛况："自葱岭以西，至于大秦，百国千城，莫不款附，商胡贩客，日奔塞下，所谓尽天地之区已。"武则天时期的大周万国颂德天枢亦见证了此时洛阳雄厚的国际交往能力。总之，历史上洛阳不仅是国际商贸大都市，更是四方文艺交流之地，唐代诗人王建曾在《凉州行》中以"城头山鸡鸣角角，洛阳家家学胡乐"来形容胡乐被洛阳百姓钟爱的景象，这些都是洛阳国际人文交往的历史优势。

"城市旅游国际化，是一个城市旅游业发展成熟的标志。在世界全球化的大背景下，随着城市旅游开发的深入，配套设施的完善，国际知名度的提升，旅游城市最终将向着国际化的方向发展。"[1] 国际人文交往中心城市应拥有强大的国际要素吸纳能力和较高的影响力，这是一个城市发展到高级水平的鲜明表征。当前，驻洛阳的国际机构较少，不利于很好地发挥洛阳的国际人文交往能力。同时，对于一个国际大都市而言，现代交通设施的意义是不言而喻的。同样，现代交通设施是提升洛阳国际影响力的重

---

[1] 闻飞：《全力提升黄山文化旅游的国际影响力》，《黄山日报》2021年7月16日。

要内容，也是衡量城市现代化程度的重要指标之一。2024年3月7日，洛阳北郊机场迎来UQ2642航班，迎来了大批泰国入境游客。不过，相较国内其他旅游城市而言，目前洛阳机场体量较小，国际航班的数量也较少，这在一定程度上制约了洛阳对外交流能力。故而，洛阳还需要多维建设国际大通道体系，进而吸纳更多的国际游客来洛阳旅游观光，擦亮洛阳国家文化和旅游消费示范城市、国际人文交往中心城市以及国际文化旅游名城的城市名片。

（三）需要多维探索文旅融合发展的重要抓手

依托特色的文旅资源，构建多元化的、丰富的文旅业态，让游客们体验当地多元文旅活动的同时，还可持续释放当地文旅消费新活力。近些年来，洛阳依托"博物馆""牡丹""剧本杀""汉服"等洛阳顶流IP形式，多维开发沉浸式文旅新业态，根据有关数据统计，"自2023年4月以来，洛阳提供汉服体验的商家数较去年同期增长375%；'五一'假期洛阳汉服体验线上订单量环比节前增长680%"[①]。虽然洛阳在丰富文旅业态方面取得了许多显著的成绩，但是相对其他文旅热度城市而言，文化和旅游业态还不够丰富，结构上还存在进一步合理优化的空间，特色文创产品的开发力度还不足，高品质的主题公园相对较少。因此，在提质黄河国家文化公园（洛阳段）、隋唐洛阳城国家遗址公园、隋唐大运河国家文化公园的同时，还需要多维建构独具魅力的、特色的主题公园；目前，洛阳高品质的休闲度假区与大型的文旅商综合体和文旅消费街区都相对较少，因此，需要深入推进"医养康养中医特色街区""伊河渡·早茶""天心校场里文化创意产业园"等项目的建设，以丰富游客们的体验感，总之，多维探索文旅融合发展的重要抓手，才能有效赋能洛阳文化和旅游产业魅力提升。

[①]《洛阳市持续丰富文旅新业态 用新潮流、新玩法、新场景激发消费新活力》，河南省人民政府门户网站，http：//m.henan.gov.cn/2023/05-10/2740545.html。

三　洛阳进一步夯实国家文化和旅游消费示范城市的建议

万里征程风正劲，千钧重任再扬帆。为深入激发洛阳文旅消费潜力，助力洛阳文旅消费质量水平再提升，进一步"擦亮"洛阳国家文化和旅游消费示范城市靓丽名片，洛阳要紧跟国家发展战略部署，在河南省委省政府的坚强领导和关怀下，结合自我实际情况，因地制宜，统筹布局，高效聚合优势创新资源，打好洛阳文旅消费举措"组合拳"，进一步推动洛阳文旅消费再上新台阶。

（一）多措并举：持续为洛阳文旅消费产品供给提质增量

首先，基于"古今辉映，诗和远方"的城市名片，洛阳要深度发挥历史文化优势，在增色"老三篇"，拓展龙门石窟、关林以及白马寺传统影响力的同时，打响"新三篇"城市精神标识，提升二里头夏都遗址博物馆、"东方博物馆之都"以及隋唐洛阳城国家遗址公园文旅品牌影响力，不断描绘"古今辉映、诗和远方"的新画卷，助力国际文化旅游名城建设。其次，将文旅与教育深度融合，不仅对中小学生群体的研学旅行门票实施优惠措施，还要科学培育研学旅行导师，更需要加强对研学旅行导师的管理，认定一些优质研学旅行服务机构，加快建设一批优质的研学旅行基地，进而确保研学旅行质量。再次，多层次挖掘中共洛阳组诞生地纪念馆、八路军驻洛办事处纪念馆等洛阳地域内的红色旅游资源，让红色初心"薪火相传"。最后，应抢抓文化旅游市场消费热点，积极打造乡村文旅新场景，加强乡村旅游特色村建设，助力孟津卫坡古村落、嵩县三合村、洛宁三彩陶艺村等特色文旅村落的发展，建设魏家坡乡愁博物馆、汉魏古城乡愁博物馆等一批乡愁博物馆，将乡村美食、乡愁体验、乡村精品民宿、家风家训融为一体的特色乡村旅游产品体系会带给游客更多的乡村旅居新体验。"2022年，洛阳计划打造30家市级研学旅行专题类基地、50个乡村旅游特色村、30个A级乡村旅游景区、10个特色旅游小镇、50家精品民宿"①；同时，由点到面，发挥国家文化和旅游消费示范城市带动作用，创建一批高质量的集文创、展览销售、文化旅游消费功能于一体的特色文旅消费综合体建设，如天心文化产业园、隋唐洛阳城国家遗址公园、洛邑古城等。此外，在持续发力洛阳牡丹、栾川印象、洛阳礼物等品牌的同时，还需要深度研究文创产品的研发，满足消费者的多元审美需求，助推文创产品从体验店、景点、酒店到网络平台的宣发推广。

（二）多业态深度跨界融合：持续为洛阳文化和旅游产业融合提级增能

深化洛阳文化旅游行业与工业、农业、科技、体育等产业的跨界融合，进而衍生多元新业态，助力洛阳文化和旅游产业创新性发展。其一，基于"洛阳文旅+科技"，依托云计算、大数据、VR（Virtual Reality）、AR（Augmented Reality）技术优势，充分利用现代信息技术，加强"数字龙门""数字隋唐""数字牡丹"等数字化体验项目建设，丰富游客体验。其二，基于"洛阳文旅+工业"，在精心改造一批工业园区、遗产保护街区基础上，催生一些主题突出的行业企业博物馆、工业遗产文创园区等工业旅游品牌，打造如中国一拖、中信重工、杜康酿酒工艺文化体验等洛阳特色的工业旅游路线。其三，基于"洛阳文旅+农业"，在特色乡村文化旅游基础上，深度挖掘洛宁三彩陶艺村、嵩县三合村、孟津卫坡古村落等文旅村落的内涵潜力，催生集文化体验、旅游观光以及生态涵养功能于一体的乡村旅游新业态。其四，基于"洛阳文旅+体育"，积极发挥洛阳国家体育产业联系点城市优势，依托嵩县陆浑湖、伊滨区万安山、宜阳县凤凰岭体育公园、汝阳县恐龙谷漂流、栾川伏牛山滑雪度假乐园等域内优势资源，积极开发漂流、攀岩、滑雪、野外露营、拓展训练等体育项目，发展特色体育旅游，打造区域

---

① 《洛阳市进一步激发文化和旅游消费潜力创建国家文化和旅游消费示范城市实施方案》，http://wgl.ly.gov.cn/news/newsDetail/4028808b752bd02701765ed1ac5502eb。

性体育旅游精品。其五，基于"洛阳文旅+康养"，发挥伏牛山与黄河生态资源的优势，夯实在河之洲、重渡沟、青要山等度假文旅综合体的特色品牌，将养老、观光、健康与旅游融合并进，催生康养旅游新业态。其六，基于"洛阳文旅+节会"，依托洛阳牡丹文化节、世界古都论坛、河洛文化旅游节等节会和论坛的强大优势，积极吸纳八方游客，夯实聚客效应，在以上措施基础上，进一步提升洛阳文化和旅游产业融合质量。

（三）维护良好文旅消费环境：持续为域内旅游景区提档扩容

深度梳理洛阳地区的历史文化资源，融合黄河文化、大运河文化以及河洛文化，依托黄河文化旅游精品线路、河洛文化旅游精品线路、运河文化旅游精品线路、旅游风景廊道精品线路、八大主题文旅线路（"文明之源、根在河洛"研学游、古长城文化游、"东方博物馆之都"精品游、丝绸之路非遗游、工业文化体验游、特色乡村游、"洛阳乐道"健身游、黄河红色文化精品游）构建"行走洛阳·读懂历史"文化精品旅游线路，发挥域内伏牛山与黄河流域段的生态资源优势，持续推动域内景区基础设施的更新，继续夯实历史文化景区（如隋唐洛阳城与龙门石窟等）、休闲度假区（如重渡沟、白云山等）、生态山水景区（如小浪底、老君山等）的高端旅游接待能力与服务品质，满足游客多元化、多样化的旅游需求，优化不同群体的旅游体验，要展开常态化的A级复核检查工作，积极推动黛眉山、小浪底等4A级景区冲刺5A级景区，为都城遗址之旅、自然山水之旅、休闲康养之旅提质增效。

（四）双管齐下：多维助推夜间经济与假日经济发展提质增效

在进一步夯实洛阳国家文化和旅游消费示范城市建设过程中，洛阳应持续擦亮"夜游古都"品牌活动，打造洛阳古城特色文化街区、栾川县重渡沟风景区国家级夜间文化和旅游消费聚集区名片，发挥"古都夜八点"的优势经验，进一步构建洛邑古城、十字街、西工小街夜间经济打卡地，助力东方文创产业园、大北门文化公园等综合性夜间文旅消费集聚区的持续成长。在提升应天门、九洲池、天堂明堂、龙门石窟等域内景区夜间游览服务质量基础上，精心打造若干洛阳特色的夜间游览主题线路，通过这些夜间网红打卡地的"引客流"，多维带动美食、娱乐、文创行业的繁荣发展。洛阳应持续聚焦与发力假日经济，全面提升城市假日文旅服务品质，不仅要发挥智慧旅游交通导引优势，确保节假日期间域内交通顺畅，更需要牵头酒店、旅行社、企业积极开展重要节假日文旅宣传营销活动，通过高质量的真诚服务、多元的营销服务、畅通的交通条件，给游客以旅游舒适感，增加他们在洛的旅游时长，刺激住宿、餐饮、购物消费增长。

（五）构建"四季歌"大IP体系：持续唱好洛阳文旅消费"四季歌"

持续开展好"四季歌"洛阳文旅消费系列品牌活动，构建"洛阳四季歌文旅消费"大IP体系，讲好洛阳故事。根据洛阳四季不同的特色，在春季，依托中国洛阳牡丹文化节的强大影响力，持续推进"牡丹真国色、洛阳花正开"旅游观光活动；在夏季，借助龙潭大峡谷、鸡冠洞、老君山等景区的火爆热度，增强"夏韵中原、行知古今"系列活动的影响力；在秋季，依托采摘节、金秋购物月等，强力助推"丰收喜悦、最美乡愁"与"秋韵秋趣、五彩河洛"品牌活动影响力；在冬季，充分发挥域内冰雪、温泉、庙会等丰厚的文旅资源，带动地方民宿、美食、文创、消费，为洛阳"一样的冬天，不一样的城市"系列文旅活动持续注入活力，深入推进全域游，吸引大量国内外游客来洛旅游观光。为了全力提升洛阳"四季"文旅消费效果、动态了解游客的情况，需要深入对接智慧文化旅游公共服务平台，通过对洛阳文旅消费数据监测与大数据分析，洛阳文旅主管部门及时调整措施，满足不断变化的市场需求，持续唱好洛阳文化和旅游消费的"四季歌"。

（六）持续激发文旅消费潜力：深入推进文旅消费惠民举措

推进洛阳文化和旅游消费惠民举措，丰富市场供给，多维开展优秀演艺活动，采取票价惠民、特殊群体免票等措施，降低消费者的消费门槛，持续刺激消费市场，吸引更多游客进驻景区景点，真正让文旅消费惠民，充满浓浓的暖意。此外，通过青年剧院、露营节、音乐节、青年主题游园的打造，创新青年人文旅消费模式，吸引年轻游客，让洛阳由"网红"成为"长红"热门旅游城市。

（七）"请进来"与"走出去"：开展多元的文旅交流推广活动

首先，加强与国内重点客源地间的交流合作。与北京、杭州、南京等重要旅游城市展开密切的交流合作，通过举办文旅推介、现场体验等活动，吸引更多省内外游客到洛阳感受文旅魅力。其次，通过对外交流合作，扩大洛阳的国际旅游合作"朋友圈"，"请进来"更多国外游人。借助"两节一会一论坛"的优势，积极加强对外文旅交流合作，强化洛阳文旅的国际表达，多层次、多维度承办一些国际性文化活动，如洛阳成功举办2017年亚太旅游协会探险旅游大会及交易会、2018中国国际旅游城市市长论坛·洛阳文化旅游论坛，通过这些国际性文化活动，讲好洛阳故事，传播好洛阳声音，传递中原文旅魅力。在巩固日韩与欧美地区游客市场的同时，还要积极拓展俄罗斯、泰国、马来西亚等国的游客规模，持续拉动国际入洛旅游游客数量。最后，借助各种新媒体形式，多维度对外推广洛阳文旅资源与城市形象。抓住国际文化旅游名城与国际人文交往中心建设契机，聚焦"行走洛阳·读懂历史"的品牌，基于数字化的新媒体营销推广手段，通过短视频、抖音、门户网站等新媒体平台，构建洛阳文旅宣传推广矩阵，将线上与线下宣传紧密结合，多维度拓展洛阳文旅影响力，打造洛阳文旅IP，吸引更多游客来洛打卡旅游。

（八）建设高品质酒店民宿：持续优化洛阳文旅消费服务环境

持续优化洛阳文旅消费服务环境。聚焦提升景区服务质量，持续推进星级酒店与精品民宿提升工作，加快实施旅行社转型升级工作，实现引客、迎客、好客、留客的洛阳文旅模式。首先，提升景区服务质量。根据游客群体多样不同的旅游需求，因地制宜，建设特色家庭宾馆、特色景区。为了保持洛阳文旅良好的口碑形象，洛阳要实时做好景区监督管理工作，要时常展开旅游景区 A 级复核检查工作，多措并举，有效确保相关景区服务质量与基础设施得以提升。其次，持续推进星级酒店与精品民宿提升工作。不仅要与业内一流酒店合作对接，建设一些高质量的星级酒店，而且要发挥民宿集群的优势作用，提升游客接待能力和服务质量，构建洛阳特色旅游住宿标识体系。最后，加快实施旅行社转型升级工作，加强导游队伍建设，支持旅行社进行专业化与特色化探索，夯实驻洛旅行社服务质量的同时，积极引进国际旅行社来洛阳，在竞争中整体提升洛阳文旅服务质量。

结　语

回首过往，从第一批国家文化消费试点城市到第一批国家文化和旅游消费示范城市，洛阳文旅取得了许多亮眼的成绩。这是国家和河南省对洛阳市文化和旅游成绩的充分肯定与信任，也是"十三五"以来，洛阳市致力打造国际人文交往中心与国际文化旅游名城的重要成果。回首过往，皆为序章；聚力前行，征程再起。洛阳正在不断深度推进文旅消费深度融合，创新文旅产品形式，不断上新异彩纷呈的文化和旅游消费活动，不断为洛阳文旅发展扩优提质，为全面建设国家文化和旅游消费示范城市持续奋发、砥砺前行，未来，洛阳文旅高质量发展必将长风破浪、行稳致远。

B.8
洛阳推进历史文化街区建设的对策研究

武婷婷*

摘　要： 历史文化街区是城市历史文化延续的现实载体，是一个城市的重要文化标识和城市特色的集中体现。习近平总书记曾多次强调"历史文化是城市的灵魂"。洛阳作为历史文化名城拥有老城东西南隅历史文化街区和涧西工业遗产历史文化街区，分别代表了洛阳厚重的历史文化和红色工业文化，两处历史文化街区的开发保护和利用对延续洛阳城市文化内核具有重要意义。近年来，洛阳市对两大历史文化街区的保护与利用工作都得到了有效的推进，基于两街区文化背景的差异性，对两街区的开发保护和利用应该充分体现因地制宜、因势利导，以便合理有效地推进相关工作。

关键词： 历史文化街区　文化产业　工业遗产

历史文化街区由于其在展示城市历史发展和文旅氛围营造上的双重意义，是城市进行文旅融合的重要资源。洛阳市现有不可移动文物9000余处，其中省级历史文化街区2处，可移动文物60余万件/套，数量居全省首位。按照国家关于历史文化保护传承工作的一系列重要指示精神，洛阳市始终坚持保护优先，科学处理保护和发展的关系，汲取各地历史文化街区保护工作的经验，结合自身现实条件，在历史文化街区保护和开发方面形成了独具特色的实践成果。当前，在面对城市转型发展、延续城市风貌、传承发展历史文化等挑战，如何有效衔接、科学保护与合理利用历史文化街区成为一项时

---

* 武婷婷，洛阳市委党校工业创业创新教研部主任、讲师，主要研究方向为区域经济、产业经济和技术经济。

代课题。需要深入思考保护与开发的关系，在实践中着力理顺关键节点，让历史文物在新时代焕发出文化传承的新的生机和活力。

一　洛阳市历史文化街区的基本情况

作为华夏文明的重要发祥地、汉魏及隋唐丝绸之路的东方起点、隋唐大运河的中心，洛阳具有丰富的文化资源，拥有两个省级历史文化街区，分别为河南省人民政府2018年和2021年公布的第一批、第二批省级历史文化街区——老城东西南隅历史文化街区和涧西工业遗产历史文化街区。

（一）老城东西南隅历史文化街区

老城东西南隅历史文化街区是金元时期在隋唐洛阳城洛北里坊区基址上建设的古城。从元《河南志宋城阙古迹》中的记载考证可知，金元古城始建自金哀宗正大元年（1224年），沿用至今已有800年历史，是在隋唐东都城的东城遗址上扩建而成。金元古城始终保持着城镇活力，生生不息，其中最具特色的"九街十八巷七十二胡同"街区肌理至今仍保存完整，是洛阳4000多年建城史中存续时间最长、保存最为完整、研究价值极高的一座古城，在历史研究界被专家誉为"活着的古城"。

洛阳市2011年制定四期总规时同步更新编制了《洛阳市历史文化名城保护规划》，确定了老城东西南隅历史文化街区的具体位置，对街区的具体建筑要素进行了明确要求。2018年7月19日，河南省人民政府正式公布河南省第一批省级历史文化街区，洛阳市老城东西南隅历史文化街区赫然在列。街区范围被明确为中州路以南、护城河以北、新街以西、承福门大街以东，总占地面积1360亩，原有居民8000余户，现有居民2000余户。

老城东西南隅历史文化街区现有挂牌历史建筑82处，包括河南府文庙（全国重点文物保护单位）；河南府城隍庙、文峰塔、安国寺、金元洛阳故城城墙遗址（省级文物保护单位）；丽景门旧址、妥灵宫、石牌坊、鼓楼和林家故居、于家大院等9处历史民居院落；不可移动文物点14处。区域整

体格局保存较为完整，传统街巷系统仍然存在，是洛阳传统民俗、历史人文仅有的集群载体，具有突出的历史文化价值。

（二）涧西工业遗产历史文化街区

涧西工业遗产历史文化街区是基于洛阳红色工业历史文化资源的历史文化街区，包括由工业化建设时期建设的带有明显苏式建筑风格的工厂及各种配套设施。新中国成立后第一个五年计划期间，在苏联专家的帮助指导下，洛阳编制完成《洛阳市一期总体规划》，确定了涧西工业区的总体布局。其中包括建设路和中州路沿线的6个大型国有工业企业项目。涧西工业街区作为新中国工业体系初创发展的历史见证和"洛阳模式"的历史体现，是洛阳市近现代历史文化的重要组成部分。

在我国，各地开展工业遗产资源的保护开发和利用工作的时间并不长。国家层面对工业遗产资源的保护开发和利用工作的推动始于2018年，以工业和信息化部发布《国家工业遗产管理暂行办法》为标志。该办法要求加强工业遗产保护，促进工业遗产合理利用，支持和鼓励利用国家工业遗产资源开发工业旅游项目。此后，国务院办公厅也出台《关于促进全域旅游发展的指导意见》，要求利用工业园区、工业展示区、工业历史遗迹等开展工业旅游。洛阳市经积极组织申报，涧西工业遗产历史文化街区的整体内容于2019年11月20日通过省住建厅、省文物局组织召开的河南省第二批备选历史文化街区专家审查会审查，2021年5月7日经省人民政府正式公布为河南省第二批省级历史文化街区。

本着"应保尽保"的原则，新一版《洛阳市历史文化名城保护规划（2021—2035年）》将能体现"一五"时期洛阳城市风貌的涧西工业区划定为历史文化街区。历史文化街区范围包括洛阳一期总规划建设实施的涧西地区及外围重要的历史环境地区：分别以中州西路、景华路、延安路和武汉路为界，其中核心保护占地23.7公顷，建设控制地带占地159.4公顷。包括第一拖拉机制造厂大门、办公楼、毛主席像及厂前广场等4处"国家工业遗产"；此外还包含矿山机器厂内的一金工、二金工车间，习仲勋同志旧居等；

铜加工厂园区内的办公大楼、检测中心办公楼、技术中心办公楼；耐火材料厂园区内的高铝车间旧址、一矽车间旧址、机械化原料库旧址等。

二 洛阳市历史文化街区开发保护现状

近年来，洛阳市认真贯彻住建部城市更新相关要求，不断提高政治站位、更新保护理念、提高认识水平，全面落实历史文化名城保护、大遗址保护工作，持续推动历史文化街区开发保护，当前两大历史文化街区的保护与利用工作都得到了有效的推进。

（一）洛阳市历史文化街区保护工作基本情况

1. 历史文化资源调查评估和认定情况

经积极组织申报，洛阳市现有省级历史文化街区两片，分别于2018年7月19日和2021年5月7日获批。目前，两片街区均已设立标志牌，已完成"历史文化街区和历史建筑数据信息平台"数据填报、挂牌及测绘建档工作。

2. 保护管理责任落实有效

制定保护管理法规。洛阳市紧跟国家历史文化保护传承的新理念、新政策，着手研究制定《洛阳市历史文化名城保护条例》，并于2021年3月1日正式颁布施行。自该条例执行以来，各县区及相关部门认真贯彻、严格执行，确保将各项规定落实落细，切实有效推动名城保护相关工作。

建立日常巡查保护管理机构和制度。设立以古城管委会为代表的名城保护管理机构，作为负责历史文化街区历史文化资源保护与管理的专门机构；组建洛阳市历史文化保护利用发展集团有限公司，作为国有独资公司，专门负责历史文化遗址的保护、规划与资产管理；在自然资源和规划局设立名城保护和城市设计科，统筹全市历史文化名城保护工作，专职负责历史文化名城名镇名村保护规划编制、历史建筑登记造册和归纳建档等工作；组建了洛阳市历史文化名城保护专家委员会，完善了三级审议制度，凡涉及名城保护的项目，先由名城保护专家委员会审议通过后，方可提请市规划委员会研究。进一步完善名城保护工作机制。严格落实《洛阳市历史文化名城保护条例》责任要求，按照属地管理职责开展街区、文物、历史建筑安全巡查。建立了由区、办、社区（村）、业余文保员组成的"四级"文物保护管理机制，进行日常巡查，发现问题及时协调解决。

编制及实施历史文化街区保护规划。完成洛阳市老城东西南隅历史文化街区保护规划及修建性详细规划，并通过专家评审；2020年《洛阳市东西南隅历史文化街区保护规划（2019—2035年）》经洛阳市城乡规划委员会审议通过，经洛阳市政府批复后正式开始执行。着手制定《洛阳市文旅文创融合发展行动计划工作落实方案》，明确要求涧西区政府，按照相关要求组织开展《涧西工业遗产历史文化街区保护规划》的编制工作，系统梳理涧西工业遗产历史文化资源，形成资源信息库，明确资源价值基础和保护利用原则，探索传承弘扬洛阳工业文化的路径，推动完善涧西工业遗产历史文化的表达体系。

3. 历史建筑保护利用情况

对历史建筑分两批开展修复工作。第一批历史建筑的日常保养和轻微修缮通过吸收社会资本的参与，目前已完成活化利用2处，其中，西大街236号历史建筑目前已改造提升为民宿客栈；连市胡同6号历史建筑经打理后建成"阮籍故居"，形成了集书画、民俗展示为一体的博物馆。第二批历史建筑完成活化利用3处，其中，位于瀍河区的大北门文化产业园，形成多业态一体化文化创意产业园；位于老城区的张家大院，已成为古色古香的四合院酒店；位于涧西区中信重工厂区内的二金工车间，由中信重工投资1000多万元，将半跨厂房改造为中信重工厂史馆，并通过玻璃幕墙与厂房其余生产部分相联通，以现实与历史对照的沉浸式博物馆形式向公众开放。利用老厂房、老建筑改建而成的一拖东方红农耕博物馆、中钢洛耐"信念的力量"陈列馆、工人生活体验馆、东方文创园和里外文化创意产业园，既留存了历史记忆，也为老建筑带来新的活力。

文物本体保存状况。洛阳市围绕文物保护单位的具体情况开展工作，修订完善《洛阳市不可移动文物管理办法》《洛阳市文物安全责任制实施办法》。结合洛阳市城市建设，整理建立了安全发展的制度体系资料。制定了《洛阳市文物突发事件应急预案》，共争取国家文物安全项目30余项，有力地加强了文物安全保护工作。严格执行《洛阳市文物安全责任制实施办法》，认真推进文物安全工作例会制度。各县区文物部门每半年组织召开一次例会，文物局属单位每月组织召开一次例会。已建立起市、县、乡、村四级文物安全立体防护体系，各层级分别签订文物安全目标责任书，逐级落实文物保护工作要求。全市每年投入300万元，聘请940余名文物保护员，实现9000余处不可移动文物全方位安全巡查和日常养护工作，发现日常养护不到位、存在安全风险点的不可移动文物，文物保护员会立即逐级上报，由所在辖区文物部门技术指导不可移动文物日常保护工作，杜绝文物安全事故发生。

向上争取国家级和省级文物保护专项资金，实施了洛阳涧西苏式建筑群、金元洛阳古城东南角城墙遗址、万氏佳城及万氏故居、鹞店古寨等文物保护单位的修缮加固工程；向市财政争取市级文物保护专项资金，实施了老城董家大院、洛宁山陕会馆等市级文物保护单位的修缮加固工程。

（二）修缮改造、活化利用的基本情况

1. 不断提升历史文化保护意识和能力

洛阳市先后汇总形成《总书记系列讲话及历史文化名城保护法规制度资料汇编》，印发至市县两级政府各级领导及相关部门。在文保开放单位、遗址公园、历史文化街区、规划馆、博物馆等公共场所设置了宣传专栏，宣传文物保护、名城保护等工作的针对性法律法规，以及名城保护工作相关的具体内容及常识；推进相关立法、立规工作，正式颁布实施《洛阳市历史文化名城保护条例》，印发至市县两级政府及相关部门并督促开展学习；在《洛阳日报》及政府门户网站开设专栏进行连续报道，在市规划展示馆同步设置专栏宣传；组织各县区文化保护相关工作人员积极参加住房和城乡建设部开展的各类学习培训活动，组织各县区城乡历史文化保护相关部门领导及工作人员完成在线培训学习，有效提升了全社会文化保护意识和相关工作人

员的文化保护工作能力。

2. 依托历史资源加快培育文旅产业新业态

针对有效消费群体开发沉浸式文旅产品，综合利用历史文化资源打造沉浸式消费场景，不断推陈出新沉浸式旅游组织方式。利用好"洛阳IP"打造独具特色的文旅品牌，做好沉浸式文旅产品，强化品牌市场号召力。结合市场需求先后推出以夜游博物馆为主要内容的"博物馆奇妙夜"和以街区夜游为主要内容的"古都夜八点"等活动，丰富文旅夜游新场景，形成多种夜游复合业态。以现场演绎、脱口秀演出、沉浸式演出等形式增强游客沉浸度、代入感和回忆点。通过网络平台推出沉浸式文旅新玩法新活动，吸引游客线上下单、线下打卡体验。洛邑古城等景区举办汉服主题秀、"汉服打卡"等活动，推出"汉服租售+妆造+拍摄+修图"服务，带动"洛阳汉服"火爆出圈。

3. 多渠道拓展新闻媒体宣传报道，形成宣传矩阵

普及常识、宣传造势助力历史文化街区开发保护工作。在洛阳广播电视台FM88.1频道《洛阳新闻》节目中开设"历史文化名城保护在行动"专栏，播出《老城区民主街：在历史传承中绽放新光彩》节目，宣传报道了街区改造的正确做法。河南省第二批省级历史文化街区名单公布后，在《洛阳日报》《洛阳晚报》及网络媒体进行了宣传报道，加强市民对历史文化街区和历史建筑的认识和保护意识。2021年，洛阳文保集团、洛阳广电传媒集团合作通过爱奇艺平台，创新推出以洛阳文物古迹为依托、以代表性历史真人秀为表现形式的综艺影视作品——《登场了！洛阳》。2023年与网易游戏《大话西游》合作，形成线上"闯关升级种牡丹"、线下历史古迹互动点位打卡等互动形态。

4. 吸引公众参与，引入社会资本参与开发

坚持"延续城市文脉、发展文化产业"理念，鼓励社会资本通过多种方式参与传统街区、传统建筑的修缮改造和活化利用。依托老厂房、老建筑改造等建成天心文化产业园、5G+XR元宇宙产业园。

天心文化产业园坐落于洛阳市老城区中州路北侧，与隋唐洛阳城宫城遗址相邻，占地约180亩，建筑面积5.7万平方米，由10栋苏式老厂房、2栋办公楼以及若干功能性建筑组成，原为国机重工洛阳建筑机械厂工厂园区，在中国工业史上拥有不可替代的代表意义，诞生了我国第一台压路机。随着企业改制和产业结构调整升级，工厂外迁，曾经热火朝天的工业厂区变成冷清的闲置空间。近年来，通过对厂区内闲置厂房进行微改造及多种休闲娱乐业态植入，目前园区已实现产业转型升级，成为集电影观看、戏剧表演、影像创作、文创设计、体育健身、电子竞技等于一体的文化创意产业园。

5G+XR元宇宙产业园位于涧西区周山大道东侧，建筑面积约17500平方米。其中，依托原工业区废旧厂房打造的SoReal洛阳·未来城科幻乐园是目前国内最大的单体元宇宙综合科幻乐园。该项目综合运用5G+XR模拟载具、光影视效等先进技术，被誉为"全国首个单体最大、技术最先进的国风赛博风格元宇宙产业园"。项目通过设立全省第一支元宇宙基金，引入当红齐天集团进行技术研发和市场运营。作为2022年北京冬奥会、冬残奥会和党的二十大新闻中心XR体验提供方，当红齐天集团在该项目中致力于因地制宜，将虚拟现实技术与洛阳文化特色进行充分融合，突出"古都风华科幻未来"主题，促进先进技术与历史资源的充分融合，从而有效活化利用涧西工业遗产历史文化街区，进一步推动洛阳成为极具魅力的青年友好型城市，推动洛阳元宇宙产业链递进式发展。

（三）典型案例

1. "大中街、文化街"背街小巷改造项目

大中街、文化街位于洛阳市老城区东南隅，大中街总长230米，管理面积1150平方米；文化街总长280米，管理面积2394平方米。由于年久失修，该处存在飞线、道路破损、雨污管网不分等问题。老城区根据市委市政府城市提质工作要求，以古城改造为切入点，按照由点及面、全面布局的思路，形成了"以白色、灰色、棕木色为主建筑基调"的河洛古风主体风格。新建雨污水、热力、电力、弱电等地下管网，路面石材铺装，实施沿街建筑立面改造、门头店牌标识统一、三线入地规整、路灯亮化改造、街道绿化美

化等，形成传承洛阳文脉的"新地标"，洛阳市民迎亲待友的"会客厅"和洛阳城市区精彩亮丽的文化"风景线"。如今，入眼可见的是灰瓦青砖错落有致的民居，古韵浓厚的屋檐、精美生动的文化浮雕、整齐划一的青石路面，凸显了街区的魅力。

内含其中的洛邑古城项目，依托金元古城墙遗址、文峰塔而建，2017年正式开园之初，并未受到较多关注，主要是该项目特色不突出，经营情况不甚理想。在周边环境整体提升后，洛邑古城也敏感地把握住了后疫情时代国内旅游风向的变化，逐渐探索形成了"历史为轴，汉服为媒，沉浸体验"的特色文旅发展思路。抓住疫情后青年人作为主流消费群体的特点，紧追文化自信伴生而来的国潮热点与风尚，突出追求个性、愿意为兴趣买单、为体验付费的心理需求和日益大众化的消费趋势，吸引培育汉服商家，创新优化汉服业态，摄影、妆造、跟拍等上下游行业在此快速发展。

周边整体工程改造为景区的沉浸式体验提供了优质的环境基础。洛邑古城在"沉浸式"上下足力气，同时打造"梦唐阁""洛邑古城之白龙殿试"等大型沉浸式体验项目，创作《心画·神都洛邑》《洛神赋》《楼兰谣》等沉浸式演出剧目，推动古城全域汉服"角色扮演"，加快"汉服+演艺"融合发展，释放市场活力，推动以个体经营户为主的集汉服租赁、化妆、跟拍、道具出租、娱乐等于一体的汉服经济集群渐成规模。围绕"大唐神都"主题打造灯狮画桥、隋唐集市等30处互动场景，形成"梦里隋唐"品牌；围绕"汉服体验"主题打造实景剧本杀、实景情景剧等沉浸式体验项目，增加游客的参与度、主动性，丰富多感官的体验让游客从"看景人"变身"景中人"。近3年来，洛邑古城周边不到1平方公里的土地上，汉服经营市场主体由68家激增至900余家，汉服市场销售规模达到日均3000余万元。古城单日汉服体验游客最高突破10万人次，为所在城市区带来每年超3000万人次的客流和220亿元的旅游收入，拉动全市旅游综合收入突破千亿元。同时景区坚持移动端优先、视频化呈现、交互性传播，充分借助互联网自媒体传播效应，形成景区热点和互联网热度的相互交映。2023年洛邑古城全网话题播放量突破25亿，热度居高不下，形成线上线下协同推广的效应。

2.广州市场步行街提升改造项目

洛阳市结合广州永庆坊、厦门曾厝垵等地市先进做法，从广泛征集民意入手，采用"共同缔造"的模式对广州市场步行街、帖廓巷、西工小街、东关大街等老旧街区进行了微改造，激发了居民群众的热情，调动更新地块相关单位的积极性。其中，广州市场步行街始建于洛阳工业基地建设时期，最初是为解决从全国各地支援建设而来的10万多名大厂职工及家属的生活保障问题，洛阳请求上海、广州进行商业支持，动员国营和民营的商家迁往洛阳而形成的上海市场和广州市场两大特色商业街。很长一段时期内广州市场都是洛阳商业体系中最高水平的代表，不仅广式风格鲜明，售卖产品丰富，而且较好地服务了工业援建人员，促进了内地与沿海地区的文化交流和融合。但随着市场改革和洛阳其他商圈的兴起，广州市场商圈逐渐没落，街区内建筑建设时间跨度大，风格不统一，街巷环境差、业态乱，与城市发展极不协调，失去了历史文化价值。

为此，洛阳市成立了由住建局、城管局和相关办事处、社区、各参建单位共同参与的协调小组，综合考虑广州市场步行街的现状及街区商户意见诉求，按照"广州街、民国风、国际范"的定位对步行街建筑风貌、基础设施、功能业态、街道景观等进行了改造更新，并进行了夜景亮化设计，2020年11月11日改造完成并开业。恢复经营后的广州市场步行街由"一横两纵"三条街构成，形成精致餐饮、国潮文创、休闲酒吧、夜"涧"集市、运动街区、沉浸剧场等六大主导业态，以"复古风格、生活气息、国际范儿"为目标，不但满足了市民对日常生活的需要，而且催生出许多国潮、二次元等年轻人喜爱的新兴业态。街区引入专业团队组建运营管理公司，针对年轻化消费需求，引入数十家地区首店和首创品牌，有效保障步行街各商铺的高品质和统一风格。街区年轻化的消费氛围和沉浸式的设计将街区打造成为集消费、体验和氛围打卡于一体的聚集洛阳市民和来洛游客的网红打卡地，在互联网效应的影响下，热度持续攀升，精彩不断呈现。

目前，广州市场步行街已经成功入选"国家级旅游休闲街区"，并获得

"河南省示范步行街""河南省省级旅游休闲街区""河南省夜间文旅消费集聚区"等称号。

三 洛阳市历史文化街区开发保护中存在的问题

历史文化街区的开发保护需要在推进城市更新的同时保留城市文化符号，兼顾遗迹保护和文旅开发，必须因地制宜，通常资金投入量较大，开发难度较高。洛阳在两大历史文化街区的保护与利用工作中存在一些共性问题，同时也需要面对一些个性难题。

（一）基础设施较为落后，修建完善力度不够

针对历史文化街区内市政基础设施老化缺失，环卫设施滞后，无法满足居民正常生产生活等问题，虽然相关区政府已建立机制，每年投入大量财政资金对基础设施进行维修维护，并启动了街区市政管网改造工程，但由于目前仅开展了街区主要街巷的基础设施提升改造，且改造速度缓慢，街区内部大部分区域基础设施保障能力与居民使用需求还有很大差距，导致街区居民生活满意度较低，形成非良性循环，人居环境改善亟待提速。

出于历史原因，老城区东西南隅历史文化街区区域内基础设施老化严重，城市功能严重滞后。地下管网建于20世纪五六十年代，道路上空尤其背街小巷电线电缆私拉乱接严重，气、暖无法通达，环卫设施滞后，80%的住户家中无厕所，私搭乱建现象突出，缺少必备的消防设施和疏散通道等，诸多安全隐患危及当地居民人身安全，基础设施滞后现象尚没有得到根本改善，已成为影响居民商户生活及经营的制约因素。

涧西工业遗产历史文化街区居住街坊中原有住宅大部分为多家灶，建筑面积小，建筑质量不高，水电气暖配套不足，消防隐患突出。目前街区内已存在大量危房，与居民居住质量提升需求的矛盾突出。21世纪初按照市旧改政策专门成立了"大改办"，各个大厂也成立房地产开发企业，对大厂的老旧建筑改造开辟了绿色通道，进行市场化运作后，很多街坊都进行了拆旧

建新，新建筑多为高层，苏援式建筑风格、街区肌理和街区整体风貌在一定程度上受到损害。

（二）保护和发展的矛盾依然突出

洛阳历史文化建筑保护始终坚持"一址一策"原则，以保证遗址本体绝对安全为开发前提，结合每处遗址的不同特点和周边环境，以遗址内涵文化充分传递和有效利用为方向，探索模拟展示、覆罩展示等多种方案，稳步推进历史文化资源的保护与开发工作。但由于洛阳历史遗迹丰富，文物古迹众多，对城市建设的限制条件较多，特别是部分重要历史遗存所处之地城市更新、企业改制、环境改善、功能提升等方面的需求非常迫切，名城保护和发展的矛盾依然存在。在大遗址保护中，由于保护范围大且周边情况复杂，城市更新、环境整治、民生改善难度较大，遗址保护和城市发展矛盾突出，破与立考验着城市管理者的能力，也制约着大遗址的保护利用和文旅融合发展。

此外，涧西工业遗产历史文化街区也面临工业遗产厂房现代化升级改造的矛盾。早期由于生产的需要，厂区内部基础设施肆意改造，加建和改扩建没有充分考虑协调因素，文物景观、文化遗产整体风貌受到较大程度的影响。近年来由于老旧厂房不能满足企业现代化生产的需要，大部分企业把生产线迁移至城市外围，现有工业厂区面临"退二进三"的工作，迫于周边安置压力，城市区已多次提出对现有部分工业用地性质进行调整，希望将其转为住宅用地，用于安置周边群众或进行房地产开发，但城市规划和遗址保护领域均存在实际操作上的困难。

同时，各大厂区的用地和厂房产权归企业所有，由于企业和地方政府对工业遗产的认识有偏差，往往各自为政，致使很多原来规划的花坛、环岛、城市景观节点和苏援式建筑被迫拆除，目前现状已与20世纪50年代原规划建设情况已发生很大变化。整个街区亟须开展对各街坊居民安置与文物建筑保护的统筹规划，在合理认定历史文化价值的前提下，按照实际的保护保留价值区别对待，应该对以木质结构为主体的苏式建筑持续开展保护加固与整体修缮，以此彰显涧西工业区的时代印记、工业文明和城市文脉。

（三）运营谋划能力欠缺，业态单一缺乏联动

目前洛阳市两个历史文化街区普遍存在景点业态单一，景点之间缺乏联动，整体缺乏专业运营管理机构，难以从源头解决街区业态、招商、管理等多方面问题。

老城区东西南隅历史文化街区业态层级档次低、小散乱，产业发展动力不足，结构亟待调整。与西安大唐不夜城等相比，古城文旅文创仍处于萌芽阶段，文创产业发展势头不足，支持扶持政策力度较弱。

涧西工业遗产历史文化街区以往拆除厂区后土地出让用作房地产开发的模式比较多见，比如华山路以东的中侨绿城、嵩山路以东的元顺城、嵩苑小区等，就是将厂区的部分土地进行出让用作房地产开发的案例。近年来涧西老厂区的转型升级开始出现一些成功模式，受北京798艺术厂区、广州TIT创意园等成熟模式的影响，老厂区的转型优先转向商服、文创、旅游等产业，利用厂区的部分厂房进行空间和功能的转换。涧西区牵头编制的《涧西区工业旅游规划》，明确了将中铝洛铜、一拖、中信、中钢洛耐等几个大厂串联在一起的特色旅游线路，但实际可供参观游览的内容单一，可利用的资源分散，且存在展示形式不丰富、引爆元素和引爆点培育困难等问题。例如，利用老厂房改造运营的中铝洛铜文创园、东方文创园、元宇宙产业园等，总体看来规模偏小，特色不鲜明，经营水平不足，对工业遗产原状的保护手段偏于单一，文化内涵挖掘不够。涧西区占地近7平方千米的工业遗产价值没有得到有效利用。同时，国内当前建设工业遗产博物馆、开展工业旅游、城市更新的通用性经验不足，实践探索相对较少，缺乏诸如景德镇陶溪川文创街区等较好结合工业遗产特性及城市环境、文旅融合等的多样性经营运作典型模式，涧西工业遗产历史文化街区游客吸引力不够，不仅难以呈现持续爆发的文旅潜力，而且可能导致开发后的二次衰败，对促进城市改造、现代服务业发展影响更为负面。目前东方红工业游是洛阳市唯一一家工业旅游景点，也是洛阳市唯一一个国家级工业旅游示范点，近年来每年游客接待量达50万人次，但产品单一，影响力不足，与洛阳其他文旅项目缺少互动，尚未形成产业规模。

（四）社会资本参与不足，融资渠道不够通畅

老城区东西南隅历史文化街区古城保护与整治项目目前正在分期启动中，其中经营情况较好的洛邑古城，在一期续建工程中，实现了政府出资与社会出资相结合的模式，当前合营模式运作良好，其余项目投资来源均主要以区财政自筹和平台公司融资为主。对于国家级的大型项目，如黄河流域生态保护和高质量发展、"十四五"规划、大遗址保护等财政支持资金，洛阳市目前依托现有资源都在及时跟进并积极申报，但单一途径资金量明显不足，投入收效甚微，亟须拓宽渠道，争取更广途径的政策和资金支持，以及合理包装对接相应资金、基金投入。由于修缮经费不足、维护管理机制不健全等，目前洛阳历史建筑保护修缮工作进展并不理想，整体质量参差不齐。

涧西工业遗产历史文化街区利用工业遗产发展文旅产业缺乏省、市级支持与引导，在土地及产权政策、运营模式等方面缺乏支撑。有部分项目已成功撬动社会资本，形成政府与社会共建模式，但是仍有大批文化遗产项目因缺少资金支持迟迟无法启动。

四 洛阳市历史文化街区开发保护的对策建议

洛阳历史文化资源丰富，老城区东西南隅历史文化街区和涧西工业遗产历史文化街区分处洛阳城市区的东西两端，各自代表了洛阳典型的历史文化资源和工业文化资源，都亟须高水平地开发保护和利用。基于两个街区文化背景的差异性，对两街区的开发保护和利用应该充分体现因地制宜、因势利导，以便合理有效地推进相关工作。

（一）老城区东西南隅历史文化街区开发保护的对策建议

1. 正确处理保护与发展的关系

文化遗址资源具有不可再生性，需要谨慎对待，要高水平地借鉴国内外

历史文化名城建设的成功做法，用城市更新和要素经营的理念来处理保护与发展的关系。对现有历史文化遗产的价值要充分挖掘和保护，在合理范围内运用丰富多彩的经营手段对历史文化遗产进行活态保护，让历史文化遗产融入现实生活，让历史文化为现实赋能，使洛阳历史文化名城永葆青春活力。

2.完善基础设施，改善人居环境

全面开展街区安全、消防、排水、各类管线问题排查，按照民生改善与街区保护有机结合的理念，采用"主街+背巷"统筹推进模式，合理完善街区基本管网系统和生活设施，如及时完善给排水、供电、通信、供热、燃气、环卫、防洪、人防、消防等设施，满足群众使用功能需求；加快开展公共空间环境、交通环境、基础设施服务等多方面的改造提升，切实改善街区人居环境。

3.做足"绣花功夫"，以"微创新"不断推进保护利用工作

利用好历史文化街区的文化IP，需要创新工作思路，用足用好有限资金。在资金不足的条件下，切忌急功近利，更要从小处着眼，以"小尺度、绣花功、本土化、渐进式"的理念审慎推进街区更新织补和活化传承，每修缮一处都形成成功案例，每成功一处都形成精品典范，有力有效提高保护利用的辨识度，打造充满烟火气和人情味、富含丰富传统文化基因的特色历史文化街区，全力推进名城建设走向全国前列。

4.汇聚多方合力，传承城市文脉

着眼共建共享，探索建立政府引领、社会支持、居民融入、专业支撑的多元保护和有机更新模式。主动回应民需，积极吸纳民智，鼓励居民深度参与街区规划设计、改造建设、管理经营等环节，切实增强群众获得感，汇聚街区保护利用的强大合力。在政府、专家和公众共同努力下，实现历史文化遗产从整体保护到活态传承的提升。在城市更新的导向下，探索用地高效利用和弹性使用的新路径，强调土地种类的多样化，增加土地功能的复合性，及时破除人为制造的土地政策障碍。同时重视人的生活需要，营建丰富多彩的城市公共空间，进而焕发城市生命力。

（二）涧西工业遗产历史文化街区开发保护的对策建议

1. 加快推进街区保护的顶层设计

涧西工业遗产历史文化街区至今仍未完成保护规划的编制工作，也尚未形成关于保护利用工业遗产的相关指导意见，相关保护利用工作缺少有效的政策依据。建议兼顾涧西工业遗产区整体风貌保护与大厂职工住房保障、城市发展、环境保护等现实突出问题，本着"理性对待、实事求是、以人为本、形式多样"的理念，按照"保留经典、集中连片、点线结合、形成规模"的保护原则，尽量保存具有重要历史意义的遗存原物，形成生动的展示利用，以重点突出历史信息真实载体的原真性保护为承载，强化整体风貌特色的完整性保护。

2. 鼓励探索新的保护利用模式

针对文物保护与居民生活环境改善之间的矛盾，建议政府投资，将街区文物保护单位范围内的居民迁出安置，并参照国家文物局审核通过的《洛阳涧西苏式建筑群（2号/10号/11号街坊）修缮方案》，对街区内文旅资源按照"微改造"的模式进行修缮并开发运营。创新开发经营模式，除博物馆、艺术馆、创意产业、文化娱乐、商业等用途外，还可引入高端装备制造业和科技创新产业园，结合科技园、产业园等模式，对现状用地和建筑进行保护、利用和更新，真正实现改善群众生活环境、街区开发、利用和文物保护的有机统一。

3. 谋划以生态修复为导向的城市公园

在目前的《洛阳市国土空间总体规划（2021—2035年）》中，涧西区中州西路与建设路之间的狭长地带，将按照"一五"期间实施的绿地公园进行管控。在该片区的未来城市更新活动中，可参照西安市"幸福林带"建设，通过对用地空间上的物质建筑进行景观修缮，营建公园或绿地等城市公共空间，适当开展地下空间的综合开发。在减少环境污染和对原生态环境破坏的前提下，进一步修饰点缀城市环境，将历史文化遗迹的保护从文化出发与现实结合，形成场地景观更新、生态恢复和文化传递的复合效应，增加

社会经济效益，赋能区域文化实力和社会效益的提升，进而提升城市的社会服务水平。

4. 做好工业遗产文旅融合项目运营

以工业遗产历史文化街区保护规划为前提，进一步深化《涧西区工业旅游规划》，积极邀请城市转型与工业旅游专业团队为涧西工业旅游发展谋篇布局，形成可落地、可实施的行动计划，从新的旅游模式和居住、产业多方统筹考虑，以点带线，从东至西将中铝洛铜、一拖、中信、中钢洛耐等几个大厂已建成或正在谋划建设的文旅项目串联起来形成特色旅游线路，逐步树立涧西工业文化创意的文旅品牌。

参考文献

［1］陈洋：《基于"前台、帷幕、后台"理论的历史文化街区开放空间规划设计研究》，重庆大学硕士学位论文，2021。

［2］季贵斌、翁榕蔓：《基于共生理论的历史街区保护与更新策略研究——以沈阳204街区为例》，《住宅科技》2022年第3期。

［3］孙洁：《城市更新视角下历史街区的保护与再生模式探索》，《城市建设理论研究（电子版）》2023年第24期。

［4］李昊、赵苑辰：《风土存续+遗产活化：城市更新视角下的历史文化街区保护》，《人类居住》2021年第2期。

基层篇

B.9 老城区文化和旅游发展报告

谢景景*

摘　要： 2023年是走出疫情影响、全国经济逐步恢复提升的一年，洛阳市老城区文化和旅游融合发展，迎难而上，势头迅猛，取得较好的发展成就，迈向高质量发展的新阶段，但也存在阻碍高质量发展的问题和短板。本研究报告立足于老城区发展实际状况，全面总结老城区2023年文化和旅游发展总体情况，包括资源概况、文旅融合现状、存在的主要问题，并从加强历史文化名城和文物保护、打造具有全国影响力的文旅品牌、提升文旅市场管理水平、持续抓好重点项目建设、大力推动文旅深度融合、注重引育文旅产业发展人才等方面提出2024年文旅发展的对策建议，以期为推进洛阳市老城区文旅产业提质增效提供参考与借鉴。

关键词： 老城区　文旅产业　文旅融合　高质量发展

---

* 谢景景，中共洛阳市委党校讲师，主要研究方向为政治学理论、政治文化。

老城区位于洛阳市城市区中东部和北部，是洛阳最早的建成区，也是全国唯一以"老城区"命名的行政区。总面积56.74平方公里，老城区现辖邙山、翠云峰、道北路、西关、建安门、丽景门、南关、状元红8个街道，有51个社区，户籍总人口20.11万人，常住总人口25.8万人。近年来，在习近平文化思想指导下，洛阳市老城区委区政府高度重视文化和旅游资源开发和保护，大力发展文化和旅游经济，围绕文旅文创"颠覆性创意、沉浸式体验、年轻化消费、移动端传播"的发展方向，解放思想，转变理念，抢抓文旅融合产业"风口"，推进文旅文创重大项目建设，不断丰富优化文旅业态，激发文旅消费潜力，带动全市文化旅游市场快速增长。

一　老城区文化资源概况

（一）历史文化遗产及文物资源概况

老城区作为洛阳最早的建成区，历史文化源远流长，资源禀赋独特，为文旅产业发展提供了强有力的支撑。

一是历史悠久，古迹众多。老城区始建于金朝正大元年，是在隋唐城遗址上建成的，是全国唯一一座历经3000多年没有断代的城池。辖区有天堂明堂、应天门、洛邑古城、丽景门等景区景点7个；有文物古迹65处，包括朱文公祠、妥灵宫（又名关帝庙）、五圣堂、董公祠、四眼井、天津桥、洛严关、察罕贴木儿墓、王家节孝牌坊、明福王府、洛阳县衙、祖师庙、三官庙、文峰塔、钟鼓楼、河南府文庙、安国寺、山陕会馆、金谷春晴等，其中国家级文物保护单位7处，省级文物保护单位4处；非物质文化遗产项目59项，其中国家级非物质文化遗产项目2个；国家一级图书馆1个、国家二级文化馆1个、博物馆14个、城市书房12个、文化服务中心56个。沉浸式文化体验类项目包括老城区"梦唐阁"沉浸式文旅综合体验项目、老城区翠云阁沙盒项目、洛邑古城《风起洛阳》线下体验项目等；沉浸式融合类项目包括老城区唐宫市场《未来唐潮》项目、老城区春都文化创意产业园项目、老城区风动工具厂文创社区项目等；沉浸式消费街区类项目有老城区天心校场里文化创意产业园项目等。洛邑古城、应天门、天堂明堂景区已成为洛阳市地标性文旅景点，央视2020年戏曲春晚、中秋晚会，河南省电视台中秋奇妙游、端午奇妙游等节目均在洛邑古城、应天门等景区录制。

二是资源丰富，独具特色。老城区文化资源具有突出的区域特色和历史风貌，有始建于隋唐的周公庙、宋代的文峰塔、元代的府文庙、明代的鼓楼、清代的山陕会馆等古建筑，天堂明堂景点、应天门遗址博物馆、洛邑古城、洛八办等文化地标交相辉映。以东西南隅历史文化街区为核心的古城是洛阳地面上唯一的古代城池，按照"生态修复、城市修补"的理念，依照"一环二轴三片八节点"的总体布局，开展历史文化街区保护与整治工程。[1] 老城区充分利用独特资源并发挥自身优势，不仅保存了"九街十八巷七十二胡同"街巷肌理和传统风貌，而且实施了古城风貌整治与保护，打造了"老城老街老巷子，老墙老院老房子，老门老户老名字，老号老店老铺子"的历史文化群落，同时辖区还有以隋唐洛阳城国家遗址公园、洛邑古城为代表的古都文化，以含嘉仓160号仓窖遗址为代表的丝路文化，以隋唐大运河国家文化公园和隋唐大运河文化博物馆为代表的大运河文化，以非遗产业园为代表的非遗文化，以洛八办、贴廓巷红色文化步行街为代表的红色文化，以国家牡丹园、国际牡丹园等四大牡丹园为代表的牡丹文化，这"六大文化"品牌延续着带有独特老城印记的文化根脉。

三是交通便捷、基础设施完善。老城区立体交通网络完善，成为洛阳乃至豫西地区重要的交通枢纽，也是大量人流、物流、信息流的重要集聚地，王城大道快速路、洛吉快速通道纵贯南北，瀍涧大道、邙岭大道贯穿东西，望朝岭、翠云峰等立交枢纽通达四方，地铁1号线、2号线贯穿老城区，在区内的邙山镇，已开通20余条国内外航线。自2021年以来，建设游园6座，新修道路38条，对民主街、义勇前街等街道进行提升改造，优化了公

---

[1] 洛阳市老城区人民政府：《老城区国民经济和社会发展第十四个五年规划纲要》，2021年10月21日。

共设施及文旅基础设施。老城区不断完善安全、环境、交通等配套服务措施，提高消费便利度和活跃度，满足市民和游客多样化需求，包括稳定社会治安，亮化美化环境，老城区通过加大警力投入、加强社会治安管控力度，尤其是节假日期间启动超常规巡逻模式，持续加强重点部位、人员密集场所及周边区域巡逻防控，维护良好的文旅消费环境。美化亮化街道和地标性建筑，2021年以来，亮化民主街、文化街等街道20多条，亮化提升明堂天堂、应天门、洛邑古城等景区，吸引集聚人气，营造消费场景。合理设置停车位，满足消费者需求，目前，老城文化和旅游示范区内共有停车场30多个，停车位1904个，其中，洛邑古城非遗文化产业园停车位244个，天心文化产业园停车位340个，隋唐洛阳城国家遗址公园停车位805个，东西大街、十字街停车位300个，贴廓巷红色文化步行街停车位15个，周公路特色商业步行街停车位200个，基本满足停车需求。[①]

（二）公共文化服务体系建设

老城区发力服务供给机制创新，提升公共文化服务水平。坚持"政府主导、社会参与、重心下移、共建共享"的原则，不断完善公共文化服务体制，提升公共文化服务效能，持续提高公共文化服务的公众知晓度、参与度、满意度。

区内文化场馆免费开放，充分发挥辖区文化场馆的文化阵地作用，积极落实文化惠民政策，开展形式多样的文化惠民服务。区图书馆、文化馆开展"牡丹花开·书香老城"、"诗和远方最美老城"、乡村文化合作社展演、民族管弦乐演奏等活动246场，受益群众15000余人次，开展古筝、书法、瑜伽、古琴、舞蹈各类培训帮扶活动200余次，惠及群众3000余人次；高标准推进文化进社区工作，积极开展文化下基层公益演出，百场公益培训进社区，受益群众20000余人次；注重完善公共文化设施，建设了12座城市书房，形成"15分钟阅读文化圈"，充分发挥文化阵地作用，进一步营造浓厚

---

① 文中数据除特别注明之外均来自老城区文化和旅游局。

的全民阅读氛围，并且积极探索城市书房与第三方运营合作机制，九龙鼎和文峰塔两座城市书房分别与见晴山咖啡、午逅咖啡合作运营；推进社区书屋智慧化建设，完善公共数字文化平台大数据管理和服务功能，提升文明城市形象，线上售票覆盖率超过85%，城市区5G网络基本全覆盖，景区景点、饭店、民宿等场所广泛应用互联网售票、二维码验票，为游客提供便捷高效的服务；制作文旅宣传手册和手绘地图，开发的"乐游老城"小程序已投入市场，开发集智慧文旅、融媒中心、政务服务于一体的"老城全域通"小程序，为游客提供全方位线上线下服务；全面推进文化合作社建设，全区8个办事处及51个社区均已成立文化合作社，每个办事处先选取1个社区文化资源条件较好的社区先行先试、试点打造，随后在全区范围内进行推广。

（三）文旅产业发展基础

近年来，老城区文化和旅游产业总量规模稳步增长，产业结构逐步优化，市场主体持续发展壮大，为文化和旅游深度融合提供了肥沃的土壤，成为经济增长的重要引擎。

底蕴深厚，基础扎实。老城区有景区景点7个、星级饭店3个、旅行社3家、国家一级图书馆1个、国家二级文化馆1个、博物馆14个、文物古迹65处，非物质文化遗产项目59项、城市书房12个、文化服务中心56个，这些为老城区文旅产业的发展打下了坚实的人文基础。

企业集聚，产业兴盛。老城区坚持抢抓抢占产业新风口，把握文旅产业新变化，积极引进洛阳河缘洛聚文化传媒有限公司、深兰科技、卡卡九门沉浸式剧场、鹿鸣推理馆、河南众芳园文化发展有限公司、中渡演艺公司、相声新势力、河南老家洛阳文化传媒公司、洛阳尚品文化传媒公司等30家文旅文创品牌企业入驻。

园区升级，形态多样。老城区成功打造了国家级夜间文旅集聚区1处（洛阳古城特色文化街区），国家旅游休闲街区1处（洛阳古城历史文化街区），省级产业示范区园区3处（洛邑古城、天心产业园、双元围棋博物

馆）、省级夜间文旅消费集聚区3处（洛邑古城、天心文化产业园、隋唐洛阳城国家遗址公园）、市级优秀研学基地3处。实现天心校场文化创意产业园、周公路特色步行街等园区和街区提质增效，推进风动工具厂牡丹产业社区、文旅文创大厦、沉浸式文化创意产业园等建设。

优化市场，注重招商。老城区始终坚持建立公平、公正、公开竞争的市场经营环境，积极履行"店小二"的服务职能，不断优化助企工作模式，建立并完善助企长效机制，全面帮扶企业释放发展潜能；结合文旅产业发展实际，积极制定《老城区文旅文创产业发展扶持政策》，激发文旅产业市场活力；老城区坚持大员招商、主动招商，区主要领导先后到北京清华文创院等地考察沉浸式文旅业态，区政府与北京水木文创管理顾问有限公司签订战略合作框架协议，为老城区沉浸式产业快速高质量发展提供支持。

（四）文化旅游发展战略规划

立足洛阳市文旅发展全局，老城区结合区域特色制定差异化的文旅发展规划。依据洛阳"十四五"文化旅游融合发展规划要求，按照"南部生态发展区、环都市区、都市核心区"的功能定位，结合区域协同发展、文旅融合发展的要求，实现县区文化和旅游差异化发展，老城区出台《老城区国民经济和社会发展第十四个五年规划纲要》，强调主要任务和工作重点是持续推进文化保护传承，打造文旅融合新高地。老城区文旅发展战略定位以"三带、四区"大发展格局为引领，锚定"六个一"发展目标，围绕"一城一花一谷一中轴一项目一基地"，坚持"颠覆性创意、沉浸式体验、年轻化消费、移动端传播"新文旅发展理念，抢抓文旅文创产业发展新风口，全力打造沉浸式文旅目的地集聚区。[①]

突出优势，确定"文旅强区"战略，制定文旅强区建设实施意见和三年行动计划，构建"156"文旅产业新格局。在全区上下形成"大抓文旅、抓新文旅"的统一思想、统一意志、统一行动。按照新文旅发展理念，以

---

① 洛阳市人民政府：《洛阳市"十四五"文化旅游融合发展规划》，2022年6月17日。

颠覆性创意打造穿越场景，以沉浸式体验丰富文旅业态，以年轻化消费激发市场活力，以移动端传播构建营销格局。2023年"汉服+洛邑古城"走出河南，火爆出圈，初步成势，全年接待游客突破3000万人次，旅游综合收入突破220亿元，老城区获评"全省文化和旅游消费示范区"。

老城区牢牢把握社会主义先进文化前进方向，坚定文化自信，积极融入黄河文化带、大运河文化带建设，深入挖掘老城区丰富的历史文化资源，用新理念、新模式讲好"老城故事"，留住"老底片"，建好"新客厅"。推动文化与旅游产业深度融合，加快文旅大区向文旅强区转变，着力打造国际人文交往中心示范区。

二 老城区文化和旅游发展现状

2023年，老城区全面贯彻落实省委文旅文创融合发展战略，紧紧围绕"文旅文创成支柱"重要要求，认真落实文旅强区工作部署，坚定走好新文旅产业发展之路。2023年1月至11月，老城区累计接待游客2903.72万人次，实现旅游综合收入约212.78亿元，同比2022年分别增长209.92%、255.82%，老城区文旅市场实现"爆发式"增长（见图1）。老城区上榜"全省首批文化和旅游消费示范区"，获得奖励资金100万元；老城区获评第四十届中国洛阳牡丹文化节先进单位；老城区图书馆蝉联"国家一级图书馆"；洛邑古城被认定为国家AAA级旅游景区并成功入选中国旅游协会第五届"中国服务"旅游产品创意案例八大案例之一。

（一）积极创建河南省文化和旅游消费示范区

老城区争先创优，努力争创省级文旅消费示范区。河南省首批文化和旅游消费示范县（市、区）由各地遴选推荐、实地考评、专家评审，最后由省文化和旅游厅、省发展和改革委员会、省财政厅研究确定，旨在提振文化和旅游消费市场，释放文化和旅游消费潜力，助推文化和旅游产业高质量发展。2020年4月，老城区被河南省文化和旅游厅评为河南省文化和旅游消费区。

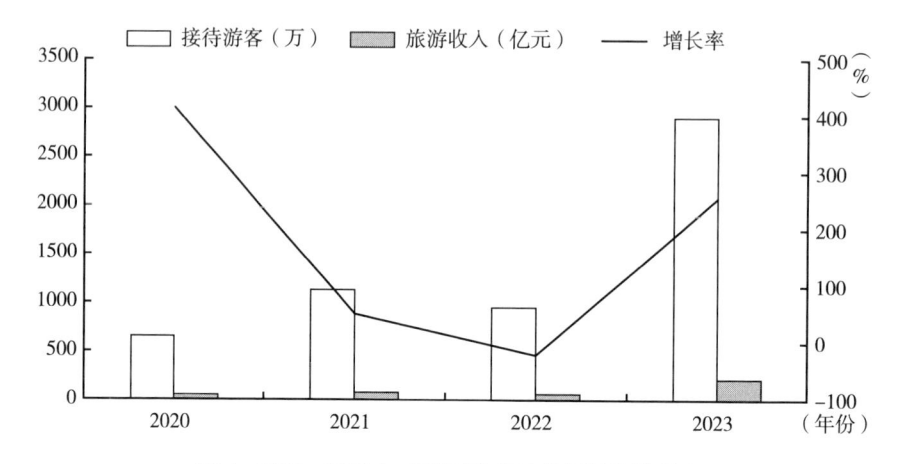

图1　2020~2023年老城区游客接待量及旅游收入

资料来源：笔者根据有关资料整理。

2021年7月被省文化和旅游厅、省发展改革委、省财政厅认定为河南省文化和旅游消费示范区试点单位，老城区按照创建要求，积极开展创建和提升工作，先后荣获"国家夜间文化和旅游消费集聚区""国家旅游休闲街区""省级夜间文旅消费集聚区""河南省中小学研学旅行试验区"等称号，2023年6月河南省公示首批12个文化和旅游消费示范县（市、区）名单，老城区榜上有名。近年来，老城区委区政府高度重视文化和旅游消费示范区创建工作，成立创建工作领导小组，强化政策引领，深入贯彻落实《中共中央国务院关于完善促进消费体制机制 进一步激发居民消费潜力的若干意见》，并制定《老城区文化和旅游消费示范区实施方案》，不断壮大文化旅游产业。

具体创建措施包括以下几点。一是顶层设计，引领文旅消费发展。加强顶层设计和整体谋划，坚持规划引领，提高文旅消费供给质量，释放市场活力，明确工作目标，深入贯彻落实上级政策，坚持政府主导与市场参与形成合力，实现规划引领，提升文旅消费。二是多措并举，丰富文旅产品供给。充分挖掘展示老城丰厚的历史文化资源内涵，开发打造具有国际水准和老城特色的文化旅游产品，实现特色文化旅游促进消费、重大文旅节会拉动消费、文旅演艺文创推动消费，不断丰富年轻化消费供给，加快推动传统文旅产业向新文旅产业转型。三是加大投入，落实消费惠民措施。实施景区门票优惠措施，举办文旅消费季活动，提高消费便捷程度，以旅游消费示范区建设为抓手，在景区施行降价惠民措施并不断提高便民服务水平。四是丰富业态，促进文旅产业融合发展。老城区坚持抢抓抢占产业新风口，把握文旅产业新变化，通过打造新场景，壮大新市场，不断丰富文旅新业态，优化文旅业态布局，培育壮大牡丹产业，探索"联动发展"模式，实现资源共享、产业集聚，更好地满足游客多元化消费需求，形成沉浸式文旅文创产业集聚区。五是多措并用，繁荣夜间经济。紧盯青年消费群体需求，依托"古都夜八点"活动，大力发展夜间经济，提升夜游产品质量，丰富夜间文旅活动，以活动促增夜间经济。六是加强宣传，营造文旅消费环境。坚持移动优先、视频为主，加强交互传播、移动传播，以数字手段提升营销能力，以年轻人的方式讲好"老城故事"，提升老城区文旅影响力。强化与主流媒体合作，跟紧新媒体平台节拍，注重平台搭建，不断扩大老城区的知名度和影响力。

自河南省文化和旅游消费示范区创建工作开展以来，老城区不断促进文旅消费，充分利用自身文旅资源禀赋，逐步优化产业结构，持续壮大市场主体，善于抢占产业风口，文旅消费已成为拉动老城区经济增长的重要引擎，并推动全市文化旅游消费快速增长。目前，老城区形成了以古都文化为代表的东西南隅历史文化街区，以非遗文化为特色的洛邑古城文峰塔非遗产业园，以饮食文化为代表的老城十字街，以休闲娱乐为特色的天心文化产业园区；打造了国家级夜间文旅集聚区、国家旅游休闲街区、省级产业示范区园区、省级夜间文旅消费集聚区、市级优秀研学基地；培育了梦唐阁、相声新势力、旧城记、唐宫夜宴等沉浸式文旅业态；举办了老城创意文化艺术节、演艺文化艺术节、《王者荣耀》花朝节、国风隋唐·奇趣潮玩节、首届汉服摄影大赛等丰富多彩的活动，全面塑造"梦里隋唐，尽在洛邑"文旅品牌。

（二）高度重视文化保护传承创新

老城区坚持保护固态、传承活态、提升业态，实施文化遗产保护传承创新工程，积极培育推广古城文化、丝路文化、大运河文化、非遗文化、红色文化、牡丹文化"六大文化"品牌，不断延续带有独特老城印记的文化根脉。

1. 不断加强文物保护，健全文物保护网络机制

老城区认真贯彻落实《洛阳市文物保护利用改革实施方案》，健全文物安全责任体系和责任追究制度，加强重要田野文物巡护和文物安全基础设施建设，实施文物消防工程、安防工程等。一是建立区、街道办事处、社区（村）、业余文保员的"四级巡查"机制，严格按照属地管理职责加强日常巡查。加大对文物保护巡查的力度，并着重探索对古城内文物活化利用途径，排查古城内安全隐患，加强市文化和旅游局、古城文保局、相关办事处等单位间的沟通协调。二是加大对文物抢救性维修保护的力度。完成省级文物保护单位府文庙消防工程内部施工，积极回应辖区群众对疑似文物的报告，抢救性发掘发现文物。三是推动文物保护工程项目建设。已完成省级重点文物保护单位吕祖庙修缮保护工程项目（一期），并已通过市文物局现场验收。四是助推"东方博物馆之都"建设。鼓励符合条件的私人机构或者个人积极申报成立博物馆。认真受理当代铜器工艺博物馆的成立申请，开展实地调研，并指导完善申报资料。经过省文物局专家组实地评审后，将按照省文物局要求进行整改提升。五是顺利完成黄河流域不可移动文物调查工作。按照黄河流域不可移动文物调查要求，加强黄河文化遗产保护传承弘扬工作，摸清不可移动文物资源的分布情况、数量、类型、保存现状、管理及利用等基本状况，为下一步做好黄河流域文物保护和发展利用工作提供基本数据。

2. 大力实施古城保护与整治，激发古城新活力

坚持"生态修复、城市修补"理念，按照老城区东西南隅历史文化街区保护与整治工程"一环二轴三片八节点"总体布局，保持传统街区布局和街巷肌理，实施古城风貌整治与保护，打造"老城老街老巷子，老墙老院老房子，老门老户老名字，老号老店老铺子"的历史文化群落，主要项目包括加快建设洛邑古城一期续建工程、以运营思维指导规划加快推进六大片区改造、完成隋唐大运河国家文化公园建设项目，并依托隋唐别院文化产业园，建设隋唐文化创意广场、特色商业街区。进一步完善古城区域内道路、供水排水、供热、供气等基础设施，加强府文庙、安国寺、妥灵宫等文物古迹保护展示，加快周南驿站文化片区、鼓楼文化休闲产业片区、老字号集聚区开发建设，大力实施民居大院修缮，打造"千宿百景"，即建设以"百家姓"为主题的中高端民宿1000余家，依托历史建筑高标准建设100余处景观，努力将古城打造成中外游客首选的旅游目的地。打造百家姓特色民俗集群，积极发展民宿客栈、研学旅行等产业，预计到2025年，古城基础设施、地标性建筑、招商及业态布局基本完成。深度挖掘红色文化资源，加快建设贴廓巷红色文化步行街业态提升项目，进一步完善提升洛八办配套服务设施及周边环境，将其打造成全国优秀爱国主义教育基地和全国中小学生研学实践教育基地。

3. 高度注重非遗保护，不断促进文化传承发展

近年来，老城区深入开展非遗保护，一是丰富非物质文化遗产保护手段，加强各级非物质文化遗产名录项目代表性传承人的认定和保护，开展民间艺术保护工作，摸排上报民间艺术及相关项目18个；加大非物质文化遗产资源梳理，支持非遗场馆建设，开展非遗进校园、进社区等非遗研学活动，弘扬优秀传统文化。二是组织唐白瓷烧制技艺、围棋、史法璋中医外科、李占标膏药等项目制作非遗短片，参加"河洛飞花"非遗项目线上展示活动；开展非遗日线上项目展览，参加"河洛琴音已百年大鼓风华正青春"河洛大鼓曲艺节等活动，促进老城区非物质文化遗产传承和发展。三是开展老城区第七批非物质文化遗产评审工作。对收集的80余条线索进行梳理，推荐出54个项目并邀请相关专家予以评审，最终评选出第七批区级非物质文化遗产名录共计30项。2023年老城区创新性开展河南非遗一张图传承创新推广活动，鼓励推荐唐白瓷烧制技艺、三彩釉华烧制技艺等参加"豫匠工坊"人力资源品牌建设，研发40余种非遗研学课程，举办南无拳、古琴等非遗项目展示活动200余场，积极创建非遗街区。

4. 深度挖掘牡丹文化资源，推进牡丹文化传承创新

牡丹兴于隋盛于唐，自古以来，文人墨客通过诗词歌赋、戏曲小说等载体对牡丹富贵吉祥的文化象征不吝赞美之词。老城区结合武则天贬牡丹典故

传说，深度发掘与牡丹相关的民间故事，传承弘扬牡丹不畏权贵、一任群芳妒的傲骨精神。持续提升牡丹画制作、装裱的知名度和美誉度，不断扩大牡丹茶、牡丹饼、牡丹籽油等产品市场占有率，进一步增强牡丹瓷、牡丹三彩釉画等独具河洛文化特色旅游产品的影响力，使牡丹文化与中华民族独特的饮食文化、服饰文化、瓷器艺术、雕饰艺术等完美融合，并赋予牡丹全新的文化含义，充分展示牡丹象征新时代中国繁荣昌盛、前程似锦的美好形象。加快建设风动工具厂牡丹产业社区、大唐花市等园区，以牡丹花卉、鲜切花、花卉衍生品为主，开发"盛唐牡丹游""四季国花云上游""牡丹文化产品创意大赛"等沉浸式文旅项目。

（三）持续规范文旅市场管理工作

为提升文旅发展质量，老城区持续加大文化和旅游市场监管力度，规范文化和旅游市场秩序，保护消费者合法权益。近三年，区域内文化和旅游领域未发生过重大安全生产、环境污染事故，未出现意识形态等方面违法违规等问题，未出现过省文化和旅游厅、省发展改革委、省财政厅规定的"一票否决"的事项。

1. 加强文旅市场监管，维护良好文旅市场环境

坚持安全防患于未然，深入开展安全生产和旅游市场秩序大检查，及时排除安全隐患，做好应急处置，确保旅游市场平稳有序。老城区通过专项整治与日常监管相结合的方式，加强对文旅市场的行业监管，加大警力投入、加强社会治安管控力度，持续加强重点部位、人员密集场所及周边区域巡逻防控，维护良好的文旅消费环境。

为建立良好的文化旅游市场环境和市场秩序，确保文化旅游市场周边安全、有序，营造健康有序的文化旅游市场环境，推动全区文化和旅游市场健康可持续发展，老城区开展了文旅市场集中整治专项行动，制定《老城区2023年文化和旅游市场集中整治专项行动工作实施方案》，通过开展集中整治专项行动，依法查处全区文化和旅游市场违法违规行为，切实解决文化旅游市场中存在的各种突出问题，努力实现文化旅游市场经营秩序更加规范，促进全区文化和旅游市场健康可持续发展。

工作重点包括：集中检查文旅市场安全生产和消防安全状况；全面规范文旅市场价格；大力整治文旅市场周边市容市貌；全面维护文旅市场周边交通秩序；规范整治文旅市场周边餐饮行业；高效处置文旅市场突发事件，整治扰乱文旅市场的治安问题；及时处置舆情、发布信息。截至2023年12月，共检查文化娱乐场所、文保单位、旅游景区、艺术类培训机构等340多次，排查整改隐患23处。对洛邑古城内汉服约拍行为进行统一管理，对所有进入园区的摄影师进行资质审核，现共有461名摄影师登记在册。建立区、街道办事处、社区（村）、业余文保员的"四级巡查"机制，全区32名业余文保员对65处文物保护单位巡查530余次，排查出古城内大院安全隐患2处，协助区住建局、金隅城公司等办理项目开工前文物勘探相关手续4件，确保了文旅市场的平稳有序。

2. 提升节假日文旅市场秩序，优化文旅消费体验

节假日期间启动超常规巡逻模式，以保障文旅市场秩序，提升游客满意度。其一，加强假日交通管理。全力做好假日期间景区景点人员引导和沿途路线的交通疏导，及时发布景区拥堵预警信息，保障节假日旅途顺畅；发挥文明实践志愿者队伍的作用，为游客提供交通引导和咨询服务工作；倡导健康绿色、文明出游和理性消费。区文旅局联合市场监管局、城管局等部门，在东西大街、十字街夜市等处开展志愿者交通引导服务活动，保障假日交通顺畅。其二，完善投诉管理机制。区文旅局、市场监管局、各文旅企业建立高效投诉处理机制，开通24小时投诉电话，第一时间给予消费者帮助，引导消费者依法依规解决相关矛盾纠纷，全力保障消费者合法权益和提升其消费体验。其三，全面摸排梳理民宿运营情况。加强摸排老城区旅游民宿底数及分布情况，建立民宿工作台账，对辖区民宿进行"一对一"实地走访，摸底调查民宿建设运营情况。引进隐居大唐、九间房花筑、云上四季等知名品牌民宿，提升民宿发展质量。积极对接同程集团、华住酒店、中国旅游协会民宿客栈与精品酒店分会等企业和单位，成功签约唐时明月客家文化主题酒店项目，全力提升民宿服务品质。

（四）不断提升文化旅游品质

1. 打造新文旅项目，激发文旅市场新动能

老城区始终坚持项目为王，厚植文旅产业发展优势，积极谋划推进一批沉浸式文旅文创体验项目，打造老城区独特的文化地标。包括加快推进洛邑古城一期续建项目、翠云阁文旅项目建设，在洛邑古城搭建了30余处场景；打造梦唐阁沉浸式体验馆、"诗起洛邑"剧本杀、卡卡九门沉浸式剧场、隋唐洛阳城《无字梵行》、洛八办红色主题剧本杀《无名》等大型实景剧本体验场景；推进上清宫自然文化探索公园项目、天堂明堂、应天门《化光玉镜》沉浸式漫游戏剧及《公主联盟》沉浸式情景剧项目和翠云谷乡村振兴产业示范带项目落地；隋唐洛阳城国家遗址公园引入《风起洛阳》全感VR体验项目，让游客"穿越千年古都，梦回隋唐盛世"，该项目成功入选2023年文化和旅游数字化创新示范十佳案例。

2. 丰富文旅活动内容，推动文旅市场持续升温

老城区聚焦全景体验、网红打卡、组队娱乐等多样化需求，大力开发体验性、参与性、互动性强的文旅业态，举办各种节会展会，发力节会经济。春节期间，与广东东莞桥头镇联合举办"洛阳牡丹赏花季"系列活动，提升老城区文旅在粤港澳大湾区影响力；以"家乡年味浓 过年回老城"为主题，组织开展民俗社火表演、360度环拍体验、伴游机器人体验等15项独具特色的新春活动。牡丹文化节期间，举办中国·洛阳首届牡丹花王大赛，积极与哈密市伊州区开展交流合作，携手举办哈密维吾尔族宫廷木卡姆、麦西来甫、赛乃姆花帽舞、哈萨克族传统歌舞黑走马等非遗文化展演活动；举办"丝路记忆品味新疆"美食大集暨农产品展销会。河洛文化旅游节期间，举办国风音乐节、《回望·峥嵘》全域剧本娱乐活动、中华民族服饰艺术展览、耽罗文化节大型庆典等系列活动11项。参加2023（GIAC）青岛智能视听大会，参加"中国服务"旅游产品创新大会，不断提升老城区新文旅品牌影响力。举办中原电影推介盛典，全力推动"影视+文旅"相互赋能。

3. 突出移动端传播，营造浓厚宣传氛围

加强文旅宣传，创新营销模式。坚持运用互联网思维，发挥移动端传播优势，遵循互联网传播规律，用好移动端平台，持续形成传播热点。近年来，老城区坚持把移动端作为主要传播平台，深入挖掘老城区传统文化资源和丰富的文旅资源，把短视频作为主要传播载体，把交互式作为主要传播方式，通过"线上做流量、线下做变现"，助推文旅市场持续火爆，提升老城区文旅影响力，塑造老城区文化 IP，打造类似"唐宫夜宴""龙门金刚"等出圈文旅节目，鼓励引导洛邑古城、天心校场里、隋唐洛阳城设立"网上社区"，把培育本土网红与开展文旅营销结合起来，在抖音、快手等短视频平台持续发力，用青春语言讲好"老城"故事，提高老城区的旅游热度和关注度。一方面，强化与主流媒体合作，积极拓宽宣传推广渠道。老城区陆续登上央视财经、央视新闻、河南卫视等主流媒体平台，受到新华社、人民网、顶端新闻、河南卫视等专题报道，例如，积极策划文旅活动，制造热点话题，相继在全网发布了 2023 中国热点景区可持续发展——首届洛阳汉服文化产业高峰论坛、"邑起穿越吧"洛邑古城全国汉服短视频大赛、CCTV《中国诗词大会第四季》擂主洛阳才女邓雅文邀请游客对诗歌、动漫《少年歌行》角色穿越洛邑古城等一系列活动，吸引人民网、新华社、央视新闻等 10 余家央媒纷纷报道，王濛、杨迪、萧敬腾等 20 余位明星争相打卡，与河南卫视合作拍摄《神都相逢》节目，使老城区再次火爆出圈。另一方面，紧跟新媒体平台节拍，创新文旅营销方式。加强与抖音、快手等平台战略合作，引导洛邑古城、明堂等在抖音、快手等短视频平台精彩亮相，培育"明堂仙女团"、"隋唐洛阳城讲解天团"、网红"唐小豪"，实现流量转化；举办"梦里隋唐尽在洛邑"汉服街拍大赛、汉服文化周、电音节等大型活动，拍摄"邑起穿越吧——神都相会"系列短视频，其中在洛邑古城举办的"邑起穿越吧"洛邑古城全国汉服短视频大赛阅读量超 200 万，抖音话题"来洛邑古城一起穿越吧"播放量达 4735.1 万。洛邑古城持续霸榜抖音全国最受欢迎汉服打卡地，老城区文旅热门话题阅读量突破 192 亿。

4. 强化品牌意识，深化文旅产品供给侧改革

老城区以习近平文化思想为指导，紧紧围绕省委文旅文创融合战略和"文旅文创成支柱"重要要求，透彻领悟新文旅产业"颠覆性创意、沉浸式体验、年轻化消费、移动端传播"理念，强化品牌意识，优化文旅产品供给，老城区全力塑造洛邑古城文旅品牌，推动洛邑古城火爆出圈。为进一步叫响洛邑古城文旅品牌，加紧提升洛邑古城一期业态，不断引进黄河澄泥砚、木版年画、豫剧、越调等著名非物质文化遗产入驻，将洛邑古城打造成非遗文化传承弘扬的场域载体；加强金元古城墙遗址保护展示，洛邑古城一期续建加快高档民宿、星级宾馆、商业步行街、大型剧院及会议中心建设进度，聘请国内著名的导演团队，高标准高水平打造大型精品旅游演艺节目，为广大中外游客呈现具有古都、牡丹等洛阳元素及河洛特色的视觉盛宴。2023年洛邑古城累计接待游客近1000万人次，在中秋国庆假期，更是以53.7万人次的接待量和388%的增速，位列全市各大景区榜首，洛邑古城内的历史文化街区获评"国家级旅游休闲街区""第一批国家级夜间文化和旅游消费聚集区"，成为全国热门景区。同时，推动"汉服+洛邑古城"叠加赋能。推出大型角色扮演项目，引进高端汉服品牌，打造沉浸式汉服体验场景；与山东曹县合作，围绕汉服设计研发、生产销售等搭建对接平台，拉长建强汉服产业链；举办汉服文化产业发展高峰论坛，成立洛阳汉服研究院、洛阳时尚产业研究院，举办"邑起穿越吧"洛邑古城全国汉服短视频大赛、首届洛阳汉服产业发展高峰论坛等汉服主题活动，组织汉服团队走进哈密、韩国、青岛、横店等地进行推介，抖音平台洛邑古城相关话题播放量达17.8亿，洛邑古城持续位居全国最受欢迎的汉服打卡地榜首。2024年以来，洛邑古城日接待游客最高突破15万人次，带动天堂、明堂、应天门、九洲池等景区陆续出现汉服热潮，有力推动洛阳成为全国汉服胜地。未来老城区将坚持以文旅强区战略为统领，以"叫响洛邑古城文旅品牌，建设国际新文旅目的地"为目标。

5. 抢抓文旅融合产业风口，打造沉浸式文旅目的地

"沉浸式旅游"是一种伴随体验经济出现的新的旅游方式，通过全景式的交互体验，使游客有一种"身临其境"的感觉。沉浸式体验已经成为人们对旅游消费的新需求，打造城市深度沉浸式旅游是未来旅游新业态一个重要方向，着力打造沉浸式文旅目的地是洛阳文旅产业发展的基本定位。随着文旅融合进入更深层次，旅游吸引物从以景区景点为代表的传统吸引物，转向以文化IP、体验场景为代表的新型吸引物。过去的"无风景不观光"，现已变为"无场景不体验"，过去游客为"我看过、我来过"买单，现已变成为"我体验、我喜欢"买单。老城区始终坚持政府引导、企业主导，积极抢抓抢占产业风口，把握文旅产业新变化，沉浸式文旅市场主体不断壮大，重点项目稳步推进，沉浸式活动不断创新，沉浸式场景不断丰富。注重把洛阳文化元素融入场景营造，营造时空穿越场景，让游客沉浸式体验盛唐市井烟火气。并且深入挖掘辖区历史文化内涵，推动文化故事化、故事场景化，让游客实现从"看景"到"入景"的转变，实现沉浸式文旅场景的不断丰富。

老城区不断优化天心校场里、天心文化产业园、洛邑古城业态布局，引进沉浸式餐饮、酒吧、文娱等业态，打造沉浸式文旅街区（园区），营造沉浸式文旅场景。天心文化产业园通过增加卡卡九门剧本杀、"旧城记"怀旧主题餐厅、相声新势力等一系列多维度沉浸式体验业态，成为青年人网红打卡地；加快推进天心与隋唐洛阳城景区、风动工具厂牡丹产业社区等联动发展，实现资源共享、优势互补，形成文旅文创产业集聚区；天心校场里利用"微改造"，通过老校场衙门历史建筑复原区、老公馆建筑风貌保护区、老厂房建筑修复利用三大片区项目建设，让老历史与新业态相融合，打造了具有历史特色的旅游休闲消费场景。以沉浸式体验场景为核心实施洛邑古城一期项目，通过提升演艺内容、丰富文旅业态，从观赏性、故事性、互动性、艺术性等多个维度，增强游客的沉浸感和体验感；围绕唐代新潭、宋代文峰塔、金元城墙等地标，融合唐、宋、元、明、清、民国各个时期的建筑风格，塑造穿越式场景，再现古城古韵。抓住电视剧《风起洛阳》热播契机，以汉服体验为切入口，突出"烟火气、市井味、文化格"，全面复刻《风起洛阳》剧中场景，线下沉浸式项目已面向游客开放体验，梦唐阁沉浸式体

验馆通过"仿真式实景+沉浸式剧情+游戏式互动+体验式消费"的创新运营模式，使游客可沉浸式体验盛唐风情，让天南海北的游客尽享"汉服自由""穿越自由"，推动"汉服+洛邑古城"迅速火爆。

6. 利用数字技术赋能文旅项目，助推新文旅产业创新升级

近年来，数字技术发展速度之快、辐射范围之广、影响程度之深前所未有，正加速推动着生产方式、生活方式等变革。随着工业进入4.0时代，云计算、大数据、物联网、扩展现实以及人工智能等高新技术正与文旅行业跨界融合，重塑文旅产业生态，推动现代文旅体系加速形成，数字技术深刻改变了文旅发展模式及态势，扩大文旅市场和带动新兴消费，成为激发颠覆性创意的新动能，也是现代旅游者的基础需求，为文旅产业发展带来了重要增长点。[1] 依托数字技术优化智慧旅游服务设施，实现旅游产品智慧化升级，提升整个区域的智慧化服务水平，是文旅高质量发展的必然趋势。数字技术的快速发展和人民群众消费诉求、理念、偏好发生的新变化，倒逼文旅产品不断创新升级。老城区坚持用颠覆性创意整合资源、打造产品、开展营销、拉动消费，推动文旅产业从"资源为王"向"创意为王"转变，数字文旅内容不断推陈出新。比如，老城区携手全经联，引进"360度环拍"、伴游机器人等数字文旅设备，运用AI驱动、WEB3.0等技术，增强游客的沉浸感和体验感，以洛邑古城的城市IP与全经联幸福产业IP"360度环拍"共创"360度环拍·国潮未来版"，将洛邑国潮古风场景共享给各界，让传统文化、历史场景动起来、活起来，并用科技创新手段在洛邑古城沉浸式汉服体验馆打造"虚拟试衣镜"，依托虚拟现实、人工智能等技术，让游客站在电子屏幕前，挥动双手即可实现各种样式的汉服换装。运用"文旅+科技"手段，开发应天门遗址博物馆沙盘投影等新型数字文旅项目；推进VR、MR等前沿技术手段应用，营造"数字隋唐""数字洛八办"等沉浸式数字博物馆场景，为全国各地观众提供线上线下一体化、在线在场相结合的数字化文化新体验。以大数

---

[1] 周锦、王廷信：《数字经济下城市文化旅游融合发展模式和路径研究》，《江苏社会科学》2021年第5期。

据为核心，开发智慧文旅程序"行走老城"，实现了数字化导览、VR全景漫游、视频展播、语音讲解、数字文创等功能，多维度展现老城区文化。

三 老城区文化和旅游发展存在的主要问题

近年来，老城区文化和旅游发展取得巨大成就，在引导文旅消费升级、强化政策引领、抢占产业风口、利用文旅资源禀赋等方面取得许多实绩，积累了许多宝贵经验，但与先进地区相比，与打造国际人文交往中心示范区的目标相比，还有很多差距和不足。

（一）缺乏新文旅专业人才，阻碍文旅产业高质量发展

缺乏新文旅专业人才对老城区文旅产业高质量发展形成较大的制约。老城区文旅产业发展历史悠久，成效显著，在全市乃至全国都有较大的影响力，在文旅人才培养方面也形成相对丰富和成熟的经验，但随着文旅融合的深入推进，以及大众文旅消费的需求不断提高，原有的人才培养模式和传统旅游人才已落后于新文旅发展的新需求。[1] 首先，老城区在新文旅发展过程中，缺乏高端策划创意人才和现代文旅发展经营管理人才，特别是缺少活动策划、项目运营等方面的人才，缺乏懂策划、懂运营的专业复合型人才，成为文旅行业发展的短板，不利于该区域文旅资源和文化元素利用层次的提升和创新，文旅产品无法实现高端整合，不能更好满足大众日益增长的现代化旅游需求，文旅产业高质量发展受阻。其次，老城区文旅发展管理部门人员有限，而发展任务繁重。老城区文旅局在编人员31名，其中行政编制6名，事业编制25名，区文旅产业发展服务中心设编51名，目前实际到岗14人，文旅发展管理人员有限，发展任务艰巨，需要承载全区文化、旅游、非遗、文旅产业、文物、文旅市场等管理工作，且存在文化执法支队被整体并入市

---

[1] 李悦群、李珂：《人才强国战略视域下高技能人才队伍建设：内在逻辑、政策重心与实施路径》，《职业技术教育》2023年第19期。

级层面，区级没有执法人员和权限，文旅市场管理压力大，文物管理人员没有专项编制等诸多制约。再次，当下文旅行业从业人员待遇水平不高，缺乏利益驱动，不利于吸引高水平的导游和专业化宣讲人员，而他们是旅游景点、当地文化、历史传统的直接宣传者，其专业化水平直接反映了当地文旅产品的品质和吸引力，也直接决定了游客对当地旅游的体验和评价以及对于景点所蕴含的文化内涵的认识程度，直观而具体地影响本区域文化展示窗口效果。最后，老城区缺乏主打旅游消费的电商人才和数据人才，虽然老城区在文旅产业数字化转型方面取得一定成效，但尚未充分利用电商平台和直播平台等数字化方式推动本区域文旅扩大影响力，缺乏关注度高、点赞量大、传播范围广的宣传平台载体。

（二）文旅资源开发利用不充分，向高质量产品创新转化不足

虽然老城区文旅资源丰富，但对现有的历史文化资源挖掘利用不够，存在存量资源未被完全有效挖掘转化、高质量产品供给不充分、文化旅游品牌IP的影响力有待提升等问题。一方面，老城区整个文化旅游产业链短小，缺乏龙头核心企业做支撑，文旅文创产业缺乏创意、个性和差异性，没有形成独具老城区鲜明特色的IP，资源优势尚未转化为优质产品，没有形成强大的产业优势和竞争优势。另一方面，老城区文旅产品与其他区域或古都城市文旅产品存在主题雷同、相互模仿、产品同质化问题，全国统一的小吃、风格类似的街区、大同小异的灯光秀、创新不足的元宇宙，由于缺乏别具一格的特色和创意以及核心优势，故缺乏强大的吸引力和持久的竞争力。

（三）文旅融合深度不够，新业态打造动力不足

文旅产业融合发展，是指文化和旅游产业要素相互渗透、重组和交融，从而实现文旅产业在产业边界上延伸、突破和创新的一种新业态。[1] 文旅产

---

[1] 范周：《中国文化产业和旅游业发展报告：2022年总结及2023年趋势》，《深圳大学学报》（人文社会科学版）2023年第2期。

业融合发展具有来自文化产业与旅游产业内部的双向内生动力，是实现文化产业和旅游产业高质量发展的重要途径。党的二十大报告将推进文化和旅游深度融合置于国家战略的高度，文化和旅游融合发展对于推动新时代文化事业、文化产业以及旅游业高质量发展都有重要的促进作用。近年来老城区注重在文旅融合上大做文章，呈现前所未有的活跃态势，成为提升区域经济发展的重要抓手。但文旅融合依然存在深度不够、容而不合的问题，在体制机制、生产内容、产品提升、业态迭代、科技创新等方面依然存在不足。这一方面阻碍文旅资源融合释放旅游消费乘数效应，不利于推进文化资源和旅游资源双向转化和运用，无法打造优质且具有老城区文化特色的旅游产品，影响优质文旅产品供给能力，不利于激发新产品和新业态的旅游消费潜能；另一方面文旅产业融合深度不够也影响产业结构优化，难以达成促进文化产业附加值高、变现能力强、经济拉动力足的目标，二者契合可以激发产业活力，实现产业双赢，文旅融合不够不利于产业包容性和带动性的发挥，也无法实现文旅产业与农业、体育、养老等产业融合发展，催生新业态、新模式，延伸产业链条，进而满足大众多元化的旅游消费需求。

（四）文旅发展管理能力不足，规范化和标准化建设落后

尽管老城区在"文旅强区"战略驱动下文旅产业发展管理逐渐规范，管理能力不断提升，市场秩序安全稳定，但在文化产业经营活动管理、旅游场所运营与服务提升等方面还存在短板，有待全面提升。在文化产业经营活动管理方面，老城区沉浸式文旅产业总体处于发展初期，特别是作为沉浸式业态重要一环的剧本杀娱乐业，还存在管理不规范、产品质量不高、行业从业人员综合素质有待提升等问题，因监管盲区导致剧本杀产业在剧本质量、卫生环境、消防乃至文化安全、青少年健康等关键环节存在问题隐患。在旅游场所运营方面，露营经济、房车旅游等新旅游业态兴起也带来了市场上的"鱼目混珠"，规范化和标准化问题亟待解决。在公共文化服务方面，规范化和标准化建设仍须加强，文化和旅游部在2022年5月对《文化和旅游标准化工作管理办法（暂行）》公开征求意见，标志着文化和旅游标准化工

作正在提速，老城区也应紧随其后，在规划、政策中体现推动文化和旅游标准化等相关内容。

四 2024年提升老城区文化和旅游发展优势对策研究

如何充分发掘利用洛阳厚重的历史文化资源，打造特色突出、以人为本、效益多元的文旅产业，把文化资源优势更好地转化为发展优势，将文化软实力转化为文化产业的硬实力，使文旅文创成为支柱产业是目前洛阳面临的重要课题。2024年全国文化和旅游业发展态势向好，但竞争激烈，机遇与挑战并存，2024年也是老城区全面推进文旅强区战略的关键之年，组织开展"2024旅游服务提升年"活动，应着力讲好老城故事、传播老城声音、推介古城品牌，努力乘势而上、顺势而为，发挥优势、补齐短板，深入挖掘资源优势，进一步激发文旅产业发展潜力，推动文旅产业高质量发展。

（一）加强历史文化名城和文物保护工作

认真落实习近平总书记关于加强历史文化名城和文物保护工作的重要论述和视察河南时的重要指示精神，坚持"生态修补、功能修复"的基本原则，系统完整保护传承老城区历史文化，全面真实讲好老城区故事，推动历史文化遗产焕发新生。按照发展规划，到2025年，全面提升老城区历史文化名城和文物保护利用水平，多层级多要素的历史文化保护传承体系初步构建，历史文化遗产基本做到应保尽保，部分遗产得到活化利用。到2035年，建立系统完整的老城区历史文化保护传承体系，各类历史文化遗产得到有效保护、充分利用，文旅融合进一步深化，历史文化遗产有效助推文旅市场发展，历史文化名城和文物保护利用成果惠及广大群众。未来主要应从以下几个方面推进。一是坚持规划引领，坚持守土有责、保护第一，推动城市建设发展与历史文化保护利用统筹协调，融合发展。二是强化系统保护，以真实性、完整性、系统性为原则，推动历史文化名城和文物保护工作落实落细。

三是保护历史风貌,以洛邑古城为重点,保护老城"九街十八巷七十二胡同"的街巷肌理和传统风貌;注重分类活化利用,充分考虑历史文化保护传承要求、城市更新需要及人民群众关切,推动各类文化遗产活化利用。四是推进非遗传承,推动非物质文化遗产保护传承弘扬,打造具有老城区特色的非遗街区;融合文旅发展,坚持文旅强区发展战略,充分发挥老城区历史文化资源优势,持续提升对文旅市场的影响力和贡献率。五是扩大传播交流,深入贯彻新文旅发展理念,以新媒体为主战场,全面整合资源,不断扩大老城影响力。

(二)打造具有全国影响力的文旅品牌

老城区拥有极为丰厚的文化资源,这是区别于其他地方的显著标志,可以为文旅品牌的塑造提供坚实的价值内核和文化特色。要深入挖掘整合资源,通过"二重证据法"即"取地下之实物与纸上之遗文互相释证",通过文献资料分析和实地调研相互补充印证,明确文化价值,挖掘自身文化资源,形成文旅品牌的重要依托,做好开发利用和宣传。[①] 同时,结合本区文化定位,从文化和旅游相结合的角度塑造文旅品牌,注重挑选既符合社会主义核心价值观,又具有突出地方特色的内容,根据全市文旅规划发展要求明确老城区的文旅发展着力点,处理好本区和周边区域以及整个洛阳市文旅发展的关系,既要协同又要独特,制定品牌规划设计,从宏观和微观两个层面把握全局,保证文旅品牌建设的方向和成效。老城区应积极抢抓产业新风口,打造核心优势极品化,将核心资源优势开发成具有轰动效应的、高度垄断的旅游极品,只有具有轰动效应的旅游极品才能吸引游客,引发大量关注和强烈的兴趣。

老城区应结合本区域的特殊历史文化、激发创新意识,走特色化、差异化、现代化的文旅融合发展道路,打造特色文旅品牌。一方面深度挖掘本地历史文化特色和区域地方风貌,老城区拥有古城文化、丝路文化、大运河文

---

① 高迎刚、丛晓煜:《城市文化品牌塑造原则与路径探析》,《艺术百家》2019年第6期。

化、非遗文化、红色文化、牡丹文化"六大文化"品牌，为该区域文旅发展提供了丰富的文化和环境基础，在未来文旅品牌打造供给过程中，应凸显本地文化符号，从而呈现老城区的独特魅力。另一方面，要注意加强洛阳市各个县区之间的交流合作，搭建创新交流平台，优势互补、差异发展，从而提升文旅产品研发及投入的有效性和创新性。发挥核心资源优势，形成核心产品优势，进而获得核心竞争优势。例如塑造"梦里隋唐，尽在洛邑"文旅品牌，要着力延续洛邑古城的出圈热度，扩大基础优势，全力建设洛邑古城，争创4A级景区，塑造全国知名文旅品牌；依托节会、节日，谋划全年系列活动，不断制造爆点，提升在全国的影响力。办好2024年世界客属第33届恳亲大会、洛邑古城全国汉服短视频大赛年度总决赛颁奖典礼，策划金牡丹奖2024中国（洛阳）国际汉服设计大赛、"洛邑古城"特色非遗市集，对接中原电影新势力高峰论坛，做好古都洛阳电影节以及十佳汉服店、十佳妆造师、十佳跟拍师评选等活动，将洛邑古城的现有热度转化为持续性的品牌亮度，叫响老城区文旅全国知名品牌，持续吸引更多的游客，让他们心驰神往，并不虚此行。

（三）切实提升文旅市场管理水平

一方面，加强监管，规范文旅市场秩序。文旅市场秩序规范与否，直接影响游客出行体验。持续开展文旅市场专项整治，规范市场秩序、规范经营行为、维护合法权益，才能促进文旅市场健康繁荣发展。注重开展2024年文化和旅游市场集中整治专项行动，强化全区各文化旅游场所演出活动审批报备的监督检查。加强对洛邑古城汉服约拍行为进行统一管理，维护消费者合法权益。提升辖区景区和博物馆相关旅游公厕、游客服务中心、停车场等配套设施建设；完善导览标识，将隋唐文化、河洛文化等元素有机融入各类标识标牌，形成具有文化特色的形象标识引导体系。紧密对接共享单车运营商，不断满足游客便捷用车、停车的需求。同时要加强游客权益保护，为新文旅产业发展保驾护航。另一方面，完善文旅公共服务功能。完善景区基础设施建设，加强辖区景点道路交通、供水排污、环卫设施等基础设施建设，进一步提升绿化、美化、亮化水平。完善公厕布局，满足游客多方面如厕需求。推进停车场建设，缓解景区周边停车难问题。新增新能源充电桩，满足游客自驾出行需求。实施星级酒店和精品民宿提升工程，加快推进洛阳国际文化创新中心及高端酒店、洲际酒店建设，推动古城民宿群、校场里文化产业园、邙山区域等民宿集群发展，进一步提升高端旅游接待能力和服务水平。推动东西南隅历史文化街区步行街争创国家示范步行街。完善"洛邑码""找导游"等智慧旅游平台和旅游基础数据库，实现景区5G全覆盖，提升数字化景区、智慧旅行社、智慧宾馆等建设水平。

（四）持续抓好重点项目建设

党的二十大报告提出，要"实施重大文化产业项目带动战略"，进一步加强文旅领域重大项目投资将成为拉动文旅产业蓬勃发展的重要引擎之一。在各地区的重大项目投资中，文旅重大项目建设呈现数量、体量、质量"三量齐升"的良好态势，这为推动文旅产业高质量发展夯实了"稳"的基础，凸显了复苏的势能，有效提振了发展信心。老城区应坚持项目为王，不断丰富文旅业态，通过项目建设提升"快进慢游"的通达性，在重点景区、博物馆、特色街区增加AR/VR/MR、虚拟引擎、3D投影等设备，打造沉浸式体验项目，依托应天门、丽景门等网红打卡地，举办夜赏牡丹季、神都百戏节等活动，打造精品演艺节目，做优隋唐洛阳城中轴线洛河以北片区，与江苏汉景园旅游有限公司、北京大国匠师等头部企业深入沟通、真诚合作，持续推进翠云阁文旅项目建设，增强文旅产业整体发展水平。重塑古都风貌，加快推进古城保护与整治、洛邑古城一期等项目落地生效，推进上清宫森林公园、龙光门、玄武门等工程建设，尽快恢复古都中轴线。依托国家级夜间文旅消费集聚区、国家旅游休闲街区等优质资源，加快推进洛邑古城、隋唐洛阳城等精品景区沉浸式业态打造和提升，引进沉浸式酒店、餐饮、酒吧、文娱等业态，打造沉浸式文旅景区、街区、园区；持续提升洛邑古城、应天门、天堂明堂夜间游览服务，打造多元化沉浸式夜游项目，推动"文化出圈"向"IP输出"转型。同时，持续强化宣传招商，通过整合传统媒体、新兴媒体、自媒体营销平台，加大文旅文创宣传力度，围绕重点文旅项目需求，开展对外招商，提高社会各界对老城区文旅文创的认知度和关注度，持续扩大老城区文旅的影响力和吸引力。

（五）大力推动文旅深度融合

文化和旅游融合可以赋能城市发展新的创意和价值，党的二十大报告提出，坚持以文塑旅、以旅彰文，推进文化和旅游深度融合发展，进一步明确了文旅融合发展的目标导向，文旅融合发展在顶层设计中得到强化，全面融合发展的速度、深度、广度被提升到新的高度。[1] 2024年"融合创新"的发展理念进一步深化，老城区应立足顶层设计，大力推进文化和旅游、文旅与其他领域融合发展，并从"更广范围"向"更深层次"和"更高质量"递进发展，从而优化文旅产业结构，提高文旅资源的利用效率和产业附加值，提升当地文旅产业的市场竞争力。一是推进"文旅+汉服"。依托洛阳汉服研究院（洛阳时尚产业研究院），制定汉服地方团体标准，坚持研产结合，打造本土汉服品牌。谋划汉服及时尚系列大讲堂活动，推动汉服平台公司（看今朝）与汉服博物馆的功能融合，做好博物馆内汉服商业、配套产业规划。依托园区和项目建设，打造新消费场景，推进"汉服+"产业的全面发展。筹备好"洛邑古城"特色非遗市集、"国风雅韵"经典诵读活动、河洛文化旅游节国风音乐会、"梦里隋唐"摄影展等大型活动，推动洛阳汉服从"网红"到"长红"。二是推进"文旅+消费"。以创意设计赋能消费场景，以特色业态和惠民举措激发消费潜力，以文旅IP和夜间消费集聚区提升消费供给，以主题文旅消费季活动营造消费氛围，不断开拓文化旅游消费新领域。三是推进"文旅+研学"。围绕亲子互动、研学游学等新型消费需求，利用历史旅游景区、博物馆等资源，开发独具老城区历史文化特色的研学课程，提升老城区研学品牌影响力。四是推进"文旅+非遗"。加快对非遗的活化利用，做好东西大街非遗特色街区的非遗标示系统升级工作，推

---

[1] 宋昌耀等：《文旅融合、科技创新与城市旅游经济高质量发展》，《旅游论坛》2023年第5期。

动国家级非遗特色街区创建成功。五是推进"文旅+科技"。老城区要着力推动传统文旅产业数字化转型和迭代升级，转变融合方式、融合路径和融合模式，刺激文旅产业快速变革，注重运用数字技术创新游客文旅消费体验。例如，在洛邑古城景区投入 AI 云拍项目，在重点景区、博物馆、特色街区增加 AR/VR/MR、3D 投影等设备，丰富沉浸式 3D 灯光秀、水幕电影等夜间数字演出项目，持续提升老城区文旅数字化运用水平，实现老城区文旅产业深度融合、创新融合。六是推进"文旅+乡村振兴"。深度挖掘乡村牡丹、水席文化、农耕文化等丰富资源，推出"美食+夜景"24 小时夜游路线、精品网红旅游路线、"旅游+研学"路线等，打造绿色生态、产业融合、特色鲜明的城市近郊生态旅游样板。七是推进"文旅+体育"。立足文化资源、生态资源、产业资源，着力打造多元融合发展的体育赛事活动，推动体育与文化、旅游等产业深度融合发展。

（六）注重引育文旅产业发展人才

推进老城区文旅产业高质量发展必须加强培养和引进文旅融合专门人才。一是建立人才培养目标，培养符合现代文旅产业发展的专业人才，针对文旅发展需求调整人才培养目标，突出文旅融合发展对文化与科技的要求，将文化产业理论、文化创意理论、文化消费理论和数字技术等新理论和新技术纳入专业培养计划，优化人才供给侧改革。二是加强校企合作，老城区政府应推动旅游院校与旅游企业进行校企合作，共同探索符合现代文旅发展要求的人才培养模式，完善人才培养机制，提升文旅人才的文化和旅游职业技术素养，实现培训与职业资格证书考试挂钩，并注重提高就业率和从业薪酬待遇水平。三是优化就业环境，营造良好的文旅人才就业氛围，吸引国内外优秀的文旅人才资源，充分发挥人才竞争优势，通过吸引全国甚至国际市场上的文旅人才助推打造具有国内国际知名度的老城区文旅市场。四是加强与先进地区的经验交流，学习先进地区文旅人才培养所积累的丰富教学和实习经验，加强文旅线上推广创新做法，提高数字化转化效率，为老城区文旅产业发展做好人才储备。

B.10
孟津区文旅融合发展情况的调查

范箫 张纹绮 韩涛*

摘　要： 文化和旅游融合发展是以习近平同志为核心的党中央立足党和国家事业全局、把握文化和旅游发展规律作出的战略决策。河南省委将文旅文创融合战略确定为"十大战略"之一，洛阳市委提出"颠覆性创意、沉浸式体验、年轻化消费、交互式传播"的工作理念，为孟津文旅工作提供了方向指引。本文研究分析孟津文旅资源概况、主要经验做法、存在的突出问题，从而为推动孟津文旅融合高质量发展提供新的路径选择，助力洛阳经济社会发展。

关键词： 文化产业　文旅融合　高质量发展

孟津区是洛阳市辖区之一，地处河南省中西部、洛阳市北部，东与偃师相连，西与新安接壤，滔滔黄河穿越而过，巍巍邙山屹立境内。2021年经国务院批准，由原孟津县、洛阳市吉利区合并设立洛阳市孟津区，下辖4个街道、10个镇、272个行政村（社区），总面积838.7平方公里，总人口55万。

近年来，孟津区立足自身实际，秉承厚重的历史文化和丰富的旅游资源优势，制定"345"发展战略，即建设"洛阳副中心城市核心增长极、城乡统筹发展示范区、创新创业新高地"，打造"人文孟津、生态孟津、活力孟津、幸福孟津"，实施"工业立区、科教强区、生态美区、文旅兴区、改革

---

* 范箫，中共孟津区委党校干部培训科讲师，主要研究方向为党史党建；张纹绮，中共孟津区委党校干部培训科主任，主要研究方向为党史党建；韩涛，中共孟津区委宣传部理论科科长，主要研究方向为舆论与意识形态斗争。

活区"五大战略；着力培育"335"现代产业体系，即石油化工、新材料、高端装备制造三大主导产业，新能源、新一代信息技术、科技服务三大新兴产业，现代物流、电子商务、现代农业、现代文旅、康养产业五大特色产业。孟津区先后荣获全国农产品质量安全县（区）、全国"四好农村路"示范县（区）、全国村庄清洁行动先进县（区）、全国园林县城、国家卫生县城、全国休闲农业与乡村旅游示范县（区）、河南省经济社会高质量发展考核评价先进县（区）、河南省美丽乡村建设示范县（区）、河南省实施乡村振兴战略示范县（区）、河南省乡村振兴示范引领县（区）、河南省法治县（区）创建活动先进单位等数十项省级以上荣誉。

一 孟津区文旅融合发展现状

（一）文旅融合发展背景

为深入贯彻落实习近平总书记关于文化和旅游融合发展方面的重要论述，孟津区围绕落实省委、市委关于文旅产业部署要求，聚焦"坚持以文塑旅、以旅彰文，推动文化和旅游深度融合发展"的战略目标，着力将文化资源优势转化为孟津发展优势，沉浸式演艺、研学旅行等新文旅业态加快布局，"三彩奇遇记"等两条游线亮相世界研学旅游大会。

1. 推动文旅融合发展是抢抓国家政策"红利"的现实需要

党的十八大以来，以习近平同志为核心的党中央高度重视文化和旅游工作。习近平总书记对文化和旅游融合发展问题发表了一系列重要论述。2020年9月，习近平总书记在教育文化卫生体育领域专家代表座谈会上指出："文化产业和旅游产业密不可分，要坚持以文塑旅、以旅彰文，推动文化和旅游融合发展。"[①] 2021年4月，习近平总书记在广西考察时指出："要坚持

---

① 习近平：《在教育文化卫生体育领域专家代表座谈会上的讲话》，人民出版社，2020，第7~8页。

以人民为中心，以文塑旅、以旅彰文，提升格调品位，努力创造宜业、宜居、宜乐、宜游的良好环境，打造世界级旅游城市。"[1] 2023年10月，习近平总书记在进一步推动长江经济带高质量发展座谈会上指出："积极推进文化和旅游深度融合发展，建设一批具有自然山水特色和历史人文内涵的滨江城市、小城镇和美丽乡村，打造长江国际黄金旅游带。"[2] 孟津区作为黄河流域重要节点城市区，需要紧密结合党中央的重大决策部署，深入挖掘自身厚重的历史文化优势、地缘位置优势，传承弘扬黄河文化，讲好孟津故事，抢抓国家战略大机遇。

2. 推动文旅融合发展是顺应文化产业新机遇新趋势的时代要求

文化产业承担着优化经济结构、满足人民多样化精神文化需求的重要功能，是实现社会和经济效益"双统一"的有效力量，在新的历史起点上继续推动文化繁荣、建设文化强国、建设中华民族现代文明成为重要文化使命。文化产业体现出创新性强、融合性强、可塑性强的优势，是典型的绿色经济、低碳经济。推动文化产业繁荣发展是推动社会高质量发展的必然选择。孟津区要顺应文旅融合发展时代要求，按照文旅兴区的战略目标，围绕"颠覆性创意、沉浸式体验、年轻化消费、交互式传播"和全域旅游发展理念，延长旅游业的发展链条，走出文旅融合新格局。

3. 推动文旅融合发展是保护传承历史文化遗产的责任担当

历史文化遗产承载着中华民族的基因和血脉，对于传承文化至关重要。历史文化名城和古迹可以提升城市品位和发展旅游产业，提升地区经济发展后劲，满足群众文化和旅游消费需求。为此，洛阳市出台《关于加强历史文化街区历史建筑名镇名村及传统村落保护利用工作的通知》，全面加强对历史文化街区、历史建筑、名镇名村及传统村落的系统性保护利用，持续推进历史文化资源挖掘和数字化建档，大力提升历史文化资源价值，深度推进文旅融合发展，打造文旅新业态。孟津区历史

---

[1] 《用好"秀甲天下"资源 书写"壮美广西"文章》，《中国旅游报》2024年11月12日。
[2] 《以文旅深度融合 促进长江经济带区域协同融通》，《新华日报》2023年11月10日。

文化资源优势明显，拥有魏孝文帝陵、汉光武帝陵、龙马负图寺、王铎故居、班超纪念馆、卫坡古村落文化旅游区、万佛山石窟等，需要通过深入挖掘历史文化内涵，将历史文化元素融入旅游产品和服务中，打造具有独特魅力和市场竞争力的文化旅游品牌，加强历史文化名城和古迹的保护势在必行。

（二）文旅融合发展优势

孟津历史悠久，文化厚重，素有河图之源、六朝帝京、邙山福地、黄河明珠之美誉，是一个具有5000多年文明史的历史文化名城。

1. 具有丰富的建城遗址

夏朝时孟津为孟涂氏封国，因扼据黄河要津而得名。在洛阳建都的13个王朝中，先后有东周、东汉、曹魏、西晋、北魏、后唐等6个朝代建都在这里，孟津因此有"六朝帝京"的美誉。周武王会盟伐纣、光武帝汉室中兴、晋武帝四海一统、曹子建平乐宴饮、潘安浇花息讼、孝文帝瀍源定鼎等历史事件也发生在孟津。华夏文明之源龙马负图寺、"东方金字塔"邙山陵墓群、汉魏故城遗址等均位于孟津境内，这里曾是影响世界的大都市。

2. 历史文化艺术厚重

从孟津走出了西汉文学家贾谊、唐代文学家韩愈、明清书法家王铎、现代作家李準等文化巨匠，在中国历史上形成了一座又一座文化高峰。李白诗云："黄河二尺鲤，本在孟津居。"王维诗云："家住孟津河，门对孟津口。"韩愈诗云："我家本瀍谷，有地介皋巩。"千古诗篇伴着大河涛声，令人心驰神往。孟津先后荣获"全国文化先进县""中国民间文化艺术旅游之乡""中国书法艺术之乡""河南省杂技之乡"等多项荣誉。

3. 交通区位优势明显

孟津区地处洛阳、焦作、济源三座城市的交界之处，集公路、铁路、水路、航空四位一体的立体综合交通枢纽优势明显，形成了"1234"便捷交通网，是洛阳向豫西北、晋东南辐射的关键区域。"1"即一个机场，洛阳北郊机场是国家一类航空口岸，也是豫西地区重要的民用机场；"2"即两条铁路，焦柳铁路和规划中的呼南高铁豫西通道，其中焦柳铁路在孟津设有3个停车站和1个货运编组站；"3"即三条快速通道，包括310国道、208国道、洛吉快速通道；"4"即四条高速公路，连霍高速、二广高速、长济高速、洛济高速穿境而过，在孟津任一地点出发10分钟左右可上高速。

4.文旅产业发展迅速

在产业发展上，建设了吉利华阳、空港两大省级产业集聚区和洛阳循环经济园区、洛北现代服务业集聚区、新城科技园区、陆港现代物流园区四大专业园区，构建了石油化工、先进装备制造、化学新材料、观光农业、文化旅游、现代物流等产业发展格局，入围全省县域工业30强。区内拥有国家特大型企业——中石化洛阳分公司，拥有1000万吨原油加工能力和PX、PTA、聚酯、涤纶短纤、聚丙烯等诸多石化产品生产厂家。区内拥有1个国家级乡村旅游创客示范基地（中国牡丹画第一村）、1个国家美丽宜居村庄（会盟镇李庄村）、3个河南省生态旅游示范镇（白鹤镇、朝阳镇、会盟镇）、5个河南省休闲观光园区（凤凰山生态纪念园区、银滩生态园、卓安农场、十里香农业园区、洋丰生态园）、5个河南省乡村旅游特色村（卫坡村、平乐村、南石山村、上梭罗沟村、明达村）、3个河南省乡村旅游创客示范基地（凤凰山、卫坡、洋丰）。平乐牡丹画、朝阳唐三彩、会盟王铎书法、白鹤黄河石画等特色文化产业效益突出，"来孟津耍吧"都市观光休闲游发展势头全市领先。

（三）文化旅游融合发展取得成效

近年来，孟津区充分发挥文旅资源优势，锚定"文旅兴区"战略目标，抢抓文旅风口产业机遇，使文旅产业有了长足的发展。2023年旅游综合收益超23亿元，增速为全市第一（见表1）。其中，2023年春节假期期间共接待游客136万余人次，综合收益达2.73亿元，为洛阳文旅发展贡献了重要力量。

表1 2021~2023年孟津区旅游综合收入和接待游客情况

年份	旅游综合收入(亿元)	同比增速(%)	接待游客人数(万次)	同比增速(%)	人均消费(元)
2021	19.3	—	810	—	238
2022	13.8	-28.5	729	-10	189
2023	23	66.7	1000	37.2	230

资料来源：笔者根据有关资料数据整理。

1. 聚焦顶层设计，做好规划引领

孟津区成立了以县处级干部为组长的文旅融合工作领导小组，制定了《孟津区关于促进文化旅游融合高质量发展的实施意见》《孟津区促进文旅产业高质量发展扶持奖励办法》等一系列文件，明确提出了"13556"工作思路，即锚定一个目标：按照"颠覆性创意、沉浸式体验、年轻化消费、交互式传播"的工作理念，全力打造全域旅游示范区、豫西地区沉浸式文旅目的地。明确三个定位：伏羲文化展示地，休闲观光采摘地、黄河风情度假区。叫响五大品牌：伏羲文化、黄河风情、三彩技艺、书画艺术、观光研学。推出五条精品线路：伏羲文化寻根线、历史文化体验线、黄河风情观光线、郊野休闲采摘线、民俗非遗研学线。重点强化六大举措：一是加强顶层设计、编制旅游规划；二是加大项目建设力度、补足旅游发展短板；三是加强宣传营销、拓展客源市场；四是举办大型活动赛事；五是加强队伍建设，提供坚强保证；六是推进体制机制改革，增强发展活力。文件明确了全区旅游发展的方向和重点，探索了新形势下推动孟津文旅产业大发展的方法和路径。

2. 聚焦发展基础，实施项目带动

孟津区坚持项目为王，积极发展文旅融合项目，把文旅项目建设作为推动旅游产业转型升级的突出重点来抓，为文旅产业持续快速发展储备了后劲。

打造精品项目。全区建成项目1个（上梭椤沟村非遗研习社），在建旅游项目4个（南石山村乡村振兴暨三彩文化旅游综合开发、郁金香综合主题公园、孟津华木丰木作文化工艺品、卫坡文旅二期），新谋划项目5个（南石山华侨城项目、燧光科技区域运营总部及文旅元宇宙应用开发中心、平乐颐高集团文旅+康养项目、白鹤宁嘴文旅综合体、卫坡小天才乐园）。

改造优势项目。全面改造升级班超纪念馆、乡愁博物馆、卫坡民宿、黄河中下游分界线湿地公园等项目，启动永平路文化街区、西霞院研学营地、黄河文化传承教育基地等项目。积极推动小浪底景区5A级创建、汉陵景区三钻级智慧景区建设，提升完善王铎故居、龙马负图寺旅游环境。

谋划特色项目。依托小浪底水利枢纽工程、西霞院水利工程等形成的广阔水域，积极谋划实施黄河文化旅游示范区、黄河沿线古村落开发等一批重点文旅项目，构建黄河文旅产业集群。

3.聚焦辐射带动，打造精品景区

突出文化旅游资源特色，以河流和高速公路、快速公路、国省干线、旅游廊道为空间轴线，着力打造不同类型、各具特色的文旅精品景区和精品线路，构建"一心两带一环五线"的文旅融合发展格局（见表2）。

表2 文旅融合发展重大布局

一心	城市旅游综合服务中心，即建设集城市形象展示、文化体验、旅游"一站式"服务、休闲娱乐等功能于一体的综合服务中心，打造孟津文化旅游宣传核心窗口、洛阳重要的城市会客厅、区域性旅游集散服务中心
两带	北部黄河生态文化精品旅游带和南部特色历史文化精品旅游带。北部突出"万里黄河孟津蓝""黄河奇石""千年古渡"等独特优势，依托沿黄生态廊道孟津示范段，推进黄鹿山风景区、小浪底观光区、西霞院风景区、河洛文化展示区(汉光武帝陵、龙马负图寺、王铎故居)、万佛山森林公园和黄河湿地生态休闲区建设，打造以水利文化展示、水上运动体验、湿地生态保护等为特色的黄河生态文化精品旅游带；南部依托G310交通干线，串联平乐牡丹画、南石山唐三彩、卫坡古民居、石碑凹古民居、汉魏故城和邙山陵墓群，打造特色历史文化精品旅游带
一环	全域乡村文化旅游示范环，即依托孟扣路、会小路、G310、小浪底专用线、吉利黄河大桥、S245省道等交通道路，串联全域文旅特色区域、农业休闲观光示范园区、村落民居以及潘安所植转枝柏、黄河奇石、横水剪纸、王良杂技等文化资源节点，推动"农区变景区、田园变公园"，形成全域乡村文化旅游示范环
五线	重点打造五条示范性研学旅行精品线路，即拥抱黄河亲水线、郊野田园采摘线、归园田居体验线、特色村落风光线、瀍河之源探秘线五条精品线路

资料来源：笔者根据有关文件整理。

推动"旅游+农业",打造美丽经济。将"吃住行游购娱"和"商学闲情奇"结合起来,打造更多黄河文化新业态,提升了孟扣路多彩长廊、新310国道沿线农业园区品质,实施了县农产品电商展示中心项目,完成了"孟津田园"品牌AI设计,会盟镇成功创建省级生态旅游示范镇,送庄镇"十里香"荣获省级休闲观光园区。举办摩托车表演赛,开展象棋、武术、篮球、足球、健步走等群众喜闻乐见的全民健身活动及赛事活动30场次。

实施"旅游+研学",打造精品线路。沿线遵循"生态"与"创意"主题,串联周边景区景点,赋能多元化产业,推动文旅与农业、体育、研学、康养等相关产业的真融实促,实现"慢生活、微度假",着力打造独具特色的"黄河文旅精品带"。发挥黄河小浪底、卫坡古民居、三彩小镇、中国牡丹画第一村、生生乳业等优势,打造主题突出、特色鲜明的研学旅行精品线路,目前已形成一套完整的精品路线,受惠群众约10.6万人次。

4. 聚焦服务提升,完善配套设施

孟津区努力健全完善全域旅游基础配套设施,加大公共服务基础设施建设,提升文旅服务承载能力,满足游客"吃住行游购娱"的需求,使其成为旅游爱好者的"网红打卡地",展示孟津文化的重要窗口。

推进基础设施建设。投资8.7亿元建成新区文博艺术中心,投资2000余万元建成18座城市书房,提升完善46个村级图书室;新建改建67块旅游道路交通标识牌、121座旅游厕所,开设4家洛阳礼物店。

策划系列文旅活动。策划举办了送庄桃花节、会盟梨花节、白鹤醉美花海音乐节、"风吹孟津 蒸蒸日上"首届风筝节等节庆活动,吸引游客600万人次,产生旅游综合收益2.4亿元。花会期间,汉光武帝陵、王铎故居、龙马负图寺等景区每天推出限量免门票100张,对每天前100名游客免门票。

创新文旅营销方式。孟津区依托南石山三彩小镇,以发生在丝绸之路上跨越千年的寻宝故事为主线,创作"穿越千年 丝路寻宝"大型剧本演绎活动,吸引新生代消费者深度体验孟津的人文魅力。同时以"花开洛城 享在孟津"为主题,策划"孟产孟销""以食为天 品在孟津""牡丹花节 住在孟

津"等多个系列主题促消费活动，涵盖餐饮、百货、汽车、房产、家电等多个领域，提振市场信心、促进文旅消费复苏。

5. 聚焦业态培育，发展产学研游

建设黄河生态廊道。孟津区谋划建设黄河生态廊道，黄河生态廊道全长126.64公里，起于孟（津）巩（义）交界处，途经会盟、白鹤、小浪底、横水四镇，止于孟（津）新（安）交界处，有效将小浪底风景区、西霞院风景区、汉光武帝陵、龙马负图寺、王铎故居、大河古渡文化园、万亩荷花风景长廊、黄河湿地自然保护区等文化古迹、生态景观串珠成链，推动黄河文化全域旅游融合发展迸发新活力，成为黄河沿线重要的绿色屏障和展示黄河风光的重要窗口。

发展沿黄民宿新业态。依托黄河沿岸的汉光武帝陵、龙马负图寺、铁谢羊肉汤、黄河湿地、特色村庄等文化、旅游、农业资源，完善旅游配套服务设施，开展沿黄民俗文化、民宿资源普查，引导各镇（街道）成立镇级旅游平台，大力发展特色精品民宿和主题酒店，打造"黄河岸边有个家"品牌。

6. 聚焦活力激发，深化体制改革

孟津区制定规划、整合资源，将旅游景区、文化遗产、乡村旅游点等丰富的自然、文化旅游资源融入精心设置的研学课程，构建多元化、多层次的沉浸式研学体验。

打造"红色研学"线路。依托爱国主义教育基地以及孟津县委县政府旧址打造了红色庙护、"老家印象"等研学品牌，整合黄河沿线的朱德总司令渡黄河处、陈谢兵团渡黄河处、沿黄抗日碉堡群、任春华纪念馆等诸多红色遗址，打造了沉浸式红色文化研学线路。

打造"非遗研学"线路。整合高跷竹马戏、打铁花等非遗表演活动，让学生们近距离感受民间艺人的匠心和传统文化的风采。推出孟津区刘庄村探访乔庄古村落、上梭椤沟村拥抱"画中的古槐树"等内容丰富的研学线路。

7. 聚焦品牌影响，强化宣传营销

打造新媒体传播矩阵。孟津区围绕"颠覆性创意、沉浸式体验、年轻化体验、交互式传播"的发展理念，充分利用抖音、快手、小红书、B站等新媒体矩阵，对民俗非遗、沉浸式体验项目、"文旅书记说孟津"等新业态，通过"线上炒话题，线下达人秀"进行交互性传播，精心打造富有孟津特色的区域文化IP，创新营销模式，走多元化的发展途径，持续引爆孟津文旅热潮，不断提高孟津旅游的吸引力和竞争力。

加强主流媒体宣传推广。通过官方主流媒体网站发布孟津文旅产业相关新闻，发挥主流媒体的社会影响力。通过搜索引擎优化、搜索引擎广告等手段进行推广，如在浏览器中搜索"孟津旅游"，可以显示携程旅行、马蜂窝旅游网等旅游网站对孟津旅游景点的推荐，由此增强孟津文旅的市场竞争力，增加销售渠道和收益。

发挥热门社交媒介作用。通过微博、微信公众号、抖音等热门社交媒体进行宣传推广，增加孟津文旅产品的曝光率和访问量，提高品牌忠诚度和客户满意度。

二　文化旅游工作中存在的突出问题

旅游本身就是一种文化，旅游者也自带融合之力，孟津文旅产业的发展一直秉持"以文塑旅、以旅彰文，宜融则融、能融尽融"的总体思路，在实践中呈现多样化的融合发展模式和发展路径，取得了一定的成绩，但还存在不少明显的问题，需要加以克服。

（一）文旅产业规划引领不够

1. 对古建筑群管控不到位

孟津区一些古建筑群已被全面改造，其历史风貌基本被破坏，导致历史文化传袭相关实物的载体越来越少，如省级传统古村落刘寨村、石碑凹村等。有的古建筑群、古村落因为缺乏管护资金和未能及时划定规划红线，导

致在后续保护中，存在附近建筑和土地征迁难题。

2.缺少专业运营团队

文旅融合产业不仅有文化的展示，还有对文化的挖掘保护、传承开发和利用，以及餐饮住宿、休闲娱乐、品牌建设、市场营销等多种经营项目。而孟津区真正懂文化和旅游运营的专业人才很少，缺少专业运营团队，在开发文旅融合项目上容易走弯路，无法产生最大的效益。同时，缺少专业运营团队，在文化宣传、品牌营销方面也会遇到瓶颈，引发的关注度不够，引流做不上去，客流量不高，文旅产业做不强。

（二）文旅资源挖掘不够

目前，孟津区对文旅资源的挖掘力度不够，尤其是对历史文化的研究基本是碎片式的，地域文化的内涵也仅仅局限于"黄河精神、汉魏文化、河图洛书"等，缺乏对各种文化资源整理和研究的深度与广度。

1.文旅产品供给有差距

孟津区文创产品有非常好的基础，但是创意不足，产品类型单一，档次不高，没有辨识度。对于"黄河文化"的资源挖掘仅仅停留在表面，缺少颠覆性创意。对于沉浸式体验仅仅停留在标签式造景，缺乏立体场景的建造。

2.文旅产业发展动力不足

孟津区对汉光武帝陵、龙马负图寺、王铎故居、卫坡古民居等独特的文旅资源挖掘不够，与娱乐剧本、研学、汉服等文化活动结合不够紧密，导致该区文旅产业除春节、"五一"和"十一"、牡丹文化节等特定时间外，很难做到持续出圈，距离实现"文旅兴区"的战略目标仍有不小差距。

（三）文旅融合程度有待加强

文旅资源整合不够，缺乏融合发展思路，文化产业发展缺乏龙头企业引领，个别企业没有充分释放内在潜力，存在单兵作战、各自为政的现象，整体规模及市场影响力较小，缺乏竞争力强的大型企业集团和较大规模的文化旅游综合体，竞争能力不强。

1. 文化价值挖掘宣传不够

当前，全国文旅已经进入体验式、沉浸式的 3.0 版，而孟津文旅整体上还处在观光式的 1.0 版。从代表旅游层次的住宿条件来看，孟津高端宾馆数量少，吃住行游购娱要素不全，没有形成完整的旅游产业体系，无法带动文旅产业快速发展。孟津旅游一定程度上还处于"有旅游，没有旅游业"的阶段，整体上还处在比较低端的层次。

2. 农文旅融合发展水平不够高

孟津区的农文旅融合发展目前还停留在初级阶段，对标洛阳市委提出的加快推进城乡一体、打造城郊型乡村振兴样板的新要求还有很大提升空间。把乡村的生态优势、产业优势、文化优势转变为发展优势还不足。孟津区农文旅资源丰富，但缺乏市场运营的能力，深度开发不够，谋划休闲观光精品旅游线路缺乏项目支撑，对接市场主体意识不强，力度不大。

（四）文旅产业融资难度较大

近年来，受疫情影响，孟津区文旅企业面临融资渠道窄、融资机会少、融资金额难以满足需求的情况，一定程度上阻碍了文旅融合发展。

1. 风险控制难度较大

文化旅游业的发展受到多种因素的影响，如自然灾害、政治因素、经济形势等，这些因素都会给旅游业带来风险。金融机构在支持旅游业时，需要对文化旅游业的风险进行评估和控制，但由于旅游业的复杂性和不确定性，风险控制难度较大，金融机构的风险承受能力有限也是金融支持旅游业不足的根源之一。文旅行业的风险较大，如果金融机构的风险承受能力不足，就会影响金融支持旅游业的效果。

2. 资金利用效率不高

旅游业的发展需要大量的资金支持，但是由于旅游业的特殊性，资金的利用效率往往不高。孟津区的一些文旅项目建设周期较长，资金回报周期也较长，导致资金的利用效率较低。同时，旅游业是一个复杂的产业，需要了解旅游业的特点和规律，才能更好地进行金融支持。由于金融机构对旅游业的了解不足，金融支持旅游业的效果也不佳。

3. 专项资金支撑较弱

有些文旅资源虽遭到一定的破坏，但经局部改造，还保留了一些零散的历史原貌，分散在历史文化名城保护区内，因缺乏资金支撑，难以形成整体风貌。保护资金的主要来源是国家和省级的专项保护资金，目前资金紧缺，后续管理和投入乏力，民间资本介入又少，基层政府后期面临负担重、投入多的压力，长此以往这些遗迹将会彻底消失。

（五）文旅融合宣传推介力度不够

当前的营销方式更多是依靠孟津区官方的微博、微信、抖音账号，传播受众范围较小，仅孟津当地人或有来孟旅游意向的游客会对此有所关注，对潜在游客挖掘不足。

1. 营销效果不够明显

在数字化流量时代，相较于官方网站新闻通稿，抖音、微博、小红书等自媒体渠道的社会影响力更为强劲。孟津文旅在自媒体领域发力较弱，许多独特的旅游资源的景观价值、开发价值与其知名度不相称，一些景区景点对其文化价值挖掘不深、包装不精，宣传不力。

2. 文化IP缺乏活力

文化IP作为一种认知符号，最有价值的方面在于它的丰富内涵。孟津区对自然、人文资源的挖掘不足，未能突出景区特点形成差异化竞争，且思维方式不够新颖，未能使文化IP活起来，没能形成自身特色、推陈出新，更没有将IP的文化价值融入文旅品牌价值之中。

（六）公共服务设施需要完善升级

近年来，孟津区公共服务设施已经有了很大的改观，但相较于其他成熟旅游景区的基础设施建设，其公共服务设施仍需要继续改造升级，主要问题是缺乏科学规划，基础设施不完善，公共服务不到位。

1. 旅游配套设施不完善

旅游集散中心作用发挥不够，旅游接待能力较弱，星级宾馆不仅少而且档次低。目前，游客的出行方式以自驾游为主，一旦遇到节假日，景区会出现超负荷运转，大量游客被堵在通往景区的狭窄道路上，致使游客旅游体验不佳，因此道路基础设施需要进一步提升改进。

2. 服务质量需要再提高

孟津旅游行业整体服务质量不高，缺乏必要的服务意识。职能部门之间协同配合不够密切，文旅融合发展中遇到的各类瓶颈问题，需要各部门协同处理、集中发力。全区旅游服务氛围没能形成，旅游服务意识有待进一步加强。

三　推进孟津文旅工作快速发展的对策建议

文旅融合不是将文化资源与旅游资源的简单叠加，而是通过深入挖掘文化内涵，将文化元素融入旅游产品和服务之中。结合孟津文旅融合发展现状以及存在的问题，要想实现文旅融合高质量发展，需要领导重视、部门协调、多措并举，具体实践探索路径如下。

（一）传承弘扬黄河文化，增强文化自信力

1. 挖掘文化内涵

发挥孟津革命老区红色文化、根祖文化等资源优势，持续推进以弘扬黄河文化为主题创作河洛大鼓、快板、"黄河号子"戏剧等多种形式的文艺节目。依托汉光武帝陵、龙马负图寺、周口清代御前侍卫府、铁谢古村落、茶马古道、古渡口等历史文化遗迹，谋划打造诗经文化园项目，探索以《诗经》中许多脍炙人口的名篇佳作为设计灵感，结合黄河文化、湿地文化、河洛文化、汉文化等多种文化元素，建设、恢复诗经阁/白鹤楼、诗经文化广场、诗经石林园（黄河爱情石、人物石）等具有文化载体的黄河诗经文化园。

2.积极推动黄河流域生态保护，推出高质量保护、传承和弘扬黄河文化的重大项目

文化保护传承展示项目。重点提升汉魏故城遗址、邙山陵墓群、北魏孝文帝长陵、汉光武帝陵、元乂墓、龙马负图寺、万佛山石窟、沿黄抗日碉堡群、中共孟津县委诞生地、白鹤渡口、铁谢渡口、吉利千年古渡、沿黄古村落等的保护展示水平；推进汉魏故城遗址博物馆、中国共产党黄河治理展览馆、朱德横渡黄河纪念馆、陈谢兵团和皮徐支队横渡黄河纪念馆、魏家坡乡愁博物馆、孟津区博物馆等场馆建设；加快汉魏故城考古遗址公园、万佛山森林公园、黄河文化传承教育基地、西霞院研学营地建设；谋划建设黄河文化博物馆、黄河湿地科普馆、河图洛书博物馆。

文化旅游融合发展项目。重点建设河洛文化产业园、平乐郭氏正骨非遗文化产业园、黄河文化苑、宜苏山文旅融合示范园等；加快黄河绿道美食街及民宿、魏家坡二期、三彩文旅综合体、多彩长廊国家田园综合体、果乐春风里农旅二期、小浪底翠绿湖、吉利画家村、北魏驿镇等文旅综合体建设；推进在河之洲国际旅游度假区、清桐谷等项目建设；建设河之洲酒店、沿黄生态廊道孟津示范段等综合配套基础设施；谋划实施小浪底国际旅游度假区、黄河渡口凤凰寨、吉利—孟州湿地观光乐道等项目。

3.策划主题活动

策划"黄河消夏音乐啤酒节""中国农民丰收节""黄河灯会""黄河文化溯源"座谈会，以及河南大学生微型马拉松大赛、全国民宿创客大赛、华夏文明研学游等系列活动，举办全国农民牡丹画学术邀请展、"二十四节气话旅游"等主题活动。通过举办多种形式的活动，传承弘扬黄河文化。

（二）盘活孟津文化资源，释放文化引领力

1.提质打造5A级小浪底风景区

借助黄河小浪底风景区创建国家5A级旅游景区，依托小浪底风景区、小浪底库区、黄鹿山区域，以水上观光、滨河休闲、生态养生为特色，打造一条"小浪底生态旅游度假区→西霞院康养度假小镇→黄河国家湿地公园"

的沿黄生态文化旅游精品线路，开通水上航道，形成集旅游开发、康养度假、亲水娱乐、商务会展、旅游购物于一体的具有高经济效益的黄河旅游度假区。

2.改善沿黄区域生态

对沿黄三镇（会盟镇、白鹤镇、小浪底镇）重点区域进行高标准生态修复，在保持水土的同时，恢复黄河自然岸线，恢复湿地生态和景观，大力推进生态文明建设，提升沿黄A级景区，打造黄河"最美河岸线"。依托黄河沿岸的汉光武帝陵、龙马负图寺、铁谢古村落黄河湿地、特色村庄等文化、旅游、农业资源，加快完善黄河廊道沿线旅游配套服务设施，形成黄河生态廊道环线，倡导"慢生活，微度假"，为游客带来全新的游览体验。

3.完善基础服务设施

优化重大文化场馆建设布局，推动科技馆、博物馆、纪念馆、图书馆、非遗馆等重大场馆建设达到或超过市级建设标准，推进文化基础设施提档升级和公共文化服务标准化均等化，提升文化服务设施旅游化功能。加强基层公共文化服务阵地建设，重点推进区级文化馆总分馆、城市书房、农家书屋建设，探索社会化运营模式，完成1处24小时自助图书馆建设、10处电子借阅机布点，建设"书香孟津"。启动镇（街道）文化站和乡村（社区）文化活动中心改造提升工程，推动优质公共文化资源延伸至基层，打造中心城区和中心镇15分钟、一般村镇20分钟公共文化服务圈。加快推进智慧广电工程和公共文化数字化建设，构建互联互通的公共数字文化服务网络，提高公共文化设施社会化运营水平。

（三）丰富孟津文化内涵，提升文化感染力

1.推进文旅产业提质升级

做强做大龙头景区，重点推进对小浪底、西霞院、龙马负图寺、汉光武帝陵、王铎故居、班超纪念馆等核心景区的深度开发，加快小浪底风景区5A级创建，加快现有景区提档升级步伐，着力实现智慧景区的建设，形成"5A级景区牵头、4A级景区带动、3A级景区遍地开花"的发展格局。培育

发展高品质文旅综合体，重点加快建设在河之洲国际旅游度假区、河洛文化产业园、魏家坡二期、南石山三彩文旅综合体、果乐春风里等重点文旅综合体和文化产业园区。依托"河图""唐三彩""平乐牡丹画"等传统文化资源，开发一批文创 IP 产品，壮大现代文化旅游产业。

2. 激活文化旅游潜在价值

把握文旅消费提质升级新趋势，推进"双进双促双服务"活动，满足文化旅游消费新需求。改造提升 10 个以上夜经济示范街区，培育乡村夜间文旅业态集群。实施文旅品牌提升行动，推广"来孟津耍吧"文旅宣传口号，提供文旅会展直通车，重点宣传"孟津梨""黄河鲤鱼""铁谢羊肉汤""横水卤肉"等特色美食，通过"舌尖上的孟津"等综合性文旅服务，刺激旅游消费，为孟津旅游发展提供良好的助力支撑。

（四）推动文旅深度融合，增强文化吸引力

推进文化和旅游真融合、广融合、深融合，实现资源共享、优势互补、协同并进，形成文旅深度融合新格局。

1. 推进资源融合共享

深入挖掘资源优势和文化底蕴，加强对出土文物、考古遗址、非物质文化遗产的研究阐释、展示传播、文创产品开发，不断讲好党的故事、革命的故事、英雄的故事、奋斗的故事，用无数鲜活的人物和事件感染人、激励人，为广大党员干部不忘初心、牢记使命、赓续奋斗注入强大的正能量。

2. 加大产品融合创新

围绕文化遗产、非物质文化遗产的传承与保护，进一步挖掘旅游品牌的形象价值。加强村镇古树木、古建筑、古遗址、古村落的保护和文化价值阐释及旅游开发，因地制宜打造一批历史文化名镇名村。充分发挥旅游的载体和渠道作用，更好传播弘扬中华优秀传统文化，更好满足人民对美好生活的新期待。

3. 注重产业融合升级

围绕洛阳市区居民郊外踏青、休闲采摘等消费时尚，调整种养结构，大

力推进观光农业的规模化、品牌化，实现农业和文旅的深度融合，进一步拉长产业链条，开发一批具有深度体验的经典文化旅游项目，不断丰富旅游业态和人文内涵。

（五）开拓文旅融资渠道，增强文化硬实力

1.政银齐心服务企业融资

积极打破银企信息不对称的现象，大力提升税务贷、抵押贷等普惠类金融产品的助企成效，召开银企座谈会，调研走访、搭建微信联络平台等，加强辖区各银行机构与文旅企业对接，引导各机构就贷款期限、贷款利息、优惠支持等对接洽谈，强化金融保障，助企纾困，为企业提供融资支持。

2.规范还贷周转金业务

文旅企业投资周期长，资产收益慢，极易出现银行贷款到期续贷和短期资金周转困难，应引导支持企业临时无偿使用周转资金，帮助企业避免出现资金链断裂现象，维护好企业信誉并使其获得银行续期贷款，缓解企业因"时间差"造成的资金周转压力。孟津区要通过争取上级资金和财政注入等方式扩大资金池，启动银行进驻程序，对接还贷周转金业务，搭建银企还贷周转平台。

（六）充分运用新媒体平台，增强文化支撑力

1.建立自媒体宣传平台

通过移动端平台对目标客群精准定位，提前在"五一"、"十一"、春节等重要节点定向推广。要抓好洛阳牡丹文化节、河洛文化旅游节等节会和节假日营销，加快推动从节庆营销向全时营销转型，做好常规性话题策划，增加城市曝光率，引导游客深度了解孟津、宣传孟津。

2.精准策划城市话题

依托重大节假日主题，策划有较强影响力和吸引力的城市话题，精准投放文化旅游和城市形象广告，重点围绕春季赏花踏青、夏季纳凉观瀑、秋季休闲采摘、冬季民俗非遗等主题，加强在主流媒体及客源密集地区的宣传，

重点在发达地区高铁沿线和200公里交通圈内主要城市宣传孟津文化旅游品牌和产品，打造孟津文旅品牌。

（七）探索特色研学游，增强文化品牌力

1. 强化文化营销宣传

借助新型营销模式，在创意创新上不断增爆点、引流量，加大与相关媒体、自媒体达人的合作力度。通过宣传推广来提高孟津研学游的影响力和知名度，增强对消费者特别是年轻消费群体的吸引力。不断完善餐饮娱乐等配套设施，推进酒店、特色民宿等建设，持续开展农村人居环境整治和"三村"创建等工作，大幅度提升研学团队在孟津的体验感和满意度。

2. 提升文化供给水平

创新公共文化服务体制机制和供给模式，支持文化馆、博物馆、图书馆等开展"文物大篷车"、文化讲座等活动，策划"百名作家看孟津"活动，争取承办黄河流域群众文艺展演。实施艺术创作生产行动计划和河洛文化精品工程，支持群众参与的特色研学游项目。加大政府对研学游项目的购买力度，探索提供"菜单式""点单式"文化志愿者服务。

B.11
宜阳县文化发展报告

李林林 李万军 王配鸟 温茹 樊娜丽*

摘　要： 宜阳县围绕"高质量发展"推动文旅融合，在大力做好文化事业的基础上，按照"1228"总体工作布局，推进"5118"重点工作，做特做优洛水昌谷等"五大文旅品牌"，大力发展休闲观光、研学旅行、户外运动、高端民宿等风口产业，统筹抓好重大文旅基础设施建设、优质市场主体引育、文旅营销模式创新、城市文旅 IP 打造、网红经济培育等，积极打造文旅产业发展新高地。

关键词： 文化事业　文化产业　文化旅游　宜阳县

党的二十大吹响了高质量发展的号角，宜阳在扎实推进公共文化事业发展的同时，着力实施"旅游名县"战略，深入挖掘宜阳历史文化和人文生态资源，采取"政府主导、市场运作"模式加快旅游项目建设，初步形成"一心两核双翼八园"的"1228"生态文化旅游发展格局，为宜阳文化事业和文化产业的高质量发展奠定基础。

一　宜阳县文化资源优势

宜阳县依山傍水，风景秀美。北有香鹿山，南有锦屏山，西南有花果

---

* 李林林，中共宜阳县委党校中级讲师，主要研究方向为县域经济；李万军，宜阳县图书馆馆长、副研究馆员，主要研究方向为河洛文化；王配鸟，宜阳县文化广电和旅游局产业发展股股长，主要研究方向为文旅融合；温茹，河南铁路职业技术学院教师，主要研究方向为文旅与交通一体化发展；樊娜丽，中共宜阳县委党校教师，主要研究方向为古代诗歌。

山，城郊有灵山寺，洛河自西向东横穿而过。宜阳县是李贺的故乡、古韩的都城、苏羊的站点。源远流长的历史文化孕育了"李贺故事""留侯冢""韩城羊肉汤""苏羊竹马""灵山庙会"等独具魅力的民间故事和民俗文化，让宜阳文化在中原文明大厦中熠熠生辉。

花果山风景区位于宜阳县西南50多公里的花果山乡境内，属于国家4A级景区，总面积超过4800公顷，这里植被茂密，郁郁葱葱，夏季尤为凉爽，是远近闻名的避暑胜地，1991年被授予国家级森林公园称号。唐宋文人刘禹锡、白居易、李贺、韩愈、唐伯虎等多有吟诵花果山的诗篇传世。近年来，花果山风景区年均游客接待量在30万人次以上。香鹿山省级森林公园位于县城北城区，公园总面积超过20000亩，栽种树木超过230万株，修建道路63公里，建成了长达15公里的绿色走廊，2010年12月香鹿山森林公园被河南省政府授予省级森林公园称号，目前也是河南省最大的县级城郊森林公园。锦屏山位于宜阳县城南，东西走向，长约2公里，南北宽约500米。锦屏山的"锦屏"二字是唐女皇武则天所赐，有"锦屏奇观"四字为证。今日锦屏山是宜阳践行习近平生态文明思想的杰作，从原来的漫天灰尘变为环境优美、功能齐全，有文化、有品位的徒步旅游风景区和公共休闲场所。

灵山风景区位于宜阳县城郊的洛河南岸，面积达2平方公里。灵山寺是中国佛教名刹，一年一度的灵山庙会闻名四方。2009年，宜阳县依托灵山寺，相继开发了主景区、莲花公园、养生村等项目，总面积达到26平方公里，规模堪称历史之最。2009年，灵山庙会入选河南省第二批非物质文化遗产代表性项目名录。2024年，灵山文化旅游节接待人数达到22万人次，相关视频浏览量超过1000万次，灵山寺已成为宜阳的超级名片。

宜阳县三乡镇是唐代著名诗人李贺的故乡，"三乡驿"是唐代两京故道上的最大驿站。宜阳至今保留着李贺纪念碑、福昌阁、拥有上千年历史的五花寺塔、宋代石经幢、汉光武帝刘秀的光武大殿、子陵殿等文物古迹。2013年，五花寺塔被中华人民共和国国务院公布为第七批全国重点文物保护单位。2019年，福昌阁被国务院公布为第八批全国重点文物保护单位。结合三乡镇特有的自然资源和厚重的历史文化底蕴，现建有汉唐文化主题公园、三乡驿旅游基地、李贺诗书画研学基地，以及金石馆、陶艺馆、汉画碑帖馆、汉服馆、书画部落等具有文化特色的研学项目以及研学报告厅和学生研学宿舍等设施，并有洛阳最大的驼队雕塑等项目，较好地展示了三乡镇的优秀传统文化，为新时代弘扬优秀传统文化做出了实践探索。

宜阳韩都故城是战国时期韩国的早期都城，位于今宜阳县城西25公里的韩城镇东侧，是当时韩国的政治、经济、军事、文化、交通中心。宜阳韩城有著名的"汉初三杰"之一的张良墓地"留侯冢"，"纳履桥""黄公洞"等历史遗迹也在当地久负盛名。2010年，宜阳韩都故城遗址被列入"十二五"全国150处大遗址保护项目名单，2013年5月，被国务院核定公布为第七批全国重点文物保护单位。2021年，"韩城羊肉汤"被列入省级非遗项目。

苏羊村是宜阳县内的古村寨之一，位于张坞镇西南高地。"苏羊遗址"是仰韶、龙山时期的文化遗存，苏羊村就坐落在遗址的中心。该村占地8.2平方公里，共有1800人。苏羊村的街道、房屋、水系甚至室内都较好地保留了古村落的状态，古朴而幽静。2014年，苏羊村被国务院公布为第三批中国传统村落；2019年，"苏羊遗址"被核定为第八批全国重点文物保护单位。苏羊村还传承着一种民间社火叫"跑竹马"，相传来源于古代军事训练的各种阵法。在表演过程中要不停地变换阵式，蔚为壮观。2012年，"跑竹马"被列入河南省非物质文化遗产保护项目。

二 文化事业及文化产业发展现状

近年来，在宜阳县委县政府的大力支持下，宜阳县文化事业、文化产业取得了一系列成绩和荣誉，正在向高质量发展大步前进。宜阳县图书馆成功晋级国家二级馆；宜阳县荣获2022年度全省现代公共文化服务体系建设考核优秀单位；宜阳县锦屏镇杏花村成功入选2023年河南省康养旅游示范村；宜阳县香鹿山镇成功入选"2023洛阳十佳乡村文化旅游特色镇（村）"；

宜阳县花果山乡被认定为2023年河南省特色生态示范镇；宜阳县图书馆荣获河南省"2022全民阅读"系列活动优秀组织单位、"2022全民阅读"系列活动地方文献征集与推广工作先进单位；诗韵宜阳大型诵读活动荣获优秀阅读品牌；宜阳县获洛阳市2022年目标责任考核先进单位（乡村振兴）。

（一）文化事业发展水平不断进步

1. 精品文艺创作持续推进

完成《乡愁宜阳》撰写及编印工作，累计完成文字400余万字，16个乡镇分卷完成出版前准备工作。积极组织参与协调为河南豫剧树碑、为豫剧人立传的电影故事片《戏》的拍摄系列工作。电影拍摄地点以苏羊村、上观村为主景地，历时40余天，现已圆满杀青。《戏》的拍摄将对提升宜阳知名度、打造宜阳文旅融合新名片、谋划文旅发展新思路起到极好的宣传、推动作用。

2. 文物保护力度不断加大

争取专项文物保护资金，对重点文物单位实施修缮及保护。对黄龙庙遗址、二里庙遗址和邵窑遗址进行全面实地勘察，编制了相应的安全保护方案。对灵山寺安防、五花寺塔安防、福昌阁防雷项目立项，已通过省局批准。编制上报博物馆数字化保护展示工程方案、县革命历史展厅提升方案。对全县1483处文物保护单位开展定期巡查，加强日常监管。签订全县文物安全目标责任书，形成自上而下的文物安全防范网络，为确保文物安全奠定坚实基础。

3. 非遗保护传承利用深入推进

遴选并公布了第三批县级非物质文化遗产名录，开展了第三批县级非物质文化遗产代表性传承人的推荐工作。完成全省"非遗一张图"资料采集与整理，并逐项进行了网络上传工作，全面整理了省、市、县三级项目档案。组织实施"非遗扮靓中国年"活动2场，宣传非遗保护传承理念，营造浓厚的中国传统节日氛围。完成《宜阳县非物质文化遗产资料汇编》文本撰写，加强非物质文化遗产信息档案管理。为了使非遗保护深入人心，文化局相关单位积极开展"文化和自然遗产日"宣传展示活动,让非遗保护走近大众。

(二)公共文化服务水平显著提升

1. 大力开展群众性文化活动

其一,抓住重大节日,举办节日庆典文化活动。在2023年"双节"期间,举办了一系列群众文化活动,来自全县16个乡镇的80余支表演队伍各显身手,舞蹈、民俗、杂耍等活动纷纷登场,参与表演的群众达3100余人次,受益群众40000余人次。举办元宵节焰火晚会暨文艺节目展演,受益群众15万余人次。

其二,针对不同群体,举办各类培训、比赛。举办老年大学、成人大学、少儿艺术等各类艺术辅导培训342个班次,累计培训学员8300余人次。组织开展"唱响新时代、奋进新征程"老年戏曲大奖赛,开展文明实践、童心向党等各类文艺活动12场,参与演出的群众达800余人次,受益群众4000余人次。

其三,依托乡村旅游,挖掘农村节日文化。在锦屏镇杏花村举行"浓情端午 粽享河洛"第四届洛阳乡村文化旅游季宜阳分会场启动仪式。活动期间,通过一系列丰富多彩的线上线下特色文旅活动,创新引流方式,丰富消费场景,培育一批具有地方特色的乡村旅游目的地。

其四,积极推进公共文化服务进社区工作,活跃群众文化生活。开展文化讲座6个,举办舞蹈、戏曲、书法等各类艺术辅导培训380课时;图书进社区流动服务20次,指导农家书屋建设14次,开展阅读会分享活动15次;指导文明实践站建设21个,五星支部创建15个,覆盖16个乡镇。

其五,举办大型广场文化、影展、书画展等活动,加大文化影响力。成功举办第22届滨河之声广场文化活动,累计演出戏曲、歌舞、曲艺等各类节目40余场,参与群众5000余人次,受益群众65000余人次。组织开展"河洛风采迎盛世"洛阳市摄影展(巡展)、第三届职工书画展、莲岳诗书画社四人书画展等,共展出各类书画作品600余幅,参与群众28000人次。

2. "书香宜阳"建设稳步推进

其一，以"书香洛阳·中国年"全民阅读系列活动为主题，在图书馆和10座城市书房，先后组织了迎新春写春联送"福"活动、元宵书香灯谜竞猜、《文化都在节日里》绘本故事会、新春主题阅读、经典朗诵、"小小朗读者"线上活动颁奖仪式、"非遗进书房·扮靓中国年"活动、癸卯年新春寄语、少儿公益电影放映等各类活动20余场次，参与者1000余人次。组织"我的blog，我的年"短视频大赛作品征集活动，共征集到7个优秀视频参加洛阳市大赛。

其二，举办大型历史文献丛书《复兴文库》专题阅读推广并启动图书馆服务宣传周活动。实验小学（西校区）师生进行了"诗韵宜阳"朗诵表演，同时联合洛阳市企业家读书会文创分会举办了《复兴文库》阅读分享会。持续组织"行走洛阳·读懂历史"直播活动，共组织活动39场次，参与读者1650余人次。通过专家学者的精彩解读，让读者感受到了厚重的河洛历史文化。

其三，联合国家图书馆及全国220家各级各类图书馆举办"年华易老，技·忆永存"国家级非物质文化遗产代表性传承人记录工作成果展映月活动，制作展板，举办展览，展期持续一个多月，2000余人次观看展览活动；举办线上展览、影片展播5期，受众1500余人次。

其四，举办"中传花少语言"故事大赛、庆六一儿童画展，"诗韵宜阳"朗诵活动，受益读者1400余人次。举办"小小梦想家·书香伴成长"周末绘本故事会暨少儿手工系列活动18期，参与小读者900余人次。暑假期间，举办少儿公益书法培训班6期，培训学员150余人次。

其五，通过宜阳县图书馆网站、微信公众号等媒体，共举办线上阅读活动75期，发布信息推送、新书推介、线上展览、专题阅读、科普知识等600余条，参与量、阅读量7万人次。仅2023年，宜阳县图书馆及城市书房就接待读者38万人次，图书借还5.6万册次。

3. 文化阵地不断夯实

其一，群众文化中心项目持续推进。2023年4月，群众文化中心建设项目主体封顶。2023年11月，完成文化艺术中心建设项目装饰装修及室外工程招标工作。

其二，博物馆蓬勃发展。多措并举提升博物馆接待服务能力，优化预约流程，满足公众参观需求。2023年，共开展研学、参观、学习教育等活动116场次，来自学校团体、旅游团、社会团体和自发前来参观的民众达19370余人次。

其三，持续推进全县乡村（社区）文化合作社建设，省级注册乡村文化合作社222个，注册社员982人，建成示范性乡村文化合作社44个，组织各类文化活动4417次。打造锦屏镇后庄社区邻里中心、香鹿山镇下韩村党群服务中心2个新型公共文化空间，植入文化艺术、健身休闲、读书活动等元素，提供文化"嵌入式"服务，拓展新型公共文化空间，推动宜阳公共文化服务高质量发展。

其四，乔玉川艺术馆顺利开馆，捐赠的60余幅中国画作品将以博物馆馆藏文物级别进行管理。同时，举办"被褐怀玉·川谷江海"——乔玉川中国画巡展（宜阳站），共展出作品60幅。乔玉川艺术馆的开馆，为宜阳文化事业发展注入了新活力、增添了新动力，标志着宜阳文化事业的又一次飞跃。

其五，县文化局为12个村整理图书25000余册；为盐镇乡克村、柳泉镇花庄、河东等村支馆流转图书1500余册，提升基层分（支）馆服务质量和服务效果，图书馆总分馆制建设成果进一步巩固完善。

4. 文化惠民工程深入实施

其一，组织县剧团等演出团体，送戏下乡。2023年共完成"舞台艺术送农民""百场戏曲送农民"等活动近400场次。采取"院团演出、百姓受益"方式，利用"流动舞台"，深入广大乡村特别是贫困村开展走基层送戏下乡演出活动。

其二，开展送图书下乡活动。支持柳泉镇沙漠村"新农人培训中心"建设，送去600余册图书、100余种期刊，为广大新农人开展培训和返乡创业营造书香气息和阅读氛围。充分利用县图书馆图书流动服务车等资源，举办"图书七进""图书赶庙会"等活动32次，为乡村送去各类图书、期刊近10000册次。

其三，通过"三区"人才支持计划专项培训方式培训了一大批城乡舞蹈爱好者，连续三年组织了声势浩大的"舞动船城"广场舞大赛，造就了一支由1200余名农耕妇女组成的广场舞表演队伍，活跃在宜阳的各类舞台上。2023年，共完成"送戏进校园"20场次，开展各类文化活动7600场次，内容丰富、形式多样的文化惠民活动为基层百姓送上了文化大餐。

5. 文化人才队伍培训不断加强

举办2023年文化（文物）和旅游统计调查工作培训会议，参训人数100余人次。组织"三区"文艺人才队伍，对接乡村文化需求，组建乡村文艺宣传队710支，基本达到每村2支队伍。通过集中培训、分散指导等形式，开展农村文艺爱好者培训活动，每年组织举办戏曲、广场舞、盘鼓、书法、绘画等培训班400余期，培训总人数10000人次以上。创新图书馆工作人员、城市书房管理员、行政村支馆（服务点）图书管理员业务培训学习，重点培训了城市书房管理员的业务知识、网络技术与应用、设施设备操作等技能。

6. 文旅智慧平台搭建运营

"积极推进智慧旅游、一个平台管全县"，打造具有本地文旅资源特色的政府行业综合监管平台和文旅企业在线营销交易平台，实现全县文旅"管理一张网"。目前平台建设人员配备完毕，公众号、小程序、抖音、快手、视频号等宣传渠道完成申请，已具备正式运营能力。通过平台建设和全县涉旅资源上云，平台将为涉旅企业提供游客引流、信息化建设等服务，同时满足游客对景区票务、旅行社、酒店民宿、餐饮、零售、娱乐、交通停车等不同的消费需求，满足来宜游客多层次多场景消费需求。

（三）"5118"重点工作有序推进

文旅产业一直是宜阳经济发展的重要支柱之一，深入推进文旅产业发展，是推动宜阳经济实现高质量发展的重大举措。自2022年以来，宜阳深入践行文旅活县工作路径，以"1345"总体工作思路、"1228"文旅工作布局为引领，以创建国家全域旅游示范区为目标，以"5118"工作重点为抓手，抢占文旅融合发展新风口，形成了具有核心竞争力的文旅品牌矩阵（5是打造"洛水昌谷、灵山秀水、七彩花海、西游圣境、汉唐驿城"五张名片，1是"旅游+体育"，1是"旅游+工业"，8是8个乡村旅游点）。

通过实施公共设施提升、景区质量提升、旅游品牌提升、管理水平提升四大提升工程，不断完善旅游服务体系建设，促进宜阳旅游业品质整体提升。对花果山4A级旅游景区、灵山寺3A级旅游景区旅游接待服务水平提升进行重点管理。"春节""五一"期间，组织各职能部门建成县城、乡村、景点、交通主干道多级咨询服务体系，开展针对性、个性化、沉浸式、体验式服务。新建、改建旅游厕所27座，全部实行"编号、挂牌、专人规范管理"。2023年，实现旅游接待人数1092.62万人次，实现旅游收入34.34亿元，较上年同期分别增长488.37%、540.67%。

1. 实施"五园"提质升级，强化"龙头"带动

洛水昌谷景区位于宜阳县柳泉镇，是省市县"十四五"规划的重点旅游项目，是按国家5A级旅游景区标准打造的大型旅游度假康养运动综合体。该项目对搭建宜阳城市框架、保护洛河流域生态、实现宜阳高质量发展作用显著。自2018年2月开工建设以来，先后建成了地下管网、水系、铁路、奥莱小镇（约克镇）、童话镇、卢卡镇、航空小镇、羊角村民宿及260万平方米的景观绿化、98公里的景区道路、11.66公里的窄轨铁路环线、能容纳1400辆车的停车场等，基础设施已具规模。七彩童话动物王国不断加大景区基础设施建设，丰富旅游业态，强化景区管理和服务水平，同时积极开展市场营销，扎实开展4A级旅游景区创建工作。西游圣境项目中承恩居精品民宿、关庄村星空露营基地已建成投用；投资开发完成的花果山景区实景大型剧本杀《山海经》，为游客带来了全新沉浸式互动游览体验。9月，李贺诗书画研学基地开馆。灵山秀水项目中灵山寺景区道路、护坡、游客服务中心等提升工程完工。

2."旅游+体育",释放旅游新活力

依托现有优质特色体育资源,以"赛事搭台,旅游唱戏"为抓手,实现景观资源与运动产品和项目融合发展,扩大旅游经济效益。举办了"奔跑吧少年"儿童青少年主题健身活动、"中国体育彩票杯"河南省传统武术锦标赛、"中国体育彩票杯"河南省青少年射箭锦标赛暨河南省第十四届运动会青少年竞技组预赛、"中国体育彩票杯"河南省足球冠军赛暨河南省第十四届运动会青少年竞技组资格赛、第一届全国学生(青年)运动会(公开组)射击(飞碟项目)预赛(第一站)、河南省第十四届运动会青少年竞技组赛艇皮划艇比赛等体育赛事。赛事期间,与各大景区联动,推出游客凭比赛门票即可免费游玩县域内各大景区政策,促进游客进景区旅游、就餐、入住、夜间消费,以体育游拉人气、促经济。"五一"假期,宜阳体育休闲旅游相关产业共接待游客34.4万人次,收入达6584.8万元,很好地促进了体育与旅游产业融合。

3."旅游+工业",提升旅游新体验

为了推动文旅融合发展,在工业旅游方面大胆尝试。例如,开设了青岛啤酒、源氏食品、王老吉饮料、红星小镇、红星陶瓷旅游通道,推出工业参观体验游,对工业旅游线路、环节进行精心设计、安排,包括实地参观生产车间、成品展示中心和创新平台及设计体验环节等,提升企业及产品的知名度、普及度。通过展示管理模式、企业文化等,借助"青岛啤酒节"品牌效应,因地制宜打造啤酒节文化,激活宜阳啤酒发展新业态,推动产业提质增效。

4.8大乡村旅游与时俱进,形式内容日新月异

8大乡村旅游景点不断推陈出新,杏花村、东韩村、下韩村、王莽村、赵老屯、乔庄村、养马村、于沟村等开发了一大批体验式、沉浸式文旅活动,迎来八方游客,热闹非凡。杏花村建成火车主题餐厅、昌谷露营基地、民俗窑洞宾馆、民俗酒店、游乐场、大地艺术景区12处。高村镇王莽村重点打造了集汉韵文化鉴赏、贵妃梅品尝游览、森林休闲冒险体验、怀思农耕乡愁、红色文化研学等于一体的田园综合体——王莽梅谷田园综合体项目。赵老屯景区增设了嬉雪场、梦幻太空灯光秀、越野卡丁车、彩虹滑道、攀

树、低空闯关等特色体验项目。花果山风景区改变景区原本单一的传统游览方式，结合景区自身女几山的传说故事，设计升级了以《山海经》为主题的沉浸式光影互动剧本杀项目，策划了全新的《山海经》剧本故事主线，以及特点鲜明的四大IP角色，并在景区主要景点"水帘洞"进行了沉浸式光影秀改造，"五一"期间对外运营，为游客带来全新沉浸式互动游览体验，形成"将故事融入山水、将山水变为背景"的特色景区产品。结合现有文旅资源，积极引进、打造适合青年人消费的漂流项目、露营基地、剧本杀、灯光秀等新业态文旅产品。重点节假日期间，乡村旅游点每日接待量达20000余人次，乡村旅游带动了乡村经济发展。

（四）文旅消费强劲复苏

其一，春节期间重点推出了"春节之源，洛阳过年"宜阳4A、3A级旅游景区免门票、旅游年票优惠购、"好事连连，从宜阳开始"、"这个春节宜阳不一样"、"您游宜阳，宜阳加油"等主题活动。花果山国家森林公园4A级旅游景区、灵山寺3A级旅游景区累计免门票93000张，七彩童话动物王国实行门票打折活动，通过3A级景区免门票、景区二消项目打折等方式推动了春节文旅消费快速复苏发展。春节期间累计接待各类游客43.5万人次，实现旅游总收入超过6000万元，同比2023年春节均实现翻倍增长。和中石油洛阳市46座加油站合作，整合20家景区和优质酒店民宿、餐饮、特产等文旅资源，共同推出"畅游宜阳我送油"活动，实行门票联票+住宿+餐饮美食+购物，对县域内文旅产品进行全过程、全方位宣传及营销。

其二，推出"自在洛水·漫游昌谷""奇妙花果山·沉浸山海行""亲亲七彩童话·萌萌动物王国""灵山秀水青啤香·里坊美食滋味长""游李贺故里·品诗词文化"等12款特色鲜明、形式多样的文旅新产品，激发文旅消费活力。

其三，结合"5.18世界博物馆日""5.19中国旅游日"，以县域内景区、酒店以及部分优质餐饮企业为主体单位，组织实施"富美宜阳　免票畅游""安全进景区　答题送苹果""宜阳加油　加油宜阳"暨"宜阳自驾

游 每升都优惠"等活动。花果山国家森林公园4A级旅游景区还开展了暑期促消费等活动,直接参与促消费活动的民众达450余万人次,有力激发了文旅消费潜力。

(五)宣传推广开启新路径

在宣传推介方面,宜阳县委县政府及相关单位通过媒体宣传及举办各种节日盛会,吸引国内外游客。通过宜阳文旅新媒体联盟提出"这么近,那么靓,周末来宜阳"宣传口号,并召开新闻发布会,对外推介西游圣境、七彩童话动物王国、洛水昌谷等特色文化内涵,收到了较好的效果。组织实施宜阳县大地艺术节、花朝节、"情系桃缘,美丽上观"第八届上观桃缘文化节、洛阳第23届灵山文化庙会、盐镇乡第二届中华寿桃赏花节(克村)、韩城镇第七届古韩桃花节(官庄)、董王庄乡首届乡村美食大赛、赵保镇第八届槐花采摘节、韩城镇福昌文化庙会、樊村镇第24届民俗文化节、2023年第16届国际旅游形象大使大赛河南赛区总决赛暨全国魅力城市国标舞公开赛等一系列多领域、多层次、多样化的专题文旅活动40余项。节会期间,开展了汉服游园、特色景点打卡、鼓乐表演、民间技艺展示、非遗表演、唐宫乐舞、武术表演、武皇巡游、特色美食展示、庙会祈福等活动,吸引了众多游客前来参加体验,有力促进了文旅、农旅深度融合发展,丰富和优化了旅游产品业态。

(六)文旅市场工作秩序规范

1. 强化依法行政

加强执法人员培训学习,开展执法大练兵,提升执法队伍的业务能力和综合素质,提高执法人员业务能力和执法水平,进一步加大对文化旅游市场的依法行政监督。积极联合相关职能部门开展联合执法,促进文旅市场监管工作常态化、规范化。

2. 严格市场执法

加大执法检查力度和频率,加大日常检查和处罚力度,在重点节假日、重点时段实施文旅市场专项整治行动，打击低俗媚俗演出活动、不合理低价游等不良现象。双节期间，深入城区及乡镇对网吧、KTV、游艺、营业性演出、艺术品市场、景区等场所进行实地检查。组织开展闪电"1号"、闪电"2号"、闪电"3号"行动，重点对校园周边书店、书摊、旅行社、娱乐场所等进行专项检查。深入推进洛阳市"护苗2023""绿书签"行动，开展了"庆六一 护成长"护苗活动，活动以"扫黄打非"知识问答互动的形式，引导青少年抵制盗版，远离不良信息，提升自我保护意识。组织开展中高考护航行动，发动文旅行业经营单位业主自觉缩时经营、降音降噪、安全文明经营。利用悬挂条幅、发放宣传彩页等方式开展"预防未成年人沉迷网络"宣传教育活动。进一步规范和净化了宜阳文旅市场环境，促进了文旅市场健康规范有序发展。

3.持续优化营商环境，深化"放管服"改革

不断优化政务服务事项，完成145项文旅审批项目入驻政务服务中心，做好两批次下放权限的承接工作，研究完善事中事后监管措施，对下放权限的实施情况进行跟踪问效和监督检查，严格履行主体责任，围绕承接权限分类完善监管措施，创新监管方式，采取"双随机、一公开"等方式加强对重点领域的监管，及时发现和纠正违规行为。

4.实施文旅市场安全检查

组织实施对A级旅游景区、景点人行步道、娱乐设施、水域等重点部位安全大检查；对文化馆、图书馆、博物馆等公共文化服务场所，互联网上网服务经营场所、娱乐场所、营业性演出场所、出版物经营场所、旅行门市部、星级饭店，以及文物保护单位等文体旅企业和经营单位，实地督导检查其安全生产、扫黑除恶、制止餐饮浪费等工作，确保文旅市场平安有序。

5.加强对校外培训机构的监督和管理

对县域内校外培训机构进行全面摸排，开展源头监管，掌握第一手资料，促进它们规范化经营。开展寒暑假期间培训收费治理专项行动，对违规收费、"卷钱跑路"等现象进行全面摸底排查，建立健全文化艺术培训机构专项治理工作台账，拟定《管理细则》草稿，明确责任范围。

（七）广播电视安全播出进一步规范

对县内酒店、宾馆等重点区域非法卫星电视地面接收设施安装使用情况进行重点排查，未发现有违规安装使用卫星地面接收设施等违法违规行为。严格落实重保期（杭州亚运会开闭幕式及重要活动转播）安全播出各项工作制度，确保重保期内宜阳广播电视网络信号传输无异常。开展虚假违法违规广告整治，强化频道频率监管等，进一步提升服务保障水平。

三 制约文化工作发展的问题

（一）经费不足，严重制约文旅事业发展

自2020年以来，宜阳实施文物古建筑保护修缮项目7个，资金来源均为国家、省级文物保护专项，县级未有配套资金。全县1488处不可移动文物点中有文物建筑1000余处，其中300余处有坍塌、损毁等不同程度的安全隐患。如2023年6月，国保单位韩都故城古城墙因连续阴雨天气坍塌，对附近居民住宅和人身安全造成危害，也对十分脆弱的文物本体造成了一定程度的损害，但因缺乏资金不能及时实施抢救性保护，只能加大巡查力度，降低安全风险。

（二）文化人才缺乏，文艺素养普遍不高，传统文化传承人缺失

承担宜阳文化遗产传承保护利用工作的机构，如非物质文化遗产保护中心和文物保护中心实际上与县文化馆、博物馆是两块牌子一套人马，专业技术人员严重缺乏，一定程度上制约了文化遗产传承保护事业的发展。

（三）文化遗产保护活化利用程度较低

如国保单位五花寺塔，人们能看到的也仅是物的展示，很难感受其中具有的深厚历史文化内涵和所蕴含的文化价值意义；再如省非物质遗产保护项

目苏羊竹马，称为"跑竹马"，需要百人同时表演，不停地变换队形，气势宏大，蔚为壮观。但由于表演用人较多，年轻人又都外出务工，传承难度大，活动开展困难，无法更好地与旅游活动相结合。

（四）旅游供给与需求对接不足，旅游产业链条不长

2023年春节期间（除夕至初六），宜阳共接待游客43.5074万人次，旅游总收入0.6277亿元；栾川县共接待游客48.92万人次，旅游总收入3.59亿元。和栾川相比，游客数量仅差5.4126万人次，旅游收入却相差了2.9623亿元。数据说明，游客在宜阳停留时间短、消费空间小，严重制约了当地旅游经济的发展。

（五）资源开发品位不高，旅游品牌不响

一些优秀的旅游资源还处于粗浅开发阶段，像洛水昌谷、汉唐驿城等景点，虽然说基础设施、旅游产品在不断完善，但还缺少配套服务设施，许多游客慕名而来，匆匆而去，留不住游客，无法提升景区的知名度，也无法带动当地经济和旅游产业的发展，亟待打造叫得响的旅游品牌，打造龙头企业，以带动县内旅游产业的发展。

四 推进文化工作繁荣发展的路径

（一）繁荣发展公共文化事业

持续推进群众文化中心项目建设，确保2024年该项目稳步落地；公共文化场馆和16个乡镇综合文化站坚持免费开放，督促乡镇综合文化服务中心充分利用现有设施设备，积极开展健康向上、形式多样的群众文化活动；做好综合文化服务中心评估定级工作；组织实施好"戏曲进乡村""舞台艺术送基层""送文艺下基层"等公益性文化活动，按时保质完成覆盖全县乡镇（街道）的文化惠民演出不少于300场。

（二）抓好文化产业品牌创建

积极推进洛水昌谷创建省级旅游度假区，金海丽湾创建四星级酒店，花果山、三乡驿诗书画研学基地创建省级旅游研学基地，高村镇王莽村、董王庄乡乔庄村创建省级旅游康养示范村，红星小镇创建3A级旅游景区，锦屏水街创建文旅消费街区，解决全域旅游示范区创建中的堵点和痛点问题，聚焦显特色，强优势，补短板，着力打造一批有影响、有特色、有活力的旅游精品项目，争创省级全域旅游示范区。

（三）持续推进"5118"重点工作

1. 持续推进"五园"提质增效，强化"龙头"企业带动作用

以"小切口"实现"大突破"，按照"一企一策、一景一策"的思路，解决好主要景区当前发展面临的问题，重点围绕交通体系、基础设施、商业配套、业态产品、品牌策划等发力，持续推进"洛水昌谷、七彩童话动物王国、灵山秀水、汉唐驿城、西游圣境"五园提质升级。多措并举加大对龙头企业洛水昌谷的培育力度，把洛水昌谷景区打造成在全省乃至全国有一定竞争力、吸引力和影响力的标杆景区，发挥示范引领作用和带动效应，拉动其他景区高质量发展。

2. 持续打造"旅游+体育"名片，加快推进香鹿山体育小镇建设

依托现有优质特色体育资源，加快推进香鹿山体育小镇文旅、休闲、娱乐、健身各种元素融合，形成文化为魂、旅游为体、体育为用的融合发展模式，产生"1+1+1>3"的聚合效应。举办或引进各类体育赛事，结合宜阳丰富的文化、旅游资源，以体育赛事为"引流"，有效推动体育运动与文化、休闲旅游有机结合，进一步拓宽以"文化+旅游+体育"为主的文旅体融合发展新格局。

3. 持续打造"旅游+工业"新业态

推进旅游与工业深度融合，加快青岛啤酒工业游项目提档升级。开设红星陶瓷、青岛啤酒、源氏食品、王老吉饮料等工业体验旅游通道，打造工业

游线路，组织游客亲身体验工业旅游主题。持续扩大青岛啤酒公司每年与青岛同步举办的青岛国际啤酒节洛阳分会场——洛阳啤酒节的影响力，吸引更多人参与体验。

4. 持续打响做亮八大乡村旅游品牌，加快推进乡村旅游发展

围绕"四山"（花果山、香鹿山、锦屏山、汉山）打造民宿集群。以省级康养旅游示范区创建为抓手，积极推动杏花村、东韩村、赵老屯、王莽村、乔庄村、养马村、于沟村的乡村旅游与田园农业、乡村产业、民俗活动、文化建设、环境整治的多元融合，打造一批生态环境优、产业优势大、发展势头好、示范带动力强的乡村旅游示范品牌。

（四）做好文物保护和非遗传承工作

1. 文物保护

谋划实施灵山寺、五花寺塔安防以及福昌阁防雷保护和博物馆数字化保护展示工程；整理兴泰宫、二里庙瓷窑遗址、二杜墓考古资料收集工作，积极申报晋级；配合市考古研究院做好中华文明探源工程苏羊遗址考古发掘工作，进一步加强文物保护工作。

2. 非物质文化遗产保护

进一步挖掘省市县三级非遗名录项目，收集和完善非遗名录项目资料；推动《宜阳县非物质文化遗产资源汇编》出版发行；推动群众文化中心非遗展示馆落地；加大非遗资源田野调查力度，不断丰富宜阳非遗内容。

（五）加大宣传推广力度

1. 做精节庆文旅活动

按照"月月有活动、季季有主题"的思路，办好"两节两会一活动"，以及"美丽上观"桃花节、水蜜桃采摘节、红叶文化旅游节、乡村文化旅游节、槐花节、书画展、摄影展、体育比赛等节庆赛事活动；利用影视、歌曲、美食、节事、会展、文化等元素，打造一批具有地域特色的旅游宣传名片，不断提升"宜阳不一样"的知名度和美誉度。

2. 做大品牌营销活动

加强对外宣传，组织重点景区参加省市旅游推介活动，扩大对外宣传覆盖面；推动旅游宣传"六进工程"，将宜阳旅游宣传海报、视频、折页等植入机场、火车站、汽车站、加油站、星级酒店、高速公路服务区等处，扩大宜阳景区在外影响力。积极构建主流媒体、行业媒体和地方媒体三位一体的旅游形象宣传模式，与县融媒体中心及第三方机构进行合作，利用微信公众号、抖音、快手等新媒体开展"这么近，那么靓，周末来宜阳"整体品牌营销；打造一批网红打卡地、网红路线，实现旅游宣传营销全县"一盘棋"。

（六）强化广播电视保障能力

持续学习宣传贯彻党的二十大精神，提升广播电视和网络视听舆论引导能力，围绕重要时间节点、重大活动、重大决策部署，精心组织展播活动；持续深入开展境外卫星电视管理、虚假违法违规广告整治；全面加强安全播出、网络安全、设施保护一体化运行管理；做好有线电视网络整合发展及优化服务工作；以乡村振兴直播产业基地的运营为主体，开展短视频拍摄剪辑基础人才培训，加大乡村振兴直播产业基地全媒体运营应用能力；整合资金4000余万元，推动豫广网络改革发展，实现转型升级。

（七）加强文旅市场监管

坚持日常巡查和专项督查相结合的执法方式，加强与公安、市监、消防等相关部门的配合，对全县公共文化服务场所、公共娱乐场所、景区等进行安全大检查，确保文化旅游市场规范有序。

参考文献

[1] 张欣：《多措并举，加快推动文旅深度融合发展》，《中国文化报》2024年1月4日。

［2］马思伟：《河南：推动文旅深度融合　促进高质量发展》，《中国文化报》2023年12月15日。

［3］许武章：《宜阳文史钩沉》，中州古籍出版社，2022。

［4］乔文博：《带你走宜阳》，中州古籍出版社，2019。

B.12
栾川县全域旅游发展报告

王依凡　王雅琪*

摘　要： 本文聚焦栾川县全域旅游发展进行探讨。首先从栾川县旅游资源状况即自然地理、旅游资源以及基础设施等维度，介绍栾川自然条件优越，资源丰富，且旅游基础设施较为完备。随后论述栾川县全域旅游现状，自2020年被列入国家全域旅游示范区并获得相应政策扶持后，栾川在推动县域经济发展、促进文旅融合、实现绿色发展以及提升服务品质等方面皆成绩斐然。同时，本文也指出栾川全域旅游中存在的问题，包括资金投入力度应加强、公共服务设施待完善、旅游产品开发要升级以及从业人员素质需提高等。最后，本文提出加大资金供给力度、全面优化城市旅游功能、着力打造特色文旅品牌以及持续加强旅游人才管理等优化建议。

关键词： 全域旅游　旅游资源　旅游服务　政策环境

2018年，国务院办公厅印发了《关于促进全域旅游发展的指导意见》，就推动全域旅游作出了部署。为推动旅游业转型升级，文化和旅游部将"全域旅游"上升为旅游业的核心发展理念。近年来，栾川县依据自身资源环境优势，在"两山"理论指导下，通过创建国家全域旅游示范区，探索形成了全域旅游带动县域经济发展的体制机制，推出了一系列全域旅游品牌，全域旅游辐射乡村振兴、促进区域经济繁荣、强化特色产业融合、增加

---

* 王依凡，洛阳市乡村振兴人才教育中心讲师，主要研究方向为县域经济；王雅琪，洛阳市乡村振兴人才教育中心讲师，主要研究方向为历史文化。

农民收入的发展格局初步形成,全域旅游带动型的特色发展路径逐渐明晰。为挖掘栾川县全域旅游深入推进的优势和条件,总结其取得的成绩、经验和不足,以进一步推动栾川县全域旅游建设更好更快发展,本文从以下几个方面开展了调查。

一 栾川县旅游资源概况

(一)自然地理概况

栾川地处河南省西部,地理坐标为东经111°11′至112°01′、北纬33°39′至34°11′之间,是洛阳市、南阳市、三门峡市三市的交汇处,被誉为"洛阳后花园"。全县国土总面积为2477平方公里,东西、南北的长度分别为78.4公里和57.2公里;海拔为450~2212米;县内森林覆盖率高达82.7%,居河南省第一,环境空气质量优良天数始终保持在每年320天以上,空气清新,有"中原肺叶"之称;降水量年均850毫米,全年舒适期长达9个月,被评为中国人居环境最佳范例,为旅游业的发展提供了极其有利的自然条件。

(二)旅游资源概况

栾川县旅游资源丰富。域内冬无严寒,夏无酷暑,具有"一山有四季、十里不同天,山下开桃花、山上飘雪花"的特点,是世界十大乡村度假胜地、国家生态森林城市、国家园林县城等。一是旅游资源类型丰富。在全国8大类31个亚类155种旅游资源类型中,栾川有8大类26个亚类84种类型,各类型占比分别为100%、83.9%和54.2%。二是旅游景区数量较多。栾川县良好的生态环境和独具特色的山水风景使得栾川旅游业迅速发展,全县有国家5A级旅游景区2家,4A级景区7家,3A级景区5家,乡村景点35个。三是旅游景观类别多样。依据特定的地理环境,栾川县有"四河三山两道川、九山半水半分田"之称,特殊的地理地貌使得县内主要树种有桦栎树、华山松、杉木等;经济林木主要有核桃、山茱

萸、山楂、漆树等；珍稀野生动物有豹、獐、水獭、红腹锦鸡等20多种。四是旅游农产品特色突出，其中中药材主要有连翘、柴胡、金银花、天麻等1000多种，被誉为豫西天然药库，是河南中药材的重要生产基地之一；特色农产品有木耳、猴头、香菇、拳菜等10多种。由此可见栾川全县处处青山绿水，全域皆可为景区景点，存在"靠山吃山"、因地制宜发展全域旅游业的基本条件。

（三）旅游基础设施概况

栾川县旅游基础设施相对完善，并打造了一批高端景区和景点。以旅游发展的视角布局谋划县域内基础设施建设，推进文明城市创建工作，实现社会资源的有效配置。基于旅游基础设施是全域旅游发展的基本条件这一事实，从旅游基础设施项目与乡村基础和公共服务设施的需求高度重合的现状出发，县乡两级按照干净、整洁、便利、规范的标准，不断提升乡村旅游的餐饮、住宿和卫生条件，改善乡村道路通行条件，实现旅游基础设施和配套服务体系与乡村振兴的共建共享。通过乡村旅游人才培养以及村民餐饮、导游、手工制作等技能培训，提高村民特别是贫困群众脱贫致富的能力。近几年栾川县乡村振兴暨产业发展、老君山5A级景区综合提升、竹海野生动物园提质扩容等一批重点基础设施建设项目快速落地、稳步推进。县旅游用品配送服务项目主体已经建成；庙子镇民宿一站式购物中心外立面改造、广场铺设、三楼改造、电梯加装已完成，运营及市场推广同步进行，一站式体验中心已完成设计。县域内改造提升32个老旧社区和52条背街小巷，建设了不少停车场，新增停车位3000余个。道路交通条件也基本完善，出入栾川境内有洛栾高速与洛阳绕城高速，并连接了沪陕、连霍、二广等高速公路。县内公路网络较为发达，并与旅游景区结合，建设了多条旅游公路，打造"慢游栾川"新型旅游方式，目前生态伏牛一号旅游公路已建成投用，成为游客车行栾川的重要打卡地。基于20多年的深耕和发展，栾川旅游产业先后创建了"全景栾川""奇境栾川"等全域旅游品牌，打造了一批国内著名的旅游景区景点。

二　栾川县全域旅游现状

2020年栾川被列入国家全域旅游示范区，为打造以核心景区为主体、以乡村旅游为支撑、以全域旅游为纽带的新型旅游体系获得了"八项优先"政策。包含优先纳入中央和地方预算内投资支持；优先支持旅游基础设施建设；优先支持A级景区等国家重点旅游品牌创建；优先纳入旅游投资优选项目名录；优先纳入国家旅游改革创新试点示范名录；优先列入文化和旅游局重点联系区域；优先纳入国家旅游宣传推广重点活动；优先安排旅游人才培训等。这为栾川实施全域旅游带动经济发展战略创造了许多有利的政策条件。

（一）全域旅游带动县域经济稳步发展

1. 旅游带动全面发展

栾川以全域旅游作为引领县域发展的主导手段，将生态资源优势转化为经济社会的发展优势，实现了城市乡村景区化、景区发展全域化、旅居服务品质化。2023年先后开展"你游栾川我送油""清凉栾川·免票畅游""山谷音乐节""中原之巅·三川论剑"等系列活动，全年网络媒体点击量突破20亿次。全县共接待游客1500万人次、旅游综合收入105.8亿元，同比分别增长10.1%、8.5%，老君山景区入选全国十个"2023夜间经济创新案例"之一，栾川县荣登"2023中国旅游百强县"第24位，成功创建河南省文化和旅游消费示范县，成功进入全国旅游名县第一方队。

2. 县域知名度逐步提升

栾川县近年策划的一系列特色营销活动，扩大了"奇境栾川"旅游目的地的品牌影响力。连续5年举办了"老家河南，栾川过年"活动，连续3年举办了"奇境栾川"迎新马拉松活动，持续多年打造了栾川冬季游品牌。以"奇境栾川"号冠名高铁，连续3年举办游栾川免高速通行费活动，开启了"旅游+交通+扶贫"新模式。

（二）文旅融合项目创新推进

1. 文旅基础设施不断完善

全域旅游与文化的融合持续强化。一是文化艺术中心提升改造项目A区首层多功能演播厅已完工，"笑在栾川"欢乐剧场开始运营；电车充电桩项目硬件已全部安装完毕，可满足20辆电车同时充电，2024年已正式投用。二是老子文化体验中心项目、金顶配套服务设施提升及加油站土方工程已完工；重渡沟"非遗进民宿"、农耕村升级改造、伏牛山滑雪度假乐园体旅融合项目已完工；王府竹海已建成公厕4座、凉亭3座，新打造歪头山景点项目已完成游览栈道施工线路勘察设计；重渡沟景区夜游灯光秀已完成夜游亮化、绿化设施等建设。

2. 民宿集群建设强势崛起

一是"百村千宿"行动计划加快推进，潭头官地溪谷、三川隐心谷、陶湾云天荷居投入运营，成立民宿联盟，在全省率先推动民宿持证经营，全县共发展高端民宿271家，高端民宿集群7个，近9万名农民参与民宿及相关产业，实现各民宿年均收入都在5万元以上，"伏牛山居"高端民宿品牌持续叫响。二是民宿管理进一步规范。制定《栾川县民宿产业发展联盟筹建方案》，并征求乡镇及民宿主意见进行完善；积极推动民宿办证工作，组织到浙江莫干山地区学习民宿办证先进经验，制作全县旅馆业分布地图，制定推进方案和办证指南。三是产品业态进一步丰富。开展"寻找最美手艺人文旅文创进民宿"活动，持续推动民宿建设提升与传统手工艺的融合，截至目前，纳入民间手艺人资料库174人，涵盖非遗、手工、特色美食等34种特色技艺，促成手工艺人同11家精品民宿就非遗创作、手工、根雕、剪纸等14项技艺达成初步对接合作。

3. 乡村旅游持续兴起

坚持将全域旅游与乡村振兴战略各项政策结合，推动旅游业与农业政策、扶贫政策等深度衔接，在旅游项目打造、旅游产品开发、旅游服务提升和营销活动策划等方面，政府职能部门积极参与并提供必要的指导、支持和服务。2023年已完成老君山、鸡冠洞、重渡沟等核心景区提质工程，"百村千宿"用品一站式体验中心投入运营，基础设施更加健全。新增1个5A级、3个4A级、1个3A级乡村康养旅游示范村，陶湾镇伊源康养谷入选省级康养旅游示范基地，伊源大道入选全国第一批文旅融合发展典型案例。全域旅游与乡镇建设全面融合，按照全域旅游的示范标准，打造了秋扒荷花小镇、潭头汤泉水镇、陶湾养生小镇、石庙滑雪小镇、白土牡丹小镇等一批特色旅游乡镇，初步形成了一镇一品的乡村旅游新格局。休闲农业乡村旅游与精准扶贫融合工程顺利实施，推出了王府竹海、荷花小镇等一批乡村旅游新项目。目前，栾川有近90%的乡镇拥有旅游景区，并在每个乡镇着重打造1~2个乡村旅游示范村以及1~2条沟域经济示范带。

（三）绿色发展工作卓有成效

1. 保持生态领先优势

坚持"两山"理论建设，伏牛山生态功能核心区的建设加快，走产业生态化、生态产业化的发展之路，森林覆盖率位居全国前列。"两降一升"指标全面完成。PM2.5浓度下降29%，PM10浓度下降36.6%。全年环境空气质量优良天数达90%以上，环境综合指数、优良天数等均排名全省第一位，连续5年实现环境空气质量二级达标。出境水断面及集中式饮用水水源地水质达标率100%。庙子镇庄子村成为全市首个"无废乡村"。

2. 巩固绿色屏障基础

不断推动"河长制""林长制"从"有名"向"有实""有效"转变，伊河成功创建市级美丽幸福河湖。实施国家级森林可持续经营试点项目1.1万亩，完成廊道绿化511.5亩，义务植树64.4万株，创建省级森林特色小镇1个、森林乡村示范村5个。完成生态修复380余亩，治理水土流失28.1平方公里，创建省级绿色矿山1个。

3. 畅通内外交通网络

栾卢高速建成通车，石张线、环湖路、下白线、白崇路顺利完工，G344改建进展迅速，"内畅外联互通"的交通框架基本形成。生态伏牛一号旅游公路栾川段基本建成投用,"快进慢游深体验"的交通服务体系更加完善。

(四)全域旅游服务品质不断提升

1. 营销活动持续推进

借力第四十届中国洛阳牡丹文化节,开展文旅四大类型促消费活动。一是开展旅游惠民活动。联合中石化推出"你游栾川我送油"旅游惠民活动,绑定推出景区套票和加油消费券,活动期间全网曝光量突破1.2亿次,接待游客120.79万人次,实现旅游综合收入2.04亿元。二是开展网红打卡活动。瞄准网红群体举办千名达人播栾川活动,吸引厦门阿波及百名网红达人通过短视频、直播、热门话题等媒体维度"打卡"栾川旅游,截至目前,厦门阿波短视频"登上栾川老君山"全网播放量2.8亿次,点赞量突破530万次,三批达人全网视频总播放量超过6.55亿。"休闲到栾川享受慢生活"抖音、快手话题量超过10亿次。三是开展大学生优惠活动。瞄准大学生群体推出"奇境栾川·游出花young"春游季活动,面向全国在校大学生推出9大景区门票免费活动,配套推出系列优惠政策,吸引近2万名大学生赴栾旅游,进一步提升栾川对青年客群市场的吸引力。四是开展"花样"节庆活动。以鲜花为媒推出中国·栾川首届蕙兰文化节、老君山仙山花海节、鸡冠洞郁金香花海节、白土镇连翘花节、陶湾镇桃花节等"花样"活动,让游客体验"沉浸式"赏花。其中,中国·栾川首届蕙兰文化节3天时间累计交易额突破1.5亿元,节会综合效益超2亿元。五是以第十三个"5·19中国旅游日"为契机,举办"休闲到栾川享受慢生活"栾川文旅专场直播活动,"栾川文旅官方直播间"排名抖音平台当日同时段全国团购带货榜第85位。3天直播活动累计超过15万人次在线观看,所有商品成交总订单数为9928件,累计销售门票、民宿等产品总金额突破44万元,官方抖音账号粉丝突破10万人。

2. 消费场景不断丰富

一是在栾故里特色街、老君山地质广场等设置美食烧烤一条街,啤酒节、音乐会、打卡等青年活动。二是鸡冠洞推出溶洞咖啡、仙宫奶茶等，进一步丰富消费业态，创造旅游经济新场景。

3. 服务品质不断优化

2023年"五一"期间，因老君山景区超过最大接待量，大量游客因未提前预约而无法进入，景区暖心为他们送上"十年欠条"，凭"欠条"可免费入园一次；鸡冠洞景区为游客送上解暑消渴雪糕近万支；重渡沟景区推出不限量"一元"系列产品，如咖啡、点心等。全县460余名志愿者专门在交通要道、旅游景区等游客集中区域设立旅游服务咨询台，为游客提供服务，城区4个公共停车场、23个单位的停车场和厕所免费向游客开放。

三 栾川县全域旅游存在的主要问题

栾川县实施全域旅游发展战略带动经济发展已经取得了初步成效，但在资金投入力度、公共服务设施完善、环境保护、旅游产品开发、从业人员素质提升等方面尚存在一定的不足。

（一）资金投入力度有待加强

一方面，栾川县旅游相关政策及管理制度比较健全，但管理力度有待加强，对旅游业发展专项资金支持规划实施的效果不够理想，部分项目进展因资金问题受到影响。另一方面，相关部门招商引资能力需要进一步提升。在财政资金支持力度力不从心的同时，招商引资经验和能力的不足，更是加重了资金困境，难以吸引有力的开发商对项目投资。

（二）公共服务设施有待完善

首先受栾川地处伏牛山腹地地理位置的影响，栾川的很多景区都处在深山区，县城外部交通及内部交通通行时间较长，制约游客前往。其次，配套基础设施不足，如新能源充电桩、公共卫生间等数量较少，影响游客出行体验。

（三）旅游产品开发有待升级

文旅产品多为山水观光游、避暑游，景区同质化严重，没有形成差异化的发展态势，中医药游、健康游、养老游等产业发展滞后，且与旅游的契合度不够，未能形成新的吸引力。个别景区陷入经营困境，比如养子沟、抱犊寨、龙峪湾景区的状况堪忧。

（四）从业人员素质有待提升

栾川县旅游从业人员大部分是土生土长的村民，缺乏专业的知识和系统的培训，整体上来看，栾川全域旅游在经营管理、营销、服务等方面缺乏高素质高水平的管理人才。首先，受软硬条件和生活条件等限制，不利于引进旅游管理人才，导致专业人员不足。其次，现有人员创新营销能力不足，导致部分景区吸引力不高。最后，部分从业人员服务意识和服务水平不够强，难以满足游客的各种需求。

四 栾川县全域旅游发展对策建议

针对栾川县全域旅游中存在的相关问题，提出如下几点建议。

（一）加大力度争取资金支持

栾川县旅游资源禀赋好，要充分发挥旅游优势。

一是要密切关注上级政策导向，用好政策资金。锚定中央预算内、国债、专项债等资金支持政策，做好项目谋划。二是围绕新文旅等风口产业，加大招商力度，采用大员招商、专业招商、驻点招商等传统方式以及以商招商、基金招商、金融招商等多元方式，广泛推介栾川旅游产品，主动对接项目信息，确保项目落地。

（二）全面优化城市旅游功能

根据洛阳市城市提质"351"工作举措，打造栾川"休闲慢城"旅居城市品牌。

一是要以县城为枢纽、集镇为节点、中心村为基础，建设旅游环线，构建"快进"大通道，畅通"漫游"微循环。二是完善基础设施建设。积极对接县供电公司等相关单位，对景区停车位以及新能源停车位等合理规划，解决停车难问题。三是积极建造一批星级旅游公厕，改造一批旅游公厕，还应当把厕所管理质量与城乡卫生整治考评等项目挂钩，使景区管理层、各乡镇政府旅游局都起到主导作用，促进区域旅游品质提升。

（三）聚力打造特色文旅品牌

聚焦各乡镇发展定位，在旅游产品特色上下功夫，在吸收发展成熟地区的经验时，应充分利用本地方的特色，因地制宜地开发规划旅游项目，提高竞争力。

一是要以民宿为风口，打造特色民宿品牌。随着游客需求的更迭，民宿已经不再是旅游配套产品，而逐渐成为目的地产品。要坚持高标准建设、高水平运营，做系统谋划，重点打造县城以及热门景区如老君山、重渡沟、龙峪湾等民宿集群，积极推进沉浸式剧本杀、手工制作、旅拍等业态进民宿，丰富民宿内涵。二是提供独特的旅游体验。根据"一乡一特色"的要求，建设乡村网红打卡点。三是创新活动营销。策划避暑节，音乐节，露营节等潮流活动，充分运用李永涛金顶、栾川豆腐、汉服等网红因素，开展网络矩阵式宣传，保持栾川旅游热度。

（四）持续加强旅游人才管理

未来旅游业发展的竞争尤其是资源高度同质化的区域性竞争，一定程度上是旅游人才的竞争。因此，必须加快补齐人才短板，持续加强旅游人才管理，夯实全域旅游发展的人才基础。

一是加大力度引进旅游专业人才。积极建立奖励制度，吸引高素质旅游从业人员，抓好高端人才的引进。如，对接洛阳市高等院校或旅游专业技术学校进行校企合作；在公务员考试以及选调生考试、人才引进等方式中，增加旅游专业人才岗位。尤其是对旅游领域的专家和高端人才应实行一人一策的办法，不拘一格用人才，为创新发展提供人才支撑。二是全面系统地做好技能培训。创新从业者岗前、岗中的培训方式，组织旅游从业者线上线下双培训，全面提升其服务和素质水平。线上可采取录制短视频的方式，让不同岗位的从业者能随时随地进行培训；线下可组织民宿主、从业者到先进地区进行观摩，在学习中提升能力。三是对从业人员进行规范化管理，以服务品牌和服务质量为主，全面提升服务水平。

参考文献

［1］杨瑞晖：《乡村振兴战略背景下乡村旅游新路径研究——以洛阳市栾川县为例》，《漯河职业技术学院学报》2024年第5期。

［2］张妤：《乡村振兴背景下塑造文化旅游品牌的路径研究》，《山西农经》2024年第17期。

［3］孙建竹：《数字经济赋能乡村生态文化旅游融合发展研究》，《农业经济》2024年第8期。

［4］严琰：《文化旅游资源对区域经济发展的促进作用研究》，《西部旅游》2024年第15期。

［5］王玉：《乡村振兴视域下乡村文化旅游产业发展策略研究》，《智慧农业导刊》2024年第4期。

［6］刀吉才旦：《文化旅游产业赋能乡村振兴》，《文化产业》2024年第16期。

［7］何静、李珂、贾丹阳：《乡村旅游营销策略研究——以河南省洛阳市栾川县为例》，《农村·农业·农民》2024年第6期。

［8］王炳照：《乡村振兴战略下乡村旅游对欠发达县域经济的影响——以栾川县为例》，《农业与技术》2023年第3期。

［9］杨银丝、汪霞：《全域旅游背景下乡镇国土空间规划思路探析——以河南省洛阳市栾川县陶湾镇为例》，《建筑与文化》2022年第12期。

［10］何静、连子怡、刘子齐：《后疫情时代乡村旅游可持续发展的模式研究——以河南省栾川县为例》，《统计理论与实践》2022年第7期。

［11］姚方方：《河南省栾川县发展乡村旅游产业研究》，《洛阳理工学院学报（社会科学版）》2022年第2期。

［12］李晓愚：《乡村旅游转型提升之路探索——以河南省栾川县为例》，《农业经

济》2022 年第 4 期。

［13］张孟、贾一凡、董新月等：《乡村振兴背景下栾川县乡村旅游可持续发展存在问题研究》，《山西农经》2021 年第 9 期。

［14］任瀚、刘志、陈强：《乡村生态旅游居民支持度提升策略研究——以河南省洛阳市栾川县重渡沟村为例》，《四川旅游学院学报》2021 年第 2 期。

［15］李梦柯、付伟、李仲铭等：《乡村振兴背景下栾川县乡村旅游发展路径研究》，《安徽农学通报》2021 年第 4 期。

［16］刘亚鹏：《新媒体时代乡村旅游营销策略》，《乡村科技》2020 年第 21 期。

［17］李航宇、许倩、孙红伟等：《乡村振兴战略视角下栾川乡村旅游业调研报告——以栾川县为例》，《农家参谋》2019 年第 22 期。

［18］宁永丽、侯玉霞：《乡村振兴理念下栾川县乡村旅游提升对策》，《华北水利水电大学学报》（社会科学版）2018 年第 6 期。

［19］李定可：《乡村旅游新业态研究——以洛阳市栾川县为例》，《洛阳理工学院学报》（社会科学版）2018 年第 1 期。

B.13
嵩县推动新文旅业态再造的问题与对策建议

嵩县党校课题组*

摘　要： 近年来，嵩县厚植文化和旅游资源优势，锚定"旅游富民"战略目标，以旅为优，致力打造"以高端民宿建设为引领，以康养文旅相结合为实质"的新文旅业态，促进文化和旅游深度融合发展，持续叫响"湖山圣域·嵩县爱你"品牌，助力乡村振兴。本文梳理总结嵩县新文旅业态融合发展现状、发展面临的问题，以期为推动嵩县新文旅业态再造提供路径探索。

关键词： 新文旅　文旅融合　业态再造

嵩县位于洛阳市西南部，因地处嵩山起脉而得名，总面积3009平方公里，为全省第四版图大县。现辖12镇4乡296个行政村41个社区，总人口65万。嵩县山高水长，生态优美，是全省生态功能县、全市生态涵养县。

近年来，嵩县深入贯彻习近平总书记关于文化旅游融合发展的重要指示和党的二十大精神，落实省委文旅文创融合发展战略，紧扣市委"颠覆性创意、沉浸式体验、年轻化消费、移动端传播"工作理念，围绕"旅游富民"战略，扎实推进"1234810"工作计划，不断提振文旅市场消费，推进

---

* 课题组组长：吕媛，中共嵩县县委党校讲师，主要研究方向为旅游文化。课题组成员：李金多，中共嵩县县委党校高级讲师、副校长，主要研究方向为乡村振兴；白玉辉，中共嵩县县委党校讲师，主要研究方向为特色产业；王红涛，中共嵩县县委党校助理讲师，主要研究方向为城市提升；王韶华，中共嵩县县委党校助理讲师，主要研究方向为党史党建。

文化旅游高质量发展，持续叫响"湖山圣域·嵩县爱你"品牌。先后荣获中国旅游强县、全国休闲农业与乡村旅游示范县、国家生态示范县、全国造林绿化百佳县、中国银杏之乡、"中国天然氧吧"等称号。

一 嵩县新文旅业态融合发展现状

嵩县厚植文化和旅游资源优势，抢抓文旅发展新风口，坚持以文塑旅、以旅彰文，深刻把握"颠覆性创意、沉浸式体验、年轻化消费、移动端传播"工作理念，瞄准文旅消费新特点，以项目建设为引领，着力推进特色乡村游、民宿集群、露营基地、康养旅居等建设，推进文化和旅游深度融合发展，持续打造"湖山圣域·嵩县爱你"品牌。目前，全县A级景区及A级乡村游景区共18家，创建省级乡村旅游特色村15个，省级生态旅游示范镇5个，全国乡村旅游重点村2个（黄庄乡三合村、车村镇天桥沟村），全国乡村旅游重点镇1个（车村镇）。拓展汉服游、研学游、美食游、康养游等"+文旅"新业态，高标准策划12条精品旅游主题线路，新打造露营基地12个，新建、改建特色民宿100余家，创建省级研学基地2个、市级研学基地1个，创建省级4A乡村康养旅游示范村1个。全县直接从事文旅经营服务的商户有6850家，从业人员2万余人。2023年嵩县全域旅游1155.2万人次，同比增长42%，旅游综合收入45.42亿元，同比增长56%，进一步提振了文旅市场，文化旅游业已经成为县域经济的支柱产业。

（一）科学规划、统筹布局全域旅游发展新格局

把推进文旅新业态发展作为实现文旅行业高质量发展的重要工作，将旅游新业态工作纳入国民经济和社会发展"十四五"规划，科学编制《嵩县全域旅游发展规划》《嵩县旅游产业发展总体规划》等，进一步明确文旅强县开发空间功能定位和开发时序，加快构建"一心、两片、三环、多点"的发展格局："一心"，即以县城为中心，打造湖城融合休闲度假福地；"两片"，即北部滨湖水文化休闲旅游区和南部山地康养度假旅游区；"三环"，

即形成南北联通的伏牛山1号公路嵩县段、"嵩县爱你"公路、"湖山圣域"公路三条无目的地自驾旅游环线;"多点",即县域内的旅游景区、乡村旅游点、休闲农庄、精品民宿、旅游驿站等旅游支撑体系,形成"两片夹一心,三环连全域,多点来支撑"的全域旅游新蓝图。

(二)以旅为优,持续打造文旅发展新业态

按照"宜融则融、能融尽融,以文促旅、以旅彰文"的总体思路,突出全域性、深体验、可重复"三个着力点",大力发展沉浸式演艺、剧本娱乐、汉服体验等"+旅游"新文旅业态。

"交通+旅游",以伏牛山1号公路嵩县段、"嵩县爱你"公路、"湖山圣域"公路"三环叠翠"无目的地自驾游线路为主线,沿线打造旅游驿站、景观小品,为自驾游客"快进慢游深体验"提供便利。"研学+旅游",打造提升两程故里研学游、阡陌桑田沉浸式农旅研学游。"中医药+旅游",打造叶岭丹参基地,开发中医药研学、药膳康养等旅游产品。"文化+旅游",打造两河口红色文化游等沉浸式新业态,中医文化、康养文化、美食文化、农耕文化、非遗文化走进景区和民宿;烙画、根艺、杨氏烙画、"泥人汪"、木版年画、彩墨绘画、桑蚕小镇丝巾、嵩瓷、丹参蜂蜜、丹参茶、菊花茶、嵩上好礼等一批文旅文创产品正逐步实现积淀和价值转化;嵩上好礼·银鱼酱组合在洛阳文旅"新潮向"系列评选活动中成功入围"洛阳十佳伴手礼"榜单。"农业+旅游",加快农业采摘园、沉浸式休闲农业园建设,打造阡陌桑田农旅研学基地;建设沙坡农耕文化园,打造农文化长廊,开展农耕文化巡演活动;开展石榴节、苹果节、桑葚节、板栗节、红薯节等农事采摘节活动,打造沉浸式农旅业态,增加农产品附加值。"森林康养+旅游",建设嵩县伏牛山养生度假区,打造乡村森林休闲游憩、乡村康养系列产品,建设天桥沟、下庙、铜河、三合等乡村康养旅游示范村。"美食+旅游",引爆嵩县"舌尖"上的沉浸体验游,挖掘乡村特色美食,充分挖掘陆浑银鱼、王老三烧鸡、库区羊肉汤、车村揽锅菜、旧县刀削面等特色美食,打造嵩县县城十大网红小吃;推出陆浑全鱼宴、伏牛山珍宴、面食节、药膳宴等活动,绘制

美食地图,打造美食线路;融合餐饮、旅拍、休闲等新业态,打造环湖网红打卡地。"国风+旅游",提升陆浑故城国风文化游,开展 AR 国学体验活动。

(三)绿色发展,持续擦亮伏牛山水"金字招牌"

围绕嵩县得天独厚的自然山水禀赋,坚持生态优先、绿色发展,着力让"美丽资源"转化为"美丽经济"。围绕"山"做文章,以车村县域副中心为关键节点,强化白云山头部引领,加快国家全域旅游示范区和白云山国家级旅游度假区创建,推动天池山争创 5A 级景区,加快白云山旅游度假区下庙游客中心等的建设,着力打造伏牛山片区旅游集散地和旅游目的地。聚焦"水"下功夫,全面推进环陆浑湖开发,推进"湖山宿集"建设,重点打造高端民宿和高端康养两个品牌,同时高标准配套特色水产品餐饮、环湖绿道、骑行道路等设施,打造环陆浑湖"快进、漫游、深体验"康养度假区,加快由"山城"向"湖城"转变。实施高端民宿三年行动计划,立足高端高质定位,突出连片聚集发展,重点围绕环白云山、陆浑湖、天池山三大民宿集群,按照"五方联动"模式,推出高端民宿"三个一"服务(即药膳美食服务、理疗养生服务、文化赋能服务),全面推动民宿产业发展。目前,天桥沟、下庙、铜河、黄水、顶宝石等民宿集群村落已初步形成,孙店村伏牛山旅游配套园区中央厨房及布草洗涤设施完成建设,全县共建成特色民宿 100余家。"北山漫·归巢""伴园""云合·山间""漫·拾光"等精品民宿已成为远近闻名的民宿品牌,"云合·山间"更是被评为全国甲级旅游民宿,民宿经济整合乡村资源促民增收的黏合剂作用愈发凸显。

(四)建设提速,倾力打造沉浸式文旅目的地

持续完善基础设施,稳步推进"十大文旅项目"建设,做强沉浸式文旅产业链条,不断满足消费新需求,拓展文旅发展新空间。提升沉浸式文旅新体验,坚持以县城为中心,持续实施高都川青春夜八点、嵩州古城等一批沉浸式文旅项目;丰富夜间旅游产品,形成城市夜游集聚区,充分释放文旅

消费潜能，打造魅力嵩县。依托资源优势，因地制宜，推出"嵩州全域露营基地"创建计划，目前德亭镇桃源里、车村镇渐山、何村姜岭、陆浑镇陆浑语、饭坡镇洛沟龙湖、纸房镇五道沟等12个露营基地已经建设完成。已运营的桃源里、洛沟、姜岭、陆浑语等露营基地，融合围炉煮茶、烧烤篝火、露天电影、花田小火车、竹筏划水等业态，吸引众多游客前往打卡露营，成为嵩县文旅新亮点。日均最高接待量超过3000人次，综合日收入40余万元，营地已经成为火爆异常的新晋网红打卡地。围绕沉浸式体验，建设伏牛山1号公路嵩县段、"嵩县爱你"公路、"湖山圣域"公路等三条无目的地自驾游线路268公里，新建旅游驿站30个。坚持以路为轴、山水为幕，着力打造嵩州"大地景观带"，以旅游公路串联产业、生态、人文、历史、乡村旅游、研学旅行、精品民宿、露营基地等，打造水路相连、陆路相连、山路相连的"三环叠翠"旅游公路，全景描绘"十里春风、百里画廊"美丽画卷。从全鱼宴到山珍宴、药膳宴、面食大赛，舌尖上的美味等沉浸式活动深受游客喜爱。

（五）创意增彩，不断提振文旅消费市场

奏响文旅活动"四季歌"，按照春之花、夏之旅、秋之染、冬之韵四个主题组织策划各类活动70余场，从国风赏花到嵩州汉服节、乡村文化旅游节、全域露营大会，汉服体验不断"破圈"引流。推出"嵩县人免费游嵩县""着汉服免门票游A级景区""暑期消费季""住民宿打折""购嵩上好礼折上折"等系列优惠活动，同步配套打造"三环叠翠"精品线路，赏花季精品线路，"汉服礼贤、汉服露营、汉服游山、汉服赏花、汉服研学、汉服快闪"6条线路，国风穿越12条黄金线路，中秋国庆三大主题9条精品线路等，提升了游客的出行意愿，有效刺激了文旅消费。依托乡村旅游特色村，重点围绕重大节日节庆，开展丰富多彩的乡村文旅活动，既丰富了群众的文化生活，又吸引大量游客参与其中，增加了旅游综合收入。举办"我们的中国梦——文化进万家"文艺进社区等活动100余场次，开展"河南省戏曲进乡村"、河南省舞台艺术进基层、洛阳市文化进基层等惠民活动

120场次，切实让人民群众在参与中提升文化获得感、幸福感。各类创意活动形式新颖、内容丰富、气氛热烈喜庆，不仅展现了嵩县乡村文旅新风貌，同时提振了文旅市场。如饭坡镇举办农耕体验活动，沙坡村、焦沟村举办庆端午戏曲演出，何村乡姜岭村举办越野摩托车友谊赛和以"嵩县超爱你 姜岭爆甜蜜"为主题的文旅活动，城关镇北店街村举办嵩州国潮电音节暨城关镇"夏日乐活季"和"魅力城关 四季村晚"暨北店街社区文化合作社节目展演，上仓村在河大办学旧址纪念馆举办河南坠子评书展演，德亭镇老道沟举办书画展、歌舞表演文化活动，黄庄乡举办"伏牛水乡 秀美黄庄"乡村文化旅游研学及庆端午、赛龙舟、汉服游船等活动，陆浑镇陆浑村举办AR国学体验游暨"汉服巡游快闪"活动，田湖镇举办两程故里开园暨汉服礼贤活动、第五届西瓜丰收节等。2023年嵩县全域旅游综合收入45.42亿元，同比增长56%，进一步提振了文旅市场。

（六）赋能创新，用心讲好黄河文化"嵩县故事"

按照"宜融则融、能融尽融，以文塑旅、以旅彰文"的思路，持续推动厚重历史年轻化表达成为嵩县的"流量密码"。构建县域文化品牌，深度参与中华文明探源工程，大力推进两程文化园、伊尹文化园保护与开发，连续举办四届中国·嵩县黄河文化与二程理学当代价值高层论坛，积极筹办白云山国家康养度假论坛、中国嵩县伊尹文化高层论坛，多维度展示嵩县文化魅力。实施"非遗点亮"计划，积极参与创建国家级河洛文化生态保护区，开展黄河流域非物质文化遗产调查、重点文化基因溯源，开展"非遗项目展演""非遗进景区""非遗乡村行""非遗进民宿"等宣传推广活动47场次，发布非遗宣传推文69篇，组织非遗项目参加"鼓动饭坡·唱响嵩州——乡村游启动仪式""2023年白河赏花季""嵩县第八届开渔节"等文旅活动，多形式宣传展示活动突出了嵩县非遗的地域性和特色，唱响非遗传承曲，丰富了乡村旅游。"陆浑戎的故事""杨氏烙画"等72项非物质文化遗产进入各级非遗名录；王记烧鸡、裴师傅月饼等非遗产品走向市场，融入现代生活。培育特色文旅产品，出台《关于有效增加群众收入的意见》，发

展壮大特色富民文旅产业，龙王村开设了河南省首家乡村美术馆，用文化产业赋能乡村振兴。打造陆浑故城文创基地、嵩瓷文创基地，强化"嵩上好礼"等文旅文创品牌培育，陆浑银鱼、白云山土蜂蜜、香菇、核桃、木耳、九皋三色薯、大章香椿等"农文旅"融合产品规模化发展，成为群众增收致富的"香饽饽"。

（七）营销助力，多元融合"年轻化"消费新业态

依托成熟火爆文旅市场，策划各类文旅活动，通过移动端传播，充分释放文旅消费潜能，实现富民增收。激活文旅市场活力，出台《嵩县关于大力招商引资助贤促进民营经济高质量发展的意见》，实施"一对一"包联助贤、企业家培优等活动，与省文旅集团签约，开创优质文旅资源市场化运作新模式，不断提升文旅市场活力。打造移动传播矩阵，紧盯洛阳牡丹文化节、河洛文化旅游节等重要节点，实施"短视频联动计划"；抓好主流媒体、用好新媒体和自媒体，整合宣传力量，创新营销模式，解锁"流量密码"；人民网、央视新闻、河南卫视、《河南日报》、《洛阳日报》、凤凰新闻、搜狐新闻等20余家媒体聚焦嵩县，刊发各类宣传报道150余篇；抖音、快手、微信等新媒体发布嵩县文旅视频10000余条，"嵩县爱你"等话题累计播放量达7亿，嵩县文旅受到广泛关注和赞誉，全面提升"湖山圣域·嵩县爱你"品牌能级。持续做好嵩游记、"嵩州汉服节"、露营大会等出圈活动宣传。2023年"十一"期间，吸引游客67.13万人次，实现旅游收入2.78亿元，全域游焕发出强大的"吸金"魅力，有效带动群众致富增收。

（八）强化保障，确保文旅市场健康稳定

完善公共文化服务体系，持续健全文化馆、图书馆总分馆体系，实现村（社区）级综合性文化服务中心"七个一"达标。充分发挥图书馆公共文化服务职能，推动全民阅读和"书香洛阳"建设，举办线上主题讲座30余场次，线下阅读推广活动35场次，推出陆浑故城（AR）沉浸式阅读体验等特色活动，受益人群达10万余人次。加强文旅行业监管，认真落实安全生产

责任制，全面强化安全监管职责，坚持"文旅融合、安全第一、预防为主、综合治理"方针，以安全生产常态化督导检查为重要原则，积极开展安全风险研判和隐患排查工作，围绕"春节""五一""端午""中秋""国庆"等重点节假日，职能部门开展联合行动，保障文旅市场安全运行，防止发生安全生产事故。持续强化信访稳定、安全生产、消防安全、"扫黄打非"、"三零"创建、"平安护夏"等工作，措施有力，成效显著。截至目前，2024年共出动执法人员1521余人次，开展联合检查4次，专项检查12次，双随机抽查6次，检查文化旅游经营单位500余家，受理办结文化和旅游市场各类投诉323件，开展文化娱乐场所消防安全、旅游设施安全、校外文艺类培训机构、艺术品市场等专项整治和"护栏行动"等工作，有效消除了安全隐患，规范市场经营秩序。

二 嵩县新文旅业态再造面临的问题

嵩县新文旅融合发展虽然取得了一定成效，但是仍然存在一些亟待解决的问题。

（一）发展理念相对滞后

嵩县新文旅刚刚起步，对照"颠覆性创意、沉浸式体验、年轻化消费、移动端传播"新文旅发展理念，工作尚未破局，文旅资源虽丰富，但体量小、布局散、线路长的问题比较突出，相比先进地区，嵩县文旅业态、产业、项目、产品开发、品牌意识等方面存在滞后现象。

（二）文旅业态不够丰富

后疫情时代，旅游消费潜力加速释放，文旅行业正从"资源为王"向"创意为王"转变，从"观光游览"向"沉浸体验"转变，嵩县文旅业态与先进地区相比差距较大。目前文旅业态主要以露营、农家乐、花海、游乐等传统项目为主，这些业态普遍存在季节性强的特点，单点业态内容看似不

少，但比较雷同，大多缺乏可持续性，消费内容单一。缺乏运营创意，亮点不够突出，沉浸式体验项目少；缺乏夜经济、沉浸体验、演绎剧本等新业态；缺乏全天候全季节全年龄段都可以参与的文旅新业态，对游客吸引力不够强。

（三）宣传营销投入不足

嵩县文旅宣传营销资金投入不足，文旅新媒体宣传矩阵还不完善，缺乏专业新媒体宣传人员，"爆点"话题不多，新媒体矩阵效应不明显。缺乏对网络时代创意化宣传推介的探索实践，利用网络、网红宣传推介不够，大多数宣传仍停留在粗放式、运动式层面。

（四）文旅融合深度不够

嵩县历史悠久，建制古老，是人文大县，大禹、二程、伊尹、朱熹、李白等历史文化名人都在嵩县留下过足迹，嵩县不缺文化旅游资源，缺的是对文旅资源的深度挖掘整合、主题提炼和IP打造。目前，文旅元素融合度远远不够，尤其是在对本土特色文化挖掘传承方面尤显乏力。在文化要素整合方面，对中医药文化、理学文化、农耕文化、红色文化、非物质文化遗产等的挖掘远远不够，在深度和广度上都还有巨大的提升空间，尚没有形成独一无二的本地特色，缺乏自身地域特色和核心竞争力。

（五）新文旅专业人才匮乏

目前嵩县文旅业较多依赖于乡村旅游，从业人员大多文化程度不高、专业性不足、服务技能和综合素质不强，旅游服务意识较弱，已不能满足新文旅发展对人才的需求。熟知文旅产业特征并懂得融合之道的运营管理人才，跨领域、跨专业、复合型、创新型的文旅专业人才，具有互联网思维和熟悉新媒体运营及直播、现代媒体营销与传播的文旅人才，高端民宿管理、沉浸体验项目开发、夜经济策划、剧本策划、药膳调理等方面的专业人才缺口很大。

（六）文旅产业链条不全

新文旅产业刚刚起步，旅游收入主要还是依赖门票经济，二次消费、三次消费明显不足；民宿、乡村旅游主要还是农家乐，高端民宿支撑不够，康养项目及民宿延伸服务不成规模。休闲度假、文旅文创产品与产业相融合的体系没有形成，产品附加值不高，市场竞争力不强，有"流量"却没有"留量"，深层次度假体验、文化体验、文创产品等产业效应不明显。

三 推动嵩县文旅业态再造的建议

（一）积极转变发展理念

要统一思想，凝聚共识，创新观念，牢固树立文旅业态再造的新发展理念，紧盯文旅产业新风口，进一步树立大文旅观，坚持以旅为优，明确产业发展方向，把传统观光型旅游向以高端民宿为引领和以休闲康养、大健康为支撑的沉浸式文旅体验发展。破除"大山"思维、官本位思想，树立"跳起来摘桃子"的观念，自觉把嵩县发展放在全国、全省、全市大局中定位和谋划，用工作高标准、目标高定位引领文旅高质量发展。要转变思路，确立"跳出嵩县看嵩县"的视野格局，改变"交差式抓落实"的工作习惯，打破"按固有套路办事"的思维定式，强化"用市场手段推动发展"的工作理念，更加注重统筹谋划，从市场需求出发，强化规划引领，丰富产品供给，完善基础设施，优化招商环境，壮大嵩县文旅核心吸引力。要深入贯彻"+文旅"发展理念，积极主动走出去，借鉴吸收先进地区在新文旅产业新赛道上的实践探索，牢牢掌握发展主动权。进一步扩宽眼界，瞄准文旅要素，大力发展相关产业，做大文旅产业和乡村旅游收入的蛋糕，积极推动旅游与多产业深度融合，相融相生，形成新质生产力。

（二）聚力推动业态再造

重点布局"高端民宿、康养运动、美景旅拍、生态露营、亲子萌宠、

特色美食"六大业态，加快新文旅转型步伐。要做优陆浑湖片区，坚持高端化定位、差异化业态、整体化建设，按照"慎建重改优三态、以投带引聚高端"理念，改造提升陆浑度假村、陆浑宾馆、游客集散中心等国有企业服务水平，打造"湖山宿集"，建设"黄金坞"高端民宿、中原渔村沉浸式体验打卡地及"颜如玉"、海角湾旅拍基地。要做强白云山片区，按照以山上带山下、以民宿带康养的理念，实施民宿集群规划、康养业态提升、A级景区盘活、服务设施完善等四大工程，积极引进全国排名前十的高端民宿运营品牌，加快打造伏牛山精品民宿集群。要做精天池山片区，大力推动山上产业转型，加快3家国有宾馆高端民宿改造，按照一个高端民宿集群、一条主题消费街区、一个沉浸式体验场景的"三个一"思路，推动天池山5A级景区创建。实施天池山景区全年免门票活动，带动全县逐步实现全域景区免门票。丰富年轻化新业态，突出颠覆性创意、沉浸式体验，加快推进文化体验、休闲街区、旅游演艺、高端民宿、消费街区、夜经济等沉浸式文旅项目建设，重点以高端民宿集群建设为引领，建立康养、高端旅居、乡村旅居等文旅招商项目库，全域布局旅拍、露营、美食等体验式文旅项目，促进文旅业态升级、高质量发展。

（三）完善创意营销矩阵

创新开展节会活动，紧盯洛阳牡丹文化节、河洛文化旅游节等重要节点活动组织宣传推介，用好新媒体和自媒体，创新营销模式，解锁"流量密码"，全面提升"湖山圣域·嵩县爱你"品牌能级。强化移动端传播，积极与本土网红达人合作拍摄攻略、人文、美食、美景类短视频，利用微信、抖音、小红书等新媒体平台推广发布，扩大宣传效果，提升"湖山圣域·嵩县爱你"品牌影响力。打造新媒体矩阵，全方位发力移动端传播，鼓励支持注册文旅新媒体账号，积极制作、拍摄、转发与嵩县文旅相关的各类信息内容，实现新媒体累计播放量突破13亿。积极支持社会资本和企业发展乡村旅游电子商务平台，鼓励通过乡村旅游App、微信公众号等网络新媒体手段策划推出四季不同的旅游主题活动，打造四季特色游，实行线上炒话题，线下达人秀，微信、微博等平台多管齐下的方式全面宣传推广乡村旅游特色产品。加强与主流媒体的合作，强化与《河南日报》《洛阳日报》等媒体合作，适时推出总结性文章，将嵩县文旅发展的好经验、好做法推广出去。

（四）深挖文旅融合元素

发挥嵩县理学文化、中医药文化、红色文化、非遗文化优势，深入挖掘优秀传统文化的精神内核和时代价值，以十大文旅项目为载体，发展理学文化研学游、农耕文化体验游、民俗文化展演展示游，展现嵩县文化的独特魅力，充分释放文旅融合的新元素、新内涵，延续历史文脉、讲好黄河故事，将更多的文化资源要素融入旅游产业链。全方位挖掘二程文化、伊尹文化内涵，传承弘扬理学文化、宰相文化、汤药文化、饮食文化，加快重点项目进度，继续对两程故里、云岩寺等已经初步开发的景区进行提升，要持续加大对庆安寺、道安寺、伊尹祠等文化资源的开发力度，形成文化旅游的拳头特色产品。要深挖提炼特色文化元素，深挖嵩县的民俗文化、农耕文化，把背装（嵩县特有的一种舞蹈）等非物质文化遗产宣传和乡村旅游结合起来，打造有文化特点的乡村旅游特色点，要把文化元素同驿站建设、旅游标牌、房屋改造等结合起来，使嵩县的文化元素遍布嵩县的各个角落，营造"文化嵩县"的浓厚氛围。

（五）加强文旅队伍建设

实施新文旅人才引进计划，积极争取组织、人事、编制部门支持，通过引进、公开招录等渠道，招揽文旅专业高素质人才，为文化旅游高质量发展提供人力支撑，注入新活力。定期组织高端民宿、康养、研学、剧本杀、沉浸式项目、新媒体人等新文旅业务知识培训，提高人才专业素养。开展新文旅技能人才培训，新文旅产业是嵩县的三大风口产业之一，继续高质量推进"人人持证、技能嵩县"，采取政府补贴、机构培训、企业吸纳就业等形式，实现技能培训与就业岗位"无缝对接"。持续用好汉服引流元素，练好文旅行业"内功"，开展旅游、非遗传承、汉服妆容造型培训及新媒体新文旅从业人员技能培训。在乡村旅游点，分类开展农家宾馆、民宿、景区管理等旅游从业人员培训，不断提升旅游服务水平和质量，培养一支素质高、业务精的乡村旅游管理、营销、服务队伍。积极引导返乡大学生、旅游人才、文化人才、艺术人才、专业技术人员投身家乡文旅事业发展。

（六）紧抓文旅产业新风口

要针对新的消费需求，抢抓高端休闲、沉浸演艺、研学旅行等产业风口，有的放矢地把新文旅产业做起来。以高端民宿为引领。全面推进"湖山宿集"建设，按照嵩县县委书记调研提出的"洛阳两大优质旅游资源"要求，把陆浑湖建成代表伏牛山水的洛阳南部新文旅地标，不断丰富环湖文旅新业态，打造中原文旅新标杆，加快由"山城"向"湖城"的转变。要做大康养产业，把康养产业作为生物医药产业和新文旅产业的重要组成部分，按照"一核心三基地六载体六路径"的"1366"康养产业发展思路，整合自然生态、历史文化、中医药、民宿、露营、乡土美食、民俗非遗等资源优势，重点打造陆浑湖休闲康养和伏牛山生态康养两大片区，持续实施省级乡村康养旅游示范村建设项目，建设康养标识、理疗中心、食疗中心等配套设施，通过高端规划、聚合优势，延长康养产业链条。实现以中医药为补充的大健康与新文旅产业的有效结合，打造"湖山圣域·康养胜地"，深入布局中医诊疗特色康养点位，加快形成康养产业集群。要做大健康休闲食品产业，把健康休闲食品产业作为新文旅产业的重要支撑。要立足本土优势，叫响"老字号"、培育"新品牌"，加大特色产品宣传力度，提高市场竞争力。要紧盯前沿布局预制菜产业，以基地培育、标准创设、单品突破、品牌宣传为重点，推动陆浑水产、畜牧养殖、非遗食品向预制菜转化，推动预制菜上规模、树品牌。要持续开展山珍宴、全鱼宴、药膳赛等赛事活动，加强与龙头企业的战略合作，完善上下游产业链条。

B.14
洛龙区文化发展报告

关淑一[*]

摘　要： 文化既是软实力，也是硬实力，既是塑造核心价值观的精神来源，也是催生新质生产力的理论指导。因此，文化建设关系广大人民群众日益增长的美好生活需求，也是推动洛龙区高质量发展的重要抓手。当前，洛龙区文化建设事业总体呈向上向好的发展态势，但投入力度不足、公共文化体系结构有待升级、人才队伍建设不强、文旅融合不紧密、文化市场监管力度不够等问题依旧制约着洛龙区文化高质量发展目标的实现。政府主导、多元参与文化市场建设和监管，数字化推动文化遗产保护，加快推动文旅深度融合等仍是今后洛龙区文化发展的努力方向。

关键词： 洛龙区　文旅融合　文化产业

一　洛龙区文化资源基本概况

洛龙区前身是洛阳市郊区，2000年经国务院批准该区域调整更名为洛龙区，位于洛河南岸、洛阳城市区南部，是全国青年发展型县域试点、河南省民营经济示范城市试点、河南省全域旅游示范区、河南省夜间文旅消费集聚区、河南省食品安全示范区、河南省农产品质量安全区，也是洛阳市的行政中心、经济中心、文化中心和体育中心。洛龙区委区政府长期以来高度重视文化发展工作，推出了一系列政策和举措，不断扩展公共文化服务覆盖

---

[*] 关淑一，中共洛龙区委党校讲师，主要研究方向为马克思主义基本原理、文旅文创。

面、加强对文化遗产的保护和宣传、注重文旅融合、强化文化市场监管等，辖区内文化资源日渐丰富。

（一）公共文化服务体系建设

截至2023年底，全区14个镇（街道），共有31座城市书房，镇（街道）基层综合性文化服务中心建筑面积均达到300平方米以上，建成文化合作社140个，其中特色文化合作社44个。区图书馆为国家一级馆，文化馆为国家二级馆。全区有各类博物馆25座，其中，行业性博物馆5座（含2座未在文物部门备案登记），国有博物馆3座，非国有博物馆16座（含2座未在文物部门备案登记），暂未定性博物馆1座。[1]

（二）历史文化遗产及文物

洛龙区拥有龙门石窟、隋唐洛阳城里坊区、关林三个世界级文旅资源，隋唐洛阳城遗址、汉魏故城等285处文物保护点星罗棋布，其中国保5处、省保8处、市保27处（见表1~表3），未定级245处。总体上来看，洛龙区不可移动文物多以古遗址、古墓葬等类别为主，区域大多分布在各镇（街道）。虽然市保级规模较大，但层次较低，且未定级的不可移动文物比例较大，说明对不可移动文物的定级和保护工作仍须加大力度。

表1 洛龙区不可移动文物名录（国保级）

名称	级别	朝代	类别	位置
隋唐洛阳城遗址	国保	隋—宋	古遗址	洛龙区洛河南岸
汉魏故城	国保	东汉—北魏	古遗址	洛龙区佃庄镇
关林	国保	明	古建筑	关林办事处关林村北
龙门石窟（含白居易墓）	国保	北魏—唐宋	石窟寺及石刻	洛阳市南5公里伊河两岸的龙门东西两山
辟雍碑	国保	晋	石窟寺及石刻	佃庄镇东大郊村内

资料来源：洛龙区文化广电和旅游局《洛龙区不可移动文物名录》。

---

[1] 本文数据均来自洛龙区文化广电和旅游局，以下不再一一标注。

表2　洛龙区不可移动文物名录（省保级）

名称	级别	朝代	类别	位置
烨李遗址2批	省保	新石器时代、商	古遗址	学府办烨李村北（河南科技大学内）
邵雍祠5批	省保	清	古建筑	安乐村，洛龙大道东50米
水利设施遗址5批	省保	唐	古遗址	政和路与永泰街相交处
瓦窑遗址5批	省保	唐	古遗址	翠云办二郎庙村南-宝龙广场东南
太平村苏秦墓5批	省保	战国	古墓葬	李楼太平村东南1000米农田中
洛龙区壁画墓7批	省保	五代	古墓葬	龙门龙城社区
圪垱遗址	省保	龙山至商周时期	古遗址	丰李圪垱村北台地上
毕文亨墓	省保	明	古墓葬	科技园办毕沟村南八组农田

资料来源：洛龙区文化广电和旅游局《洛龙区不可移动文物名录》。

表3　洛龙区不可移动文物名录（市保级）

名称	级别	朝代	类别	位置
广化寺	市保	唐—清	古建筑	龙门街道办事处龙门村新村西
齐村遗址	市保	新石器时代	古遗址	李楼齐村西南农田
夏庄遗址	市保	新石器时代	古遗址	李楼夏庄村北
纲常遗址	市保	新石器时代	古遗址	李楼纲常村
皂角树遗址	市保	新石器、商、周	古遗址	关林皂角树村北、洛龙大道东
西石坝墓地	市保	汉	古墓葬	李楼西石坝村北
白碛墓地	市保	晋	古墓葬	李楼白碛村南
曹屯墓地（原无名古冢）	市保	宋	古墓葬	开元办太康路与广利街相交处西南学校院内
南王村墓地（原隋炀帝陵）	市保	隋	古墓葬	太康办南王村北、李楼乡城角村西农田中
焦寨墓地（原无名古冢）	市保	宋	古墓葬	李楼焦寨村焦建伟、焦宗立宅院内
花园墓群（原五女冢）	市保	汉	古墓葬	龙门花园村东南
刘阁老墓（原刘阁老坟）	市保	明	古墓葬	古城办位西村—现洛阳理工学院西校区东北角围墙内
老贯庄村古墓（原无名古冢）	市保	待定	古墓葬	古城办老贯庄村东（现体育中心湖北）
太平萧家老宅	市保	清	古建筑	李楼太平村委会东北
大东村火神庙	市保	清	古建筑	太康办大东村东焦枝铁路西
潘寨关帝庙	市保	清	古建筑	李楼潘寨村南焦（寨）潘（寨）路与胜利渠相交处西北
楼村郭家老宅	市保	明	古建筑	李楼楼村幸福街门牌34号

续表

名称	级别	朝代	类别	位置
茹凹村韩家民居	市保	清	古建筑	安乐茹凹村老西街中部
练庄村石塔	市保	待定	古建筑	关林办练庄村委会
豆府店碑刻（原古碑）	市保	待定	石窟寺及石刻	太康办豆府店村村委外南北走向西街
梁屯梁公祠堂	市保	清	古建筑	科技园办梁屯村西街与西夹后胡洞相交处
三官庙村三官庙	市保	清	古建筑	李楼三官庙村小学北
罗圪垱遗址	市保	新石器	古遗址	佃庄镇罗圪垱村南
相公庄黄氏祠堂	市保	清	古建筑	佃庄镇相公庄村
吕蒙正读书窑	市保	宋	古建筑	佃庄镇相公庄村东北
丰李李氏祠堂	市保		古建筑	丰李丰李村
李王屯福胜寺（丰李镇）	市保		古建筑	丰李李王屯村

资料来源：洛龙区文化广电和旅游局《洛龙区不可移动文物名录》。

非物质文化遗产保护项目方面，洛龙区非遗项目除国家级项目关公信俗由洛阳市申报外，其余均由区各镇办申报。省级和市级非遗项目第一批共5个，第二批增加5个，第四批增加4个，第五批增加9个。虽然第三批没有项目申报成功，但整体维持了连续增长的趋势。

目前，洛龙区非遗项目共83项，其中国家级1项、省级6项、市级17项（见表4）和区级59项。

表4 洛龙区非遗项目名录（国家级、省级、市级）

级别	项目名称	申报地区	批次及批准时间
国家级	关公信俗	洛阳市	第二批2008年6月
省级	洛阳海神乐	李楼镇	第一批2007年2月
省级	曹屯排鼓	开元办	第二批2009年9月
省级	李楼李八先生妇科	李楼镇	第四批2015年9月
省级	邵雍的传说	安乐镇	第五批2021年7月
省级	田山十万	学府办	第五批2021年7月
省级	泥塑（凉洛寨泥娃娃）	李楼镇	第五批2021年7月

续表

级别	项目名称	申报地区	批次及批准时间
市级	二鬼摔跤	李楼镇	第一批 2009 年 7 月
市级	太平狮舞	李楼乡	第一批 2009 年 7 月
市级	皂角树抬阁	关林镇	第一批 2009 年 7 月
市级	四面八方通背拳	安乐镇	第一批 2009 年 7 月
市级	通背武狮	安乐镇	第二批 2010 年 2 月
市级	三官庙挠阁	李楼镇	第二批 2010 年 2 月
市级	任氏痔瘘疼痛专科	安乐镇	第二批 2011 年 9 月
市级	老龙门农家李氏芝麻焦干饼制作技艺	龙门镇	第三批 2013 年 7 月
市级	郭氏管子制作技艺	李楼镇	第四批 2017 年 1 月
市级	百斤游锤撞铁裆功	安乐镇	第四批 2017 年 1 月
市级	头顶钢锥倒立书法功	安乐镇	第四批 2017 年 1 月
市级	百戏	安乐镇	第五批 2018 年 7 月
市级	传拓技艺	安乐镇	第五批 2018 年 7 月
市级	洛阳绞胎三彩制作技艺	安乐镇	第五批 2020 年 8 月
市级	明德堂弓箭制作技艺	科技园办	第五批 2018 年 7 月
市级	王氏营卫气血通剂丸	关林镇	第五批 2020 年 8 月
市级	鹰爪翻子拳	李楼镇	第五批 2018 年 7 月

资料来源：洛龙区文化广电和旅游局《洛龙区非遗项目名录》。

（三）文化旅游资源

全区共有 A 级景区 10 处，其中 5A 级景区 1 处、4A 级景区 4 处、3A 级景区 3 处、2A 级景区 2 处。人文旅游资源包含龙门石窟、关林庙、定鼎门遗址、洛阳市博物馆、凤翔温泉旅游度假区、洛阳梦桃源度假村等。隋唐城遗址植物园、中国国花园、从政坊游园、大同坊游园、兴洛湖公园、洛浦公园南岸景区、甘泉河湿地公园等城市公园点缀其间，突出自然生态观光旅游。文博体育公园、新区体育场等文体设施供群众开展文体娱乐活动，促进文旅体融合发展。正大文化交流中心、牡丹博物馆、大河荟、聂湾小镇、无上龙门沉浸式体验馆、隋唐里坊数字展示馆、"东方博物馆之都"研学营地、伊水游园、阳光里工业游园、"香溢南山"牡丹园、溢坡电影村、隋唐城遗址植物园露营地等新业态旅游资源星罗棋布。

（四）文化产业发展

全区现有规上文化及相关产业企业单位28家，国家和省级文化产业示范基地2个，省级文化产业示范园区1个，国家级夜间文旅消费集聚区1个、省级夜间文旅消费集聚区1个（见表5、表6）。文化示范基地和示范园区的建立，带来的是更优化的文化产业发展，同时也为文旅文创品牌的打造提供了产业平台。

表5 洛龙区国家级和省级文化产业示范基地、园区

级别	名称
国家级文化产业示范基地	洛阳牡丹瓷股份有限公司
省级文化产业示范园区	龙门文化旅游园区
省级文化产业示范基地	洛阳牡丹瓷股份有限公司、洛阳三彩艺陶瓷有限公司

资料来源：洛龙区文化广电和旅游局。

表6 洛龙区国家和省级夜间文化旅游消费集聚区

级别	名称
国家级夜间文化旅游消费集聚区	洛阳龙门石窟
省级夜间文化旅游消费集聚区	洛阳市洛龙区环开元湖商圈

资料来源：洛龙区文化广电和旅游局。

洛龙区现拥有"洛阳礼物""龙门金刚""李学武牡丹瓷""郭爱和三彩艺""一朵牡丹"等知名文创品牌产品47类442余件。为推动河洛地区优秀传统文化的创造性转化和创新性发展，洛龙区大幅提升文创载体供给，建设打造"洛阳文化双创产业园"项目，作为推广栾川、洛宁、新安、洛龙等10个县（区）民营文化创意企业特色文化、特色产业项目的集中展示区。

洛龙区以抢抓文旅产业新风口、建设"沉浸式文旅目的地"为目标，围绕"潮玩""潮游""潮味"等新业态，推动文化旅游与科技、工业、会

展、体育、生态、农业等相关产业融合创新，催生出牡丹博物馆、无上龙门沉浸式体验馆、隋唐里坊数字展示馆、"东方博物馆之都"研学营地、伊水游园、阳光里工业游园、"香溢南山"牡丹园、溢坡电影村等一大批特色鲜明、效益突出的文化旅游新业态新产品。文化旅游业、工艺美术业、牡丹文化产业等主导业态发展强劲，演艺娱乐业、会展业、传媒业等优势业态发展态势良好，剧本娱乐、数字文创、数字文博、互联网信息服务、研学游、康养游等新兴业态亮点频现。

二 洛龙区文化发展取得的成效

近年来，洛龙区委区政府高度重视文化建设，将其摆在优先发展的战略地位，紧紧围绕《洛阳市"十四五"文化旅游融合发展规划》制定的目标任务，聚焦"对标深圳南山，建设创新高地"总目标，突出重点项目和关键环节，持续以超常规举措推动文化建设高质量发展，新文旅业态呈强劲发展态势，全区文化发展进入良性循环发展阶段。

（一）公共文化服务体系建设不断完善

1. 加快文化基础设施建设，拓宽公共文化服务阵地

洛龙区以普惠化、便捷化和均等化为基础原则，整体布局文化阵地建设，着力打造"文化服务圈"，为群众提供全面便捷的文化服务，进一步扩大公共文化服务覆盖面。将镇（街道）文化服务中心建设纳入规划，完善基层综合性文化服务场所，镇（街道）基层综合性文化服务中心建筑面积均达到300平方米以上，建成文化合作总社1个，文化合作分社14个，村（社区）文化合作社172个，实现了洛龙区14个镇（街道）154个村（社区）文化合作社全覆盖。

2. 公共服务供给逐渐多元化，全民共享覆盖面扩大

洛龙区持续擦亮"洛龙读书会""行走河南 阅见美好"阅读品牌，2022年开展"名家进书房""阅读服务进社区"等各类阅读推广活动500余

场，将活动延伸至书店、景区、博物馆等地，洛龙区图书馆荣获河南省文旅厅颁发的"2022全民阅读"系列活动优秀组织单位、优秀文化志愿团队、优秀阅读品牌和优秀公共数字文化服务案例等4项荣誉。2023年打造社区精品书屋3座，持续推动全民阅读，兴洛湖城市书房荣获河南省"最美公共文化空间"，洛龙区图书馆获评国家一级图书馆。此外，充分利用社区邻里中心等文化设施，策划"红色文艺轻骑兵"系列活动14场；做好区级文化活动统筹规划，调动各镇（街道）和基层文化中心的各类资源，组织开展文化合作社优秀节目展演24场、大型赛事类活动5场。

3. 文化惠民活动持续繁荣，实现发展成果全民共享

洛龙区深入实施文化惠民工程，结合各年龄层群众文化需求，打造一批精品文化活动。举办洛龙区文化惠民音乐市集、洛龙区邻里文化节、"潮起洛龙"青年街头艺术大赛、洛龙区文化惠民演出季、"湖畔有艺·青春有集"洛龙区文化市集等7项活动，免费向辖区群众发放惠民演出票近3000张。2023年开展文化惠民演出活动105场，开展"文化进社区"活动70场，与社区结对帮扶体验式培训80场，举办村（社区）文化合作社文艺培训140场，涵盖书画、汉服妆造等，培训文艺骨干和文化合作社学员4000余人次，进一步提升基层文化工作人员的文艺素养和工作水平。

策划了洛龙区"街头艺术表演"系列活动，鼓励引导民间艺人和文艺爱好者参与街头艺术表演，创新移动式表演体验；开展致青春星空音乐会、带着书本去旅行等直播活动11期；在隋唐里坊举办"盛世隋唐、里坊梦境"活动，通过沉浸式夜游、国潮文化集市等形式，丰富市民和游客夜间文旅体验。长期开办市民艺术夜校，设置美术类、器乐类、舞蹈类、传统文化类、生活时尚类5大类30余门课程，每期惠及群众500余人次，充分满足市民需求。

（二）文化遗产及文物保护工作卓有成效

1. 大力开展文化遗产宣传活动

开展非遗进景区活动，组织社火、打铁花、通背武狮、古琴演奏等非遗

项目展演，让游客感受非物质文化遗产魅力，促使非遗文化"火"起来。开展非遗进社区活动，将非遗剪纸、汉服及传统礼仪、古风花茶、曹屯排鼓等引进社区，在丰富群众文化生活的同时促使非遗文化"活"起来。开展非遗进课堂活动，开设汉服文化等技艺兴趣课堂，让群众领略中国传统工艺制作的风采，促使非遗文化"热"起来。另外，结合重要节日，举办曹屯排鼓、洛阳海神乐、闫氏唢呐、百戏等项目观演活动，进一步深化人民群众的非遗保护理念，提高全民非遗保护意识。

2. 积极开展文物保护工作

严格贯彻落实《洛阳市文物安全管理责任制》和《洛阳市不可移动文物安全管理办法》，实行文物安全责任制，按照"属地管理""谁主管、谁负责""一岗双责"的原则，形成文物安全责任制管理格局。同时，紧紧围绕"文物保护"主题，敞开大门、破圈融合，线上线下并行，以"安全生产"和"12.4普法"等宣传月为契机，编印《文物保护法》《文物法规读本》等宣传资料，以新媒体平台为载体，加强信息宣传，推动文物普查、文物保护等活动有效开展。

积极配合重点文物利用项目建设，如期完成"两坊一街""隋唐城南城墙遗址公园"建设的拆迁腾地和环境协调工作。推行"考古前置"，实现文保城建双赢，逐年提升不可移动文物保护经费预算，及时更新文物古建消防用品。实行"一账二挂三护"管理办法，完善业余文物保护员百分考核制度，强化镇办文物管理和基层工作实效。全面落实洛龙区文物保护单位的"四有"建设，先后树立市级以上文物保护单位的标志说明碑10处。

遵循"修旧如旧"原则，挖掘社会潜力，利用民间资源，开展抢救性修缮，确保一批濒危、坍塌、漏顶的文物古迹得到修葺和利用。借助民力完成修缮三官庙戏楼、三义殿等十余个项目，其中三处文物晋升为市保单位、两处文物晋升为省保单位。引导社会力量实施邵雍故居项目等文物合理利用，以邵雍祠为主体，募集资金300万元，对皇极书阁、大殿、二殿修缮工程和大门楼、周南阙里、牌坊进行复建，建为文旅园区。此外，积极争取上级支持推进省保单位邵雍祠的文物建筑三防工作。

在文物执法工作中，近年来先后实施打击文物犯罪1起，报案快速出警4起，舆情处置出现场8起，共抓获盗掘和收购文物犯罪嫌疑人13人，截获文物50余件。文物安全上的联动快速反应有力震慑了文物犯罪分子，洛龙区文物安全管理工作有序开展。

3. 稳步推进大遗址保护工作

依托天街遗址保护展示贯通提升工程，对天街十二坊进行整体谋划打造，做好天街两侧观德坊、修文坊、安业坊、宣风坊、淳风坊、淳化坊业态布局及物理空间建设，恢复洛阳古都历史中轴线气象、叫响"盛世隋唐"品牌，打造大遗址保护3.0版本的"洛阳新形态"，让新城区留住老记忆，让文物资源活起来，让产业业态产品融进来。目前，正在按照市委安排部署，围绕复原坊间道路格局，加快教坊街施工。淳化坊已形成初步规划方案，安业坊已建成投用民宿28家，拟修整建设6家，民宿集群已初具规模。

关林片区位于开元大道以南、伊洛路以北、龙门大道以东、三川大道以西区域，总面积约5平方公里，总投资约210亿元。其中关林新文旅单元总占地约1000亩（含关林庙景区200亩），将依托关圣文化，强化互联网思维，以青年视角，深度策划话题、热点，建设青年文旅打卡目的地。

（三）高品质文旅融合性日趋加强

1. "文旅+品牌"：提升影响力

洛龙区充分发挥独有的旅游资源优势，在做大做强龙门石窟、关林等文化IP的同时，塑造"盛世隋唐"新品牌。把隋唐历史文化、石窟寺文化、关圣文化和牡丹文化等区域特色亮点IP转化为可运营、可创意、可变现的产业发展资源，以高质量文旅成果展示城市空间肌理，彰显文化内涵魅力。

为提升旅游品牌核心价值，突出历史记忆和人文地标的有效结合，以文旅小镇、特色商圈等为主要载体，加强具有吸引力、代表性、影响力的旅游文化建设，全面提升旅游目的地的品牌价值。如持续提升龙门石窟、环开元湖商圈等夜间文旅消费集聚区，开发夜游、夜探等夜间文旅主题活动；重点打造聂湾文旅小镇"三轴三区"，目前已建成的区域占地140亩，建筑面积

2万余平方米，已入驻隋唐精品酒店、黔园·酱酒文化馆等企业22家。

2."文旅+科技"：彰显智慧化

为对游客提供一站式文旅服务，辖区A级景区实现5G+大数据应用全覆盖、移动支付全覆盖，重点景区均实现在线预订、移动支付等智能化服务，增强全域安全视频监控、票务客流监测、智能导游、智慧宣传营销等系列智慧旅游功能。文旅资源与科技创新要素的相互衔接，推动建成隋唐里坊文化数字展示馆、无上龙门沉浸体验馆、牡丹博物馆等一批沉浸式数字体验场馆。关林、国花园景区建立了大数据综合指挥中心，"互联网+"智慧旅游景区新业态不断壮大，使旅游消费更便捷。目前，龙门石窟达到5钻标准，中国国花园达到4钻标准，关林景区达到3钻标准，龙门石窟智慧文旅数字孪生平台项目入选文旅部2022数字化创新实践优秀案例，无上龙门沉浸体验馆入选2022智慧旅游创新项目，洛阳大河荟入选第一批河南省科技旅游示范园区试点单位和"洛阳十大文旅新地标"榜单。

3."文旅+剧本"：增强体验感

洛龙区积极拓展沉浸式、体验式、互动式新场景，打造洛龙文旅新品牌，引领洛龙文旅新潮向。聚焦"颠覆性创意、沉浸式体验，年轻式消费"，举办中国洛阳剧本行业峰会，鼓励支持沉浸式演艺发展，《寻迹洛神赋》入选2023年文化和旅游数字化创新示范优秀案例。

围绕打造全国最具影响力的剧本娱乐产业集聚地目标，建设剧本娱乐产业园，以本土企业FB、卡卡等剧本头部企业为核心，发展剧本娱乐产业总部经济，延长剧本娱乐产业链，促进行业集聚创新发展，带动剧本创作、NPC和DM就业培训、剧本IP产权打造、剧本发行等剧本娱乐全产业链发展。剧本娱乐产业园精彩出圈，累计接待省市区各级考察调研80余场1000余人次。

4."文旅+业态"：焕发新动能

洛阳市跨境电商综合示范区展示中心和产业园落户洛龙区。洛阳市广电数字产业园、洛龙文化双创产业园、关林直播电商产业园、炎黄科技园、顺兴产业园、863创智广场等一批文旅产业园区顺势而起集约发展，成为文旅产业转型升级融合发展的助力器。洛龙区大力鼓励、支持文旅企业积极发展研学旅行、户外露营、旅游演艺、精品民宿等文旅新业态，促进文旅产业焕发新动能。2023年，洛龙区笨爸爸工房、正大乐影城、遇见南山野孩子乐园获评洛阳十佳文娱潮玩地称号；洛龙区成功入选国家文化产业和旅游产业融合发展示范区建设单位名单。

持续开展"古都夜八点"系列活动，培育文旅夜间消费新氛围。龙门石窟、洛阳博物馆、国花园、隋唐城遗址植物园等景区分别推出夜间游览活动，丰富"古都夜八点"文旅业态，点亮夜经济，实现文旅和产业发展"白+黑"式可持续发展。

深入推进文旅与体育融合，高标准建设伊水游园，配套建设足球场、篮球场、羽毛球场等健身广场，设置房车营地、帐篷营地、休闲生活驿站等便民设施，成为城市休闲健身、生态旅游的新地标。2022年，天鹅湖伊河湿地游园获评河南省休闲观光园区。

推动旅游与工业融合，建成阳光电厂文化双创园，依托和开发利用阳光电厂工业遗产，结合星空露营、灯光夜游、游乐美食等业态，邀请专业DJ和MC演绎知名电子音乐，开展阳光里电音节促消费活动，打造集文化、旅游、创意、双创等于一体的文旅产业园区。

推动旅游与教育融合，开发一系列研学课程，其中隋唐城遗址植物园依托自身优势，深入挖掘隋唐里坊文化，注册了"坊间少年"研学品牌，开发了少年坊主、少年染匠、少年花儿、少年雅集等系列课程，采用沉浸式、互动式的研学活动，对里坊文化、植物扎染拓印、古代诗词等方面的知识进行教育培训，激发学生主动学习传承传统文化的兴趣和热情。目前，洛龙区有市级研学旅行营地1家、研学旅行基地3家、市级研学旅行承办机构3家。

推动旅游与农业相结合，对田园风光、乡村文化、红色文化等具有开发基础和潜力的资源进行梳理整合，打造安乐街道隋唐古渡房车露营基地、学府街道遇见南山野孩子公园、李楼街道花卉产业园、科技园街道溢坡电影村等一批文旅产业赋能乡村振兴项目，培育发展文化旅游特色村，实现文旅兴农富民，助力乡村振兴。

（四）文化市场发展逐步规范

1. 强化市场监管力度，促进文化市场规范化发展

洛龙区文广旅局权责清单上行政职权所涉的36项已全部录入河南省政务平台，至今共通过全国文化市场技术监管与服务平台办理行政许可92项；加强与110联动，推进网民诉求处理，共处理诉求412起，切实维护辖区群众和游客利益。按照"边排查、边督促、边整改"的工作思路，对辖区文化艺术类培训机构逐一核查、登记、造册；加强培训机构监管力度，有效解决350余名蕃茄田家长诉求，涉及金额170余万元，成功化解群众矛盾，防范重大风险，该典型经验做法以通报表彰的形式在市、区两级进行推广。对辖区29家网吧、15家歌舞娱乐场所、2家游艺娱乐场所开展日常巡查、举报投诉检查等共计283次，发现问题34处，已全部监督整改完毕，保障文化市场平稳运行。

2. 狠抓日常安全监管，保障消费环境安全

强化市场监管，全面整治不合理低价游、强买强卖、虚假广告宣传等行为，及时受理投诉举报，解决消费纠纷，查处违法违规行为，确保游客权益。全年出动2000余人次检查文化市场安全，有效净化了市场发展环境，有力保障了游客文旅消费安全。

三　洛龙区文化发展中存在的主要问题

在区委区政府的领导下，洛龙区文化发展取得了较好的成绩，但仍面临着缺乏专业人才、投入力度不足、文旅融合不够紧密等众多制约因素，全区文化高质量发展整体上仍需要进一步加强。

（一）专业人才缺乏

在文化建设过程中，人才起着至关重要的作用。但当前洛龙区文化发展方面的高层次人才数量严重不足，尤其是缺乏复合型专业技术人才，受薪酬待遇、贴近基层等环境影响，对高精尖人才的吸引力不足。除此之外，现有

从业人员中还存在专业化程度不高、所学专业与岗位不适配、文化队伍新生力量缺乏、年龄结构差异大等问题。

（二）投入力度不足

近年来，洛龙区对文旅融合的投入力度与现实需求尚存在差距。一方面，洛龙区作为中心城区，其经济发展、教育卫生、乡村振兴等方面都需要大量投入，而面对日益蓬勃的文旅行业，容易形成后劲不足、高质量发展受到制约的困难局面；另一方面招商引资挑战性较大，文旅发展存在开发投资大、风险高、见效慢等特点，这严重影响社会资本进驻文旅开发建设领域的主动性和积极性，投融资渠道和平台不健全、不完善，招商难、融资难、引资难的瓶颈依然难以突破。

（三）公共文化服务有待升级

随着信息技术的更新迭代，公共文化服务的供给和需求未得到有效衔接。公众的文化需求不断增加且个体差异性明显，有效识别公众的差异性需求、有针对性地提供服务满足需求、提高文化场馆的利用率、推动城乡公共文化服务均衡发展、高质量打通文化服务的"最后一公里"成为亟须解决的关键性问题。

（四）文旅融合发展抓手不够

对文化内涵的挖掘不够深入，在优秀传统文化的创造性转化、创新性发展上存在短板。如近年来，"洛阳汉服"火爆出圈，但汉服体验多停留在打卡拍照的浅层次上，运用高科技手段打造的沉浸式体验场地还较少，也缺少通过汉服体验带动游客进一步探究汉服文化的手段。

文旅业态不够丰富、基础配套设施还不够完善，优质露营基地、自驾车营地和青年旅社等受青年欢迎的旅游产品较少；缺乏高品质的大型文旅项目，对高端客群吸引力不强，将流量转化为"留量"、客流转化为"财流"的措施还需要进一步强化。

（五）监管力度仍需加大

市场控价缺乏系统性管理。在重大节假日期间存在核心区住宿难、住宿贵的情况，平时 100~200 元的酒店，在牡丹文化节和重大节假日期间涨价至 400~500 元，甚至上千元，游客对此反映较为强烈。此外，在各大景区售卖文创的周边存在盗版售卖、不同店铺价格不一的现象。

监管形式有待创新。一方面监管形式因循守旧，监管主体习惯采用处罚、强制等刚性手段，容易造成监管效果反作用；同时监管主体以从业人员为主，社会参与度有待提高。另一方面随着新兴技术的发展和适用，运用人工智能加强文化市场监管的潜能有待进一步激发。

网络文化市场监管力度较小。互联网环境下，文化产品的生产和传播流程很难预判和控制，内容样式的迅速裂变和衍生又进一步加大了审核难度。因此，如何防范制止低俗、荒诞等不良内容在网络上的传播成为迫切需要解决的难题。

四 洛龙区文化发展的对策建议

当前，是洛龙区抢抓文化发展新风口，贯彻落实《洛阳市"十四五"文化旅游融合发展规划》发展目标、重点任务，构筑文化旅游发展新空间等文化建设高质量发展的关键节点。为此，针对当前洛龙区文化发展存在的不足，提出如下建议。

（一）健全优质均衡的现代公共文化服务体系

1. 健全公共文化设施网络

根据洛龙区的整体布局和特色需求，尽可能融合更多的文化阵地和资源，提高文化设施密度，坚持以人为本，探索城市社区嵌入式服务设施建设，打造集公园、城市书房、社区健身中心等于一体的"15 分钟文化圈""15 分钟健身圈"。推动区图书馆、区文化馆、城市书房、博物馆等功能整

合，最大限度地扩展文化空间和旅游空间的双向赋能，将文化场馆打造为共享空间。加强对城市书房的统一化、数字化管理和服务水平，扩大"15分钟读书圈"的影响力和号召力。

2. 丰富文化供给

持续深入推动各类群众文化活动，创新谋划一批内容新颖、形式多样、内核丰富的精品文化活动，让群众乐享优质文化服务。在传统节日开展书画、非遗展和文化合作社节目会演等群众喜闻乐见的文化活动；持续开展流动服务下基层、红色文艺轻骑兵演出等文艺活动；针对老年人、未成年人、残疾人等群体开展有针对性、有特色的公共文化服务。

深挖洛龙隋唐文化底蕴，持续优化"洛龙读书会"品牌活动。依托流动服务车，开展图书借阅、公益讲座、亲子教育等形式多样的服务活动；实施青少年阅读素养提升计划，开展"名家话洛龙""好书推荐""童萌童趣"儿童绘本等儿童阅读推广系列活动。

3. 加强队伍建设

健全优质均衡的现代公共文化服务体系离不开人才作用的有效发挥。要多措并举，引进更多高学历人才和专业化、复合型人才；逐步完善岗前培训、全员培训、定期培训等人才培训长效机制；健全奖惩制度和保障机制，实现有效管理，通过规章制度明晰岗位职责，对为公共文化服务做出突出贡献的人才应予以奖励，以此提高从业人员的主动性和积极性。

4. 强化数字化建设

新兴科学技术的不断涌现使数字化建设成为构建公共文化服务体系的必然要求，因此要积极参与技术创新，推动"科技+公共文化服务"的发展。强化顶层设计，基于需求导向，因地制宜地搭建具有洛龙特色的公共文化服务数字平台，整合全区的文化资源，强化区域文化建设，通过资源共建共享、业务互动协作等手段，为公共文化服务体系建设提质增效。区图书馆、文化馆以及城市书房等公共文化场馆要树立线上服务意识，依托新兴技术，开展线上阅读比赛、教学活动等，突破公共文化服务的时间和空间限制，扩大服务范围。

5. 促进公共文化服务提质增效

《洛阳市"十四五"文化旅游融合发展规划》指出："坚持政府主导、社会参与、重心下移、共建共享、提质增效。"[①] 在健全优质均衡的现代公共文化服务体系中，需要进一步加强多方联动，精准调配和供给文化资源，鼓励错时开放文化场馆，注重运用大数据等现代技术提升公共文化数字化智能化现代化水平，实现服务最优效果。要深入推进城乡公共文化服务一体建设，通过合作共建、区域文化联动等方式统筹好城乡公共文化服务，促进城乡均衡发展；开展"一乡一品"或"一村一品"的公共文化服务品牌建设，有效巩固脱贫攻坚成果，以文化发展促进乡村振兴。

（二）创新文化保护传承体系

1. 加强非物质文化遗产保护传承

持续开展非物质文化遗产普查工作，建立非遗名录库，分门别类开展非遗统计和保护工作。借助"非遗+科技"手段，推进非物质文化遗产数字化保护进程，打造非物质文化遗产虚拟展示项目，对非遗工艺进行深度文化梳理、数字转化及虚拟展示，促进人们对其全面认知、了解。同时数字技术的应用也可对非遗衍生品开发提供技术参照，加强非遗市场化运作，其中产生的非遗数字版权可使非遗传承人受益，从而推动乡村振兴。做好非遗生活化传承，策划举办非遗活动，推动"非遗驻社区"，开展非遗研修研习培训班等，让更多的群众接触和了解非物质文化遗产，实现非遗的生活化传承和利用。

2. 推动大遗址保护创新工程

加快推进隋唐洛阳城国家遗址公园建设，沿天街中轴线自北向南规划建设三大功能片区，推动隋唐洛阳城成为洛龙区文化旅游融合新地标，建成全国大遗址保护展示示范基地，成为国内外知名"文旅打卡地"。加强龙门石

---

① 《洛阳市"十四五"文化旅游融合发展规划》，https：//www.ly.gov.cn/2022/06-30/73912.html。

窟的保护研究，继续创新龙门石窟的数字化展示技术，将文化展示、基础服务、生态保护和特色商业等融为一体，打造沉浸式、全景式体验场景，打造大龙门IP品牌。依托关圣文化，稳步开展关林新文旅建设，以青年视角，深度策划话题、热点，建设青年文旅打卡目的地。

3. 加强古籍保护利用

持续开展古籍普查登记，积极做好古籍宣传工作，依托区图书馆和城市书房开展珍贵典籍展示利用；配合做好《隋唐洛阳城遗址保护总体规划》修编工作，加快推进《洛南里坊区人口和道路规划课题》。

（三）推动文化旅游融合发展

1. 深挖文化内涵，丰富旅游产品供给

坚持以人民为中心，深入挖掘洛龙区文化内涵，打造一批具有地域特色的文化传承项目，着力推动优秀文化的创造性转化和创新性发展。依托龙门石窟、关林景区、牡丹产业等特色IP品牌，以符合市场需求、展现文化特色为目标，打造集生态保护、基础服务、特色商业和文化展示等功能于一体的全产业链中枢项目，全面提升旅游服务质量和旅客的沉浸感、体验感。大力弘扬洛龙区红色事迹，精心制作沉浸式演出剧场，增加"红色文艺轻骑兵"文化惠民演出场次；有序发展红色旅游，合理规划红色研学路线，建设好洛龙区党史教育纪念馆等革命文物保护示范基地。抢抓"汉服热"风口，打造一系列汉服文化宣传活动，提升洛龙区的旅游吸引力。

2. 加大投入力度，打造多元文旅业态

坚持以创新为导向，结合市委关于秉持"颠覆性创意、沉浸式体验、年轻化消费、移动端传播"文旅新理念的工作安排，依托洛阳古都历史文化优势，谋划实施一批沉浸式、全景式体验的文旅项目，延长游客停留时间，打造深度沉浸式体验观光项目，推动传统文旅产业的创新型发展，把洛龙区变成能住宿、能休闲、能度假、重复游的旅游目的地，增强沉浸式文旅产业动能。持续做好"文旅+"新文章，推进旅游与文化、农业、工业、研学等深度融合，大力发展乡村旅游、工业旅游、研学旅游、康养旅游等与人民群众日常生活紧密结合的旅游方式，同时要加强不同文旅业态之间的融合创新，完善文旅产品体系，延长文旅产品的服务链。文旅新业态与数字科技的有效结合已成为当前文旅发展的重要抓手，要创意数字科技赋能文旅的新场景，开拓文旅新业态的空间，推动"数字龙门""数字牡丹"等数字化场景场馆建设，让旅游场景鲜活呈现在游客眼前，改善游客的感官体验。

3. 激发文旅活力，推进消费提质升级

以争创河南省文化和旅游消费示范区为引领，顺应文化和旅游消费提质升级新趋势，充分结合洛龙区商贸物流发达、人员流动密集、业态产品丰富、消费场景多样等优势，持续提高文化旅游产品供给水平，形成更多各具特色、内容丰富的文化旅游消费业态和产品，从文旅消费供给侧、需求侧共同发力，不断激发文化和旅游消费潜力。

丰富文旅文创产品，强化文创产品产业链。结合龙门石窟、牡丹、隋唐洛阳城等文旅 IP，蓄力打造特色文创品牌，不断加强对文创产品的研发与设计，生产一批兼具艺术性和实用性的洛阳特色文创产品；建立文创产品品牌资源库，开发博物馆文创创新产品，打造伴手礼产品品牌，扩大地方特色文创产品的消费水平和市场影响力；拓宽文创产品推介渠道，推动文创产品进景区、进车站、进酒店、进社区等，让极具本土特色的文创产品成为游客留住记忆的纪念品。

围绕建设国家文化产业和旅游产业融合发展示范区，深度挖掘洛龙全域优势文旅资源、摸排闲置资源、整合特色产业资源，科学谋划、精准对接、主动"敲门"，全力招引落地一批高质量文旅产业项目，不断壮大文旅产业主体，激发文旅消费潜力。结合青年友好型城市先行区建设，创新青年人的文旅消费模式，打造一批具有年轻化、特色化、休闲娱乐化特色的体验式文旅消费场景，不断扩大洛龙区对年轻人的吸引力。

围绕"古都夜八点""古都新生活"系列主题，持续提升龙门石窟、环开元湖商圈等夜间文旅消费集聚区功能，激发夜间文旅消费活力。以唐风古文化为特色打造龙门古街，以"轻奢"为基调打造关林步行街，形成集文创商店、特色书店、小剧场、地方美食等多种业态于一体的文旅消费街区，鼓励支持零售业、餐饮业延长夜间经营时间，推出一批"深夜食堂"美食打卡地；同时加强文旅惠民消费活动频次，创新活动内容载体，吸引更多市民游客，推动文旅消费提质扩量。

4. 构建媒体矩阵，加强文旅宣传推广

加强与广播、报纸、电视等大众媒体的合作，创新拍摄文旅宣传片，加大线下投放力度；另外利用好抖音、微博、微信视频号等新媒体宣传途径，形成全方位、多渠道、立体化的媒体宣传矩阵，持续推进洛龙区文旅新媒体品牌建设。要与优秀城市加强文化交流合作，在交流沟通中不断学习它们的先进经验和做法，提升洛龙区文旅的影响力和吸引力。

（四）打造现代化文化市场体系

1. 优化营商环境，激活文化市场潜力

首先，要充分发挥市场在资源配置方面的作用，推动市场有效、政府有为的更好结合。政府要加强政策引导，深入推进"放管服"改革，大力推行线上办理和"一次办理"服务，不断优化营商环境，支持文化企业成团成规模化发展。其次，要大力推动文旅产业融合，培育一批融合洛龙区特色、具有较强竞争力的优质企业。最后，要支持和帮助中小微企业开展多样性创造活动，完善全区文旅企业联络簿，搭建文旅企业创新创业交流平台，精准推送惠企政策。

2. 加强文化市场监管，推动健康有序发展

完善文化市场监管体制建设，充分调动各方参与的积极性和主动性，加强各部门的联动协作，形成整体性、综合性的文化市场监管机制，充分利用"线上+线下"齐头并进的方式，拓宽群众参与渠道，达到文化市场健康持续发展的最佳效果。要注重创新文化市场监管方式，一方面要以激励性手段树牢文化市场主体自我规范意识，以政策激励引导经营主体自觉遵守文化市场管理规范，维护文化市场秩序；另一方面，监管主体要倾向于采用谈话、提醒、建议等柔性手段，促使经营主体主动调整、改进其经营行为，要善于运用信用等级激励措施，依托监管网络平台，强化信用约束，建立黑红名单，为市场准入把好信用关。强化网络文化市场监管，依托大数据、云计算等数字化技术，探索建立洛龙区网络文化市场数据库，进一步提高网络文化市场的监管效率，实现整个监管工作更加精细化和智能化；加强对网络文化内容的审核，筑牢意识形态安全，保障文化市场安全有序。

参考文献

［1］江凌：《文旅新业态的生成机制、发展逻辑与高质量发展路径》，《贵州师范大学学报》（社会科学版）2023年第3期。

［2］陈艳艳、叶紫青：《文化传承视域下旅游目的地品牌塑造研究——打造"行走河南·读懂中国"旅游品牌的探索》，《价格理论与实践》2024年第1期。

［3］陈静毅：《洛阳打造沉浸式文旅目的地发展思路探讨》，《河北旅游职业学院学报》2024年第2期。

专题篇

B.15
洛阳市文化和旅游数字化创新发展报告

李晓涵[*]

摘 要： 习近平总书记对传承发展中华优秀传统文化提出"七个着力"重大要求，其中之一是要"着力赓续中华文脉、推动中华优秀传统文化创造性转化和创新性发展"，数字技术为传统文化注入了新活力，不断创造出新的文化表现形式。随着推动公共文化数字化建设、实施文化产业数字化战略的深入实施，文旅产业数字化转型加快发展，未来文旅行业发展的趋势就是科技文旅融合发展。在文旅高质量发展的路上，洛阳以中华优秀传统文化为底蕴、以文博资源为依托、以整座城市为载体，应用多种数字新技术，如人工智能、虚拟现实等，创作出许多新的沉浸式文旅产品，深受广大民众的热爱。

关键词： 文旅高质量发展 数字文旅 创新场景 洛阳故事

---

[*] 李晓涵，中共洛阳市委党校统战理论教研部讲师，主要研究方向为民法。

党的二十大报告强调，不仅要坚持以文塑旅、以旅彰文，推进文化和旅游深度融合发展，还要在"加快发展数字经济，促进数字经济和实体经济深度融合"上发力。文化是旅游的灵魂，旅游是文化的载体，二者密不可分，有着天然联系。我们要认真学习领会习近平总书记的指示要求，坚持以文塑旅、以旅彰文，推动文化和旅游融合发展，让人们在领略自然之美中感悟文化之美、陶冶心灵之美，提高文旅产业发展质量和效益。"十三朝古都"洛阳有着4000多年建城史。近年来，洛阳市深入贯彻落实习近平文化思想，坚持守正创新，统筹文化传承与旅游推广、旅游发展与城市建设，使文旅消费成为拉动洛阳经济增长的重要动能。随着数字经济时代到来，文旅产业的数字化转型升级步伐加快迈进，未来的行业趋势就是科技将在引领、支撑文旅融合发展方面发挥重大作用，向科技要动能，文旅产业迎来了新的变革和发展机遇。新征程上，洛阳市顺应时代潮流、抢抓发展机遇，把握数字化、网络化、智能化方向，着力以数字技术赋能文旅产业，加快推动文旅产业转型升级。

一 洛阳市文化和旅游数字化创新发展的基本情况

（一）文化和旅游数字化创新发展方向

科技进阶迭代，为文旅产业发展提供了新的方向和无限可能。尤其是数字技术的发展和应用，改变了传统文旅产业的发展形态，为文旅自身发展注入了新活力。新式科创文旅是以互联网为载体，通过数字技术和信息等其他科学技术将文旅产业的各个环节加以融合，并以一种新的产业形态面对消费者，满足新一代消费者的文旅需求。其过程就是融合数字技术与文旅产业实现沉浸式文化旅游的消费形态。我国相关文化部门和旅游部门也鼓励这种创新性旅游产品，鼓励文旅产业向数字化转型升级，这也标志着数字技术的高速发展已影响到各个传统行业，旅游业开始进入数字化的新时代。这种转型升级响应了我国"十四五"规划关于重点建设数字化应用场景的要求，也明确了数字化文旅创新发展的战略定位。

数字化文旅创新发展方向是利用人工智能、大数据、虚拟现实等信息技术，创新文化表达方式，提升公共文化服务水平，促进文化产业结构转型升级，发展新式科技文化消费场景，培育文化创意新产品等，根据发展方向的不同，数字化文旅可分为数字化的文化遗产旅游、虚拟现实旅游、在线旅游预订、数字化的导览服务以及数字化的文旅推广等五个方面（见表1）。

表1 数字文旅创新模式

分类	特点
数字化的文化遗产旅游	利用数字技术对文化遗产进行数字化保护、展示和传播，为游客提供丰富多样的旅游体验
虚拟现实旅游	通过虚拟现实技术，让游客在不离开家门的情况下，体验到身临其境的旅游感觉
在线旅游预订	通过在线旅游预订，游客可以方便快捷地选择自己喜欢的旅游产品，并进行在线支付
数字化的导览服务	利用数字技术为游客提供个性化的导览服务，如智能导览设备、手机导游应用等
数字化的文旅推广	利用数字技术和互联网平台，通过各种形式的宣传和推广，提高旅游目的地的知名度和吸引力

资料来源：笔者自制。

（二）文化和旅游数字化创新市场规模与发展现状

近几年来，我国数字文旅产业呈现总体高速增长的趋势。2015年，行业市场规模仅为4427.7亿元，而到2019年已上升至10648.6亿元。然而，2020年受到疫情影响，行业市场规模显著回落，下降至6979.7亿元。不过，2021~2022年，随着疫情逐渐受控，数字文旅行业市场规模有所回升，截至2022年已达到约9698.1亿元（见图1）。

（三）洛阳文化旅游数字化创新发展的基本情况

在文旅高质量发展的道路上，洛阳市文旅相关部门运用人工智能、虚拟

洛阳市文化和旅游数字化创新发展报告

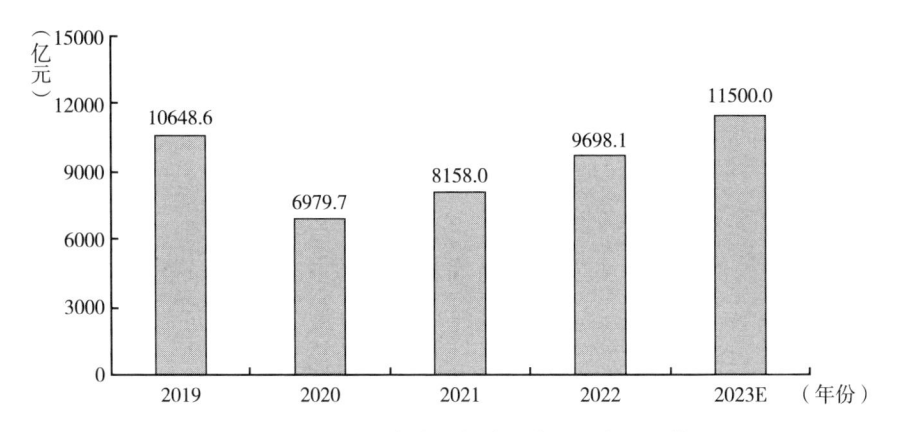

图1 2019~2023年中国数字文旅行业市场规模

资料来源：本文所有数据均根据文化和旅游部官网整理。

现实等数字化技术将本地优秀的传统文化、文博资源乃至整座古城打造成为新型沉浸式文旅产品，深受年轻群体追捧。

1. 政府重视

2024年洛阳市政府工作报告高度肯定了2023年洛阳文旅糅合"流量"出彩："汉服热"带火洛阳文旅，由此塑造出沉浸式文旅新名片，《风起洛阳》《唐宫乐宴》《寻迹洛神赋》等新式数字文化艺术创作借助数字移动端传播，激活了洛阳文旅新的流量密码。同时提出2024年工作要求，要保持洛阳新文旅流量热度，大力扶持推广新模式，升级产业形态，不断创新场景，打造新的流量IP，高速建设沉浸式文旅新项目。为此，洛阳市将开展"穿越盛唐洛阳年""天街奇幻夜""神都考古记"等系列主题活动，不断加强创新新版应天门3D投影秀、升级《唐宫乐宴》《风起洛阳》等VR沉浸式文化旅游新产品，提高"隋唐盛世"IP的影响力；优化沉浸式演艺等业态，推出高水平的《只看洛阳城》系列新式文旅演出作品；强化移动端引流传播的作用，加强与抖音、小红书等大平台的合作，分类定制新的文旅行业标准，提供高品质、多元化的文旅服务，提升旅游消费者的满意度。

2. 洛阳文旅数字化建设开展的基本情况

近年来，在数字技术加持下，洛阳市智慧旅游持续升级。依靠大数据技

术挖掘、提取、分析消费者群体的偏好，通过综合考虑市场需求、技术发展、用户体验等多方面因素，搭建洛阳市智慧文旅平台，有效地建立起一个新式的文旅行业数字化生态服务体系，促进"一站式"文化旅游消费服务，实现智慧化一体化全面化的文旅管理、服务和营销等。

（1）数字文旅创新场景

在科技的加持下，洛阳不断涌现新式文旅场景。例如搭建《风起洛阳》实感剧场，应用元宇宙技术实现"时空穿梭"，游客可作为一个时间旅者置身在1300年前的神都洛阳，开启奇幻的虚拟时空旅行。此外还有VR电竞游戏体验、元宇宙产业园等项目，游客可体验多种数字技术带来的新奇感受。

《风起洛阳》虚拟现实全感剧场位于隋唐洛阳城国家遗址公园的九州池景点，该剧场融合实景、角色扮演、真人演绎等多种形式，通过剧情安排还原场景等方式提升沉浸感，利用多种数字技术，如动作捕捉、虚拟现实等提升真实感，通过向游客提供真实的场景，以演艺结合虚拟现实的全感互动为游客带来深度丰富的沉浸式体验。此项目已被纳入2023年全国文化和旅游数字化创新示范案例。

在涧西区的元宇宙产业园，可以体验"神舟十五"太空舱、XR模拟器极限跳伞、VR影院等多种充满科技感的文旅项目，作为新型文旅项目，元宇宙融合了新基建服务、新消费科技、新场景体验，实现国风、工业和科技综合一体化的文旅新体验，具体就是光影视效、模拟载具5G+XR等科学技术的应用。在此园区，游客可以戴上VR头显，在5G交互技术支持下或置身深海探险，或在山顶体验山谷飞行，结合动态光照技术还原实时场景，沉浸式安全体验极限运动的乐趣。

2022年，洛阳市文旅部门推出了以无上龙门沉浸体验馆为主体的"龙门石窟智慧文旅数字孪生平台项目"，它以数字孪生技术和时空AI技术为依托，全面融合景区全域时空大数据，即运用互联网思维，通过数字化形式，借助高新科技融合创新，展现龙门石窟蕴藏的丰富多元的文化信息，在这里可以"望龙门石窟最美'天花板'莲花洞，与卢舍那大佛贴面而过……"让观众感受到犹如"人在画中游"。

数字化技术推动了洛阳文旅行业的高质量发展，越来越多的文旅企业紧抓科技发展前沿，利用洛阳古城厚重的文化基因，用最新的表达方式不断升级数字文旅创新体验产品，塑造"神都古城"新形象。与此同时，洛阳市文旅行业不仅通过科技赋能，实现从传统服务向智能化、个性化服务的转变，而且通过智能化管理和资源优化配置，大幅降低了生产成本，实现了文旅产业"更上一层楼"的高质量发展。

（2）数字文旅促进"智慧旅游"的发展

洛阳新型的智能旅游服务让游客的旅程变得更舒心、更轻松。如2021年3月，龙门石窟被打造为智慧景区，激活了中华优秀的传统文化遗址，"数字龙门"是将石窟考古、历史、文化研究和现代技术融为一体的数字化工程，在技术工具模式下运用增强现实技术提升景区品质，注重发挥增强现实技术在导航、导览、导购方面的特长，并且切实降低使用门槛，以提高游客自主度和舒适度为目标进行信息集成与技术升级，完成增强现实与互联网地图技术的深度整合。同时，让游客感受到更贴心和便利的景区服务，提高旅游质量。

智慧化旅游服务在洛阳的全面发展使游客旅程变得更畅快，位于洛阳大数据产业园的旅游数据中心，通过"享游洛阳"文旅消费平台等项目建设，实现对洛阳市140个文旅重点区域的数据监测能力。"享游洛阳"文旅消费平台以App和H5为载体，面向市民和来洛游客提供旅游公共服务、文旅资讯、预约购票等一站式服务，获得良好社会反馈。

洛阳旅游大数据中心的旅游大数据多级综合业务管控云平台与"享游洛阳"App于2021年分别获文化和旅游部资源开发司与河南省文化和旅游厅评选的"2021年智慧旅游创新应用"项目十大创新应用解决方案和十大创新应用案例殊荣。洛阳市基本实现全市重要景区的在线预订、智能导游及快速入园等智能服务。

随着信息技术的飞速发展，智慧旅游已成为旅游业发展的新趋势之一。2024年5月，文旅部等五部门联合发布《智慧旅游创新发展行动计划》，提出培育丰富智慧旅游产品，促进以数字化智能化为核心的文化旅游进一步提质升级。洛阳市响应国家政策，开展智慧旅游基础设施的提升行动，这一行动旨在通过技术革新和基础设施的升级改造，为旅游业注入新的活力，满足游客对高品质旅游体验的追求。它包括对旅游信息基础设施的改造升级，如建设旅游应急指挥中心、智能闸机、景区智慧屏、票务系统、电子讲解等，以及推动5G技术在旅游领域的广泛应用。

（3）数字文旅丰富演艺内容

洛阳市在近年来利用数字技术不断创新义化演艺项目，依托各个景区的不同历史文化特色创作出如《明堂幻象》这种颇具科技感的文娱项目，为游客带来新的感官体验。该剧目运用多种数字技术如拼贴空间、人偶互动、魔幻科技等，只需要十几名演员在舞台上表演，就可以演绎出庞大的气势，还有叮当作响的驼铃声，丝绸之路上的沙漠骆驼、酒肆内夜宴等众多的真实场景带领游客回到1300多年前的"神都"，开启一场发生在古丝绸之路上的奇幻历程。《寻迹洛神赋》则综合运用VR、AR、裸眼3D等数字技术，在如帘的水幕倾斜下，让身着华服的"洛神"飘逸登场，微微溅起的水滴配合恰到好处的光影，让游客仿佛置身水中，用数字化引领游客体验洛阳的千年神都之旅。

在栾川县老君山景区，融传统文化与高科技为一体的沉浸式演艺《知道·老君山》，结合数字技术和真人演出，融合全息、XR等高科技手段，将文化元素融入视、触、听、演等交互体验，为游客带来可参与、可体验、可互动的"穿越时空"沉浸式旅游新体验。

不仅于此，洛阳还将加速更新市内各重要景区的舞台场景，丰富游客在洛阳的体验。洛阳文旅部门在以后工作中将以传统文旅的数字化建设为出发点，展现文旅场景的"数字化表达"，利用创新表达方式等手段，把洛阳厚重的历史文化转化成舞台节目等形式更好地传播出去。

（4）数字文旅激活"洛阳故事"的文创产品

随着"文博热"升温，洛阳的文创产品通过科技与文创产业的深度融合，借助数字技术拓宽了格局。以往的文创产品大多是实体化、实物型、可复制的产品如冰箱贴、书签、钥匙扣等。如今，洛阳青年文旅从业者黄飘自主研发的盖章机，能让游客全天自助盖章，从而让游客实现多盖章多打卡，其原理是把印章放在"智慧仓"中，在激光定位和物联网等技术帮助下，达到人章隔离，最大限度实现多盖章。相比传统的盖章模式，这款盖章机盖章位置精准，印迹清晰一致，避免了人工盖章中经常出现的错盖、透印等情况，在降低人力成本的同时，也缩减了印章损耗率。

数字化文旅的创新特性如不可篡改、不可分割、不可复制、可追溯等，使文旅数字藏品成为市场和收藏者追捧的数字资产，具备收藏价值和实际资产属性。曾经的文创产品是场景化消费，通常是人们在游览景区或者参观博物馆后产生消费冲动而购买。如今，洛阳市景区和博物馆数字藏品正在掀起市场热潮，最出名的当属洛阳博物馆的"洛邑盛景"，其由官方授权发布，且限量，一经发售，三日内便售空。该系列数字藏品以北魏牵手女俑、东汉釉陶熏炉、东汉石辟邪等洛阳博物馆文物为创作原型，利用互联网与数字技术，创作形成数字藏品，具备保值、升值的潜力。相较于传统藏品，它具有更出色的流通性和透明度，因而能够吸引众多投资者的热切关注。部分限量发行的珍稀数字藏品，其价值犹如陈酿美酒，随着时光的流转而不断增值。

不仅于此，以老城区洛邑古城景区内文峰塔为原型打造的一款数字藏品"文峰塔"，在"速藏"数字藏品交易平台发售后，也火速告罄。二里头夏都遗址博物馆也以其文创产品为蓝本，以最早的中国宫城地图为出发点，创新打造了讲述中华文明起源故事的数字藏品。

文创产品的核心还是文化，而数字技术与文创深度融合成为打造数字文创产品的新契机。将现代科技与消费者需求相结合，打破了传统文创产品的设计限制，让产品不再局限于简单的文化符号，而成为与消费者深度互动和情感共鸣的载体，不仅提升了文创产品的实用性和趣味性，也极大地增强了消费者的参与感和体验感，促进文创产业向个性化、智能化、互动化的新方向发展。

二 洛阳市文化和旅游数字化创新示范发展的主要做法

洛阳市着力推动数字化文旅发展，以沉浸式体验搭配情景化的创意、以高科技全维度的形式呈现，实施文旅发展新理念——"颠覆性创意、沉浸式体验、年轻化消费、移动端传播"，探索数字化的新业态、新情景、新模式，使游客能够沉浸到文旅体验项目，更有参与感，推动洛阳市文旅产业升级转型。洛阳市推出的数字光影节目《寻迹洛阳赋》和《风起洛阳》VR剧场都入选了2023年文化和旅游部的数字化创新示范案例。近几年，随着数字技术的赋能，洛阳出现了很多文旅场景数字化新项目，增加了游客的体验效果，为文旅数字化升级转型增添新动能。

当然，文旅产业的数字化进程并不是一帆风顺，也存在挑战和困难，在探索利用数字技术引领文旅发展的过程中，洛阳市积累了一些经验做法，主要包括以下几个方面。

（一）加快培育新文旅产业业态

随着数字技术的发展，如云计算、大数据、物联网、人工智能等数字化手段的应用，沉浸式体验已经成为新兴文旅热点，不断为产业的创新提供方向、思路，使沉浸式文化产业链条不断延展，并在文旅产业新兴消费的各个领域均有覆盖。洛阳市因地制宜利用古都优势发展一批新型消费场景，实现沉浸式、体验式文旅融合发展，并通过多个维度进行拓展，积极构建洛阳古都消费新场景、建设旅游消费新名片；同时，由点及面，打造旅游消费新空间，提升文旅消费关注度。

1. 开发沉浸式文旅产品

开发沉浸式文旅产品，重点发展剧本娱乐、研学旅行、沉浸演艺、高端民宿、汉服体验等项目，积极创造品牌效应，打造具有古城特色的文旅IP，形成一批极具市场号召力的沉浸式文旅产品。"博物馆奇妙夜""听涛大运河"等文旅产品反响热烈,《唐宫乐宴》《知道·老君山》等沉浸式演出一票难求,《风起洛阳》《寻迹洛神赋》等演艺产品入选文旅部数字化创新示范案例。

2. 搭建沉浸式文旅场景

注重分区域分场景打造。一是中心城区的文旅片区,如白马寺、隋唐洛阳城、洛邑古城等;二是开发乡村旅居项目,在县域重点塑造"黄河人家""伏牛山居"等;三是发展数字化场景,加快元宇宙产业园的建设,打造一批符合青年人需求的"蹲城部落"、消费街区等。目前,已建成国家级夜间文旅消费集聚区、旅游休闲街区5个,重渡沟等一批高端民宿集群加快形成。

3. 创新沉浸式旅游组织方式

作为洛阳文旅"顶流"的龙门石窟景区,搭建智能文旅数字孪生平台,通过数字技术重新塑造新场景,结合龙门石窟自身的文化底蕴和历史背景,利用现代化科技手段,开发多样化且具备景区特色的游玩体验,打造多种创新体验项目和活动,从别开生面的唐风演艺到穿越古今的沉浸VR体验,从趣味横生的实景剧本游戏到别出心裁的活动设计,景区找到了传统文化与年轻潮流的契合点,将千年历史以生动鲜活的形式"复活",为沉浸式体验写下火热生动的注脚。其所形成的龙门效应和龙门模式具有可复制可推广的示范价值。

(二)探索新文旅产业引流方式

1. 重点在移动端推广扩大影响力。

加大在微博、B站、微信、抖音等知名社交媒体上的投流,实现"高频率曝光",从"引流"到"自来水",提升景区的文旅热度;与美团、大众点评、京东、支付宝等支付平台合作,通过大数据技术精准定位目标客户推送文旅产品,吸引游客来洛阳旅游;与携程、去哪儿等旅游服务平台合作,以票务代理联动景区门票、住宿餐饮、交通出行等全链条文旅消费服务。

2.重点发挥短视频的传播功效

围绕古都文旅新气象和洛阳城市新面貌制作投放宣传短视频，充分发挥引导催化作用；邀请大V博主、旅游网红达人到洛阳游玩体验，通过各大主流社交平台进行网络直播并制发"高品质内容"短视频，以各知名博主的流量影响更多人关注古都；同时邀请广大游客、普通市民参与短视频的制作发布，使传播范围最大化和营销效果最优化。

3.把交互式作为主要宣传方式

短视频的策划不是自娱自乐，而是接话题接热度接地气，特别是与特定群体兴趣绑定，尤其是在青年群体中发起的话题能很快得到响应，网民参与度高，一些抖音快手的自媒体、微信公众号、微博大V、小红书的网红博主也参与其中，一直关注、带领粉丝转发、不断跟评，营销效果拉满。"总要来洛阳穿穿汉服"话题挑战赛吸引超25万人次参与互动，"全城古装NPC""沉浸洛young城""神都洛阳恭迎公主王子回城"等话题热度持续攀升，"洛阳IP联动计划"入选全国旅游宣传推广优秀案例。

（三）构建新文旅产业投资模式

1.做大做优国有投资平台

2021年12月，洛阳文化旅游投资集团成立，注册资本50亿元，是洛阳市属全资国有文旅企业，它由原有的5家国有文旅企业整合重组而来，聚焦洛阳新文旅产业发展主力军、国有资本投资运营企业、优质文旅资源聚合平台的功能定位，构建新文旅、产业运营、智慧文旅、文旅金融、古建建设五大业务板块，在整合洛阳文旅资源中占主导地位。洛阳文旅投资集团已取得2A+主体信用评级，实现市场化融资67.34亿元。

2.引进行业龙头企业

以文旅项目为纽带，积极招引各大行业的龙头企业，如王府井、华发、华润、融创等，整合优质资源打造新文旅项目。"东山·悦榕庄酒店"项目成功引入悦榕集团提供品牌、设计和运营，打造洛阳首家国际高端酒店；引入北京冬奥会视效团队根据国晟集团投资的《寻迹洛阳赋》沉浸式演艺项目打造新的创意项目。

3. 规划使用好产业引导基金

寻找专业的文旅投资机构洽谈合作并设立产业专项引导基金，利用基金杠杆引领和撬动社会资本等方式，降低进入文旅产业新兴项目的资金门槛。如与河南省文化旅游投资集团合作，成立专款专用的文旅数字科技产业基金，一起出资筹建5G+XR元宇宙相关产业的技术研发，并且交由专业集团来组织市场营销；设立洛阳关信文化投资基金，围绕天街十二坊、关林文化IP等文旅项目开展投资运营。

（四）优化新文旅产业发展环境

1. 加强政策扶持

出台新式文旅产业发展实施意见等政策措施，制订文旅数字科技融合发展的行动计划，促进发展沉浸式文旅、剧本娱乐演艺等项目。在优先发展的新文旅数字化产业方面，制定具体的专项奖励补助以及激励创新的政策，规划专项工作方案。为了促进新文旅产业蓬勃发展，在监管上，不采取从严从重的方针，而是采取谨慎对待、包容发展、审慎考核的态度，给予其充分的发展空间。

2. 促进城景交融

坚持文旅发展和城市提质一体谋划推进，加快实施隋唐洛阳城中轴线保护展示工程，推进城市阳台、城市文化客厅等公共聚合空间建设，统筹抓好老旧小区改造、棚户区改造、市政微改造等，重塑古都格局风貌、提升城市整体功能品质。

3. 提升消费服务

聚焦"吃住行游购娱"，持续做好航线航班增加、旅游公路建设、中转换乘优化等交通服务，大力发展具有古城历史文化特色的多层次住宿体系，满足不同出行游客的需求，包括各种档次的民宿、不同级别的酒店、青年旅舍、房车营地，重点打造与国际化接轨的五星休闲旅居酒店等，打造唱歌休闲、餐饮购物、购物娱乐等多种经营形式相结合的文旅商综合体，强化对汉服体验、剧本娱乐等业态的市场监管，游客体验感和满意度显著提升。

随着数字技术的不断创新和应用，数字文旅行业将迎来更为广阔的发展空间。智能化、虚拟现实、增强现实等新技术的应用将进一步丰富数字文旅产品的形式和内容，提升用户体验。洛阳市砥砺前行，将进一步推动整个数字文旅行业的发展，带动行业向更高水平迈进。

三 洛阳市文旅产业新业态发展的启示及建议

在党的二十大报告的战略指导下，推进数字中国建设是当下助推城市高质量发展的实践路径，《河南省"十四五"文化旅游融合发展规划》明确提出，以"文化创意+科技创新"为基本路线和主攻方向，着力推动建设数字景区、数字度假区。洛阳市的文旅产业也在大力发展数字技术，深度研究数字与文旅融合的新模式，借助数字科技手段提高艺术文化的创作，提高公共文旅服务水平，驱动创新更多的文旅新业态。洛阳的文旅产业正在高质量发展的道路上加速前进。

（一）创新驱动，推动创造性转化、创新性发展

沉浸式数字光影演艺《寻迹洛神赋》以"洛阳神韵"为精神符号，以河洛文化为创作蓝本，通过高度提炼洛阳核心文化符号，打破传统的剧场观演模式，运用非线性叙述与全维度立体表演区的结合，用科技、艺术手段使观众身临其境地体验洛阳的千年故事，突破了时间与空间的限制，为观众带来多维的感官刺激与情感共鸣。自2023年5月19日正式推出以来，《寻迹洛神赋》吸引游客近20万人次，总营收超2000万元，实现了社会效益与经济效益的双赢。

以数字技术传播中华优秀传统文化，坚持守正创新，站在科技变革的风口，文旅产业再次拥有无限的发展新可能。在过去一年，文旅产业的数字新项目和智慧新业态不断涌现，引发市场热烈反响。文化和旅游部相继出台《关于加强5G+智慧旅游协同创新发展的通知》《元宇宙产业创新发展三年

行动计划（2023—2025年）》《关于开展国家旅游科技示范园区评估工作的通知》等文件，为文旅未来产业的发展保驾护航。与此同时，中华优秀传统文化也在科技的加持下焕发出新的活力。环境式越剧《新龙门客栈》开启抖音线上直播并火速出圈；河南卫视"中国节日"系列节目稳定输出，持续刷屏；《长安三万里》引发各年龄层人群的"背诗"热潮；《山河诗长安》唤醒大明宫的万丈豪情，点燃华夏儿女的文化自信。

文化数字化是提振文化强国的必要手段，它能助力中华优秀传统文化"老树发新芽"，将传统文化创造性转化、创新性发展，必须与数字技术手段紧密融合，这不仅有利于传承发展中华优秀传统文化，更有利于建设社会主义文化强国。

（二）科技支撑，文化数字化成果全民共享

文化数字化是指利用科技等手段对文化元素和资源进行信息上的收集和分析，在互联网上进行存储，达到传播目的等一系列活动的数字化处理，这个过程即为文化数字化。它可以让抽象、静态的文化成为能看见能接触能听到的动态文化，从而使得与文化产品服务相关的消费场景体验得以被更多人知晓。以数字技术赋能文化发展，可以满足人民群众日益增长的精神文化需求。一方面，数字技术的运用，为人们共享文化成果提供了便利；另一方面，数字技术也为内容创作拓展了空间，有利于生产出更多优秀的文化作品。

"十四五"规划和2035年远景目标纲要强调，要习惯数字化融入社会生活的各个方面，从而搭建全民畅享数字化的美好生活。洛阳市在2020年开始筹划建成一批"实体数字"博物馆，重点实施二里头夏都遗址博物馆、洛阳博物馆数字化建设，逐步实施洛阳民俗博物馆馆藏可移动文物数字化保护展示、八路军驻洛办事处纪念馆可移动文物数字化保护展示、洛阳周王城天子驾六博物馆数字化保护展示利用与互联网交互性社教应用等数字化项目，通过科技手段，助力文物"活"起来，让公众和文物"亲密接触"，提升参观体验，让博物馆真正走到大众身边。这充分说明只要数字技术使用得当，优

秀文化产品就会层出不穷，而且能在内容上连接古今、形式上虚实联动，让人民群众喜闻乐见，受益匪浅，如此，文化数字化才是真正造福于民。

（三）为高水平治理"加码"，为高质量发展赋能

文化数字化被作为国家战略明确写进党的二十大报告，不仅奠定了当前以及未来文化产业与文化事业实现转型和创新性发展的基础逻辑，还为中国特色社会主义文化事业、文化产业的发展指明了方向。基于此，洛阳市通过数字治理理念的引入，将文化数字化建设纳入治理体系和治理能力现代化的总体框架下加以推进，从供给侧维度出发提出文化数字化切实可行的"共商、共建、共享"举措，这或可为当前数字治理场景中行之有效地推进文化数字化提供思路与启发。

入选2023年文化和旅游数字化创新示范案例的《风起洛阳》展现了"神都洛阳"的文化古韵，游客伸手一摸，便是唐代壁画；沉浸式体验失重、震动、潮湿、炎热、刮风，有助于充分感受洛阳深厚历史文化的细节，增强广大受众群体与文物保护之间的情感连接，游客可以不受地域时空的限制感悟文物的文化内涵和历史故事。利于推动神都洛阳的文化IP传播，让文物的历史价值、文化价值、科学价值以及艺术价值更易于被大众接受，让大众可以全方位了解洛阳。文化数字化方式是文旅领域模式业态方式创新的有益尝试。

（四）它山之石

在以数字化赋能文旅产业高质量发展、助力中华优秀传统文化传承创新方面，洛阳取得一些成绩，但不能躺在成绩单上沾沾自喜，洛阳文旅行业正在展开积极探索和向外学习，积极借鉴其他地市成功的建设和运行经验，构筑美好数字生活新图景。2023年文化和旅游部公布的创新示范"十佳案例"，以及34个"优秀案例"，就是生动展示其他地市以数字化赋能文旅产业高质量发展的成功案例，从中提炼出宝贵的启示，对洛阳更好地推进"数字+文旅"、推动文化旅游事业发展具有重要的借鉴意义。

1. 北京市的"公园景区游船智慧管理平台"

陶然亭公园是北京市民喜爱的城市山水园林。为防止景区游船码头游客扎堆、提高游船运营效率、合理规划等待时间，北京市公园管理中心依托"5G专网+北斗导航定位+云计算+物联网+大数据+人工智能"等现代信息化技术，在所属北京市陶然亭公园精心打造了"基于5G和北斗卫星导航技术的公园景区游船智慧管理平台"。

公园的220多条游船集体加装"盒子"，利用北斗卫星实时精准定位。游船上操作简单，游客直接扫描二维码，确认信息后，点击"激活游船"按键，电源启动，就可以开启游船开心游玩，若遇到危险，可一键呼救。而且游客可以自助付费结算，实现全程自助。

2. 丝绸纹样数字化创新应用：数字化点燃传承薪火，传统文化潮起来

丝绸纹样的数字化应用探索以科技化、市场化、实效化为导向，创新了丝绸纹样的产品形态，拓展了丝绸纹样的应用领域，为文化资源数字化转化利用与社会共享提供了新经验。苏州博古公司就和丝绸博物馆深度合作，寻求丝绸纹样"1+1+N"的合作新方式，共同研究如何使丝绸纹样数字化，特别是如何让传统的丝绸纹样，如纳纱绣纹、花缎龙凤纹和官补虎等在现代产品中焕发活力，探索以丝绸纹样的数字化处理，将传统丝绸融入流行生活，促进文化产品数字化升级发展。

总之，文旅行业作为一个融合文化、旅游、艺术与技术的综合领域，面临着由数字化带来的巨大转变。这种转变不仅为文旅行业揭示了前所未有的机遇，也带来了一系列挑战。洛阳市结合自身的地理、文化和资源优势，精准定位数字化发展方向，充分应用数字新技术，在引领、支撑文化和旅游行业发展方面取得一定的实效。

参考文献

[1] 孙云龙：《元宇宙赋能文旅产业——机遇与挑战》，《张江科技评论》2022年

第 2 期。

［2］曹祎遐、秦丽莎:《元宇宙"链式"赋能文旅产业》,《上海信息化》2023 年第 1 期。

［3］张苗荧:《拓展数字化转型路径提升文旅产业竞争力》,《中国旅游报》2021 年 8 月 19 日。

［4］李东慧、白云飞、孙小蕊:《抢抓新文旅风口　古都洛阳持续火爆出圈》,《洛阳日报》2023 年 7 月 1 日。

［5］戚帅华:《以"数"赋能　助力文旅产业转型升级》,《洛阳日报》2023 年 10 月 19 日。

［6］郭旭光、孙小蕊、白云飞:《回眸 2023 稳中向好　稳中提质　稳中蓄势　高质量发展取得新成效》,《洛阳日报》2023 年 12 月 28 日。

［7］鲁娜:《"逐浪"数字化:科技赋能　丰富供给　点亮生活》,《中国文化报》2023 年 10 月 20 日。

B.16
洛阳市剧本杀产业发展报告

崔江妍 任程远*

摘 要： 剧本杀是一种具有推理性质的角色扮演游戏（RPG），它正逐渐形成一种新兴的线下休闲模式。洛阳市近几年抢抓文旅产业"风口"，越来越重视剧本杀产业的发展。洛阳具有丰富的历史文化资源，这些资源能够转变为剧本杀产业优势。除此之外，洛阳开发剧本杀具有成本低、潜力大的优势。对此，洛阳市近几年抓住机遇，相继出台了一系列产业政策，大力举办行业交流会，鼓励更多企业进驻，着力打造中国"剧本娱乐之都"，并采取"剧本+"思路，通过"剧本+演艺""剧本+党建""剧本+景区""剧本+博物馆""剧本+民宿""剧本+节庆活动"等途径促进剧本杀与其他产业的融合发展，通过大河荟剧本产业园等园区聚集各方力量，现已取得丰硕成果。但是洛阳市剧本杀产业在上游特色剧本开发、中游剧本发行平台搭建和下游门店规模上仍然存在一些问题。未来，洛阳可以在特色剧本开发、剧本杀产业人才培养和保障、产业园区搭建、产业融合发展、新兴技术创新利用和产业健康规范方面再做努力。

关键词： 剧本杀 洛阳 文旅产业

剧本杀是一种具有推理性质的角色扮演游戏，即几个参与者玩同一部剧本，其中一名玩家在游戏过程中暗中充当杀手，其余玩家则需要经

---

* 崔江妍，中共洛阳市委党校法学与科技文化教研部教师，主要研究方向为国际政治文化；任程远，中共洛阳市委党校法学和社会治理教研部副主任，主要研究方向为基层社会治理、领导干部能力素质提升、干部考核测评等。

过推理寻找线索，收集证据，讨论案情，最后找到真凶，属于逻辑推理类游戏。

从上到下的剧本杀产业链可以划分为：IP授权方、剧本作者、发行方、展会、销售平台、线下商家；再往下，则是剧本杀主持人（DM）的培训、剧本杀作者的培训、线下场景搭建和剧本打印等。

剧本杀属于文化传播经营范围，是典型的剧本娱乐产业，市场调查数据显示，2019~2022年，我国剧本杀市场规模年复合增长率超过50%。[1] 2022年市场规模达238.9亿元，同比增长40.4%。随着剧本创作者、发行商、演员、门店商家、垂直平台等主体的多方参与，剧本娱乐产业链逐渐完善，预计到2025年中国剧本杀行业市场规模将增至448.1亿元。在消费群体方面，青少年及年轻人是相对固定的人群。

一 洛阳市剧本杀产业发展概况

近年来，洛阳市坚持"颠覆性创意、沉浸式体验、年轻化消费、移动端传播"新文旅理念，抢抓文旅产业"风口"，在大河荟建设全国首个剧本娱乐产业园区，提出打造中国"剧本娱乐之都"，建设剧本娱乐产业集散地，发展剧本娱乐全产业链经济。同时，洛阳市还加快"剧本娱乐"与文旅产业融合发展，丰富剧本娱乐题材，打造"剧本+景区""剧本+演艺""剧本+民宿""剧本+节庆"等多业态沉浸式文旅新项目，推动客群趋于年轻化，文旅体验消费成主流，助力沉浸式文旅出圈出彩。

（一）有利条件

1. 丰富的文化资源

洛阳发展剧本杀产业和"剧本杀+"融合发展具有优越的文化条件。

---

[1] 朱愿：《ZLX公司"剧本杀"连锁经营项目创业计划书》，河南财经政法大学硕士学位论文，2022。

文化是一座城市的灵魂，没有它，城市将变得死气沉沉。在现代社会中文化资源所具有的独特人文内涵日益受到人们的重视。将文化资源用于发展文化产业，既可以更好地保护与发展文化资源，又可以将其转化为工业优势，成为一个城市新的经济增长点，对整个城市的发展会产生全面联动的作用。

洛阳是一座具有悠久历史的都城，它的核心价值在于其历史和人文意义。通过"天子驾六"的记载，我们对上古时代的礼乐等级体系有了一定的认识；从老城区的东西南隅历史文化街区中，可以看到各个时代的建筑特点和居民的居住习惯；通过龙门石窟、白马寺遗址，可以认识中国古代宗教、文化、政治、经济等方面的发展变化，这些历史文化资源所反映出来的是一种历史的回忆，在各个层面上都能展示出一个都市的精神面貌与历史特征。

洛阳拥有极为丰厚的历史和人文底蕴，这些为洛阳的发展提供了良好的基础。洛阳市以龙门石窟，白马寺，关林寺，天堂明堂等著名景点为基础，吸引了大量的游客，带动了旅游业的发展，同时文旅融合也转化为新的经济增长点，对提升洛阳的文化竞争力与整体经济实力、推动洛阳可持续发展有着重要意义。当前，洛阳市正在开展一系列文物保护措施，主要包括博物馆陈列原址重建、文物单位及大遗址的保护和政策法规出台等。对洛阳历史文化资源进行理性保护和利用，是推动洛阳市经济、文化发展的重要路径。

2. 较低的成本投入

一般来说，一家剧本杀线下圆桌店（门店）所需成本主要是租金成本、内容成本、营销成本、人员成本和其他成本。因为线下剧本杀店铺是以剧本质量和口碑来吸引顾客的，并不需要太过注重店面的选址，参照各线城市的平均租金，在三线城市，若租150平方米的场地，月租金成本通常为3700元左右；假设首次投入40本剧本，其中30本盒装和10本限量，均价分别为500元和2000元，后续每月预计更新普通盒装剧本3本，每月更新限量本1本，那么，除去最初的投资外，每月内容成本投入为3500元；一家

150平方米的店铺，一般有4张桌子，算上轮班和满员情况，一家店铺需要3名员工，每月人员成本为12000元；服装、道具更新购买等营销成本每月需2000元；除此之外，还有员工培训、展会门票、耗材、店铺装修等其他费用，假定该部分成本占销售额整体的15%，据此计算，三线城市一家剧本杀线下店铺的月均成本为26000元左右。因此，作为三线城市，洛阳在剧本杀运营上的成本相对较低。

3.巨大的市场潜力

河南有较大的新增人口，根据第三方调研，预计80%的剧本杀潜在用户为Z世代，其他用户约占20%。根据第六次人口普查的结果，2010年10~25岁人口为2.42亿，所以剧本杀游戏的潜在玩家应有1.8亿人，随着城市化进程的加快，到2029年玩家规模将以年均2%的速度增长。根据第七次人口普查的结果，与2010年第六次全国人口普查相比，有25个省份人口增加，其中之一就是河南，增加5341952人，因此，从河南新增人口特别是新增年轻城镇人口量来看，剧本杀游戏具有很大的潜力玩家。

同时，洛阳的游客潜力也很大，很多游客特别是年轻游客选择来洛阳"穷游""周末游""特种兵游"等，其中有很大一部分人对体验洛阳剧本杀有较高的兴趣。数据显示，2023年中秋国庆假期来洛游客中，25~34岁的游客占41.27%，18~24岁的游客占16.31%。

（二）产业规模

当前洛阳市共有剧本娱乐体验店60余家，2023年开展了"神都奇幻志"全城剧本杀营销活动，整合40余家实景剧本杀、桌面剧本杀和沉浸式体验项目，线下体验超万人次，网上体验超5000万人次，微博话题阅读量达到1.2亿，主视频播放量达到111万。

自2022年以来，洛阳市倾力打造剧本娱乐产业园，目前已建成并吸引卡卡、FB、德艺达、魔秀文化等近20家头部企业公司入驻，打通了剧本创作、发行、声光电、服化道、VR、AR等剧本娱乐产业链上下游，年产值超5000万元。

（三）发展情况

1. 政策支持持续强化

洛阳市不断优化顶层设计，为剧本娱乐产业发展注入动能，加强政策引领。2022年，洛阳市出台了《洛阳市促进沉浸式文旅产业发展的实施意见》和《洛阳市加快发展剧本娱乐产业实施方案》，从主体壮大、产业链培育、人才引进、规范引导四个方面入手，明确了相应的扶持措施，提出到2025年，将洛阳建设成为国家"剧本娱乐之都"，基本建成全国沉浸式文旅目的地，构建集剧本创作、发行等上下游产业链于一体的剧本娱乐产业园，为剧本娱乐产业发展注入动能，推动剧本娱乐产业蓬勃发展。

在平台搭建上，洛阳已连续举办两届全国剧本娱乐行业交流会，2022年成功举办首届中国洛阳·剧本行业峰会。在此基础上，2023年3月举办的第二届全国剧本娱乐行业交流会更是有来自全国700余家剧本业企业的1000余名代表齐聚洛阳，开展行业交流、交易、对接和洽谈，共发行剧本232部，签单金额约1150万元，助力洛阳抢占剧本娱乐产业制高点。

2. "剧本+"思路不断拓展

为实现打造"沉浸式文旅目的地"的目标，洛阳市坚持以"沉浸式"体验优化文旅场景，引领消费潮流，进一步提升洛阳市文旅产业的品牌形象和吸引力。

其一，"剧本+演艺"。紧盯年轻人消费风向，依托洛邑古城、天堂明堂、洛阳古墓博物馆等国风场景，从剧情、服饰、食宿等方面还原唐朝风貌，打造《无字梵行》《万国来朝》《神都诡实录》《风起洛阳》VR项目等大型沉浸式剧本演艺项目10余个，为来洛游客献上"一朝梦回千年"的沉浸式体验。

其二，"剧本+党建"。为了促进洛阳剧本及演艺事业的良性发展，提供更多以红色和正能量为主题的互动沉浸式体验，洛阳市推出了第一部户外全域红色剧本《回望·峥嵘》、红色主题沉浸式话剧《曙光》，以及红色沉浸式体验演出《无名之曙光行动》。2022年，全国首家红色主题剧本体验

馆——"向导故事馆"正能量沉浸式交互剧场在洛阳开办,这种突破时空重塑文旅融合的组织方式,正推动洛阳构建沉浸式产业发展的新模式。①

其三,"剧本+景区"。随着剧本娱乐产业进入3.0时代,按照"宜融则融、能融尽融,以文塑旅、以旅彰文"思路,洛阳积极探索文旅产业与剧本游戏深度融合,实现行业裂变,引导文旅景区结合洛阳汉服热潮,将剧本游戏融入旅游行程,通过沉浸式、体验式的方式为传统景区赋能,开发了九洲池《风起洛阳》VR、应天门《唐宫乐宴》、明堂天堂《无字梵行》、花果山《山海秘境》、王府竹海《隋唐英雄传》等一系列"剧本+景区"娱乐产品,为景区沉浸式场景打造和转型升级探索了新路径。通过这些路径,把整个城市作为剧本实景,串联40家景区、景点,推出"神都奇幻志"全城剧本杀等沉浸式产品,让游客"人在城中、又在剧中",为"剧本娱乐之都"建设营造氛围。

其四,"剧本+博物馆"。深度契合洛阳"东方博物馆之都"建设,创新创意和活化利用100余家博物馆资源,在洛阳博物馆、大运河博物馆、夏都二里头遗址博物馆和古墓博物馆推出"博物馆奇妙夜"剧本夜宿产品,火爆全网,票价高达1688元,仍一票难求。同时,在洛博、古墓博物馆等场馆推出常态化剧本娱乐项目,把文化元素、大众需求和时尚潮流结合起来,为洛阳博物馆活化利用、创新发展提供了新思路。

其五,"剧本+民宿"。通过整合民宿公共空间,搭建剧本平台,对民宿业主、服务人员进行专项培训,引入受年轻人喜爱的剧本娱乐业态,将民宿打造成为目的地型民宿。全市已有近30家民宿上架"民宿+剧本娱乐"项目。其中,河洛古城通过"政府引导、业主自愿"的模式,17家民宿引入剧本娱乐业态,并顺利运营数十场,为民宿业态升级提供了借鉴。

其六,"剧本+节庆活动"。洛阳瞄准牡丹文化节的重要节点,开创国内先河,把整个城市作为剧本实景,联合重点景区、商业街区、牡丹园、博物馆等单位,打造《神都诡事录》等17个实景剧本杀,推出"神都奇幻志"

---

① 《洛阳"剧本杀"产业用创意谋"出圈"》,《河南日报》2022年5月25日。

全城剧本杀等沉浸式产品。这不仅增加了剧本娱乐更多的发展可能，还为洛阳的文化宣传及旅游效益提升提供了更多路径。

3. 案例：大河荟剧本产业园发展情况

为激发剧本娱乐市场主体活力，鼓励市场主体进一步做优做强，将剧本娱乐产业做大做强，推动剧本娱乐市场体系更加完善，2022年6月，洛阳在洛龙区大河荟挂牌成立剧本娱乐产业园。为了打造总部经济，洛阳在实施主体壮大、产业链培育、人才引进、规范引导等四个层面出台了有关给予房租补贴、企业产值达标补助、园区规模达标奖励、园区企业上市奖补、优秀剧本孵化和产业人才孵化等扶持政策。

目前，剧本娱乐产业园由专业园区运营商洛阳乐艺汇园区运营管理有限公司管理，着力打造全链条服务业态，已与金融、知识产权、法律等方面多家服务机构达成战略合作关系，成功吸引卡卡、FB、德艺达、魔秀文化等近20家剧本娱乐相关企业入驻，打通了剧本创作、剧本发行、数字技术、短剧制作、音像制品制作、策划执行等剧本娱乐产业链上下游。通过产业园区建设，提升了入驻企业的知名度和影响力；通过省文旅文创大会观摩等重要活动推介，入驻企业深度参与文旅项目；通过剧本的交互性和娱乐性特点赋能文旅产业。

自2023年以来，成功孵化"听涛大运河""内乡县衙""万岁山""焦作往事"等沉浸式文旅项目近30个，辐射郑州、南阳、开封、焦作、信阳等地市，并与四川省、河北省的文旅项目开展合作，实现剧本行业与文旅项目相互引流，助力洛阳打造全国沉浸式文旅目的地、中国"剧本娱乐之都"。

二 洛阳剧本杀产业发展存在的问题

（一）上游：特色剧本开发不够

剧本娱乐最核心的元素是剧本，想要开发有特色、有亮点的沉浸式文旅体验项目，就不能脱离本地的文化特色及内涵。洛阳作为十三朝古都，文化底蕴深厚，有很大的创作优势。但从目前洛阳剧本娱乐行业市场来看，洛阳剧本创作人才相对匮乏，线下门店提供的剧本基本都是大众化的，在其他城市的门店也可以玩，没有独特竞争力，并且与洛阳历史文化结合不够。尽管2023年洛阳发力"剧本娱乐进景区"，但目前市场上与景区常态化结合的只有4个剧本，分别是洛邑古城的《梦里隋唐·尽在洛邑》、花果山景区的《山海秘境》系列剧本游戏、王府竹海的《隋唐英雄传》、九洲池的《风起洛阳》VR项目。

（二）中游：剧本发行收益欠佳

剧本行业受疫情和消费降级影响，2022年，FB、卡卡2家剧本行业一线企业产值仅为800万元左右。虽然2023年整体市场呈回暖向上趋势，但按照园区入园企业预计产值测算，仅有FB、卡卡、德艺达、魔秀4家企业可实现年产值超1000万元的入驻标准。

（三）下游：门店规模小且分散

全国剧本杀线下门店已超万家，而截至目前，洛阳市总共有大大小小的剧本杀门店60余家，洛阳的店铺数量、从业人员数量不多，剧本娱乐消费氛围和黏性不足。根据美团App数据显示，目前剧本杀门店数量最多的城市前三名依次是上海、武汉和北京。与同等规模城市百十家剧本杀店铺数量相比，洛阳的店铺数量、从业人员数量均较少。

总之，"剧本+科技"是剧本娱乐未来发展的趋向，然而，在剧本内容的创作上、在设备的稳定上、在资金的投入上洛阳仍然存在较多难题亟待克服。

三 洛阳剧本娱乐产业发展对策建议

（一）进一步促进全产业链不断完善

第一，加大对剧本选本及社区线上软件或者小程序的研究和开发。将剧本杀引入社区可以吸引大量的用户，好的剧情会吸引更多的人。当前，剧本杀公司正在引入更多出色的职业剧本杀编剧和策划人才，随着剧本杀内容越来越趋于同质化，不断引入专业人才，引入新的技术、新玩法和新形式将是产业发展的必然趋势。

第二，加大宣传力度，强化服务提升，进一步加大招商选商力度，确保优质头部入驻。举办金融对接活动，为入驻企业提供融资服务。加大对在洛举办剧本娱乐展会的支持力度，每年举办剧本行业交流活动1~3个，努力将洛阳打造成剧本娱乐行业峰会的"总部"和展会交易中心。组织入驻企业参与行业展会和论坛，寻找市场机会，展示企业形象。指导引入第三方版权登记服务，引导剧本娱乐头部企业搭建版权登记平台，为企业提供作品版权登记服务和区块链数字资产登记服务，加强知识产权保护。

第三，加大力度培育"剧本杀人才"。DM（主持人）和NPC（非玩家角色）等是剧本杀中相当重要的角色，以DM为例，DM是除了剧本情节之外，最影响玩家代入感与沉浸感的因素。[1] DM除了主持人的角色，还要承担旁白、队友、关键人物等诸多角色。DM需要熟悉剧本的内容，还要能很好地阐述剧本的各种巧思与细节，对玩家进行游戏引导。对于游戏中突发的各种不确定性问题，DM需要有控场的能力，保证游戏的连续性与活跃性，其对增强剧本杀玩家的体验感和兴趣十分关键。

第四，要加强相关关键人才的培养和服务，通过"人人持证"技能培训，采取政府补贴、校企联合、园区培训、企业吸纳就业的形式，开展定向就业技能培训，持续鼓励园区开展剧本娱乐行业相关培训，不间断输出剧本娱乐行业人才。同时，加强青年人才住房保障，协助入园企业青年员工申请人才公寓、公租房等各类保障性住房。着力将洛阳建成中国剧本娱乐行业人才培养中心和人才集聚中心，定期组织入园企业召开培训会、交流会，引导企业加大洛阳特色剧本创作，加强信息共享，提升人才培训在全国的影响力。

---

[1] 张嘉亦、陈俊杰、郑凤林：《"剧本杀+文旅"：剧本杀的时代方向》，《视听界》2023年第5期。

（二）持续推进各"剧本+"融合发展

第一，要推动剧本娱乐持续创新发展，强化与城市更新、乡村振兴、红色党建、公共文化空间、景区、博物馆等进行深度融合，打造适应不同受众、不同空间的剧本娱乐衍生品，将剧本娱乐植入城市更新、红色党建、公共文化空间、邻里中心、社交空间等领域，运用声光电、服道化的高新技术，打造具有洛阳地方特色的沉浸式文旅新业态，助推新文旅产业发展，营造剧本娱乐消费氛围，增加玩家消费黏性。

第二，举办推介交流活动，搭建文旅项目与剧本产业的交流对接渠道，强化剧本娱乐与景区、博物馆、民宿、汉服、研学、露营等业态融合，打造具有地方特色的沉浸式文旅新业态。

第三，利用科技手段赋能。例如VR技术，VR能1∶1还原真实现场，为玩家提供场景、服装等。许多原本需要真实场景的剧本杀都可以通过VR方式以较小的代价实现；相比于现实世界，某些场景在虚拟现实世界中能被更加真实地展现出来，利用VR技术，让玩家在虚拟空间中进行搜证，增强玩家身临其境的感受。甚至还可以开发AR（增强现实）剧本，通过电脑技术把生成的图片、文字、语音、视频等虚拟信息叠加到真实场景中，给玩家带来更直观的视觉冲击效果。

第四，开发"剧本杀+研学"。剧本内容的编写是基于研学基地丰富的文化内涵而生成的，将研学基地的特色文化融入剧本，并在保留文化本真的状态下进行故事创编。[1] 学生通过"剧本杀+研学"，一方面可以了解故事背景、获得任务卡；另一方面，阅读能力也会在无形中得到有效提升。研学旅行机构可以与夏令营、景区、博物馆、图书馆等合作，整合丰富的研学教育资源。学校或研学机构应与剧本杀行业强强联手，打造各具特色的沉浸式剧本杀研学旅行课程，同时，主打剧本杀的研学机构应发挥其行业指导和行业

---

[1] 韦文华、邓祥英、张晓清：《"剧本杀+研学"：沉浸式视角下研学旅行运行模式与路径研究》，《安顺学院学报》2023年第5期。

协调作用，发挥示范、引领和辐射作用，推动沉浸式剧本杀研学旅行的发展。

（三）引导产业健康规范有序安全发展

当前，剧本杀产业还没有一个统一的规范，也没有形成成熟的行业自律，故产业的管理难度很大。剧本版权取证困难、剧本质量难以控制导致在产权保护和剧本质量保证两大方面出现问题，从而使剧本杀产业发展受到阻碍，出现了"瓶颈期"。如何解决产业发展中的矛盾和问题是剧本娱乐产业今后要面对的一大挑战。

对此，洛阳要鼓励剧本娱乐企业加入全国性、省级行业协会，积极参与制定行业标准。指导剧本娱乐企业加强内容自审和从业人员培训，规范有序开展经营活动。行业协会可定期开展安全教育宣传，建立业内奖励机制，鼓励正能量、高立意剧本创作，同时建立行业"黑名单"。

公安局、住建局、市场监管局、应急管理局和消防部门要建立协同监管机制，切实加强对剧本娱乐经营活动的监督指导。版权局要加大对剧本杀盗版、抄袭行为的打击力度，出版行政管理部门要严格审查剧本内容，防止过度恐怖、黄色暴力等违禁剧本出现在市场上。[1] 要强化思想政治监督，引导剧本娱乐公司加强对内容的管理，树立一个良好的舆论导向，并在此基础上制定一套完善的内容自我审查机制，促进健康和积极的剧本创作，促进社会主义核心价值观的传播，保障我国文化和思想体系的稳定。公安部门要负责剧本杀场所的治安管理工作，依法查处涉黄等违法犯罪行为。消防部门定期对门店进行消防安全检查等。各部门要完善协同方式，提升联动效能，以"综合监管一件事""综合查一次"，放大跨部门综合监管"乘数效应"，推动执法监督检查做"减法"，切实把该管的管好并管到位。[2]

---

[1] 张雅欣：《沉浸理论视域下剧本杀行业风险与治理路径探析》，《新闻研究导刊》2024年第5期。
[2] 杨维立：《夯实消防安全防线 护航密室逃脱行业行稳致远》，《中国安全生产》2023年第3期。

B.17
洛阳市汉服经济发展报告

张宝利*

摘　要： 衣服是穿在身上的文化，汉服不仅是中华传统服饰的代表，更是弘扬中华优秀传统文化的重要载体。近年来，洛阳市突出"颠覆性创意、沉浸式体验、年轻化消费、移动端传播"的新文旅理念，依托得天独厚的历史文化资源，紧抓汉服产业发展机遇，汉服经济呈现爆发式增长态势，为洛阳经济发展注入了新动力。本报告经过调研、走访、访谈等多种形式获得一手研究资料，并进行认真梳理总结。报告分析了洛阳发展汉服经济的优势，剖析了目前洛阳汉服产业发展存在的问题，在借鉴外地成功经验做法的基础上有针对性地提出了发展汉服经济的对策建议。本研究有利于洛阳市紧抓汉服产业新风口，进一步挖掘洛阳市汉服经济发展潜力，将"汉服"打造为新的城市名片，让汉服在"出圈"的基础上更"出彩"，进一步助推洛阳市文旅产业的发展。

关键词： 汉服经济　沉浸式体验　新文旅

汉服，又称衣冠、衣裳、汉装，不是指汉代的服装，而是指中国传承千年的汉民族传统服饰。汉服始于黄帝，没落于明末清初。衣服是穿在身上的文化，汉服不仅是服饰的代表，更是弘扬中华优秀传统文化的重要载体。汉服传承了诸如染织绣等众多工艺及美学，弘扬了30多项我国非物质文化遗产。汉服具有独特的形制和丰富的文化内涵，汉服影响辐射整个汉文化圈，

---

* 张宝利，中共洛阳市委党校马克思主义基础理论教研部主任、副教授，主要研究方向为生态文明建设和洛阳市情。

比如朝鲜、越南、日本、蒙古国等亚洲国家的民族服饰均不同程度受汉服的影响。广义所说的汉服包括现代汉服，保留了汉族传统经典服饰样式，具有传统汉服的典型形制特征，并根据不同的穿着场景，融入新时代时尚元素，进行创新性发展的汉服体系。正所谓"中国有礼仪之大，故称夏；有服章之美，谓之华"①，千年华夏衣冠积淀着厚重悠久的璀璨文明。

洛阳是河洛文化和华夏文明的发祥地，赓续十三朝古都的历史文脉，坐拥龙门石窟、隋唐洛阳城国家遗址公园、洛邑古城、丽景门、老君山等热门景区，具有发展汉服经济得天独厚的优势。近年来，全市突出"颠覆性创意、沉浸式体验、年轻化消费、移动端传播"的新文旅发展理念，吸引全国游客来洛穿汉服"打卡"的热度空前高涨，沉浸式体验消费成为旅游主流。洛阳"汉服热"持续升温，汉服消费显著增长。据统计，仅2024年春节假期，就有超过1100万人次的游客涌入河南洛阳，着汉服、赏花灯、游古城、品美食，度过了一个沉浸式的文化佳节。"洛阳汉服"火爆出圈，带动汉服经济快速发展，有力助推了全市文旅产业蓬勃发展。

一 洛阳发展汉服经济的背景

近年来，汉服日益走进越来越多旅游爱好者的生活，汉服文化也被越来越多的民众接受。汉服持续破圈式传播，创造了一个百亿级的新消费市场。那么，汉服为什么会在当前如此流行呢？

（一）中华优秀传统文化的弘扬与引导

汉服的流行不仅仅是服装界的一股时尚热潮，背后反映的是当今人们对中华优秀传统文化的传承和弘扬。党的十八大以来，各级政府越来越重视对中华优秀传统文化的传承和弘扬。2017年，国务院办公厅专门印发了《关于实施中华优秀传统文化传承发展工程的意见》（简称《意见》）。《意见》

---

① 〔唐〕孔颖达：《春秋左传正义·定公十年》。

指出，到2025年，中华优秀传统文化传承发展体系基本形成，研究阐释、教育普及、保护传承、创新发展、交流传播等方面协同推进，取得重要成果，具有中国特色、中国风格、中国气派的文化产品更加丰富，文化自觉和文化自信显著增强，国家文化软实力的基础更加坚实，中华文化国际影响力显著提高。[1]汉服是汉民族传统服饰，传承了汉族染织绣花等优秀工艺与美学，是中华礼仪文化的一部分，自然而然也成为人们推崇的对象。尤其是党的二十大强调"两个结合"，各地更加注重文化建设，大力支持举办各种汉服文化节等文化活动。如共青团中央连续举办五届"中国华服日"全球快闪活动。从某种程度上说，这正是汉服文化从小众圈层逐步走向大众流行的原因。

（二）国人文化自信的回归

文化是民族的血脉，是人民的精神家园。文化自信是更基本、更深沉、更持久的力量。文化认同是最深层次的认同。近年来，随着年轻人对传统文化的关注和回归，汉服再次成为他们的选择。他们开始关注汉服的样式、质地、色彩等各方面的细节，追求汉服穿着的形神兼备。这种文化回归的背后，体现了年轻人对传统文化的认同和自信。他们渴望了解和体验传统文化，从中汲取灵感和智慧。同时，这也反映了年轻人对现代社会浮躁和功利心态的反感和不满，希望从传统文化的回归中寻找内心的宁静和满足。

（三）青年群体审美观念的变化

众所周知，一个时代流行的时尚大多是由年轻人所推动。汉服文化的流行也是如此。20世纪90年代，青年人大多关注中国香港和台湾地区的时尚潮流。到了20年前，韩式和日式服装备受青睐。如今，大学生等青年群体接受了比较系统的中华民族传统文化教育，青年人的文化自信明显增强，他们更加热衷汉服文化，更愿意穿着代表本民族文化的服饰进行娱乐打卡。不

---

[1] 见国务院办公厅《关于实施中华优秀传统文化传承发展工程的意见》，2017年。

仅仅是汉服逐渐流行起来，很多中国风的元素也逐渐流行起来。由流行港台风到青睐韩日时尚，再到对民族服饰等传统文化的关注，可见当今青年群体的审美观念发生了显著变化。

（四）互联网社交媒体引流的加持

青年群体具有爱美、求新、爱分享的特点。社交媒体的普及为汉服的流行提供了强有力的支撑。在社交媒体上，年轻人可以通过图片、视频等方式分享自己汉服穿搭的心得和体验。通过社交媒体的传播，汉服的流行趋势得以迅速扩散，成为青年群体的时尚潮流。同时，社交媒体也为汉服文化的传承和发展提供了一个全新的平台和空间。通过社交媒体，年轻人可以更加便捷地了解和学习汉服文化，促进汉服文化的传承和发展。

总的来说，汉服文化的流行并不是偶然的，而是多方面因素共同作用的结果。一方面是青年群体审美观念的变化，另一方面是汉服爱好者通过抖音等新媒体传播引流，最重要的还是党和国家在党的十八大以来对中华优秀传统文化弘扬传承的高度重视，使得包括青年群体在内的普通百姓文化自信不断增强。当然，背后的深层次原因也包括我国经济科技军事等方面综合国力的显著提升，带来民族自信、文化自信的回归。

二　洛阳市发展汉服经济的独特优势

汉服产业、汉服经济成了经济发展的新风口，许多城市都在抢占发展新赛道，积极发展汉服经济，比如西安、杭州、成都等城市都形成了各具特色的汉服产业。与其他城市相比，洛阳在发展汉服经济、弘扬汉服文化方面具有明显的独特优势。

（一）洛阳历史文化底蕴深厚，为发展汉服经济提供了独特的文化优势

洛阳是国务院公布的首批历史文化名城，拥有 5000 多年文明史、4000

多年的建城史和1500多年的建都史。洛阳被称为十三朝古都，先后有夏、商、西周、东周、东汉、曹魏、西晋、北魏、隋、唐、后梁、后唐、后晋等十三个朝代在此定都。厚重的历史给洛阳留下了不计其数的历史建筑、文物古迹、文化遗址等历史文化遗产。这些厚重的历史文化资源为洛阳发展汉服经济提供了浓厚的文化氛围。

（二）多年来洛阳一直致力于文化遗产和非物质文化遗产的保护，为发展汉服经济留下了众多独特的应用场景

如天堂明堂、应天门遗址博物馆、隋唐洛阳城国家遗址公园、定鼎门遗址博物馆、天街、洛邑古城、丽景门等，这些历史文化底蕴深厚的场景是备受汉服爱好者青睐的打卡地。作为汉服产业链后端，丰富的应用场景是洛阳汉服经济发展的比较优势。洛阳市老城区被授予"中国汉服文化之都"的称号；洛邑古城被授予"中国汉服文化推广实践基地"。

（三）包容开放的洛阳城市精神为发展汉服经济提供了良好的社会氛围

包容开放是洛阳城市精神的重要特质之一，正是这种开放和包容，在悠久的历史长河中塑造了洛阳独特的城市品格和城市魅力。一代代洛阳人在城市文化浸润中成长，从骨子里对传统文化更尊重、更理解、更喜爱，对各种年龄段、各种场景下汉服的穿着流行包容性更强、认可度更高，甚至更愿意积极参加沉浸式体验。在洛阳没有人会因为穿汉服上街被人指指点点，或者感到孤立、不好意思，而是会被投以羡慕的眼光，甚至还推出穿汉服进景区免票等优惠活动。比如在2023年第四十届中国洛阳牡丹文化节期间，王城公园、隋唐洛阳城等多个景区推出穿汉服免费游园等优惠活动；交通出行方面也出台优惠政策，穿汉服即可免费乘坐地铁，地铁里到处可见"观音菩萨""武则天""太平公主"，使人感觉穿越了千年神都，梦回隋唐盛世。

（四）市委市政府高度重视汉服经济的发展，为汉服经济的发展提供强劲的政策支持

洛阳市委市政府高度重视文化和旅游发展，突出"颠覆性创意、沉浸式体验、年轻化消费、移动端传播"的新文旅理念，积极推动文旅深度融合，以弘扬传统文化为契机，抢抓汉服产业发展风口，把汉服推广、汉服研究上升为城市发展战略和政府行动，不断提升新文旅产业的综合竞争力。市委书记和市长等市主要领导带头研究推进"古城+汉服"等发展战略，以期做大做强汉服经济。

三 洛阳市汉服经济的特点

汉服最早可追溯到三皇五帝时期，距今已有4000多年历史。汉服承载了30多项非物质文化遗产以及工艺美术技巧，一直以来都是备受关注的时尚元素和文化符号。近年来，我国汉服市场发展迅速，汉服爱好者数量、汉服市场规模呈快速增长态势。2022年全国汉服爱好者达到850万人，全国注册登记汉服关联企业超4000家，市场销售规模达125.4亿元。2023年我国汉服市场销售规模达144.7亿元，同比增长15.4%。到2027年汉服市场规模有望超过240亿元，汉服产业成为一片广阔蓝海。[1] 洛阳市依托得天独厚的历史文化资源和知名度，目前汉服经济呈爆发式增长态势，成为洛阳市新兴产业之一，为新文旅发展注入了新动力。

（一）经营规模

目前，洛阳市经营汉服及周边产品的商户达1200多家，仅服体验店就有400余家，带动了上游的设计、纺织、生产，下游的摄影、妆造、短视频，以及周边的民宿、餐饮、文创等产业快速发展，创造了大量就业岗位，

---

[1] 中研普华产业研究院：《2023~2028年中国汉服行业发展深度调研与未来趋势预测报告》。

有效带动了旅游业发展，提升了洛阳城市知名度，推动了文化传承与创新。[1] 仅2023年中秋国庆双节期间，全市接待游客879.77万人次，旅游收入75.05亿元，较2019年分别增长11.97%、9.97%，较2022年分别增长112.67%和181.38%，分别占全省接待游客和旅游收入的10.4%、12.3%，省外游客占比超62.8%，游客接待人次和文旅消费规模排全国第23、25位，入选全国国庆假期旅游十大热门城市。并呈现长尾效应，节后出游热度不减，其中汉服经济成为重要的推动因素之一。自2022年以来，洛阳市汉服从业规模达1万余人，汉服从业者平均年收入10万元，构建了独特的"汉服妆造"人才培养评价体系，新培养相关技能人才1.6万人。目前，洛阳市开设汉服经济发展相关专业（化妆造型、美容美发、短视频剪辑等相关专业）的职业院校有13所，培育了5个优质社会培训机构和22个社会评价机构，可满足技能提升培训和评价取证需求。

（二）经营模式

选装、化妆造型、跟拍的汉服"三件套"成为消费主要方式。人均消费从几十元到几百元不等，"出片"之余还可以穿汉服体验国潮穿越，品美食、赏文物、逛景区、玩剧本杀、看灯光秀，不但穿越感十足、沉浸体验感充分，而且价格实惠，迅速成为旅游新风尚。自2023年以来，洛阳市不少热门景点周边一些非相关行业的店如轮胎店、汽修店、餐饮店等也及时转型为汉服体验馆。

（三）产业融合

"汉服+景区""汉服+博物馆""汉服+剧本杀""汉服+研学""汉服+演艺"等"汉服+"文旅融合发展模式，助推打造"汉服友好型城市"。第四十届中国洛阳牡丹花文化节期间，洛阳市文旅部门特别策划了"神都奇幻志"全城剧本杀、"博物馆奇妙夜"等"汉服+剧本杀"活动，游客根据

---

[1] 《沉浸式体验成为洛阳文旅发展的新亮点》，《光明日报》2024年3月6日。

自身爱好选择身份，穿上汉服沉浸到剧本情节中，通过NPC演绎、玩家互动，在游戏中获得身临其境的体验，整座洛阳城变成大型剧本杀场馆，大量游客被深深吸引。九洲池景区推出了"隋唐洛阳城，国风穿越节"主题活动，隋唐洛阳城举办了"唐宫乐宴""神都华裳秀""神都梦华录"等主题活动，将历史文化与潮流时尚、国风之美完美结合。

（四）消费群体

主要的消费群体是年轻人。同时，汉服的消费群体范围又很广，无论是满头华发的老奶奶还是牙牙学语的幼稚孩童，无论是正值青春年少的小姐姐还是阳刚帅气的小哥哥，都喜欢挑选一身心仪的汉服，以期遇到另一个"不一样的自己"。在洛阳汉服体验群体中，30岁以下青年群体占比超过六成。所以洛阳市紧紧抓住青年群体的消费需求，多措并举提振消费。比如发挥历史文化资源优势，拓展汉服体验新场景，打造老城区古城片区、涧西苏式街区、广州市场街区、西工民国风貌街区、洛南里坊区等特色街区，发展老城区十字街、西工小街等夜间文旅消费集聚地，推出国风市集、夜游主题灯会等场景，持续激发消费活力。充分运用互联网平台创新设计沉浸式文旅组织方式，吸引年轻人到景区闯关打卡。比如研发通关认证、积分兑换等新玩法；创新推出几十元起的汉服体验套餐，有效满足并进一步引爆大学生群体低消费门槛、深度体验的需求；创新推出汉服秀、Cosplay漫展、电糖公园音乐节等活动，满足青年群体多元化社交和圈层文化需求，引领消费潮流。

（五）引流方式

充分利用互联网平台加强线上传播引流。通过适时设置热点话题，与抖音、快手、微博、小红书等社交媒体平台合作，共同策划热搜冲榜活动，持续加强城市营销，推高城市热度，实现高效引流。与美团、携程、支付宝等线上消费支付平台合作，精准推送汉服体验产品。制作官方宣传短视频引导催化，邀请王一博等流量明星、头部博主参与，扩大传播效应。近年来，通

过游客在各大平台"种草"，洛阳汉服迅速火爆出圈，实现了游客"自来水式"传播，在网络媒体公布的全国热门汉服打卡地中，老城区洛邑古城高居榜首，成为汉服经济圈的中心。

（六）产业链打造

从汉服的研发、生产、租赁销售各个环节同时发力，"汉服热"延展到更多消费场景、更多产业链条。2013年，汉服热还处于萌芽时期，洛阳就成立了汉服协会，这是全国在民政部门正式注册的首家汉服协会，团结凝聚了一大批民间汉服爱好者和研究者。汝阳县依托原有的服装制造业基础，建设云之裳华服产业园，打造洛阳首个汉服产业园，覆盖汉服的设计、生产、推广、销售等各个环节。2023年，洛阳汉服研究院、洛阳时尚产业研究院在老城区正式挂牌成立，"两院"国家级专家云集，使洛阳的汉服研究上了一个新台阶。洛阳汉服行业协会、洛阳汉服产业园、洛阳汉服研究院等的相继成立，为汉服产业在设计研发、链条扩展、文化交流、理论研究等方面提供了广阔平台。

（七）地域范围

汉服的"风"迅速从城区吹到了县域，各县为推动汉服产业发展做出积极尝试。比如，汝阳县成立汉服专项工作领导小组，围绕内埠等乡镇培育汉服产销产业链，加速汉服产业集群式发展。栾川县举办老君山山水汉服节，国内当红国风演员、京剧专业退休演员、当红汉服流量大咖鼎力加盟，各式汉服、精美首饰、汉服妆容打造、穿越盒子以及汉文化礼仪集中体验，共赴一场山水之间的汉服盛典。

四 洛阳市汉服经济发展存在的问题

虽然洛阳市汉服经济发展已经初显成效，但是与国内其他汉服经济发达地区相比，仍然存在一定的差距。

（一）产业规模小

一是企业数量较少。数据显示，陕西的汉服相关企业最多，仅西安就有1404家汉服相关企业，位居全国第一。洛阳市注册的汉服相关法人企业不足百家，仅居全国第六。虽然近年来洛阳市汉服经济实现了跳跃式发展，但汉服经济规模与西安等热门城市相比仍有不小的差距。二是产业链较短。洛阳市汉服产业链条较短，产品种类不丰富，不能有效满足市场需求。洛阳市汉服企业主要集中分布在租赁、化妆造型、摄影跟拍等下游消费环节，生产设计等上游环节较为薄弱。整个汉服产业链中，从原材料、织造、款型设计到产品研发，洛阳都不占优势。调研发现，洛阳市从事汉服设计、生产的企业较少，汉服体验店的服装、道具大多从线上网店购入，汉服自主设计、生产能力较弱。汉服头饰、配饰等周边产品开发不足，缺乏生产研发设计主体和平台，产品文化创意和科技含量较低。目前洛阳汉服产业主要属于流量驱动型。

（二）品牌效应低

目前国内知名汉服品牌主要集中在成都（钟灵记、重回汉唐、都城南庄、如梦霓裳）、杭州（华裳九州、十三余）、合肥（花朝记、池夏）、广州（明华堂、汉尚华莲）等地。洛阳市虽有悠久的古都历史文化，有汉服发展需要的厚重文化基础，但鲜有独树一帜的汉服品牌。一是汉服产品种类单一。洛阳市较为热门的汉服种类有唐制、宋制、明制、少数民族服饰、影视角色同款等，数量大但同质化较为严重，中高端定制服务少，不能满足游客差异化个性化需求，缺乏本土特色。二是知识产权保护不到位。抄袭与"山寨"泛滥、产品品控差、头部品牌溢价高等问题成为发展掣肘。调研显示，部分商家认为消费环节中商家和消费者并不在意汉服是否正品，对汉服的款式和穿着效果比较在意，认为消费原创正品的成本较高，叠加目前对汉服抄袭界定标准模糊、维权成本高等因素，导致对汉服及其配饰产品知识产权保护不到位。从长远来看，如果任由"山寨"汉服泛滥，不适时加以规范，可能会产生劣币驱逐良币效应，严重挫伤原创商家创新的积极性，将不利于汉服经济的长远发展。

（三）消费群体受限

一是消费群体中女性消费者占大多数，男性消费者较少。一方面可供男性挑选的汉服类型较少，仅有唐圆领袍、将军服等少数几款，与之相匹配的配饰也较匮乏；另一方面汉服体验对男性群体的吸引力较弱，多数男性消费者是陪伴者角色，参与体验的意愿不强。二是消费群体年龄局限于中青年，老年和儿童消费者较少。调研显示，老年群体和儿童接受汉服的意愿强烈，但受限于服装款式和化妆造型大多是针对中青年消费者设计，专门针对老年人和儿童消费群体的服务较少。

（四）从业人员素质有待提高

通过实地调研和网络问卷了解到，洛阳市汉服经济从业人员的专业水平和数量难以满足游客需要。一是从业者专业知识和技能水平参差不齐。除了汉服服装款式以外，消费者对整体妆造水平以及摄影水平有较高的要求。目前洛阳市汉服体验店的化妆师、造型师、跟拍摄影师服务水平参差不齐，消费者反映一些店铺存在妆容粗糙、妆造与服饰不协调、跟拍摄影师经验不足的现象，影响体验感。二是人员短缺。大多数汉服体验店和景区提供跟拍服务，但旅游旺季时游客数量剧增，既有的化妆师、造型师、摄影师就显得数量不足，为了尽量满足顾客的需求，就会出现注重接单数量、忽视服务质量、敷衍应付等不良现象，导致行业口碑下降，影响游客对洛阳的城市印象。

（五）服务保障制度不健全

一是行业组织缺位。洛阳现有的汉服行业协会注重汉服文化推广和理论研究，在提供行业发展所需的公共服务等方面发挥的作用有限。二是服务保障及市场监管不到位。政府相关部门提高服务保障水平的自觉性主动性还不够强。比如交通出行、住宿等配套服务还存在短板，热门打卡地交通拥堵、停车难、住宿价格涨幅过大等现象尚未得到有效解决。每年牡丹文化节期间市场监管部门虽加大监管执法检查力度，但临时加价、额外收费等问题仍时有发生。三是一些汉服体验馆卫生条件一般，服装、道具不能做到及时清洗更换，影响了游客消费体验和产业健康发展，降低了潜在消费者来洛的意愿。四是汉服行业协会商会发展滞后，在自我服务、自我管理、行业自律等方面发挥作用不足，汉服市场秩序亟待规范。

（六）文化内涵表达不足

衣服是穿在身上的文化，汉服经济是一种文化消费，有了文化赋能，才更容易形成多层次的消费需求。调研组在洛邑古城随机采访发现，许多消费者和商家并不了解汉服的历史和文化常识，消费者只看到汉服的颜值之"美"，而不了解汉服的文化之"魂"。有的汉服体验馆包装过度商业化，单纯追求汉服的款式新颖和观赏价值，忽视了汉服内在的文化内涵，这在很大程度上制约了汉服产业的持续健康发展。

五 洛阳市发展汉服经济的对策建议

（一）扩大产业规模，延长产业链条

一是扩大洛阳汉服产业规模。我国汉服爱好者数量和汉服市场规模逐年扩大，这不仅体现了传统文化的巨大价值，也为汉服产业发展提供了巨大的市场动能。从消费端看，建议发掘可供全民参与和共享的汉服文化热点，积极扩大消费群体，设计推出更多适合男性、儿童和中老年人款式的汉服来满足不同年龄段和性别群体的需要，提升全民对汉服的认同度和体验参与度。有关部门应积极鼓励引导企业创新打造洛阳本地汉服品牌，借助互联网新媒体展示汉服文化，打通线上产销渠道，宣传洛阳汉服品牌，扩大洛阳市汉服市场影响力。二是延长汉服产业链。行

业协会组织龙头企业到西安、成都、杭州等汉服经济发达地区调研学习他山之石的经验和做法，不断研发新产品，改变当前"外地进货"的局面，构建汉服设计、制作、销售、衍生周边（发带、发簪等软周边产品，唐宫夜宴手办等周边产品）、摄影、婚庆、旅拍、走秀等在内的汉服产业链，谋划全年四个季节不同款式的汉服产品及服务，努力实现从"一季热"到"四季常春"。

（二）优化商业模式，推动产业融合

一是创新商业模式。论证建设集设计、展示、制作、销售、体验等于一体的汉服文化园，采用设计师入驻、平台分成的商业模式，吸引知名汉服品牌和设计人才落户洛阳。加强汉服品牌与博物馆、游戏、影视剧和漫画等的跨界合作，通过举办线下活动等形式打破原有用户圈层，提升品牌知名度。二是丰富消费形态，推动"汉服+"多业态融合发展，如"汉服+文旅""汉服+剧本杀""汉服+节庆"等，进一步引入更多沉浸式体验与创意内容，同时围绕"颠覆式创意、沉浸式体验、年轻化消费、移动端传播"的新文旅发展理念，依托古城文化旅游资源，谋划实施更多独具特色的沉浸式文旅体验项目，丰富消费形态。三是打造热门IP产品。汉服商家花朝记与传统文化节目《国家宝藏》进行合作，推出"洛神赋图"主题汉服，引起了传统文化爱好者的大量关注。可以借鉴该模式，联合热门IP如《风起洛阳》《梦华录》《知否知否》等热门古装剧，推出还原剧中角色的汉服造型，吸引"粉丝"打卡。

（三）挖掘文化资源，打造本土品牌

一是挖掘物质文化资源，扩充汉服场景。充分挖掘和提升打造文化遗产，诸如河南府文庙、安国寺等，探索将老城区的九街十八巷七十二胡同打造成全域化的古城历史景观。二是挖掘非物质文化资源，丰富汉服文化内涵。探索将汉服与武则天、太平公主、白居易、关羽等历史名人和故事有机结合，将这些故事以汉服为载体，结合不同的场景进行挖掘和包装，使游客

通过穿汉服穿越时空、感知历史、触摸历史。三是设计洛阳特色汉服，加强知识产权保护。探索研究各个朝代服饰特色，在此基础上进行创新，融入现代元素，也可以在汉服设计中融入牡丹元素，比如服饰花纹、头饰等，打造区别于其他城市的洛阳汉服品牌。同时加强知识产权保护，在汉服产业中加大知识产权宣传力度，让汉服产业从业者和消费者了解版权、尊重版权、合理维权、保护原创。

（四）培养引进汉服设计、营销优秀人才，提高汉服从业人员素质

人才在发展中起决定性作用，要把人才队伍建设好。汉服经济的发展也是如此。一是加大优秀人才引进力度。二是扩大人才培养规模，提升汉服培训质量。大力开展化妆造型、美容美发、摄影摄像、短视频剪辑等汉服妆造类技能培训。可依托高校、职业技术院校资源，构建产教融合人才培养模式，通过校企联合培养人才，将教学标准与行业标准相衔接，实现高技能人才的精准培育。三是加强从业人员职业教育，从文化复兴使命的高度提升从业人员的职业荣誉感和责任感。

（五）加强推广宣传，拓宽产销渠道

一是定期举办各类汉服主题活动。每年牡丹文化节过后举办汉服文化节，邀请具有影响力的知名汉服博主（KOL）、省内外汉服商家以及高校汉文化相关社团参与。举办多样化的主题活动，比如汉服超模大赛、汉风市集、汉服巡游、汉婚展演、汉服之夜、汉服品牌商家秀等，以"汉服+文创"的形式，向广大汉服爱好者和游客展示洛阳汉服。二是充分利用自媒体提高影响力。通过微博、抖音、小红书等线上传播媒体商家营销，提高品牌知名度，结合洛邑古城、隋唐洛阳城等汉服网红"打卡地"吸引大批博主推广，通过创新产业发展模式提升游客体验感，实现游客"自来水式"传播。三是开展汉服周边培训。推动汉服进景区、进文化企业，开展汉服文化讲座和培训，讲解汉服形制、礼仪、文化内涵等相关知识，开设汉服妆造体验课程，形成"全民穿汉服"的浓厚文化氛围。另外加强汉服从业人员

的培训，聘请专家为其提供汉服设计、搭配、妆容、礼仪等方面的专业培训，提升从业人员的业务水平。

（六）加大扶持力度，强化汉服经济发展保障

制定出台关于加快推动汉服经济发展的指导性政策文件，引导汉服经济健康发展。一是政府通过补贴、奖励等方法鼓励汉服企业入驻、成立汉服产业发展的专项资金，用于引导和支持汉服产业发展，搭建政银企对接平台，鼓励本地金融机构不断创新金融产品和服务，加大汉服产业企业信贷资金支持。二是发挥汉服协会作用，搭建产业合作平台，激励汉服设计创新。鼓励企业建立研发设计平台，加大汉服研发设计投入，鼓励企业注册和使用自主商标，加大品牌推广力度，提高品牌知名度和市场占有率。三是加强对汉服行业的监管，制定汉服及配饰制作、租赁、妆造、摄影等行业标准，实现汉服产业规范化运作，推动产业高质量发展。四是制定完善行业标准和经营规范，建立健全行业相关管理机制。对不良商家和违规经营行为进行查处，建立行业负面清单，切实保护消费者的利益，打造"汉服友好型"城市名片。五是完善旅游配套服务，优化交通出行、餐饮住宿等各方面综合保障，不断优化产业发展和城市消费环境。

案 例 篇

B.18
洛阳市红色文化资源保护利用发展报告

苏珊影*

摘　要： 洛阳红色文化资源丰富，具有类型多样、空间密布、时间连续的特点，但保护力度、知名度、利用率偏低。在保护利用上，存在以下问题：破坏、闲置现象严重，红色文化价值不断流失；宣传力度欠缺，知名度远低于传统文化资源；活化利用水平低，以静态展示、参观游览为主要展示手段；偏重红色物质文化遗产开发，对红色精神资源挖掘不够。但在保护利用过程中，也积累了政府主导，纪念馆与红色文化街区一体发展，企业担当，工业遗存保护与企业文化传承同频共振，党校创新，剧本娱乐深化党性锻炼等特色经验。为进一步挖掘红色资源，传承红色基因，应将全面保护与分类开发相结合，因地制宜、一景一策发挥红色文化资源最大价值；巧借历史文化名城东风，整合重组、开发差异化红色精品旅游线路，提升红色文化资源知名度；多渠道解决资金困境，政府主导、企业参与、民间资本准入；创新思维方式和传播形式，还原红色文化资源蕴含的红色历史和革命精神。

---

* 苏珊影，中共洛阳市委党校文化旅游与科技教研室讲师，主要研究方向为河洛文化、文化建设。

关键词： 洛阳　红色文化资源　保护利用

红色文化是中国共产党领导革命、建设、改革历程中的文化凝结，以革命战争年代和和平建设时期所遗留的纪念地、标志物及其承载的革命历史、革命事迹和革命精神为基本内容。红色文化是中国特色社会主义文化的重要组成部分，是中国共产党和中国人民宝贵的精神财富，是推进实现中国式现代化的强大动力之源。洛阳市作为革命老区，是中原地区革命火种的起源地之一，革命文物资源富集，拥有丰厚的红色文化遗产和底蕴深厚的红色文化。深入研究洛阳红色文化资源的保护利用问题，有利于在新发展阶段不断将洛阳厚重的文化底蕴转化为发展优势，以文旅深度融合发展推动洛阳重振辉煌。

一　洛阳市红色文化资源概况

洛阳是革命老区，传统文化与红色基因叠加，红色文化资源众多。据调查，洛阳留有190处物质层面的红色文化资源，其中，烈士陵园、纪念馆、烈士墓等纪念设施46处，重要机构旧址66处，重要历史事件旧址36处，党史人物故居42处，具有类型多样、空间密布、时间连续的特点。一是类型多样，涵盖革命遗迹、机构旧址、名人故居、烈士墓、烈士陵园、纪念场馆等多种类型。二是空间密布。在横向空间分布上，洛阳市红色文化资源遍布全市，洛阳7县7区均有红色文化资源，其中孟津区、新安县和伊川县红色文化资源尤为富集。三是时间连续。在纵向时间历程上，洛阳红色文化资源贯穿新民主主义革命时期、社会主义革命和建设时期、改革开放和社会主义现代化建设新时期，其中抗日战争时期和解放战争时期的红色文化资源最为丰厚。

在保护利用层面，自党的十八大以来，全社会红色文化资源保护意识空前提升，洛阳市积极提升已有红色文化遗产保护利用水平，于2020年8月启动中共洛阳组诞生地纪念馆的保护展示和改造提升工程，对2001年建成的旧馆全面提升，在中国共产党成立100周年之际建成开馆，建成集党史展览陈列与党建教育于一体的大中型历史类纪念馆。依托革命历史，整合红色文化宣传平台，开发专题宣传场馆，如洛阳市党建馆、洛阳市廉洁文化宣传教育馆、洛阳家风家训馆、洛阳抗战纪念馆、洛阳新闻博物馆等。截至目前，河南省共有不可移动革命文物名录115项、可移动革命文物4405件，洛阳共有22处革命文物入选河南省革命文物名录，[1] 其中全国重点文物保护单位1处（八路军驻洛办事处纪念馆），占比0.5%；省级文物保护单位7处，占比3.7%；市县级文物保护单位12处，占比12%；一般不可移动文物2处，占比1.1%。61件（套）可移动革命文物入选河南省第一批可移动革命文物名录，[2] 241件（套）可移动革命文物入选河南省第二批可移动革命文物名录。[3] 爱国主义教育示范基地有国家级2处，占比1.1%；省级8处，占比4.2%；市级38处，占比20%。中共党史教育基地省级5处，占比2.6%；市级32处，占比16.8%。知名度高、影响力大的红色文化资源保护情况较好，利用率较高，但全市综合保护利用水平偏低，尚有大量红色文化资源处于初级保护阶段。

二 洛阳市红色文化资源保护利用中存在的问题

洛阳以厚重的历史闻名遐迩，历史文化遗产众多，红色资源丰富，但保护力度、知名度、利用率偏低。

（一）破坏、闲置现象严重，红色文化价值不断流失

洛阳市能够得到有效保护和合理利用的红色文化资源占比较低。一是闲置众多，无人问津；二是改建现象严重。如张剑石曾为伊洛抗日根据地做出

---

[1] 《河南省第二批不可移动革命文物名录》，https://www.henan.gov.cn/2023/06-26/2767103.html，2023年6月26日。
[2] 《河南省文物局公布河南省第一批革命文物名录》，https://www.henan.gov.cn/2021/01-29/2088126.html，2021年1月29日。
[3] 《洛阳：活化红色遗产 赓续红色血脉》，https://wwj.henan.gov.cn/2022/06-22/2473021.html，2022年6月21日。

重要贡献,其故居位于宜阳县赵保乡东赵村三区,原为土木结构瓦房,后被族人改建居住,旧有故居已被完全拆除。忽视红色文化资源的作用,任由其被破坏、搁置,将导致其红色价值流失。既无法妥善保护红色文化资源,又无法发挥其红色宣传教育作用,造成红色文化遗产流失、损毁。

(二)宣传力度欠缺,知名度远低于传统文化资源

无论是在传统媒体还是在新媒体社交网络中,洛阳市红色文化资源的宣传力度远不如传统文化资源,缺乏有影响力的红色影视作品、红色文创产品,不利于拓展红色文化宣传路径。除洛八办、中共洛阳组、焦裕禄纪念馆、洛阳烈士陵园、朝阳烈士纪念碑等少数红色文化资源具有一定知名度,其他多数红色文化资源在全国并没有太大的影响力,知名度不出市,只有本地人、专业领域人士熟知。

有学者指出,洛阳市红色资源在空间分布上既连绵不断又相对集中。[①]但目前洛阳市忽略了地理位置偏僻的红色资源,一些位于周边县乡的红色文化资源往往只有附近村民有所了解,无法吸引游客参观。即便由当地的村民、村干部集资或个人捐赠筹办了纪念馆,但多数纪念馆缺乏经费支持,无法配备专业人员进行管理、讲解;即使能够在参观时提供简要讲解的,在史料整理、讲解专业度方面也与规范管理的纪念馆存在很大差距,无法充分传达红色文化遗产中蕴含的价值。

(三)活化利用水平低,以静态展示、参观游览为主要展示手段

目前,洛阳市虽然将一些革命遗址、名人故居等红色文化资源开发为博物馆、纪念馆,但开发形式单一,以文物静态展示、革命事迹展板为主要展示手段,多数只涉及本地红色文化的发展历程、重要红色人物事迹及历史贡献等,游客体验以静态参观为主,缺乏具有参与性、体验性、趣味性的游览

---

① 王治涛等:《洛阳红色文化资源的保护和开发研究》,《洛阳理工学院学报》(社会科学版)2013年第4期。

项目。这种展示手段虽然也能一定程度上促进红色文化的传承，但参观时长有限、感官刺激较弱，只能引起参观者短暂的情感共鸣，随着空间的远离、时间的推移，红色教育效果不断淡化，未能充分发挥红色文化资源应有的价值。目前，洛阳市红色文化资源文旅转化程度有限，开发利用比例较低，产业规模、红色旅游收入占比不高，未能产生应有的宣传教育效应。

（四）偏重红色物质资源开发，对红色精神资源挖掘不够

红色文化资源既包含以革命遗址遗迹、烈士陵园烈士墓、纪念馆纪念地等为代表的物质资源，也包括大量的精神文化资源，如焦裕禄精神孕育形成在洛阳，丝路精神历史渊源于洛阳，伟大抗战精神、劳模精神、工匠精神在洛阳数次展现等。目前，洛阳市对本地红色文化精神研究提炼有限，尚有很大的挖掘提升空间。应在保护红色物质资源基础上，加强学术研究，深入发掘、研究、总结、凝练本地红色文化内涵，整理创作反映本地红色文化、红色精神的歌曲、诗词、电影、电视剧等，以多种形式唤醒游客的思想共振和情感共鸣。

三 洛阳市红色文化资源保护利用经验

（一）政府主导：纪念馆+红色文化街区

八路军驻洛办事处纪念馆在洛阳市南关贴廓巷，简称"洛八办"，是洛阳市重要的革命遗址，现为全国重点文物保护单位和河南省优秀爱国主义教育基地。在洛阳众多红色文化资源中，"洛八办"保护级别最高，展示范围最广。1938年，中共中央决定在洛阳成立"八路军驻洛办事处"，选址贴廓巷56号庄家大院。1985年4月，洛阳市在其原有旧址上建立专题性革命纪念馆。多年来为有效保护这一珍贵红色文化遗产，充分展示其红色文化价值，洛阳市进行了由主体建筑到红色街区、由点到面的分阶段式系统开发。1985~2008年，先后完成东院、中院、西院旧址全部主体建筑的收回、修

复、开发。目前，纪念馆的基本陈列分综合陈列和旧址复原陈列两部分。综合陈列以文字、图表、照片、文物等形式，系统地介绍八路军驻洛办事处的建立、工作和撤退情况，歌颂了八路军驻洛办事处在抗日战争胜利过程中发挥的重要作用及所作的突出贡献。近年来，洛阳市不断提升八路军驻洛办事处纪念馆展示水平，2017年该馆被列入《全国红色旅游经典景区名录》，2019年被中宣部评为全国爱国主义教育示范基地。同时，也在不断对周边环境进行综合治理，2020年10月，洛八办所在的贴廓巷红色文化步行街区改造提升工程完成，该项目以八路军驻洛办事处纪念馆为依托，全长约800米，占地面积约35000平方米，南临九都东路，西临南门口街，东接洛邑古城，对贴廓巷、吕氏街、校场街、南门口街进行路面改造及景观提升，主打红色文化主题风格。街区规划为一轴四片区多节点，以历史文化为轴线，依次展示四个历史时期的时代元素和功能特点，自西向东分别为洛八办红色文化体验区、洛阳工业时代休闲区、改革开放展示区与新时代发展展示区。

以八路军驻洛办事处纪念馆为展示核心，拓展红色文化展示范围，将贴廓巷历史街区改造为红色文化展示与现代商业消费空间，打造红色文化街区，将红色文化展示与城市改造提升、老百姓的日常生活相结合，实现了物质文化遗产、非物质文化遗产、生活场景的活态展示，既增强了游客体验的具身性，完成红色文化传播，又延伸了产业链，目前已形成集合了饮食、教育、住宿、研学、娱乐、体验、休闲、购物、创意等多种业态的多元化红色文化步行街区，成为洛阳重要的红色文化宣传窗口、红色文创体验休闲聚集地与红色革命教育研学基地。

（二）企业担当：工业遗存+企业文化传承

洛阳作为新中国成立后第一批八个新兴重点工业城市之一，见证了共和国现代化发展历程，留下了规模宏大、保存完整、时代特征鲜明的工业遗存，成为洛阳红色文化资源的重要组成部分。2011年5月，洛阳涧西工业遗产街入选第三届中国历史文化名街，在三届评选活动评出的30条中国历史文化名街中，涧西工业遗产街成为唯一入选的工业遗产项目。2018年1月，位于洛阳市涧西区的第一拖拉机制造厂入选中国科协调宣部发布的中国工业遗产保护名录（第一批）；2018年11月，第一拖拉机制造厂和洛阳矿山机器厂入选工业和信息化部第二批国家工业遗产名单；2020年12月，洛阳耐火材料厂和洛阳铜加工厂入选第四批国家工业遗产名单。

如今，距离"一五"工业建设已有70余年，洛阳工业厂区保存情况整体较好，一部分厂区仍在运作，一部分已通过拆除、重建、新建进行更新换代，对旧有厂房进行整体规划和旅游开发，建设了东方文创园、天心文化产业园、5G+XR元宇宙产业园等。在洛阳红色工业遗产的保护利用过程中，企业成为重要主体，将红色文化传承与企业文化建设相结合，如中国一拖依托农耕文化、中信重工围绕焦裕禄精神，积累了丰富的活化利用工业遗产的经验。

2010年，中国一拖为传承企业文化、践行社会责任，投资2000万元在原有一拖展览馆的基础上改造扩建东方红农耕博物馆，展陈面积约5000平方米，集收藏、展陈、宣传、教育和研究等多种功能于一体，通过珍贵的历史图片、文物史料，配以声、光、电等现代化手段，再现世界农耕发展的历史画卷，完整展现中国农业现代化的发展历程。作为国内第一个以"现代农耕"为主题的展馆，自2012年4月开馆以来，每年吸引大批游客和市民参观，并针对不同群体开展大学生体验工业文明、万名中小学生走进大工业、青年党员入党宣誓等爱国主义教育活动，成为洛阳红色工业旅游的典型项目，被评为全国爱国主义教育示范基地、全国科普教育基地、全国"大思政课"实践教育基地、全国中小学生研学实验教育基地、河南省十佳科普教育基地、首批河南省中小学研学旅行实践基地等。

2018年11月，洛阳矿山机器厂入选工信部第二批国家工业遗产，核心物项包括一金工车间和二金工车间、焦裕禄带领员工制造的首台直径2.5米的卷扬机、习仲勋同志旧居。作为"共和国长子""焦裕禄精神孕育形成地""习仲勋同志工作过的地方"，洛阳矿山机器厂核心物项既是重要的红色文化资源，见证了新中国工业的起步、发展与壮大，又是中信重工企业发展历程的重要见证。作为大型国企，中信重工高度重视对自身工业遗产的保护和管理，将红色工业遗产的保护与企业文化传承结合，以党建促业务，不断提升工业遗产保护利用水平，实现了经济效益与社会效益的双重提升。

2018年以来，按照保护优先、合理利用、动态传承、可持续发展的原则，中信重工以国家工业遗产核心物项为重点，不断推进工业遗产保护利用水平，打造了包括焦裕禄大道、焦裕禄铜像、焦裕禄事迹展览馆、"难忘的岁月——习仲勋同志在洛矿"主题展览、厂史馆、科技馆等在内的红色基因宣传链条。

核心展馆焦裕禄事迹展览馆，修建于焦裕禄曾经工作和奋斗过的一金工车间，以焦裕禄在洛阳矿山机器厂工作、生活的九年经历为主要内容，采用文献、实物与多媒体相结合的方式，以大量的图片、文献资料，从焦裕禄生平、亲民爱民、艰苦创业、刻苦钻研、迎难而上、无私奉献、科学求实、精神传承等板块，全面展示了焦裕禄在洛矿工作生活期间的光辉事迹。自2014年7月开馆以来，已接待社会各企事业单位20万余人次，现为河南省中共党史教育基地、社会主义核心价值观建设示范点、洛阳市社会主义核心价值观教育基地、洛阳市爱国主义教育基地。目前，中信重工已启动焦裕禄事迹展览馆提升项目，进一步挖掘焦裕禄同志典型事迹和"焦裕禄精神孕育形成地"的深刻内涵。

中信重工将红色文化资源保护与企业文化建设深入结合，推动党建与生产经营同频共振、深度融合，以党建促业务，将文化软实力转变为经营发展硬支撑。目前，中信重工已形成以"焦裕禄精神"为精髓的企业文化体系，对标岗位特点、公司改革发展需要，依托企业红色文化资源，开展多样化红色教育活动，推动将焦裕禄精神转化为全体党员干部的思想和行为指南。2022年以老主任焦裕禄同志100周年诞辰为契机，开展包括一次集中学习教育活动、一次专题座谈会、一次集中观影活动等在内的"六个一"系列活动。2023年以习仲勋同志诞辰110周年为契机，开展"纪念习仲勋同志诞辰110周年"座谈研讨会，研究推出一批理论研究成果，编印一本《习仲勋与洛矿故事》读物等。利用"难忘的岁月——习仲勋同志在洛矿"主题展览等红色资源，在全体干部职工中开展理想信念教育，重温习仲勋同志在洛矿的工作岁月，缅怀老一辈无产阶级革命家的丰功伟绩，弘扬克己奉公、勤政为民、廉洁自律的崇高风尚。同时，加大对外交流沟通力度，打造"焦裕禄精神孕育形成地"文化品牌，提升企业文化软实力。2022年，中信重工入选教育部、科学技术部、工业和信息化部、生态环境部、国家卫生健康委等部门共同设立的全国首批"大思政课"实践教学基地。截至目前，中信重工系列红色工业遗产已接待30万人次参观学习交流，成为社会各界开展党性教育、理想信念教育、社会主义核心价值观教育的重要红色基地。

（三）党校创新：剧本娱乐+党性锻炼

2023年初，为了推进党校课堂教学模式创新，洛阳市委党校党史党建部与洛阳市涧西区全国首家红色主题剧本体验馆——"向导故事馆"合作，将全省首部红色主题沉浸剧《曙光》引入党校课堂。学员们带着各自扮演角色的使命与责任，共同"穿越"到1921年，通过演绎式参与，回顾陇海铁路工人大罢工时期，洛阳工人在党组织的领导下，反抗压迫的艰苦历程。目前，这一课程已完成剧本论证、教学环节设计，被纳入市委党校各个主体班课堂。

党史学习教育、党性锻炼是党校干部教育培训的重要内容，党校教师是党史教学、研究、宣讲的主力军之一，此次课程开发是极具借鉴意义的有益尝试。红色剧本对创作者的历史文化素养要求较高，创作者必须对历史有足够的了解，并且要反复推敲，不能为了剧本效果肆意篡改史实，既要尊重历史，又要呼应现实。将红色剧本引入党校课堂，既可以利用党校教师资源，审核、确保剧本的专业性、准确性，真正发挥红色剧本传承红色精神、赓续革命传统的作用，又能借助剧本杀沉浸式体验的优势，提升党性教育的效果。

在文化科技日益深度融合的背景下，文化传播模式正悄然发生深刻变革。在传统的灌输式传播模式下，听众是局外人、后来人，难免会产生冷眼旁观的疏离感，甚至产生逆反心理。沉浸式红色剧本体验将体验者转变为剧中人、当事人，短暂脱离现实安逸的都市生活，"穿越"回近百年前山河破碎的动荡年代,迸发捍卫河山的使命感与责任感。在虚拟的历史场景中,体验者的使命感、信仰感被唤醒,这种"沉浸"过程不仅实现了知识的传授,而且完成了情感的升华,这正是党性教育所要唤醒的领导干部的初心和信念感。

四 洛阳市红色文化资源保护利用策略

(一)全面保护与分类开发相结合,因地制宜、一景一策发挥红色文化资源最大价值

历史文化资源具有不可再生性,一旦在发展过程中被损毁,将直接造成无法估量的文化遗产损失。目前,洛阳各县区尚有大量未得到妥善保护的红色文化资源,要坚持尊重历史,修旧如旧,原貌留存。整合各县区红色文化资源,由洛阳市制定统一规划,各级别红色文化遗产分级分类管理,设定不同的发展目标:县级、市级以服务本市、本县区为主,积极转化为当地大中小学思想政治教育基地、各级党校党性锻炼基地;省级、国家级面向全国,集中优势资源,打造知名红色文化品牌,形成红色IP,发展红色旅游。

在管理、开发体制方面,因地制宜、因景点而异,不搞"一刀切",灵活选取企业化经营模式或事业化管理模式。对于文物价值高、展示性差的红色资源采用事业化管理模式,将修复、保护放在第一位,待完成基础的考古、修复等保护工作后,再评估市场化风险与优势,分阶段调整保护利用策略。对于文物状态好、红色价值高、基础设施便利、已具备展示条件的红色资源,引入市场机制,建立市场化运作体系,完善产业要素,丰富产品结构,探索多样性活化展示策略。

(二)巧借历史文化名城东风,整合重组、开发差异化红色精品旅游线路,提升红色资源知名度

红色旅游内容丰富,寓意深刻,兼具旅游与教育的双重功能,成为旅游

市场的一大热点。近年来，红色旅游市场持续升温，吸引力和影响力不断增强，洛阳市革命历史悠久，红色旅游资源丰富，有着巨大的红色旅游市场潜力。应借助历史文化名城知名度，借势中国洛阳牡丹文化节、河洛文化旅游节，提升古都红色旅游知名度。洛阳红色文化资源分布散、单体小，要避免单体开发，对同一主题、同一性质红色文化资源要做群体规划，以红色精神为主线整合文物资源，连点成线，发挥规模效应，开发红色主题突出的精品旅游线路，如东线以红色革命为主题，规划八路军驻洛办事处纪念馆、贴廓巷红色文化步行街、"中共洛阳组"诞生地纪念馆、《新洛阳报》旧址纪念馆、洛阳市烈士陵园等一体游览，西线以红色工业游为主题，规划中国一拖东方红农耕博物馆、中信重工焦裕禄事迹展览馆、习仲勋纪念馆、赵春娥纪念馆等游览线路。

（三）政府主导、企业参与，民间资本准入，多渠道解决资金困境

资金困境是文化遗产保护面临的普遍难题。洛阳市历史文化资源富集，尚有大量知名传统文化遗产未得到妥善保护，能够用于知名度不高、地理位置偏远的红色文化资源保护的资金缺口更大。因而不仅应增加政府对红色文化资源的保护、开发经费，调动国有企业担当作为，同时应努力争取民间资本，如海内外对红色文化资源保护、开发感兴趣的团体和个人的投资和捐赠，多渠道解决资金困境。推动红色旅游、红色文化产业发展，以收入反哺红色文化资源的维修和保护，形成良性循环。

（四）创新思维方式和传播形式，还原红色文化资源蕴含的红色历史和革命精神

红色文化的传播和普及需要不断创新思维方式和传播形式，精心策划形式多样的活化项目，打造红色文旅品牌；在产业植入、互联网传播上下功夫，既要引入"青年元素"，又不过于娱乐化、商业化；采取情景式、互动式、体验式等方式，提升红色遗产感染力。以年轻人喜闻乐见的方式讲好红色故事，抓住红色根本，做好特色文章，把洛阳的红色故事讲精彩、讲出

圈，让逝去的历史动起来，使红色文化真正入脑入心。

1. 充分发挥红色文化遗产场景优势，广泛开展隐性教育

"不言之教，无形而心成。"相较于主题鲜明的说教式教育，含而不露的隐形教育方式通过特定的环境、活动，使受教育者在潜移默化中产生情感共鸣，提升道德认知，内化为个人的道德修养，更易实现传播目的与教育效果。红色文化遗产、革命文物承载着革命先辈浴血奋战的光辉历史，是优质的隐形教育本源性资源。

一是与中小学、高校思想政治教育相结合，开发系列研学课程。2023年8月，文化和旅游部、教育部、共青团中央、全国妇联、中国关工委五部门联合印发《用好红色资源 培育时代新人 红色旅游助推铸魂育人行动计划（2023—2025年）》，将力争利用三年时间，针对青少年打造百堂红色研学精品课程，推出千条红色旅游研学线路，开展万场红色旅游宣讲活动，覆盖全国上亿名大中小学师生。[1] 思想政治教育是红色文化传播的载体，说教式教育容易激发青少年的逆反心理。将红色文化遗产转化为本地中小学实践教育基地，将红色资源引入课堂，利用红色文化超越时空的感染力和说服力达到中小学、高校思想政治教育目的，有利于在人生关键成长阶段，引导学生通过实地参观考察，获得真实生动的感触，进而自觉地继承革命传统、弘扬红色文化精神、树立崇高理想。因而应提高红色资源利用率，加强中小学、高校与红色场馆的交流互动，根据教育需求有针对性地开发红色研学精品课程，开展跨场馆联合宣传教育活动。

二是与领导干部党性锻炼相结合，将红色文化遗产纳入党性教育实践基地。党的二十大指出，要建设堪当民族复兴重任的高素质干部队伍。当下，意识形态斗争形势依旧严峻，历史虚无主义等错误思潮传播手段更加隐秘，党员干部内部的思想变化往往缓慢而不易察觉。红色文化资源是真实历史事件的见证，是驳斥历史虚无主义、还原真实历史最直接的证据。将红色文

---

[1] 《文化和旅游部 教育部 共青团中央 全国妇联 中国关工委关于印发〈用好红色资源 培育时代新人 红色旅游助推铸魂育人行动计划（2023—2025年）〉的通知》，中国政府网，https://www.gov.cn/zhengce/zhengceku/202308/content_6897330.htm，2023年8月1日。

遗产转化为党校现场教学基地、领导干部党性教育基地，有利于通过实地参观，使领导干部身临其境地感受先辈浴血奋斗的历程，进而坚定理想信念，践行初心使命。

2. 以仪式观代替传播观，开展红色文化情景式、体验式活动

美国新闻传播学者詹姆斯·凯瑞1975年在《传播的文化研究取向》中提出传播的仪式观。"仪式观"不是分享信息、单向的信息告知，而是以仪式为载体在时间维度上传承经验与意义。相较历史文化的科普价值，红色文化的意义更着眼于理想信念的培育，因而在红色文化的传播过程中，更应以仪式观代替传播观，以红色文化精神的传递为目标。当下，民众生活在国力蒸蒸日上的新时代，与革命年代的状况有极大不同，单纯的说教式宣传很难使观众感同身受，情景式体验则可描述并强化革命年代的艰辛、革命先辈的境遇，在模拟体验过程中，体验者接收到的是具象化、神圣化的文化记忆，传统的革命精神在现实与虚拟的碰撞中得到再次解读与传承，更易激发观众对先辈发自内心的感恩与敬重。

应以红色文化仪式为载体，搭设情景，使参与者身临其境地感受红色文化。围绕建党纪念日、建军节、国庆节等重要红色节日，举办周年纪念活动，开展有意义的红色文化体验，如"七一"开展重温入党誓词、红歌合唱比赛，年复一年形成固定仪式，使参与者在集体性的仪式活动中，回忆峥嵘岁月，直观感受红色精神，进而内化于心，提升爱国情感，坚定理想信念。

3. 抢抓"剧本娱乐"新风口，打造红色"剧本娱乐之都"

2022年10月，《洛阳市加快发展剧本娱乐产业实施方案》发布，这是全国首个针对剧本娱乐产业的专项政策，到2025年底，洛阳将打造成为中国"剧本娱乐之都"，基本建成全国沉浸式文旅目的地。在政策的正向刺激下，近年来，洛阳剧本娱乐产业蓬勃发展，引进国内剧本娱乐行业头部企业洛阳FB传媒有限公司、洛阳卡卡文化传媒有限公司，形成较为完整的产业链，在剧本创作、剧本娱乐主持人培训、店铺运营等方面都走在全国前列。同时，将早期局限于单一固定场馆的室内桌游，升级为与景区、博物馆、书

店等跨界融合的"剧本娱乐+文旅"发展新模式，为玩家提供了丰富的沉浸式文旅体验，有力地推动了文旅文创深度融合发展。

随着剧本娱乐的日益火爆，剧本主题不断丰富和拓展。以红色历史为背景创作的剧本日益增多，受到越来越多年轻人的欢迎。在洛阳市剧本娱乐场馆，《兵临城下》《孤城》《旗袍》等优质红色剧本人气居高不下。相较于普通娱乐性剧本，红色主题剧本娱乐作品不仅有娱乐功能，而且具有教育价值，通过营造沉浸式教育场景、"服道化"和表演代入角色，玩家如同回到曾经的革命年代，重温烽火岁月，感悟先辈的呕心沥血和幸福生活的来之不易，对红色主题教育和历史事实产生更深刻体会，进一步深化爱国情感，传承红色精神。

未来，在推动洛阳红色剧本创作的过程中，要组建专家团队，对红色主题的方向性、党建文化的严肃性、演绎背景的真实性严格把关；在空间架构和剧本创作上秉持严谨态度，力求最大限度地还原真实的历史场景和革命故事，严格尊重史实，慎重把握娱乐性成分，避免泛娱乐化倾向；营造浓厚的红色场景氛围，强化历史体验感与代入感，由虚入实，在虚拟场景中引发真实的身份认同，激发责任感、使命感、信念感；发展红色实景剧本杀，与各大红色文化场馆合作，一馆一剧，以剧本娱乐形式直观展示各大红色场馆记录的革命历史与红色精神。以沉浸式教育理念，化党史教育于无形，用这种更有温度、更有人情的方式点燃体验者心中的火种，完成革命情感的时代迁移和红色精神的代代传承。

B.19
老君山文化经济现象及发展路径浅析

胡建吾 洪文超 李银汁 吴新宇 慎建波 张 记*

摘 要： 该研究报告立足国家 5A 级风景名胜区——洛阳栾川老君山——的发展状况，对其用文化经济点亮河南文旅的典型经验做了总结，对老君山文旅集团在文化经济化、经济文化化探索过程中遭遇的瓶颈问题进行了剖析，对推广老君山文化经济现象及文旅创新发展路径进行了前景展望，提出：以文铸魂，促进文旅融合产业化；以产塑魂，促进文旅融合文化化；以才兴业，促进文旅融合高质化；以需求为导向，促进文旅融合现代化。

关键词： 老君山 文化经济 文旅融合

《之江新语》有篇名为《"文化经济"点亮浙江经济》的文章。文中，时任浙江省委书记的习近平同志富有远见地提出："所谓文化经济是对文化经济化和经济文化化的统称，其实质是文化与经济的交融互动、融合发展。"[1] 2020 年 9 月，习近平总书记在教育文化卫生体育领域专家代表座谈会上指出："文化产业和旅游产业密不可分，要坚持以文塑旅、以旅彰文，推动文化和旅游融合发展，让人们在领略自然之美中感悟文化之美、陶冶心

---

* 胡建吾，中共栾川县委党校副校长，伏牛山乡村振兴人才教育中心科研部部长；洪文超，中共栾川县委党校副校长，伏牛山乡村振兴人才教育中心培训部部长；李银汁，中共栾川县委党校高级讲师；吴新宇，中共栾川县委党校教务室主任；慎建波，中共栾川县委党校正高级讲师；张记，河南省老君山文旅集团文化顾问。

[1] 习近平：《之江新语》，浙江人民出版社，2007，第 232 页。

灵之美。"① 这些论述产生深远的影响，给人深刻的启发，文化旅游企业对照笃行，学习其基本原理，在实践中收获实践真理的智慧红利。

河南省老君山文化旅游集团有限公司（简称"老君山文旅集团"）通过十几年的努力经营，不断探索文化和经济的相互赋能、文化和旅游的深度融合。"文化经济""文旅融合"是从企业管理人员到一线员工最熟悉的词语。在"文化经济"共识的指引下，老君山文旅集团自2007年改制以来，持之以恒地沿着"道家道学道教文化点亮文化经济"的航线，行稳致远，努力打磨以经济为依托的新文化形态和以文化为内涵的新经济形态，取得一个又一个令人瞩目的业绩，在全国文旅行业界叫响了老君山品牌，成为文旅企业发展的鲜活案例。2023年8月1日，中国旅游研究院在北京召开老君山高质量发展专题研讨会，发布《老君山高质量发展调查研究报告》，在国内文旅界引起强烈反响。同日，全国文学名家走进老君山"文学赋能乡村振兴"采风活动启动。来自全国各地的20余位作家协会副主席和近百位作家及文学杂志编辑云集栾川，关注老君山文化赋能乡村振兴的典型事迹，运用巧思，选取角度，用如椽之笔描绘"老君山人"的精神风貌，挖掘河洛文化的艺术魅力，勾勒老君山的美景，展望文化的春天。

一 老君山及老君山文旅集团基本概况

国家5A级风景名胜区老君山位于栾川县旅游产业聚集区中心地带，面积有58平方公里，由一主（老君山）两翼（寨沟、追梦谷）七大旅游区组成。老君山古号景室山，因老子李耳到此归隐修炼，故易名老君山，该名沿袭至今，因此道家文化深深影响着老君山地区。因道教文化源远流长，老君山山顶的道观历史悠久，老君山与武当山并称为"南北二顶"。再加上自然风光"秀压五岳，奇冠三山"，老君山也当之无愧地成为中原山水文化的杰

---

① 习近平：《在教育文化卫生体育领域专家代表座谈会上的讲话》，人民出版社，2020，第7~8页。

出代表，是著名的自然山水和道家文化旅游名山，是河南省文化产业示范基地和国家文化产业示范基地。

成立于2007年8月的河南省老君山文旅集团，主要从事国家5A级旅游景区老君山的文化旅游开发、文旅文创产品研发、文化旅游演艺打造、文化投资运营等业务。公司遵循"山为基、道为根、文为魂，人为本"的发展理念，坚持"以文塑旅、以旅彰文、文旅融合"的思想，着力以道家文化IP打造旅游强县。其打造的栾川博物馆、"知道书院"、老子文化苑、老君山金顶道观群、《知道·老君山》沉浸式演艺项目、《道域·老君山》光影秀等，不仅有效地传播了道家文化和《道德经》核心思想，而且不断推动老君山文化和旅游深度融合发展。

老君山文旅集团始终坚持以社会主义核心价值观为引领，以文化产业富县惠民为己任，以打造中国最佳旅游目的地为愿景，外拓市场，内抓管理，市场覆盖全国主要省市，"老君山文化品牌"影响力已遍及全国，较好地传承保护了中华优秀传统文化——道家文化。致力于文化新业态的创新发展，在老君山完成100多项重大文化产业基础设施建设，形成了一轴两翼七大服务区的功能格局，文化产业带动主营收入双双实现快速增长。同时，老君山文旅集团坚持以文化产业赋能乡村振兴，致力于打造文化产业集群，直接带动周边三乡五村群众纷纷从事文化旅游产业服务工作，并影响周边一镇两乡餐饮、住宿、交通、种植、农产等相关产业的发展，园区内直接增加就业岗位1800多个，辐射带动周边村镇增加就业岗位5000多个，综合收入超过20亿元，创造了良好的经济效益和社会效益。"一座山带火一座城"，老君山文旅集团不断引领文化产业和旅游产业融合发展，在文旅产业融合发展方面起到很好的示范带动作用，成为栾川文旅产业的龙头企业和首推名片。老君山景区先后获得国家级自然保护区、伏牛山世界地质公园核心园区、全国5A级景区、全国标准化示范景区、全国文明景区、省级风景名胜区、省级文物保护单位、河南省科普教育基地、第八批河南省文化产业示范基地、河南省文化产业先锋等113个省级以上荣誉。

2021年，老君山文旅集团"弯道超车、创造奇迹"，作为河南省唯一优

秀案例，被文化和旅游部在全国推广；"坚持传承，砥砺创新"入选全国优秀案例，被中国旅游协会在全国推广。

2022年，老君山文旅集团"增强五种能力、抓好五个融合，实现逆势增长"，被国家文旅部作为纾困发展经典案例，面向全国推广。

2023年，老君山景区成功入选中国旅游研究院、文化和旅游部发布的"2023夜间旅游十大创新案例"；入选中国旅游协会第五届"中国服务"旅游产品创意案例。

2024年3月，老君山成功入选文化和旅游部新一批国家文化产业示范基地。

二 老君山文化经济点亮河南文旅现象调查

老君山文旅集团改制伊始，就紧盯文化牌，确立了旅游企业发展的文化方向，即发展的命脉在文化与经济的相互转化和内化。

（一）高标准打造基础设施，完善文旅服务硬环境

老君山文旅集团践行使命，体现责任担当，对标国内一流旅游景区，坚持旅游高标准化，不断完善文化旅游服务硬环境。始终坚持高起点规划、远景化建设、可持续发展，以山水为基，以文化为魂，注重文旅融合，走出了一条特色化、产业化发展道路，创造了良好的经济效益和社会效益。十余年来，老君山文旅集团用心引导，倾情服务，在旅游产品打造上的持续投入已超20亿元，创造了业内瞩目的"老君山文化产业跨越发展"效应。成立了"老君山文化产业发展领导小组"，聘请文化顾问全过程、全方位地参与项目的论证、规划、实施等，确保文化与旅游全过程、全方位有机融合，实现文旅相辅相成良性发展。老君山文旅集团尝试把研究重心从宗教人物向历史文化人物转移，从传统文化中提取优秀文化精华，把山川自然美景赋予人文灵魂，用现代化传播手段，力求"山下向山上过渡，白天和夜晚连贯，快旅和慢游结合，单体和集群融合，线上与线下互动，游赏和沉浸兼具，自然

与人文共生，生产生活生态兼美"，适应游客沉浸化多样化消费需求，实现"换道领跑"，发挥好文旅融合的头雁效应。

1. 注重震撼性文化景观打造，做好文化传承

挖掘老子文化内涵，实施系列文化工程，建设三大道家文化文创标志性基地。

一是在游客中心区域，建有老学六经文化柱八根，简要地介绍了老子《道德经》、文子《通玄真经》、庄子《南华真经》、列子《冲虚真经》、庚桑子《洞灵真经》、尹子《文始真经》的思想内核，并将各自的名言警句雕刻在原石上，与老学六经广场用汉白玉雕成的大型老子骑青牛塑像交相辉映，此处老学长廊基地内有道家文化泰斗陈鼓应先生的题词。

二是投资1.5亿多元，以59米高的老子铜像为地标性建筑物，以82位书法家用真、草、隶、篆、行等字体撰写的81米长的《道德经》墙为主体，建成总占地面积10000多平方米的老子文化苑道家文化体验基地。从天一阙门进入，众妙门、得一门、祥和门、太极和合广场成为游客祭拜老子的道祠，崇玄馆成为悟道学道的研学基地。

三是以山顶天界五宫和藏经阁为代表的仙境朝圣区域，这是"千年道家风，一处山水魂"品牌的代表作，许多游客为祈求福、禄、寿、喜、财而到此体验打卡。道教文化与日出、日落、光影秀、雪景、冰挂、帐篷共同绘就的精美画卷，成为许多游客的"诗和远方"。

2. 充分进行市场调查，有序推动产业转型

老君山文旅集团意识到，淡化门票经济与催旺二次消费并不矛盾，率先推进旅游景区门票价格改革。抓住门票价格这个事关旅游景区改革的牛鼻子，让市场在资源配置中发挥决定性作用，理顺旅游景区门票及游览服务价格形成机制，健全监管机制，规范价格标准，为广大旅游者营造良好的消费环境，不断推动旅游景区由"门票经济"向"文化产业经济"转型。老君山景区对栾川居民免门票，针对不同群体（如中考或高考考生、铁路职工、医护人员、李姓游客、属龙游客等）推出一系列减免门票措施，景区美誉度不断提高。

3.依托市场需求，精准定位投资方向

投入巨大精力加强研究，打造好老君山山岳型旅游度假区，提高入园游客人均消费水平。潜心研究度假经济，努力延长游客在老君山停留时间，加速由"观光游览"向"观光与休闲度假并重"转变。不断丰富旅游产品类型，提升品位，坚持以观光为基础、以休闲为支撑、以度假为方向进行优化调整。老君山文旅集团及时分析外部环境，预测旅游产品的生命周期，前瞻性地进行旅游产品的开发。玻璃漂流、飞亚达、腾云栈道、步步惊心等新项目的建成，增加了游客的体验感，成为促进老君山旅游产业化发展新的增长点。

老君山文旅集团争做旅游综合服务的模范。再好的旅游资源也需要人性化、精细化的管理服务。首先解决停车、导航、住宿、旅游集散等旅游公共服务体系等方面存在的短板问题，随后提升针对索道上下站购物区、住宿接待区的综合治理能力，政府属地管理和职能部门联动，采取"老君山吹哨，政府部门报到"，以前所未有的综合治理力度，使旅游市场上的"顽疾"及时得到根治。

同时，在"文明旅游景区""旅游标准化景区"上下足功夫，钻研标准、吃透标准，用工匠精神精心打磨老君山5A级景区，让5A级景区的金字招牌真正如金子一般闪耀。

4.利用现代科学技术，倾力打造智慧景区

强化现代信息化手段和移动互联网技术在旅游景区管理、服务和营销领域的应用，立足自驾游和自助游市场，吃透游客的个性化、多样化需求，对"互联网+旅游"发展的现状、趋势和挑战进行深入分析，始终秉承"智慧成就旅途之美"的建设原则，从细节入手，创新营销手段，创新管理方式，创新服务模式，满足游客在停车服务、餐饮住宿、门票预订、信息咨询、游览解说、旅游购物、评价投诉等方面的全方位需求。以智慧化手段全面提升管理服务水平，以"资本+技术+知识"等创新创意要素驱动旅游景区环境向好，奉行"互联网+"理念，共投入3500多万元，通过互联网实现了吃、住、行、游、购、娱全方位的旅游服务。在全国"互联

网+旅游"发展论坛暨2021河南智慧旅游大会上,老君山景区获评智慧旅游5钻景区。

(二)深挖优秀传统文化,提升文旅服务软实力

旅游是载体,文化是灵魂。老君山文旅集团重视对历史文化和民俗文化的梳理挖掘,坚持山水入境、文化入心、创意为王、多元矩阵、打造精品,推动老子文化和道教文化的创造性转化和创新性发展,以优秀文化引领旅游业发展,提升传播软实力,带动社会经济齐发展。

1. 坚持文化引领,促使文旅可持续发展

文化是旅游的内涵,是文旅行业稳定发展的基石。老君山文旅集团成立以来,一直极为重视对老君山历史文化的梳理和挖掘。董事局主席杨植森指出,要坚持文化引领发展的原则,文化是景区可持续发展的灵魂,要树立文化自信、文化创新、文化提升等观念,把文化作为产业工程来打造建设。要求老君山文旅集团全体员工都能背诵《道德经》,担当起弘扬老子文化的历史使命。并专门成立了实业公司,重点开发文旅融合新业态。

2. 立足中华优秀传统文化,做优文化旅游项目

打好国学文化牌,立足中华优秀传统文化和资源特色,做精做强景区自身品牌。鼓励在标准和规范之外下功夫,做到"人无我有,人有我奇,人奇我特,人特我绝"。依托老君山深厚的道文化根基,在四大道教名山的文化背景下,喊出道教"第五大名山",每年举办老子归隐老君山祭拜大典;依托道家"道法自然""天人合一"等核心理念,开发"道德经自然课堂——绿水青山就是金山银山";立足老子文化苑,做精德廉文化教育;立足金顶道观群及特色文化创意活动,做优道文化的传播。近年来共举办五届老子文化国际论坛,主题分别为"老子与洛阳、与老君山""探索绿色之路:老子思想与当代人类生存之道""大道和谐论坛""老子学的学法与精神:历史与当代""理解与运用:老子及道家和道教的生活之道"。这五届论坛,邀请到道家研究领域的专家陈鼓应、王博、王中江等人参加,共收到高质量研究论文410篇,有力地促进了道

教文化的传播和推广。

3. 结合景区特色文化，创意开发聚合人气

结合景区特色，根据节庆及四季风光推出的春季仙山花海节、夏季观海避暑节、秋季五彩秋趣节、冬季雾淞冰雪节，以及养生宴、"一元午餐"、金顶金婚庆典、国际汉服婚典等系列文化营销活动，引发央视媒体及社会各界的强烈关注，各项活动影响广，形象好，实现了系列化、品牌化及文旅融合发展。

以文化品牌建设为引领，坚持创意营销、立体式营销，致力打造"道家圣地，峰林仙境"的文化品牌，坚持全员创作，移动端传播。通过景区全员抖音创作、网络媒体采风、邀约网红打卡、短视频作品评选、优秀作品奖励等，形成网络媒体交互传播，实现热点持续引流。自培网红，全年直播，民宿宾馆纷纷加入直播队伍，形成了"蝴蝶效应"。一时间，"远赴人间惊鸿宴，老君山上吃泡面"等"梗"裂变式传播，老君山一举跻身全国网红文化旅游景区，创造了运用新媒体打造现代文化旅游景区的成功范例。如今的老君山，不仅是全国的网红之山，也是品牌之山，更是彰显道家思想成就的新名片。

（三）拉长产业链条，推进文旅融合发展

老君山文旅集团主动顺应"颠覆式创意、沉浸式体验、年轻化消费、移动端传播"的新文旅理念，不断激发旅游创新灵感，持续拉长产业链条，品牌活动与事件营销不断，在媒体和旅游圈内时刻保持活跃度，实现"淡季不淡"。

1. 丰富游客文化体验

依托老君山自然人文优势，打造道家文化重要载体，丰富游客文化体验。实施追梦谷文化教育项目、寨沟康养文化项目、民宿文化项目、栾川博物馆文化项目、中天门文创基地项目等，形成了六大独具文化特色的服务项目，文化项目每年接待游客超过500万人次。其中1866星宿、枕云等民宿成为河南民宿界的现象级产品。

2. 全力打造文化 IP

围绕《道德经》和老子文化，提炼出"道"文化核心 IP，打造了全国第一部以视听艺术语言呈现老子思想的舞台艺术作品《知道·老君山》，从问道、寻道、悟道、知道等方面探究老子思想；相继推出"自然造化·奇境老君山"沉浸式影院，以及"寻仙老君山""球幕影院""太极""辟谷"等文化旅游项目，以沉浸式业态创新弘扬传统文化，加快推动老君山从传统山水型景区向文化科技融合型景区转型。

为彰显景区文化特色，满足大众消费，将打造文创 IP 产品作为激活景区发展的新动能。老君山文旅集团不断创作自己独有的文创 IP 及旅游专属纪念品，不断延展景区的文化内核。游客不仅可以在景区游览中通过购买文创产品留下文化记忆，而且能把自己的旅游乐趣通过文创产品分享给亲朋好友，从而扩大了老君山景区的品牌影响力，达到口碑相传的效果，形成全域化的传播格局。

3. 精心打造研学基地

依托深厚的文化内涵和作为伏牛山世界地质公园核心区域的特有地质资源及独特的自然山水资源，老君山文旅集团打造了 16 处研学基地，培育了 20 余位研学指导教师，并开发了系列研学课程，打造《道德经》国学文化产业园区，融入"知道·书苑"，形成文化品牌。先后荣获河南省中小学专项实验教育基地、河南省科普教育基地、河南省研学旅游示范基地、洛阳市研学旅行基地等荣誉。

4. 用情做好"流量"转化

常态化推出仙山花海节、观海避暑节、山水汉服节、国风舞蹈、汉服演艺、实景剧本杀等文化引流活动 120 余个，推动老君山由传统山水型景区向文化科技融合型景区转型。特别是推出"一元午餐"活动，引发全国舆论关注，央视连续报道，游客好评如潮，已成为全国文化和旅游领域文旅惠民的典型例证。

（四）重视企业文化，提高文旅精神内核

老君山文旅集团拥有一流的资源禀赋、一流的美誉度、一流的影响力、

一流的竞争力，是旅游业当之无愧的标杆性企业、龙头企业。其率先破解体制机制内的深层次矛盾，加快建立现代、高效的旅游景区管理制度。

1. 发挥员工内生动力，形成企业文化内核

在长期的摸索和实践中，老君山文旅集团提炼出自身的企业文化，使其成为企业的精神内核，即社会主义核心价值观统领下的老君山特质文化，公司上下共同遵循。坚持让制度来管事，实行"对事负责制"，树立"为用户服务意识"。编印《老君山知识读本》，在企业文化方面作出具体要求。建立企业文化的最大好处就是把企业从"对人负责制"的庞大管理成本中解放出来，无论企业的人员如何变动，企业的办事效率都不会受影响。

2. 提炼企业内在文化，形成规范管理体制

老君山文旅集团提炼出以"党的领导、游客至上、自信自立、斗争精神、开拓创新、自我革命、统一战线、共同富裕、居安思危、绿色发展"为内涵的"十大发展原则"。创新了"高层决策、业务细化、区域管理、责任到人"的16字管理制度。

高度凝练的"十大原则"及"16字管理制度"，是老君山文旅集团在长期经营活动中形成的管理文化、产品文化、服务文化、品牌文化、经营理念、价值观念、社会责任的体现。这一企业文化将每一位员工的力量凝聚起来，推动整个企业发展。企业文化以一种微妙的方式把企业员工的信念统一到企业价值观和目标上来，使企业产生强大的向心力和凝聚力，进而又促进了职工综合素质的提升，形成了学习型员工队伍，提高了员工的思想道德素养和学习传统文化的兴趣，激发了全体员工的积极性和创造性。

3. 培植企业为民情怀，体现文旅人责任担当

老君山文旅集团的当家人、领路人、董事局主席杨植森先生已年近古稀，却依然有年轻人般的工作热情，体现了责任担当，彰显了负责任、讲奉献的高风亮节。这种豁达宽宏的长者精神、着眼长远的贤达情怀得到社会各界的一致赞誉。同时，老君山文旅集团的发展也成就了一批旅游业的职业经理和社会精英，如道家文化倡导引领者张记、市场开拓先锋徐雷、项目建设工匠张央、财务好管家望广法等，在他们身上所体现的"老君山精神""老

君山速度""老君山质量""老君山效益",激励着老君山文旅集团不断发展壮大。

三 对推广老君山文旅集团文旅融合经验和其发展路径的前景展望

文旅企业的根本出路是要贯彻习近平文化思想,用文化内涵包装和经营产品,用文化的传统打造和经营企业,用优秀传统文化发展壮大经济,其本质在于推进文化与经济的融合发展,始终坚持以人为本,充分体现科学发展的理念。

老君山文旅集团通过十余年的探索实践,不断发展壮大,老君山景区由传统到现代、从白天到夜晚、从山下到山上、从自然到人文,从快旅到漫游,以"一山带一县""一山火四季",成为文旅界的传奇。但成就属于过去,当前老君山文旅集团发展的中心任务就是在国家5A级旅游景区的基础上,对接国家"十四五"规划纲要提出的建设富有文化底蕴的世界级旅游景区和度假区的目标,建设具有世界级旅游吸引力,以及游客满意度、旅游知名度、旅游产业经济齐提升的世界级旅游度假区,以全球视野、中国立场、本土情怀,在文旅融合、产品体系、智慧旅游、品牌营销、管理服务等方面实现创新突破。

结合目标任务,通过随机走访方式,调研景区管理人员(5人)、景区员工(10人)、老君山游客(省内50人,其中洛阳市20人、市外30人,省外50人),对"在全市推广老君山景区以文化促经济发展路径的问题和建议"进行专访,并进行了收集研判,现概括如下。

一是要从自然名山向文化名山发展,文化挖掘和文化名片的打造需要连贯性品牌文化活动支持,老君山《道德经》讲堂、全国文学名家走进老君山"文化赋能乡村振兴"采风等活动要成体系成规模,并融入"老君山一年四节会"。"一元午餐"要始终坚持,久久为功,形成招牌,成为品牌。

二是要重视人才队伍建设,尤其要重视对创新型年轻人才的培养。重视本土人才，特别优秀的人才可选送中央文化旅游学院进行深造；重视外来人才的引进，特别是文化文创人才，营造"种梧桐招凤凰"的浓厚氛围。

三是遵循"年轻化消费""沉浸式体验"新需求，让老君山的年轻化产品引领市场需要，在"链"上不断延伸，始终树立"产品不更新就老化"的忧患意识，时时用"颠覆式创意"制造"万花筒"般的惊喜，不断刺激市场神经，让"夜经济、潮引领、康趋势"提高老君山的重游率，赋予门票和索道收费的高性价比。

四是宠客要做到极致，持续用力、用情、用心，用细节暖人心，从"一元午餐"到"老君山笑脸"，用内部红红脸打造外部的游客笑脸，让"老君山笑脸"在文化旅游业界像旗帜一样飘扬。

五是城景融合从社会联动抓起，全社会动员，充分利用老君山文旅集团的工作机制，破解"景区管不住村民，管不住商户和民宿"的瓶颈问题，在老君山设立与110联动的"吹哨站"，"老君山吹哨，部门报到"，做到对游客投诉第一时间受理，并最大限度地减少游客的投诉量。

六是要持续推动智慧景区建设。推进"智慧旅游 美好生活"建设，进一步创新"互联网+旅游"渠道，推动景区生产方式、服务方式、管理模式的迭代升级，丰富产品业态，拓展旅游消费空间，为游客带来更为便捷舒适的游览新体验。

七是要在做好"移动端传播"方面持续用力。当前以短视频平台为核心的互联网技术正深刻改变着文化和旅游的传播方式。据统计，2023年某平台有关老君山话题的短视频就有超140亿的浏览量。老君山游客群体中"90后"占到85.6%，他们引领着旅游新时代的消费潮流，他们会将自己的旅游经历展示在各种社交App和朋友圈里。在移动端时代，如何造势与借势，如何创造具有高度吸引力和传播力的内容，用怎样的表达方式来增强文化和旅游内容的吸引力，还需要深入探究、持续努力。

课题组对老君山文化经济现象和发展路径充满乐观，对其前景充满期待，同时本着"问题导向"思路，在展望前景的同时，也提出建设性意见（许多问题是综合性问题，是全市各文化旅游景区发展中存在的共性问题，需要综合施策，协调发力，靶向治理；有些还涉及立法层面，单靠景区一家根本解决不了），现陈述于下，谨供有关方面在实际工作中参考。

（一）以文铸魂，促进文旅融合产业化

文化旅游景区普遍面临转型升级，深化文旅体制改革，让文化在产业转型升级中发挥应有的作用，用文化塑魂是王道，市级层面对此应有统一规划，统一指挥。

老君山文旅集团通过十几年的努力给全市文化旅游企业树立了标杆。目前，各文化旅游企业都面临转型提质的关坎，老君山文旅集团在这方面给出了路径。游客普遍对旅游景区的高价门票报以诟病。资源是国家的，文化是老祖宗留下的，人民群众只会心甘情愿为文化的"二次元"创造买单。旅游景区转型提质，应当在解放思想的前提下厘清目标导向、价值导向，坚持守正创新，而以文塑旅是其核心要义。实践表明，能不能做好文化塑魂这篇大文章，对旅游景区的长远发展至关重要。二十年前，老君山只是普通的一座山，现在却已具备无可比拟、不可复制的核心竞争力。只有独树一帜的老君山文化才能打造独一无二的老君山景区，文化永远是一个地区最具辨识度的标签。

（二）以产塑魂，促进文旅融合文化化

现象级文化旅游产品越来越多，项目为王是推手，要重视策划和规划，避免头脑发热跟风和盲从重复性的建设行为。促进文旅文化产业本身结构升级和产品更新换代，塑造文化产业发展新路径。

老君山景区是年轻人捧红的。尽管老君山本身文化渊源、文化积淀很久远很丰富，但展现出来的业态、气质始终同年轻人相吻合。汉服、抖音、短视频传播、AI智能升级迭代等许多富有朝气、新潮的玩法，连中老年人也喜欢，这符合游客求新图鲜的共性。文化旅游景区推出的文化项目经过一段时间后可能会显得滞后，这是不争的事实，没有永葆新鲜的项目，只能尽量延缓产品的衰老。这方面，其他景区付出的学费不少。景区项目要像"万

花筒"一样，不断推出各种新玩法，需求侧的更新节奏容不得供给侧反应迟钝。所以要坚持项目为王，大力推出或招引一批体量大、品质高、效益佳的龙头项目，不断谋划打造一批亲子、研学、康养、滑雪、露营等新业态项目，创新推出一批旅游景区AI、数字孪生、AR等智慧体验项目，通过提升旅游业新质生产力，将文化旅游景区推进新赛道。应该看到，目前文化旅游景区的策划和规划越来越难：一是产品项目迭代快，信息扁平化，"收发批发""纸上谈兵"越来越无市场；二是项目落地的土地因素制约趋紧，大型项目设计容易落地难；三是建设业主方对规划文化内涵性要求和"落地算数"标准抬高，一般性旅游项目规划很难令其满意。

（三）以才兴业，促进文旅融合高质化

文旅文创日益成为风口产业，其中延链补链是法门，要重视引进和培养文化产业人才，避免人才浪费和无序流动。

文化产业的竞争是人才的竞争。意识形态把控、文化挖掘、流量传播、数字赋能，只有文旅全流程形成全链条，才能在破圈中不断衍生壮大。链条的背后是专业化人才。只有人才的力量才能转化为现实生产力，才能完成历史文脉的创造性转化和创新性发展，从而推动现象级旅游景区的诞生。老君山的《知道·老君山》沉浸式演艺，以及"道士下山""一元午餐""老君山泡面"等老君山系列文化营销宣传活动和一系列出圈文创，离不开"懂文化，用文化"的综合型人才的创新。现在文化旅游景区普遍存在人才恐慌，"现培养人才来不及，身边的人才难发现，真正的人才引不进，引进的人才留不住"，这是文化旅游企业管理人员面对的困境。其主要困境在于都想引进已经做出名堂、有些名声的专业人才，迷信外来的和尚，却不愿意在本地本企业露头人才的"知识产权"方面付费，不愿下功夫培养本地人才，也没有与人才对等的人才薪酬和职级晋升制度。

（四）以需求为导向，促进文旅融合现代化

由"快旅"向"慢游"转变是趋势，文化旅游景区必须回应游客的全

方位需求，着力促进景城联动的旅游目的地建设，避免画地为牢和单兵作战。

老君山享有"一座山带火一座城"的盛誉，其发展经验的模式被形象地比喻为处理好了"花与盆"的关系。县城是花盆，老君山是鲜花。花盆里文化营养丰厚，花朵就鲜艳夺目。老君山与栾川县城是城景融合的典范案例。"休闲到栾川，享受慢生活"，老君山从游到住、从购到娱、从行到驻、从昼到夜、从麓到顶、从研到论、从老到青，不停地转换角度制造惊喜。只要游客多玩一会儿、多住一晚，就会为当地多增加一分税收，就能多一些就业岗位和带富一些人。

由此得到的启发是，要以景区为作战单元，坚持系统统筹，与县城、乡村、街道同频共振，与村民、市民、商户协调利益，"多轨并行不悖"，疏通利益各方，同策同力打造宜赏景、宜度假、宜旅居的目的地，把文化元素、生活场景、乡愁记忆重新整理，将"吃、住、行、游、购、娱、商、学、养、闲、情、奇"等要素勾连，对文化书屋、街景巷趣、老屋民居、路口环岛、厕所车场、健身养老等重要基础设施加以提升，"宠客到极致，武装到牙齿"。

一个文化旅游景区就是一个小型的书香社会，建设一个"文化范儿"十足的书香社会就像打造一个著名景区一样，若没有大的项目推出，就要从"微改造、精提升"开始，以绣花功夫扮靓颜值、提升风韵、丰富体验项目，让"烟火气+人情味+文化范"成为游客体验感最强的第一印象。

同时，大力倡导"老君山式"的文化旅游景区社会公益责任，即做到政府放心、群众满意、社会协调、景区发展，鱼水相生，水乳交融。营建产业、功能、设施、人才共建共享和主客共享的旅居福地，文旅发展相得益彰，在新发展理念的指引下，展示文旅企业新质生产力生生不息的磅礴力量。

B.20
洛邑古城古都文化体验区建设的调查

苗菱 董云蒂*

摘　要： 被誉为"中原渡口"和河南首座"活态非遗博物馆"的洛邑古城位于洛阳市老城区，是洛阳最重要的历史文化展示窗口。本文在详细概括洛邑古城保护与开发基本情况、发展特色的基础上，从建设古都文化体验区、留住老洛阳底片、打造新洛阳客厅、做大洛邑古城品牌等四个方面阐释其保护、复兴与传承古都文化的积极实践及具体做法。最后就整体推进、保护与科学利用、文化特色提升、惠及民生等多方面对洛邑古城高品质古都文化体验区建设未来发展方向进行深度思考与展望。

关键词： 洛邑古城　古都文化体验区　品牌建设

"八方之广，周洛为中，谓之洛邑"。"洛邑"是十三朝古都洛阳在两周时期的旧称，洛邑古城是洛阳地面上唯一存续的古代城池，"九街十八巷七十二胡同"肌理保存完好，作为华夏民族灿烂文明自远古至现今的代表，为中国文化宝库谱写了隽永且精深的时代变迁乐章。洛阳老城区凭借洛邑古城底蕴深厚的文化内涵，将其深耕打造为集非物质文化遗产传承发展、沉浸式文游体验、传统民间技艺、餐饮住宿、休闲娱乐于一体的高品质古都文化体验区。一方面保护和弘扬了洛邑古城故有的人文面貌及风格，另一方面也使得洛邑古城迸发出崭新活力，目前其已入选河南首批省级历史文化街区，成为保护、传承及弘扬发展中华优秀传统文化的示范街区。

---

* 苗菱，中共洛阳市委党校副教授，主要研究方向为经济学及文化；董云蒂，中共洛阳市委党校讲师，主要研究方向为哲学。

一　洛邑古城的基本情况

被誉为"中原渡口"和河南首座"活态非遗博物馆"的洛邑古城位于洛阳市老城区，现为国家4A级景区。洛邑古城是洛阳市唯一具有较丰富历史遗存的古城，这里保存了文峰塔、丽景门、钟鼓楼、府文庙等历史遗存以及独具地方民居特点的明清时期古建筑群落，形成了规模较大的旅游景区，也是最具老洛阳特色的综合性历史文化街区。这里有纪念"强项令"董宣的董公祠、曹操暂存关羽首级的妥灵宫、"竹林七贤"之一阮籍的故居，还有唐代的新潭码头基石、宋代的文峰塔、元代的府文庙、明代的鼓楼等，更有开国大典悬挂于天安门城楼的洛阳宫灯、国礼洛阳牡丹瓷、百年老字号真不同水席等非物质文化遗产……除此之外，这里保留着洛阳目前唯一现存的以明清建筑为主的历史文化街区，因而吸引了众多媒体驻足，如央视中秋晚会、戏曲春晚，河南卫视《七夕奇妙游》《中秋奇妙游》等节目均在此取景拍摄，从而获得了全国民众的极大关注及反响。

洛邑古城自2017年4月开园以来，总接待游客量已突破3000万人次，日接待游客量最高突破18万人次，实现社会效益和经济效益并举，现已成为洛阳最重要的历史文化展示窗口，荣获第一批"国家夜间文旅消费集聚区""国家级旅游休闲街区"，同时被评为"省级历史文化街区""首批河南省示范步行街"称号，成为洛阳弘扬传统文化、推动文旅融合、繁荣旅游市场的重要优势资源。洛邑古城园区及非遗保护项目作为河南省的重点建设项目，东面自新街起到西面的金业路，南面从南护城河起到北面的中州东路，整个园区的规划占地近1400亩，计划分为四期进行，园区项目主要规划理念是以明清时期的建筑风貌作为基本主调，集文化传承、旅游发展、休闲娱乐、商业综合、民居民宿等于一体，将其整体打造成为洛阳的对外名片，成为建设国际人文交往中心及国际文化旅游名城的一个重要品牌。

（一）洛邑古城一期工程

2017年4月，按照"分期实施、逐步推进"总体规划，洛邑古城一期建成面世，规划用地70亩、建筑面积4万平方米，共有以文峰塔、金元明清故城墙和新潭为主的十个主题场景。这一项目总称为文峰塔非遗文化产业园示范工程，一期的主体风格是以老城的历史沿革为依据，展现了自隋唐至宋元、明清、民国等不同时期的建筑风貌，在继承和发扬"传承非遗文化，弘扬民族精神"的宗旨下，聚焦中华优秀传统文化，牢牢把握非物质文化遗产这一核心内容，引进全国、省市等各级非遗文化元素，致力于建设全国规模最大、产业化集聚程度最高的非遗文化园区，故洛邑老城被誉为河南首座"活态非遗博物馆"，近百项国家级、省市级等非遗文化项目或产品在此汇聚。一方面，洛邑古城专门开设了展示交易区，诸多非遗代表作品、优秀传统文化项目琳琅满目，在此展示交易的上至优秀大师作品，下到众多代表性的非遗项目，在园区都可以欣赏和购买到；另一方面，洛邑古城还设立传习区，针对传统手工技艺，游客可以参与手工制作，直观感受制作全过程，目睹一件件非遗传承品的问世，在实际的互动、体验中增加文化自豪感，加深对非遗知识和民间优秀传统技艺、手工艺的了解，深刻感知中华优秀文化魅力，进一步增强文化自信，为强国建设及民族复兴凝聚精神力量。在此基础上，洛邑古城以非遗文化融合文旅发展，配套娱乐、餐饮、演艺、住宿等多种业态，极力打造集文化旅游、休闲度假、综合商业于一体的古都文化体验区及目的地，受到全国各地广大游客的青睐，逐步成为洛阳、河南乃至全国一张耀眼的旅游品牌，成为传承弘扬河洛文化的新名片、新亮点。

（二）洛邑古城一期续建工程

2021年5月，作为省、市重点项目的一期续建工程开工，该项目继续秉持尊重历史、保护文化、传承文明的理念，坚持躬耕不辍，精心组织，保证工程的有序、高效推进。洛邑古城项目一期续建工程规划用地约90亩，总建筑面积近8.5万平方米，总投资约8亿元，该项目位于老城区东南隅街道柳林街。一期续建工程本着"统筹地上、地下，兼顾面子、里子"这一理念，以洛邑古城内众多文物遗存，如文峰塔、文庙、四眼井、妥灵宫等遗址为重点，以护城河水系、金元古城墙、新潭等为连接纽带，以点连线、以线带片、由片至面，历史遗存得到了充分的盘活。其中，地上建筑面积为3.5万平方米，按位置分为西、中、东三个区，西部为驿站区，中部为商业区，东部为会议区，主要建筑为院落驿站、百工百艺展示中心、国潮商业中心、展览厅、会展中心等，建筑形态以仿豫西民居为主，以青灰色为主基调，在风貌上体现了传统韵味，又融入了现代城市的功能。地下建筑面积有5万平方米，包括会议中心、驿站、配套用房等。与此同时，洛邑古城周边的各个棚户区也实施了改造计划，外立面进行了统一提升，风貌得以改善，打通洛邑古城南北东西堵点难点，建成了古城旅游大环线。2024年春节期间，一期续建项目已陆续建成并对外开放，续建项目的建成使用，使得洛邑古城各功能区之间实现有机串联，配套功能进一步完善，从而能够进一步展现洛邑古城新面貌，提升洛阳城市形象，洛邑古城的定位更加明确，通过丰富而精致的商业呈现与艺术创作，将其打造成为中国乃至世界的文化旅游胜地及古都文化体验区。

二 洛邑古城的特色发展

洛邑古城牢牢把握洛阳本土厚重的文化资源及优势，充分发挥洛阳在"一带一路"国家建设中承接南北、联通东西的地区特色及地域优势，紧紧根植于以河洛文化为核心的非物质文化遗产项目、历史文化遗迹，在这一文化定位基础上，在建设和运营过程中科学保护利用文物遗迹和非物质文化遗产，将旅游产业与文化产业有机结合，突出河洛文化、非遗特色，用文化提升旅游品质，用旅游带动文化产业及各个业态快速发展，着力打造洛阳老城与现代都市交相辉映的古都文化目的地及体验区，在运营中逐步形成较为显著的特色及亮点。

（一）展现洛邑古城历史风貌，重视其保护修复、创新发展

洛邑古城内有文峰塔、府文庙、妥灵宫、四眼井、金元古城墙遗址等多个历史时期保护建筑，洛邑古城从建设之初就坚持保护为主、保用结合的理念，拓宽文物保护及合理适度利用的方法及有效途径。一是加强对文峰塔、妥灵宫、府文庙等历史遗迹的修复及维护，对金元故城遗址、新潭、四眼井等文保单位加强保护，提高历史文物的可视性、可读性及影响力。二是把现代科技创新与传统文化结合起来，将文峰塔、新潭遗迹、金元故城遗址、府文庙、妥灵宫、四眼井等遗址保护和新潭护城河水系与各色小吃、艺术餐厅、古韵民宿、精品酒店等链接，形成多样化业态，新建筑与老建筑相互辉映，既展现了洛阳厚重的传统文化底蕴，又充满了创新发展的现代气息。近年来，洛邑古城街区以"留住老洛阳的底片，建好新洛阳的客厅"为指引，在进一步提升完善各项基础设施的基础上，开发了一大批受年轻消费者追捧的新型业态，诸多以洛邑古城特色、河洛文化为主题的VR体验馆、非遗馆、推理馆、剧本杀场馆等相继开业。在历史文化街区，游客可以目睹非遗产品制作过程，体验文化项目内容，感受独特的民间艺术魅力。与此同时，利用科技赋能文旅场景也成为一大亮点，借助人工智能、虚拟现实、水幕电影等现代技术手段，开设汉服的虚拟试衣项目，此外，夜间灯光秀"三生三世牡丹情"，使游客能在虚实之间自由穿梭。老城区推出的"行走老城"智慧文旅程序实现了VR技术全景漫游、数字化导购导览、语音咨询讲解、视频展示展播、数字文娱文创等诸多功能，让洛邑古城的所有文物活起来，焕发出新的光彩。一些常态化国风演艺，如文峰暮鼓、新潭晚舟、百戏特技、水幕电影、立德筝语、凤凰于飞等，都充分体现了洛邑古城鲜明突出的历史文化特色，人文气息浓郁、厚重，整个园区实现一步一景，步步精彩，洛邑古城也成为全国历史遗迹保护、文物传承发展、文化创新引领旅游发展的新名片。

（二）突出非遗特色产业，聚焦河洛文化主题

老城区有非物质文化遗产90项，其中国家级2个、省级7个、市级20

个、区级61个。如"三彩釉画烧制技艺"创作的三彩艺产品,先后被定为"市礼""省礼""国家外交礼品"。在老城区东大街至西大街两边的道路上,悬挂着"老字号""非物质文化遗产""洛阳特产"等招牌的店铺为数众多,其技艺都有几十年乃至上百年的传承历史。洛阳作为河洛文化的发源地,以源远流长的河洛文化为主题,诸如洛阳水席、洛阳宫灯、李占标膏药等一大批国家级、省市级非遗文化项目及"老字号"特色非物质文化遗产业态都汇聚于此。

近年来,洛阳市积极推动"非遗进景区""非遗进民宿""非遗进平台"等,推动非遗在创造性转化、创新性发展过程中的活态传承,洛邑古城立足"突出河洛文化特色,传承、保护与文化再创新",结合传统技能、民间文学、传统节庆、礼俗习俗等的各自特点,积极开展非遗分类保护传承传播工作,打造文化学术交流的立德大讲堂、非物质文化遗产传承的大师工作坊等系列业态布局,引入国家级、省级、市级非遗产业业态,致力于展示中国传统文化。例如,建设非遗传承代表人工作坊,聚集唐三彩烧制工艺、唐白瓷烧制工艺、汝阳刘毛笔制作技艺、杜康酿酒工艺等重点非遗项目;通过以唐三彩、牡丹瓷、唐白瓷、洛绣、汝阳刘等为代表的重点非物质文化遗产项目以及高水旺、孔相卿、宋胜利等一大批大师级非遗传承人、代表人,全力全方位打造非遗文化产业集聚园区。

同时,洛邑古城园区还有内容广泛的其他非遗体验项目,如扎染布艺、木刻、古琴古筝弹奏、稀有乐器演奏、泥塑、剪纸、传统射艺、软陶制作等。截至目前,已经打造了包括博物馆、展览馆、立德苑文化交流中心、特色饮食小吃、精品民俗民宿、休闲娱乐等在内的多个商业综合体,入驻非物质文化遗产项目及其他配套旅游住宿、餐饮、娱乐等综合性业态数百家,洛邑古城园区依托老城区深远的文化内涵和厚重的人文历史底蕴,结合众多体现中华优秀传统文化内涵的非遗传承项目,精心打造非遗代表性作品交易区、中华优秀传统文化展示区、传统技艺和民间技艺传习区、游客休闲娱乐及养生体验区,以汇聚具有代表性的非遗为重要载体,立足非遗保护传承与发扬光大,建立线上线下、大数据和互联网互动平台，致力于打造一个以高品质为目标、以"互联网+"为载体的综合性古都文化体验区。在每个传统的节日节点，如春节、七夕、端午、中秋等传统节庆期间，园区都会策划新颖有趣的特别主题活动，举办民俗展演、赏灯猜谜、七夕乞巧、做荷包、做月饼等系列主题活动，提高游客的参与度和沉浸式体验感，提升更多品牌曝光率；积极开展非遗主题研学活动，与中小学建立合作伙伴关系，举办"开笔节"等活动，在学生心中种下传统文化的种子。来自世界各地的游客身着各式汉服在洛邑古城景区沉浸式体验非遗特色项目，在体验的同时，还能了解非遗背后的历史文化、风土人情，更直观地感受河洛文化的魅力。这些活动不仅推动了非遗技艺传承，而且在传播传统文化方面也卓有成效。

（三）推动"汉服+洛邑古城"叠加赋能，建设国际新文旅目的地和高品质古都文化体验区

近年来，汉服文化逐步兴起，相关的社交活动如汉服游园、汉服聚会等为年轻人提供了一种全新的社交方式。在打造"洛邑古城"沉浸式体验文旅品牌的战略布局下，"汉服+洛邑古城"成为古城打造多元场景的核心，依托影响面广的《风起洛阳》影视 IP，打造灯狮画桥、文峰暮鼓、隋唐集市等 30 多处打卡场景，大型角色扮演项目、沉浸式汉服场景体验吸引了众多游客，洛邑古城逐步以"烟火气、市井味、文化格"等显著特色出圈，其推出的"梦里隋唐尽在洛邑"汉服文化节、"着华服入园"等活动影响极大，目前，洛邑古城成为抖音上最受欢迎的热门汉服打卡地 TOP1。汉服体验从最初的个人旅游体验行为发展到汉服热，从旅游行为转变为文化现象，从旅游引领转变为文化引领，成为推动经济社会高质量发展的催化剂。

"汉服+洛邑古城"的推广传播，推动着中华优秀传统文化创造性转化和创新性发展的实践不断走深走实。通过对接汉服设计、销售平台，拉长建强汉服产业链，不断推出和引进高端汉服品牌；洛阳汉服研究院（洛阳时尚产业研究院）挂牌成立，并成功举办首届洛阳汉服产业发展高峰论坛活动；组织洛邑古城短视频大赛"邑起穿越吧"等以汉服为主题的活动，组

织汉服团队走进哈密、青岛、横店等地及韩国进行推介，不断扩大影响力及辐射面。与此同时，积极推动汉服教育普及化、大众化，开发汉服相关历史文化、国学礼仪等100余项课程，10余条研学线路，推动汉服进校园、进机关、进社区，唤起了人们对传统文化的认同感，助推中华优秀传统文化从"故纸堆"走向"聚光灯"。

洛邑古城汉服经济火爆出圈，汉服产业也真正从"网红"变为"长红"，已经成为洛阳新文旅的重要标志。在"汉服热"的推动下，洛邑古城带动了园区和周围上百家汉服店的生意增长，原来的汽修一条街现已变成汉服体验区，通过汉服造型与拍摄一条龙服务，创造了大量新的就业机会，老城区的汉服店已由过去的68家激增至860多家，民宿超过500家，周边从业人员30000余人。洛邑古城2021年被评为"河南省夜间文旅消费集聚区"、洛阳市文明景区；《登场了！洛阳》《风起洛阳》《神都洛阳》引领了全网的洛阳打卡浪潮，使洛阳进入2022年度城市旅游影响力百强榜单中的前五；2024年洛邑古城成为国家4A级旅游景区，入选第五届"中国服务·旅游产品创意案例"推介案例；2024年春节假期洛邑古城每日接待量均达到最大游客承载力，单日接待游客突破18.1万人次，累计接待游客125万人次，为2023年同期的223%。洛邑古城神都百戏年系列活动也被《人民日报》头版头条重磅推介，央视也将镜头聚焦于此，众多媒体相继进行图文、视频等多种形式报道，成为展示洛邑古城独特魅力和活力的重要窗口。"汉服+洛邑古城"新模式的背后是洛阳以习近平文化思想为指引，抢抓文旅产业发展新风口、持续深化文旅融合、加快打造沉浸式文旅目的地、着力推动文旅文创成支柱、重塑古城古韵风华、再现满城盛世华裳的成功实践。

三 洛邑古城高品质古都文化体验区建设实践

古城作为传统文化与历史遗迹的重要现实载体，不仅是5000年来中华文明、文化的集中体现和缩影，而且是极其重要的物质与精神遗产。文化是

人民的精神家园，是民族的血脉之所在。作为中华文化核心区的洛阳，拥有5000多年的文明史、4000多年的建城史、1500多年的建都史，是华夏文明的开元之地，也是中国思想文化的滥觞之源，在实施中国文化遗产保护传承示范基地建设工程、全球华人根亲文化圣地建设工程、现代文化创新发展新高地建设工程、全国重要的文化产业基地建设工程、中华文化"走出去"重要基地建设工程等方面具有突出优势。有着绵延不断3000多年历史缩影之誉的洛邑古城，努力创建"高品质古都文化体验区"，展现古都风采，留住洛阳"老底片"。充分认识和发现其核心价值，以洛邑古城为载体建设"新客厅"，传承发扬好中华文化，做大"洛邑品牌"，拓展洛邑古城更大魅力，是其发展中的重中之重。洛邑古城身为全国文旅发展的代表性园区，在东西南隅历史文化街区和传统历史文化的固态保护、活态传承及业态发展方面做出了艰辛、积极的探索与实践，在传承中华优秀传统文化方面，坚持长期探索，有所作为，担当重任，成绩斐然，使其成为全国文物保护、传承发展中华优秀传统文化的排头兵，也给我们带来诸多启示。

（一）整体推进，拓展洛邑古城风采，创建"高品质古都文化体验区"

自2017年以来，遵循"谋划长远、规划中期、计划滚动、安排当年"的基本思路，以高品质古都文化体验区建设为总抓手，有针对性地实施相关措施，做到有长远方向、中期目标，也有近期计划、年度方案，整体拓展以"全景、全民、全业、全时"的理念为发展指引，遵循"城乡一体、景城一体、全域布局、四季旅游"的发展路径，进一步创新旅游发展体制，同时完善监督综合管理机制，扎实开展创建工作。首先，对洛邑古城文化旅游产业发展进行总体布局谋划，高起点制定全域旅游发展规划，确立发展战略、目标、步骤，发挥高起点规划对文化旅游园区及产业的调控和科学指导作用。目前，洛邑古城保护修缮项目、可移动文物大数据库项目、精品演艺项目、文创休闲产业园区项目等均已陆续开展实施，通过提供独具洛邑古城特色的优质旅游产品，推动洛邑古城文化旅游产业升级。其次，扎实开展创建活动。紧紧围绕"旅游治理规范化、旅游供给品质化、旅游参与全民化、旅游效应最大化、旅游发展全域化"的目标,上下联动、多措并举,加强目标考核,扎实推进创建工作。例如不断完善基础功能设施。从高品质体验区角度解决旅游公共服务设施体系不完善、管理不到位、不健全、使用不规范等问题;实施多元供给,着力补齐短板,优化旅游交通体系,完善旅游集散中心、旅游标识系统、自驾车营地、停车场配套设施等,走创新发展引领提升之路。

(二)还原洛邑古城特色,深刻认识传统文化,展现古都千年"老底片"

洛邑古城在中华文化、华夏文明发展史上有着独特、重要的作用,符合古都千年"老底片"的标准。作为洛阳核心文化及特色的洛邑古城,在还原古城特色、深刻认识传统文化、展现古都千年"老底片"中,要从文化、历史、文物遗存、城市属性等多方面着力。

一是要从文化的角度去着力。元圣周公在西周王城制礼作乐,由此成为儒学源头,周公成为我国有历史记载以来首位政治家、思想家;道学老子和至圣孔子在此交流礼乐;武圣关公首级最早安放在此地的妥灵宫,被誉为第一座关帝庙,唐代代表现实主义与浪漫主义的巨匠——诗圣杜甫与诗仙李白在这里会面,程朱理学的开创者二程、邵雍在此长期游学,位于老城北山的上清宫里,画圣吴道子于此丹青作画。这里的街巷地名、典故传说、手工技艺、戏曲曲艺、饮食文化等繁多历史文化内容是其他地区无法比拟的。洛阳城内有三绝——龙门石窟、水席、洛阳牡丹,后两绝均源自洛邑古城,洛阳水席与牡丹花会均为目前唯一的国家级饮食类与节会类非遗项目,因此,洛邑古城在历史文化保护与传承发展方面内容丰富、范围极广,迫切需要进一步拓宽保护范围,加大力度以增强实效。

二是要从历史的角度去着力。从时间跨度看,洛邑古城有 3000 多年历史,经历了西周王都、隋唐东都、宋金陪都、明清古城、近代民生等不同时期,文化遗迹遗存灿烂丰富、叠加深厚,可以说是我国最丰富的历史信息区域、最集中的历史跨度地之一，对其蕴含的历史、文化、遗存等进行深度挖掘，并加以精彩呈现是洛邑古城未来发展的基础。

三是要从文物的遗存方面去着力。洛邑古城遗存多元，国家及省市各个层级的文物保护单位遍布，如现存的金元时期古建筑就有两处——府文庙、祖师庙，明清建筑精品有山陕会馆、潞泽会馆等代表性建筑，还有精美绝伦的民居代表建筑——洛八办宅院、九家百年大院等，国内兼有王都、官府、市民等各个阶层文化类型同时又保存相对完整的只有洛邑古城，因而其被住建部誉为"活着的古化石"。洛邑古城也是陆路、草原、海上丝绸之路和隋唐大运河以及万里茶道这三条历史、经济、文化大通道在国内唯一的交会处，加强对文物遗存的固态保护，同时拓展其强劲辐射力、影响力始终是洛邑古城发展建设的重中之重。

四是要从城市的属性去着力。洛邑古城是大遗址上的历史风貌城市，是展现中华文明历史的博物馆，西周开元、隋唐盛景、金元明清古貌、民国遗风，具有上至礼乐文化开端的周，中至盛唐神都、宋代西京、金元明清民国，现至近现代民生城市等多个不同时期的特色。与同类的国内古城相比，西周城之上是隋唐城，隋唐城之上是北宋陪都，此外还有金元明清等共六座城池叠加，此处尚有大量有价值的遗存以及各级文保单位尚未完全开发。此外，还有浓郁十足的市井文化氛围及洛阳韵味，建国初期留下的"洛阳模式"是当时新中国工业化进程中对旧城保护、整治的突出典范，避开老城建新城（涧西工业区）的模式也在很大程度上全面保护了古城，使得工业区远离历史遗存丰富的传统城区，也使我们现在有条件去展示洛邑古城深厚、多层次的文化魅力。具体来看，结合洛邑古城目前的历史内涵、文化遗存，应进一步突出文化感染力，坚持按照原真性原则修复和维护列入保护单位的建筑体，对文物的本体结构进行加固，不可随意更改。在风格的塑造上，以突出厚重的古城文化特色为目标，兼顾美学原理，带给人以视觉享受和冲击，避免视觉污染；以洛邑古城的实际需要为基点，尽量贴合洛邑古城目前现状，循序渐进地建设，不搞大拆大建；所有涉及改扩建和新建的建筑单位，要考虑到地下遗迹的完整性和承受能力，遵循可逆性的原则；保护性投入要经济可行，以游客规模为收益基础，不移植不符合洛邑古城特征、特色的产业。总之，要多角度、多方面着力，更系统、全面地展现洛邑古城历史风采，重现魅力古都千年"老底片"。

（三）改善民生，促进文化保护，建设传承文化的"新客厅"

如何有效保护古城多层面的文化遗产一直是摆在古城面前的一个世界性难题，随着时间的推移，物质文化遗产有逐步消亡的风险，本就脆弱的文化遗产也随着现代经济社会的发展进程不断被蚕食；非物质文化遗产具有独特的思维方式和精神价值，传承效果受传承人探索精神、意愿、审美观以及技能熟练程度等制约，文化保护需要考虑的重要因素也包括文化遗产所处的现实环境和与之对应的文化保护政策及方式等，如果不能与时俱进、实事求是地加以保护，非遗文化难以传承下去和发扬光大。洛邑古城所处的老城区是一座活着的古城，一个不容忽视的现实问题就是在保持原貌的同时也要改善当地民生，洛邑古城一些地区水电、管网老化，气暖畅通有碍，环卫等基础设施滞后，部分民众居住在拥挤低矮的房屋中，与一些危房掺杂在一起，疏散通道和消防设施缺乏，很多安全隐患长期存在，严重危及当地居民的人身安全。因此，迫切需要在发展中坚持改善民生与促进保护文化、建设传承文化的"新客厅"同步推进，即以文物保护和民生改善为目的，按照总体的规划设计，加强古城区文物、老建筑的保护修复力度，延伸拓展古城区的功能、效益，打造一批集非遗文化、民俗体验、院落文化、展示展览、古玩艺术于一体的精品项目，把洛邑古城打造成为集文旅、商娱、居购、休闲等于一体的高品质古都文化体验区。

应该看到，传承文化和改善民生的双赢必将是洛邑古城重新焕发生机的最好选择，要通过对文化遗产的深度阐发，搭建结合现代科技的创新平台，把文化之魂牢牢植入文化遗产保护开发、传承发展以及建筑风貌中，让物质文化遗产在此基础上活化起来，让非物质文化遗产再次焕发时代气息，同时进一步推进民生改善。

一是提升城市功能。老城区以洛邑古城为核心统筹抓好老旧小区改造、

棚户区改造、市政微改造，塑造以"现代唐风"为主体的城市风貌，谋划实施老旧小区、背街小巷等改造项目40余个，累计建设公共停车场5处，新增停车泊位580个，有效解决交通拥堵、车辆停放、市容环境等问题，为广大游客提供便捷舒适的服务，为把洛邑古城塑造成富有活力、和谐宜居、极具特色的旅游目的地奠定扎实基础。

二是完善配套设施。深入分析客流动线，通过增加车次、优化中转换乘服务、高标准建设旅游道路等，提升城市"快进慢游"的通达性，同时大力发展各类特色酒店、民宿、青年旅舍、房车营地，推动旅游住宿多元化发展。充分利用区位交通优势，将老旧厂房腾笼换鸟，打造成河南省夜间文旅消费集聚区，打造大中街、民主街、周公路等特色商业街和贴廓巷红色步行街等网红街道，既承载民生烟火，又彰显古城韵味。

三是优化消费环境。洛阳既是全国文明城市又是古朴的老城，要不断制定完善文旅行业服务标准，加大文旅市场监管执法力度，营造安全放心的消费环境。推出穿汉服免费坐公交地铁、进景区；规范酒店民宿、汉服跟拍、小吃美食等价格，杜绝欺客宰客；节日期间开放政府机关停车场，引导本地车辆绕开景区，对轻微违停的外地车辆不予处罚，一切以让外地游客感到方便快捷为主。

四是实现文化传承与民生改善双赢。通过不断延长汉服产业链，搭建平台，探索业态融合，汉服经营市场主体激增，汉服体验订单量倍增，带动就业，创造营收，促进居民人均增收，并拉动餐饮、民宿、妆造、跟拍等相关产业链快速发展。以汉服体验为亮点的新文旅产业已成为老城区增加就业、促进富民增收的支柱产业。迄今为止，洛邑古城汉服产业累计销售过亿元，年创税收千万元以上。洛邑古城周边汉服经营主体激增至800多家，单日汉服体验游客最高达10万人次，带动汉服租赁、妆造、跟拍等行业蓬勃发展，形成"一域带全城"的格局。自2023年以来，举办汉服妆造、摄影等培训20余期，参与群众2500余人次，汉服相关产业带动辖区30000多人就业，仅洛邑古城注册的摄影师就有500余名，越来越多群众吃上"旅游饭"。在汉服引流下，老城区的餐饮、零售、住宿等行业快速发展，新增市场主体

5000余个，围绕"盛世隋唐""国花牡丹""非遗传承"等主题，签约客家文化主题酒店，引进隐居大唐、九曲观堂等精品民宿，民宿经营主体数量达到574家，"一业兴、百业旺"的乘数效应持续释放。

（四）把握新文旅特征，弘扬优秀传统文化，做大做强文化传承发展的"洛邑品牌"

文化的魅力在于超越民族、超越国界，在于其无形中的感染力、穿透力、持久力，创建古城保护与传承发展的"高品质文化体验区"，留住古都历史文化的千年"老底片"，打造整洁且底蕴深厚的"新客厅"，洛邑古城便奠定了做大文化传承发展"洛邑品牌"的扎实基础。洛邑古城具有祖源地位，在根亲文化方面底蕴深厚，洛邑古城的文化根基可以追溯到西周时期周公的礼乐文化，加上处于丝绸之路、大运河的节点，具备丰富的历史和地理优势；洛邑古城现在保存有丰富的物质文化遗产、非物质文化遗产资源，有独特的文化景观、文化特质，作为历史文化街区保护的典范，有再创"洛阳模式"新篇章的强烈愿景；洛邑古城有着非常强大的文化基因，能够转化为产业的内容众多；洛邑古城创新氛围日益浓厚，人才基础雄厚，打造公共文化服务示范区、优化经济结构等改善民生方面的呼声日益强烈；洛邑古城是三条丝绸之路以及大运河、万里茶道等经济、文化、交通要道的交会处，在延续"一带一路"新辉煌领域具有无可替代的优势。自2023年以来，全国旅游市场火热升温，洛阳围绕"颠覆性创意、沉浸式体验、年轻化消费、移动端传播"，以穿越古今的方式上榜全国十大热门旅游城市。其中，洛邑古城更是交出一份高分答卷，人民网、新华社、央视新闻等多家央媒纷纷报道，全网话题播放量突破23亿，持续位居全国最受欢迎的汉服打卡地榜首。

洛邑古城牢牢秉持新文旅"颠覆性创意、沉浸式体验、年轻化消费、移动端传播"的理念，从弘扬文化出发，持续推动新文旅出圈出彩，结合古城优势资源设计规划开辟了一条创新发展之路。

一是从"资源为王"向"创意为王"转变，以颠覆性创意激发活力。

依托优质的历史文化资源和景区特点,用与时俱进的全新视角解构千年古城,以颠覆性创意引领文旅发展,打造穿越感十足的文旅场景,让游客在神都夜幕中感受盛世气象,赴一场唐宫夜宴;在洛邑古城里完成与汉服的约定,与历史重逢;在剧本杀中,收获穿越时空的新奇体验。

二是从"观光式游览"迈向"沉浸式体验",以沉浸式体验丰富文旅业态。新文旅的发展必须打造具有故事性、互动性的文旅业态,让游客通过角色代入,获得沉浸式体验。洛阳以打造"全国沉浸式文旅目的地"为目标,大力发展汉服体验、剧本娱乐、沉浸式演艺、电竞数娱等业态及特色活动,带给体验者触手可及的文化盛宴。为持续叫响"汉服+洛邑古城"文旅品牌,老城区重点建设了一批沉浸式文旅文创体验项目,打造特色文旅标识,30余处场景和线下6个大型实景剧本体验项目形成沉浸式体验项目集群,迎合了当下潮流,吸引了大批游客光顾。按照"知识展示+密室逃脱""沉浸式戏剧+中国传统游戏+夜宿"等模式打造出"神都万象图"沉浸式文旅体验项目,给予游客十足的代入感。

三是以"年轻化消费"繁荣消费市场。在洛阳新文旅发展过程中,青年游客已然占据半壁江山。据统计,来洛游客中,18~40岁的游客占60.6%,青年游客已经成为文旅市场新兴的消费主力军,只有创作出契合年轻人喜好的新文旅产品,突出个性化、体验化和数字化等特点,才能激发消费活力。洛阳以"古都夜八点"为主题,布局一批符合年轻人需求的"蹲城部落",把"青年友好"融入日常,为"青春登场"大开城门,不断丰富"夜游""夜演""夜食""夜娱"等消费业态,大街小巷的市井风情、熙熙攘攘的人间烟火、举目皆景的"诗和远方",持续点燃年轻人的青春时尚,也使洛阳成功上榜"2023夜间经济新锐十城"。而洛邑古城更是"年轻化消费"的主要聚集地,通过持续提升"吃住行游购娱"品质,全力打造"食尚老城、乐宿老城、畅行老城、漫游老城、嗨购老城、潮玩老城",在这里可以品特色小吃、看汉服展览、住古巷民宿、购"邑礼相待",体验传统与新潮的邂逅之旅。由洛邑古城引流,迅速拉动全市旅游综合收入迅速提升,形成了"一域带全城"的消费发展格局。

四是以"移动端传播"构建营销格局。互联网移动端已经成为年轻人获取资讯、开展社交、选择出行目的地的主要平台，在文旅发展过程中，洛阳坚持移动端优先、视频化呈现、交互性传播，推动文旅营销向线上传播与线下体验相结合转变，文旅宣传形成矩阵。一方面积极与各大主流平台合作，注重在交互式传播中擦亮文旅名片。借助央视、河南卫视等主流媒体，拍摄《古城新韵、幸福老城》《神都相逢》等节目，赋能洛邑古城出圈出彩。与携程、美团、支付宝等平台合作，精准推送"汉服体验套餐"等系列产品，吸引游客打卡"拔草"。另一方面，紧扣《风起洛阳》《登场了，洛阳》等热门IP，策划"一日梦回千年神都""'邑'起穿越吧"等网络话题。利用流量明星、头部博主等"饭圈效应"，推动话题持续发酵，引导深度传播。此外，在线传播更是吸睛引流的重中之重，洛邑古城宣传同样离不开抖音、快手、小红书等社交平台，通过这些平台发起的"梦里隋唐、尽在洛邑"汉服街拍摄影大赛、洛邑古城全国汉服短视频大赛等活动，宣传辐射面极大扩展，文旅达人、知名网红创作的短视频引来了大量粉丝，游客、网友等多视角多层次多维度的自我内容生产创作，扩大了古城的知名度。知名博主卢克文盛赞"洛阳，是值得全中国每个人都来走一次的地方"。据统计，抖音、快手等社交平台与洛邑古城相关的话题播放量已突破23亿，洛邑古城园区持续位居全国最受欢迎的汉服打卡地榜首，吸引人民网、新华社、央视新闻等10余家央媒纷纷报道，王濛、杨迪、萧敬腾等20余位明星争相打卡。

总之，如今的洛邑古城充分利用其深厚的本土优势及文化资源，在发展中逐渐形成了自己的显著特色与突出亮点，既充分展示了洛邑古城特有的景观风貌及厚重的历史文化，又使古城不断焕发出新的光彩。

四 洛邑古城未来发展方向

洛邑古城在高品质古都文化体验区建设中开展了长期与多方面的实践探索，在一期及一期续建期的建设过程中，普遍采取并借鉴了国内外关于古城保护成功案例中的一些基本做法及规律，取得了较好的初步效果，赢得了社会的强烈关注和极大厚爱，也明确了未来的发展方向。

（一）进一步加快整体推进步伐

洛阳是最早的中国，老城是最早的洛阳。作为洛阳最早的建成区——老城，其也是全国唯一以"老城区"命名的行政区，坐拥历史建筑130处，文保单位65个，其中国保、省保单位17处，跨越3000多年。洛阳建城史可追溯至公元前1036年的西周时期，隋唐至北宋时期老城区是隋唐洛阳城的东城；金朝时期是中京金昌府城；元明清时期是河南府城。直到1948年洛阳老城区仍保留着1217年金昌府的建筑格局，被住建部专家誉为"全国唯一一座活着的古城"。近年来在新文旅产业发展方面的实践和探索，给洛阳带来了许多深刻变化，古今辉映的洛邑古城变化尤为明显。展望未来，从"网红"走向"长红"，让"流量"变"留量"，进而转化为产业和经济发展的"能量"，是很多古城面临的考题，需要持续下功夫去探索、去思考、去寻找答案。

老城区作为洛阳这个历史文化名城的核心区及重要组成部分，其重大作用是洛阳市其他城市区所不能比拟的，特别是自宋以后，老城区就基本上成为古都洛阳的代言人，有着不可替代的意义存在。老城区东西南隅历史文化街区内涵丰富，范围主要在中州路以南部分，精华部分集中体现于东西南大街，即洛邑古城所在地。广义来看，洛邑古城将涵盖老城区很大范围，这同时也是河南省体量最大的历史文化街区。近年来，洛邑古城始终坚持规划先行、合规推进保护与整治进程、先规划后实施、先总体后局部的原则，每一步建设都确保符合法律法规的基本要求，尊重并采纳专家和广大民众的意见，争取达到兼顾各方的满意效果。目前可展示的区域只有160亩，是一期及一期续建期的建设成果，随着人流量的攀升，特别是日常节假日或高峰期，入园人数经常超出园区实际的承载量，其周边古城路段交通问题愈加突出，交通严重堵塞甚至瘫痪以及停车难等问题频发，也对游客在洛邑古城的观光游览体验造成负面影响，洛邑古城的配套设施建设及后续整体进度等亟待加快与完善，以保障其健康发展。

未来总体的发展工作要围绕行业地位做稳、洛邑古城做大、外围环境做靓、片区联动做活、服务保障做优、工作要素做强等方面采取有效措施，并迅速落实为行动。

一是进一步加强高品质古都文化体验区建设。进一步推进洛邑古城由点到面发展，引流效应不断加强放大，乘势而上打造更高品质的古都文化体验区。要强化系统思维、片区意识，推进项目逐步点线联动成片发展，把握好流线组织、停车设施等关键环节，更好发挥聚合效用。要加强建筑微改造，盘活现存闲置资源，与时俱进、因地制宜引入文旅业态，改造特色街区，增加拓宽运营收益水平。积极发挥好洛邑古城的重要引流作用，抓好与头部企业的对接，鼓励其参与文旅项目的共同策划运营，进一步提升洛邑古城的整体经济拉动效益。

二是构建全域旅游新格局，建设智慧化、规范化景区。积极创建省级全域旅游示范区，丰富非遗等年轻化多元化文创产品，打造"文旅+"消费新场景。推动并加强智慧景区信息平台建设，注重洛邑古城等头部场所的流量监控，积极推行分时段预约，为游客提供涵盖游前、游中、游后的个性化服务和全程服务，不断提升游客的出行体验质量，不断规范文旅市场秩序，坚持将国际标准与行业规范相结合，依托国家入境游政策，在外事工作中遵守国际惯例，大力吸引国外游客，依托汉服融城行动，制定并发布汉服相关地方团体标准，推动建立汉服行业规范。

三是加快完善配套服务设施，高标准建设洛邑古城景区内外基础设施，优化交通组织，加强多种出行方式系统联动、区域联动，形成动线管理。园区基础设施建设至关重要，要将园区"流量"变为"留量"，良好的配套服务是根本，而配套服务设施的完善也是老城区加强和提升旅游服务的着力点。未来洛邑古城将加强辖区景点道路交通、环卫设施供水排污等基础设施建设，进一步提升景区美化、绿化、亮化的水平；要坚持将需求和问题导向相结合，提升配套服务，盯住突出弱项短板，从提升观光便利性出发，加强规范监管和服务标准，从而提升整体服务水平，显著改善住宿、餐饮、停

车、公厕等的服务质量，不断提升来客的体验感、共情度。要精准把握超大人流下的九都路东西向通行问题，进一步完善提供高效便捷交通的优化方案，要主动采取措施，摸清周边停车场状况，精准规划一批停车位，推进新的停车场建设，提供更多的停车位，缓解景区周边停车难问题。持续提升精细化管理水平，通过系统联动、区域联动，市区形成合力，共同纾解洛邑古城周边交通压力。完善充电桩、公厕等布局，要通过新扩建及改建、设立全天开放公厕，满足游客多方面如厕需求，同时根据需要新增新能源充电桩，满足游客自驾出行需求。加强交通组织优化，强化系统思维，加快超流量时段交通统筹调度机制的建立和完善，通过多点到达有效实现分流，加大挖掘洛邑古城周边临时停车场等资源的力度，开通古都旅游交通专线，积极推动周边道路微改造，引导洛邑古城周边交通秩序的改善。

四是加强组织领导。要进一步加强保障措施，密切配合、各司其职，形成强大工作合力，推动各项文旅服务工作落实落细，为推进洛邑古城发展保驾护航；建立"上下联动、分级负责、属地管理、部门协作"的理念及管理机制，及时解决工作中出现的重大问题，确保科学有序推进各项工作，同时要注重机制创新，把文旅服务保障指挥部和专班工作机制扩展到每个节假日，形成假期定期研判调度常态机制。及时调整资金资助，提供相关保障，围绕打造高品质古都文化体验区这一战略定位，完善具体有针对性的政策规章，支持旅游企业进一步发展壮大，促进实现文化旅游产业的跨越式发展；要逐步加大投入力度，全方位加快古城保护进程，通过政府投入、国际援助、银行贷款、社会捐助等形式，筹措保护资金，加快推进古城全面性保护及传承发展。同时，建好干部队伍，大力培养文旅专业人才，面向全国招才引智，用好激励和保护机制，激励干部担当作为，加强与专业规划设计团队合作，进一步完善文旅功能，提升规划品质，各级政府部门要强化工作督导，把各项工作落到实处，从而确保如期完成文旅产业发展任务目标。

（二）进一步协调保护与科学利用工作

历史文化资源是洛邑古城首要的可持续发展资源，是不可再生、不可多得、不可复制的珍贵财富。洛邑古城在园区建设中应始终坚持保护为主，确保遗产的科学利用。被列入各级文物保护单位的"一草一木"均不得损伤，对历史建筑不搞"大拆大建"，在确保原有风貌风格下，科学合理地加以利用，经考古发掘的单体文物、建筑遗迹或建筑群，如文庙、文峰塔、鼓楼、城隍庙等现存比较有文物保护价值和地标意义的文物，应通过维修、维护的不断投入，在坚持原真性的基础上进行修复。文物保护一般费用大、周期长、工程量大，整体保护往往缺乏持续的动力和能力去做，加上文物保护投资乏力等客观现象的普遍存在，实际的文物保护工作往往会出现保护不足或利用过度的问题。当前洛邑古城内文物古迹分布广泛，历史文化价值珍贵，保护管理难度较大，其多数是年代久远的砖木结构，年久失修、耐火等级低，防火、防盗、防塌工作量较大，洛邑古城内外的道路交通状况问题突出，尚未得到彻底改善，一些不协调问题普遍存在，这是洛邑古城园区未来保护发展中需要关注的重要方面。

一是先期启动"一横三纵"城市肌理保护提升工程，加快推进扩展洛邑古城的格局，辐射带动整个洛邑古城片区建设。东西南隅历史文化街区是游客感受古都韵味的重要窗口，持续推进洛邑古城建设和九都路风貌提升等工程，要把"一横三纵"街巷肌理保护提升作为建设重点，做好整体规划设计，统筹谋划，进一步完善文旅功能、提升城市调性，协同推动其他五大片区建设，推动各个片区齐头并进，全域旅游初步成势。

二是要加快打造市场化、法治化、国际化的保护利用环境，为吸引更多优质企业进驻，应每年安排文旅产业发展专项资金，并对产业关联高、带动力强，对就业、税收、技术创新、经济发展贡献大的项目，采取"一事一议""一企一策"的方式给予政策配套和保障服务。

三是加大宣传及招商力度。现在的洛邑古城热度急速攀升，文旅这片红海已经成为投资兴业的绝佳领域，正是投身文旅业的绝佳时机，老城区更是投资兴业的绝佳场所，要加大宣传及招商力度，把热度变为留量、增量，为古城保护与科学利用奠定坚实的经济基础。

（三）进一步提升文化特色塑造能力

洛邑古城园区在文化特色的塑造上，应坚持以文化为魂，力争体现文化精髓，同时将文化内涵与现代技术手段融合，致力于打造展示精神层面的家园，以确保文化传承导向的正确性，始终坚持传递正能量。从目前的情况来看，洛邑古城应该保有其独特风貌和自身韵味，老城区既有洛邑古城的基本特征，包括特色街区、居民日常生活习俗等，又有自己独特内容，随着时间的流转，如果历史风貌被忽视、被破坏，其独特的风貌得不到好的保护及发展，将会带来人文以及自然特性的双重损失。例如，随着城市化建设的加快，洛邑古城内大量文保建筑周边至今还有很多与其不协调的建筑存在，即使被保存的古迹也有许多被埋没在其周围大量的现代建筑群中，特色不突出，甚至显得别扭、古旧，两者的韵味风格差异较大，破坏了城市形象的一致性、协调性，也使得洛邑古城难以为来客提供更精彩的现实体验。特别值得关注的是，如果只对建筑物进行保护，而对其文化氛围、整体面貌缺乏系统性的保护思路，对非物质层面的内容、居民原生态生活方式不重视甚至忽视，就很难传承宝贵的历史文化记忆。独特韵味、特色风貌的维护和开发将是洛邑古城历史文化街区保护与发展的重心，是需要长期关注的内容。

"强品质、立品牌、塑形象"是助力洛邑古城新文旅产业发展乃至全面腾飞的重要举措。要真正把新文旅产业转化为经济优势、产业强势、发展胜势，必须持续提升洛邑古城文旅的核心竞争力和持续吸引力即文化特色。洛邑古城拥有丰厚的历史文化资源，以此为基础打造古都文化体验区具有独特优势。

一是要深化抢抓洛邑古城火爆出圈机遇这一共识，坚持全市"一盘棋"，各个部门协同发力，继续推进景区游模式向城市游模式转变，把文化资源优势更好地转化为发展优势。要坚定不移地把文旅产业作为主攻方向，持续发力，让新文旅产业"顶流"出圈，群众生活更加殷实。发展新文旅产业不仅是当下的重点，更是长远的未来，要坚定不移推进文旅大发展战略，大抓文旅、抓新文旅，推动现代化老城建设出新出彩。

二是要坚持配套设施与地方特色相结合。老城区将把老城特色文化元素融入酒店、饭店、文娱设施、道路等建设改造中，逐步提升"吃住行游购娱"六要素配套设施中的设计品质，立体化地展示洛邑古城历史文化风貌。近年来，"洛阳汉服"火爆出圈，洛阳成为最热门的全国"汉服打卡城市"之一，汉服已成为洛阳新的城市名片和最大的引流元素，在洛邑古城，80%以上的游客都会着汉服游览体验，今后将继续推动"汉服+洛邑古城"叠加赋能，通过实施"旅游服务提升年"行动，坚持以游客需求为导向，以提升服务质量为目标，加强特色餐饮、精品文创等服务供给，优化景点景区交通组织，提升酒店、商户、民宿服务质量，规范汉服租赁、妆造、跟拍等商业行为，力争提升年接待游客数量和旅游综合收入。

三是提质扩容，丰富优质文旅产品供给，加快建设沉浸式文旅新场景。在洛邑古城一期续建项目中引进景区AI云拍项目，谋划植入了《只看洛阳城》等项目；推动加强数字赋能，活化利用文旅资源，让文化活起来；增加新文旅沉浸式体验内容，优化业态布局，为游客提供新兴文旅消费体验。与此同时，要培育研学旅行业态。围绕研学游学、亲子互动等新型消费需求，利用博物馆、历史旅游景区等优势资源，发展复合型消费新业态；加强合作开发中小学研学旅行精品课程，全面提升洛邑古城、明堂等现有研学基地的服务内容及水平，推动"文旅强区"战略与智慧农耕的深度融合。

四是内外并重，聚力发展，厚植文旅发展新优势，推动古城文旅持续火爆出圈。一方面紧盯国外市场。将"引进来"和"走出去"相结合，紧抓全省"引客入豫"计划以及国家"入境旅游促进计划"等政策机遇，积极承办第33届世界客属恳亲大会老城区分会、驻华外交官"发现中国之美"、中韩文旅经贸合作推介会、国际围棋文化论坛等系列活动，面向世界宣传老城文旅。另一方面要进一步突出国内市场。开展"全国学子洛阳游，洛邑古城最热情"主题推介等活动，诚邀国内广大游客前来畅游古城、体验汉服。同时，组织策划金妆奖2024中国（洛阳）国际汉服妆造大师赛、金牡丹奖2024中国（洛阳）国际汉服设计大赛等活动，持续擦亮"梦里隋唐，尽在洛邑"文旅大品牌。实施汉服融城行动，搭建汉服线上线下的服务平

台，探索品牌差异化等新的发展模式，推动汉服产业始终走在全国的前列，推动"汉服+洛邑古城"稳步发展。

（四）进一步加大惠及民生的力度

老城目前存在的问题主要包括基础设施欠账过多，城市功能较为滞后，出行条件亟待改善以适应高人口密度，公共空间可增加部分极其有限，城市风貌严重缺失，难以与名城古城身份匹配等，迫切需要在保护传承历史文化的同时重塑古城时代新貌。洛邑古城园区始终坚持民生为本，在此基础上实现富裕和谐宜居，将满足人民群众日益增长的物质和精神文化需求与推动中华文化、文化产业大繁荣大发展相结合，将宜居城市建设与功能修补、生态修复相结合，最大限度地惠及民生。目前，在促进民生改善、发展等方面还处于完善阶段，还有进一步提升的空间和领域。

一是要切实增进民生福祉，提升群众幸福指数。2023年，老城区游客突破了3000万人次，综合旅游收入突破220亿元，均占全市1/5以上。旅游火起来了，群众富起来了，老城区的汉服店迅速增长，数量占全市汉服店的2/3，民宿占全市城市民宿的1/3，全区30000余名居民吃上旅游饭，从普通市民到政府部门都从新文旅发展中看到了奔头、尝到了甜头。新文旅产业的发展带给老城新的全局性、根本性的深刻变化。把新文旅做大做强，应该成为老城区目前和未来的主攻发展方向。

二是要推进老城区数字文旅产业平台建设，加大引进电商头部企业，培育网络直播+线上云游基地，支持楼宇经济发展，盘活闲置楼宇，吸引企业总部入驻，围绕隋唐洛阳城中轴线洛河以北片区、古城历史文化片区打造精品民宿、娱乐、餐饮等集群业态，切实助力民生发展，提高群众参与度及幸福度。

三是全面推动城市有机更新、功能提档升级。坚持产城融合、文旅赋能，推动城中村改造项目，改造提升9个老旧小区，加快中原新城、苗南等安置房建设，建成、提升7个邻里中心，整治4条背街小巷，新（改）建12座公厕，新建5个停车场，配套190个充电桩，增加650个公共停车泊位。全面实施包括北国花城等在内的六大专项行动，开展全国文明城市高质量创建活动，继续提升市貌市容，持续把城市名片擦亮。

四是继续扎扎实实做好高校毕业生、农民工、退役军人等重点群体的就业工作，促进新增技能人才的出现，让更多的群众在家门口就能享受到旅游大发展的机遇及红利。

五是扩大优质资源供给，加快推进洛邑古城周边环境提升改造、配套设施建设。要把市场运营和盘活资源作为主要抓手，强化资金争取。用市场化思维包装项目、运作项目，多争取上级政策资金，吸引社会资金投入文旅及民生建设项目。加快盘活资源、强化招商引资。想方设法盘活资产、争取融资，紧扣洛邑古城等项目广泛招商引资，支持洛邑古城项目建设和全区文旅产业发展。

总之，要上下高度重视、提高站位，切实把思想行动统一到市委市政府的决策和安排部署上来，把主要精力投入洛邑古城"一横三纵"城市肌理保护提升等重大项目建设及工作中，统筹做好其他各项工作，要扎实做好调查摸底、业态研究布局、强化要素保障等工作，锚定时间节点，抽调敢于攻坚、善于攻坚的精干力量成立专班，全力推进项目建设；要强化督导检查，以督问效促进责任落实，更好地把文旅资源优势转化为高质量发展优势，全力打造更高品质的国际新文旅目的地和古都文化体验区。

附　录
2023年洛阳文化建设大事记

李争艳　尹晓娜*

1月

1月2日　2022年度《莽原》文学奖揭晓，洛阳作家维摩的小说《生云寺》获奖。

1月8日　河南省2022年度重点文艺创作项目入选名单公布，由市委宣传部选送、伊滨区宣传文旅联合河南乐全文化传媒有限公司申报的52集系列原创动画片《洛客奇缘》入选。

1月15日　由中国社会科学院考古研究所与洛阳市博物馆联合举办的"其宁惟永——北魏洛阳永宁寺特展"在洛阳市博物馆开展。本次展览首次大规模展出与北魏洛阳永宁寺相关的考古成果，其中永宁寺遗址出土文物170余件（组）、泥塑造像近130件。

1月17日　"'CHINA·中国'陶瓷设计艺术展"洛阳站活动在隋唐大运河文化博物馆开幕。

1月　河南省教育厅公示2022年河南省诗词大赛评审结果，洛阳市教育局、洛阳师范学院获评优秀组织单位。

1月　第五批中国档案文献遗产名录出炉，洛阳千唐志斋博物馆墓志石刻入选，为洛阳市唯一入选项目。

---

* 李争艳，中共洛阳市委党校科研咨询部教师；尹晓娜，中共洛阳市委党校科研咨询部教师。

1月 第二届中国文旅产业创新发展论坛暨2022文旅风尚榜颁奖盛典在上海举行。会上揭晓了2022文旅风尚榜获奖榜单，洛阳获评"2022文旅产业创新标杆城市"。

1月 全国最美公共文化空间大赛获奖名单揭晓，洛阳多个公共文化空间获奖。洛阳的重渡沟非遗创意空间获"百佳公共文化空间奖"，洛阳市少年儿童图书馆、麻屯镇文化站、伊禾童悦书房、栾川博物馆获"优秀公共文化空间案例奖"。

2月

2月2日 洛阳又新增一处省级湿地公园——洛宁洛河省级湿地公园。至此，全市湿地类型自然保护区、国家和省级湿地公园达到14个，持续位居全省前列。

2月3日 国家文物局发布2022年度全国十大考古新发现初评候选项目名单。经审核，最终确定32项考古新发现参评，其中，河南偃师二里头遗址入围。

2月18日 2023第九届中国诗歌春晚洛阳会场活动在洛阳市图书馆举行。

2月 河南省文化和旅游厅公布了第二批省级全域旅游示范区创建单位名单，全省15个县（市、区）入选，洛阳市汝阳县、洛阳市城乡一体化示范区榜上有名。

2月 第九届中国旅游产业发展年会在北京举行，会上发布了第九届中国旅游产业影响力案例，栾川县入选"2021年度中国旅游高质量发展县（区）案例"。

2月 中国外文局2022年优秀国际传播图书作品榜单出炉，包括优秀外文图书奖、优秀中文图书奖、图书版权输出奖和国际合作出版奖4个奖项24种图书，《千唐志斋碑铭全集》荣获优秀中文图书奖。

3月

3月6日 "风起洛阳 梦萦浙里"浙东南旅游联合体座谈会在洛阳举行，台州、宁波、温州、绍兴、舟山五市文旅部门携手来洛推介浙东南优质文旅资源。

3月15日 电影《伊水栾山》在央视电影频道黄金时段播出。

3月16日 宁夏固原市2023年春季旅游市场促销活动在洛阳举行，以进一步加强两地文旅合作，共拓市场、共谋发展。

3月21日 2022年度河南五大考古新发现评选结果公布，洛阳偃师二里头都邑多网格布局、孟津朱仓北朝墓地成功入围。

3月26日 洛神文化产业发展研究院挂牌成立。

3月27日 由中国文物报社、中国考古学会主办的2022年度全国十大考古新发现终评会在北京举行。入围终评的共有22个候选项目，二里头都邑多网格布局榜上有名。

3月 文化和旅游部、国家体育总局公布第二批7个国家级滑雪旅游度假地名单。洛阳市的栾川伏牛山滑雪旅游度假地入选，为全省唯一入选单位。

3月 中国美术家协会、厦门市文化和旅游局举办的"2022全国（厦门）工笔画作品展览"复评结果揭晓，经过专家评委会精心评选，共有238幅作品通过最终评选入选本次展览，洛阳市美术家协会梅林、安改玲、丁筱洁等人的作品入选。

3月 2022年度河南省优秀陈列展览名单公布，全省14家博物馆的15个展览获奖，其中，洛阳3个展览榜上有名。分别是隋唐大运河文化博物馆的"国运泱泱——隋唐大运河文化展"，洛阳市博物馆的"洛镜铜华——洛阳地区出土铜镜展"，二里头夏都遗址博物馆的"玉出东方——秦汉史前玉器精品展"。

3月 2023年度全国5A级景区品牌传播力100强榜单揭晓，洛阳龙门石窟、老君山景区、鸡冠洞景区上榜。

4月

4月1日 第四十届中国洛阳牡丹文化节赏花启动仪式在应天门北广场举行。

4月5日 洛阳市委书记江凌与来洛考察的泰中促进投资贸易商会主席、正大集团资深副董事长李绍祝一行举行工作会谈,就深化文化旅游、风口产业、服务经济等领域合作进行深入交流。

4月6日 第43届全国最佳邮票评选颁奖活动倒计时100天启动仪式暨《洛阳》邮册线上发布仪式在洛阳邮政大厦举行。

4月10日 "天香如绣——王绣牡丹艺术展开幕暨作品捐赠仪式"在洛阳市博物馆举行。

4月11日 第八届中国舞蹈节开幕式暨第十二届中国舞蹈"荷花奖"颁奖典礼在云南昆明举行,洛阳歌舞剧院舞蹈作品《大河三彩》获得第十二届中国舞蹈"荷花奖"古典舞奖。

4月20日 洛阳市委书记江凌与来洛访问的俄罗斯乌拉尔联邦大学校长维克多·阿纳托利耶维奇·卡克沙罗夫一行举行会谈,就合作设立洛阳乌拉尔大学有关事宜进行深入沟通。

4月24~25日 "追梦中华·读懂黄河"2023海外华文媒体河南采访行活动走进洛阳,来自美国、加拿大、德国、马来西亚、阿根廷等国家和地区的16家海外华文媒体以及3家涉侨中央媒体参加本次活动。

来自博茨瓦纳、莱索托、马拉维、纳米比亚、塞舌尔、索马里、乌干达、赞比亚8个国家的非洲英语国家议员研讨班一行来洛访问考察。研讨班一行先后来到黄河小浪底和孟津区南石山村三彩小镇、洋丰生态园、十里香草莓总基地以及龙门石窟等地,就洛阳市生态环保、特色农业和文化项目进行考察。

4月26日 "八大古都文物特展"在洛阳市博物馆开幕,展览汇集了来自洛阳、西安、北京、南京、开封、安阳、杭州、郑州八大古都的120余件

（套）典型文物，集中展示不同地域、不同时代的都城文化。

洛阳市举行第四届世界古都论坛暨亚洲文化遗产保护行动青年论坛，亚洲文化遗产保护青年大使形象标志、首届亚洲文化遗产保护青年大使名单正式对外发布。

亚洲文化遗产保护行动青年论坛在洛阳市博物馆举行。

4月 由河南省文物局、河南省文明办、河南省委网信办联合开展的"弘扬中华优秀传统文化，培育社会主义核心价值观"主题优秀展览推介名单揭晓，洛阳有3个展览榜上有名。

4月 "两岸青年共聚力 千年古都促融合"——河南省两岸青年就业创业研习活动在洛阳恒生科技园举行。

5月

5月3日 洛阳市文广旅局发布"五一"假期成绩单，洛阳共接待游客636.69万人次，同比2022年增长171.76%，同比2019年增长98.62%；旅游总收入52.39亿元，同比2022年增长231.98%，同比2019年增长63.1%。

5月4~8日 洛阳市市长徐衣显应邀率市政府代表团访问埃及开罗、希腊雅典等城市，拜会当地政府、文化机构，以及博物馆和商会等组织，讲述洛阳古都文明，推介洛阳文旅资源，洽谈经贸合作，展现中国特色社会主义的"四个自信"，取得广泛成效。

5月9日 20辆统一张贴"劳模工匠号"标识、车厢里悬挂洛阳人耳熟能详的科学家、工匠、劳模事迹宣传板的公交车正式上路运行。

5月10日 著名豫剧表演艺术家、河南豫剧院青年团原团长孟祥礼和豫剧新秀、马金凤亲传弟子谢彦巧到新安县铁门镇土古洞村进行慰问演出。

5月9~12日 洛阳市市长徐衣显应邀率市政府考察团访问法国巴黎、亚眠等地，拜访联合国教科文组织以及当地大学、企业、商会、驻外机构等。

5月15日 河南省委宣传部、河南省总工会正式发布2022年河南"最美职工"名单，全省10名职工获此殊荣，来自洛阳市的考古高级技师王丛苗名列其中，系这次洛阳市唯一的获奖者。

5月17日 河南省委宣传部组织的"行走河南·读懂中国"文明探源集中采访团来洛，来自新华社、《经济日报》、《工人日报》等10余家中央驻豫和省内新闻媒体的记者共同聚焦洛阳，感受古都厚重的历史文化。

5月22日 "文话河洛 艺联大湾"洛阳文艺湾区行系列交流活动之"扇意中国·至扇至美——当代名家绘扇展"在洛阳美术馆开幕。展览展出全国名家扇面作品近300幅。

5月 文化和旅游部公布了2023年"四季村晚"示范展示点名单，汝阳县柏树乡窑沟村入选全国秋季"村晚"示范展示点名单。

5月 《洛京风华——洛阳出土汉魏文物展》在安阳曹操高陵遗址博物馆开幕。

5月 教育部网站公布省级人民政府审批设置的实施专科教育高等学校备案名单，洛阳商业职业学院在列。

5月 2023全国地级市传播指数揭晓，在全国地级市传播指数排名前一百名单中，洛阳位列第四，在省内排名首位。

5月 "揭秘陆浑戎——2020年度全国十大考古新发现之徐阳墓地考古成果展"在洛阳考古博物馆展出，百余件来自伊川徐阳墓地的玉器、铜器、骨器、陶器等集中亮相，讲述2600多年前陆浑戎迁徙伊洛、与中原文明融合发展的历史进程。

5月 第九届中国戏剧奖·曹禺剧本奖（第25届曹禺戏剧文学奖）在广州揭晓，获奖作品和提名作品各5部。洛阳曲剧院原创曲剧《河洛工匠》的编剧原长松、何海江获得提名作品奖，该剧本为我省唯一获奖作品。

5月 中国旅游研究院发布《2023年一季度全国游客满意度调查报告》，在游客满意度城市排名中，洛阳位列第六。

5月 在2023年国内旅游宣传推广培训班上发布了2022年度国内旅游宣传推广十佳案例和三十四个推广优秀案例，"洛阳IP联动计划"文旅宣传项目入选国内旅游宣传推广优秀案例。

5月 河南省非物质文化遗产保护和智慧化中心公示了"河南非遗新青年"入选名单，洛阳有8人入选。

6月

6月1日 2023年河南省首批科旅线路公布，洛阳市的陈俊武陈列室、李俊贤科学家精神教育实践基地、先进耐火材料国家重点实验室、中国一拖东方红农耕博物馆、中信重工机械股份有限公司、河南省地质科学家精神教育基地入选"科技点亮工业之光"线路。

6月5日 洛阳市中级人民法院、洛阳市人民检察院、洛阳市文物局共同发布《关于建立文物保护协作机制的意见》。

6月7日 第十九届中国（深圳）国际文化产业博览交易会在深圳开幕，洛阳市组织9家文化企业携300多件独具特色的文化精品亮相文博会。

6月12日 全省文旅文创发展大会主题活动启动暨省第十四届运动会开闭幕式创意方案工作会议在郑州召开。省委常委、洛阳市委书记江凌主持会议。

6月14~16日 上海市黄浦区考察团来洛，围绕文旅文创、民族宗教、片区改造、文化遗产保护利用等工作进行考察交流。

6月18日 河南省第十四届运动会社会组（省辖市组）体育舞蹈比赛在洛阳市体育中心体育馆开赛，本届省运会社会组比赛正式开启。

6月22~24日 隋唐洛阳城《唐宫乐宴》《天门有道》，正大文化交流中心《"诗不可说"2023沉浸式巨幕音乐会》《神奇科学秀》，洛阳大河荟《寻迹洛神赋》等精彩演艺轮番上演，用沉浸式体验吸引越来越多的游客跟着演出来旅行，释放文旅消费新活力。

6月28日 第三届"牡丹杯"——新时代新风采老少书画大赛获奖作品展在市老干部教育活动中心开幕，现场展出140幅优秀作品。

6月30日 "百万学子游河南"研学活动启动仪式在"东方博物馆之都"研学营地举行。

6月 由河南省文化和旅游厅组织的"行走河南·读懂中国"河南入境游（越南市场）产品研发工作营走进洛阳，来自越南的旅行商代表集中到洛阳市进行踩线考察。

6月 第十九届中国（深圳）国际文化产业博览交易会发布"2023中国最美县域榜单"，河南省共有4个县上榜，洛阳市栾川县榜上有名。

6月 2023全国非遗曲艺周在武汉开幕，洛阳非遗项目河洛大鼓参加本次活动，与全国各地的优秀非遗曲艺项目进行交流，充分展示洛阳优秀传统文化魅力。

6月 第十九届深圳文博会中国工艺美术文化创意大赛评选结果揭晓，洛阳市有两件作品荣获金奖。

7月

7月1日 2023年全省文旅文创发展大会在洛阳召开。河南省委书记楼阳生讲话，省长王凯主持，省政协主席孔昌生出席。

7月6日 2023世界城市品牌大会日前在澳门举行，会上发布了50个"长城奖·文旅好品牌"案例征集大赛优秀案例，"洛阳IP联动计划"——洛阳市文旅品牌塑造与传播案例成功入选。

7月15日 第43届全国最佳邮票评选暨2021～2022年度最佳邮品评选颁奖大会在洛举行。

7月25日 洛阳市委书记江凌与来洛考察的万达集团董事长王健林举行工作会谈，听取龙门旅游度假区改造方案汇报，就优化方案设计进行深入交流。

7月25日 商洛市政府考察团来洛，围绕博物馆建设、文物保护利用、文旅融合发展等工作开展考察交流。

8月

8月11～12日 由河南省委宣传部组织的"行走河南·读懂中国"考

古发现集中采访团来洛，来自《人民日报》、新华社、中央广播电视总台、《光明日报》、《工人日报》等10余家中央驻豫和省内新闻媒体的记者聚集洛阳，感受古都厚重的历史文化。

8月12日 "大地杯"洛阳市首届彩陶创意大赛颁奖仪式在市文化馆举行。

8月17~18日 河南省全民健身工作会议在洛阳市召开，观摩洛阳典型做法，通报全省工作情况，部署下一步重点工作，着力构建更高水平的全民健身公共服务体系。

8月24日 洛阳市出台《洛阳市"十四五"文物博物馆事业创新发展规划》，明确"十四五"时期将全力推进二里头遗址申遗，打造"五大都城遗址博物馆群"。

8月28日 河南省第十四届运动会暨第八届残疾人运动会闭幕式在隋唐洛阳城外定鼎门遗址举行。本次闭幕式在国内首创"双舞台"，打破传统闭幕式单一舞台、固定观演的形式，为观众呈现了一场行进式、沉浸式、互动式的精彩文体盛宴。

8月31日 全市"文艺两新"工作会议暨市文联"文艺两新"联盟成立大会举行，大会为"文艺两新"联盟授旗，同时为首批30家"新文艺之家"授牌。

8月 由中央广播电视总台出品的六集系列纪录片《大运河之歌》播出，其中，洛阳的身影频频出现，引来众多网友关注。

8月 "考古中国·中原地区文明化进程研究"项目召开中期推进工作会，洛阳市考古研究院对苏羊遗址考古发掘进行了现场汇报。

9月

9月4日 2023全国"三农"媒体人峰会和百名记者看洛阳乡村振兴调研采访活动在洛启动，聚焦"农业强国，媒体担当"主题，进行交流研讨和调研采访，为全面推进乡村振兴提供强有力的舆论支撑。

河南省文化和旅游厅公布了河南省文化和旅游研究基地名单，洛阳师范学院名列其中。

青海省人大常委会副主任刘同德率调研组来洛，围绕现代公共文化服务体系建设工作开展实地调研。市人大常委会主任李保国参加调研活动。

9月5~6日 洛阳市政府、河南省文旅集团与泰国正大集团签订关于促进洛阳新文旅产业发展战略合作框架协议。洛阳市市长徐衣显率队参加河南与跨国公司合作交流会并参加现场签约。

9月6日 洛阳市启动庆祝第八个"中华慈善日"暨2023年腾讯"99公益日"网络募捐活动，动员社会各界人士为助力乡村振兴、推动现代化洛阳建设贡献慈善力量。

9月7日 洛阳市与泰国正大集团签订合作备忘录，将在文化旅游、商业、新能源等领域深化合作、共谋发展。

首届"福彩杯"中原戏迷擂台赛启动仪式暨首场晋级赛在洛阳周王城广场举行。

央视科教频道《考古公开课》栏目播出《龙门国宝复原记（下集）》，为观众讲述龙门石窟奉先寺佛首和"龙门最美观世音"的数字化复原过程。

9月15日 农业农村部公布2023年国家乡村振兴示范县创建名单，河南省有5县入选，洛阳市新安县在列。

9月16日 洛阳汉服研究院及洛阳时尚产业研究院在老城区揭牌。

"古今辉映 最早中国"夏文化创新传播活动暨夏文化研究与传播学术研讨会在二里头夏都遗址博物馆开幕。本次活动由中国社会科学院考古研究所、中国先秦史学会、河南省文物局、洛阳市人民政府联合主办，来自多所知名院校、科研机构及博物馆机构的代表和专家齐聚一堂，围绕夏文化、夏代都邑、夏代的相关史料等学术论题展开交流讨论。

9月18日 河南省文化和旅游厅公布了河南省"群星奖"音乐舞蹈大赛和戏剧曲艺大赛入围决赛作品名单，洛阳市多部作品入选。其中，洛阳市的《情牵一线》《书说洛阳》《出发》3部音乐舞蹈作品入围河南省"群星奖"音乐舞蹈大赛决赛，小品《家风工作组》入围河南省"群星奖"戏剧曲艺大赛决赛。

9月20日 "文话河洛 艺联岭南"洛阳韶关清远美术书法作品交流展在洛阳美术馆开展，展出三地美术、书法领域的优秀作品120幅。

9月22日 文化和旅游部确定了全国旅游市场服务质量监测点名单，洛阳市栾川县和河南省鸡冠洞旅游发展有限公司名列其中。

第七届中国诗歌节洛阳分会场"诗韵洛阳"主题诗会在洛阳正大文化交流中心举行。

9月24日 2023年河洛文化研讨会在洛阳市召开，专家学者围绕"守正坚定自信 创新赋能发展"主题，为推动河洛文化传承弘扬建言献策。

9月25日 文化和旅游部推出149条全国乡村旅游精品线路，邀请游客走进美丽乡村，赏秋景、品秋韵、享秋实。河南省共有5条线路入选，栾川喜庆乡村"晒秋"之旅名列其中。

2023海峡两岸关公文化论坛暨关林朝圣大典在关林景区开幕。洛阳市委副书记、政法委书记杨骁出席并宣布开幕。来自省内外的同祀关庙代表、关氏宗亲代表等参加朝圣大典，开展相关活动，祭拜武圣关公。

9月28日 由中宣部宣教局、光明日报社共同主办的"核心价值观百场讲坛"第130场活动，在二里头夏都遗址博物馆举行。本场活动邀请北京大学党委常委、副校长兼秘书长，北大考古文博学院教授孙庆伟作题为《坚定历史自信，正确认识夏代信史》的演讲。

10月

10月7日 由中国侨商联合会常务副会长、副会长等知名侨商组成的考察团来洛开展经贸文化考察交流。

10月10日 在东莞市博物馆"拓跋鲜卑史诗之路"主题展览中，来自洛阳博物馆的50件（套）珍贵文物为观展者再现了北魏王朝迁都洛阳前后的历史进程。

10月12日 文化和旅游部发布2023年文化和旅游数字化创新示范案

例，洛阳市《风起洛阳》虚拟现实全感剧场搭建数字化文化体验线下场景入选十佳案例，沉浸式数字光影演艺《寻迹洛神赋》入选"优秀案例"。

10月21日 河南省第十四届人大常委会第五次会议审查批准了《洛阳市牡丹保护与发展条例》，将为洛阳市加强牡丹保护管理，促进牡丹文化传承，打造牡丹花都，建设北国花城，推动牡丹及其相关产业高质量发展提供法律保障。该条例于2024年1月1日起实施。

10月25日 由中国外文局、河南省人民政府新闻办公室联合主办的第五届"第三只眼看中国"国际短视频大赛颁奖典礼在郑州举行。洛阳日报报业集团视觉梦工坊摄制的"国际青年在洛阳"系列视频作品获得大赛唯一最佳摄影奖。

10月 20条2022全国非遗特色旅游线路正式发布，洛阳市的"匠心寻彩 根在河洛"非遗研学体验之旅入选，成为全省唯一入选线路。

10月 洛阳市印发《洛阳市关于加强历史文化名城和文物保护工作的实施意见》，明确二里头遗址申遗、打造"五大都城遗址博物馆群"等具体目标。

10月 文化和旅游部公示了第五届豫剧艺术节优秀剧目展演入选名单，全国共有30部剧目入选，洛阳豫剧院作品《沂蒙山嫂》名列其中。

11月

11月2日 大运河博物馆联盟2023年度代表大会暨"拓界·创新——文旅融合中的运河城市博物馆"学术研讨会在洛阳隋唐大运河文化博物馆举办。来自大运河沿线地区博物馆的专家学者齐聚一堂，探讨对中国大运河历史文化资源的保护传承、活化利用，共同致力于讲好"运河故事"。

11月6日 文化和旅游部公示了第七次全国县级以上公共图书馆评估定级上等级图书馆名单，洛阳市16家图书馆入选，其中7家图书馆获评国家一级图书馆。

11月7日 国家知识产权局公布了《全国第二批地理标志运用促进重

点联系指导名录》，河南共有两件地理标志入选，"洛阳牡丹"地理标志名列其中，属全市唯一。

11月9日 第三届全国"八办"联盟年会暨八路军办事处史料整理与研究项目推进会在洛阳市召开，现场发布全国八路军办事处红色文物主题游路线，并发布红色河洛革命文物主题游路线。

11月13日 中央广播电视总台和国家文物局联合摄制的大型系列纪录片《寻古中国·河洛记》，在央视综合频道（CCTV-1）开播。该纪录片聚焦位于"天地之中"的河洛地区，依据诸多遗址最新考古发掘和历史研究成果，讲述第一个广域王朝诞生之前的故事。

11月21日 2023第十四届中国节事文化与旅游大会在合肥市举办，中国洛阳牡丹文化节荣获"中国节事卓越品牌"奖。

11月29日 洛阳市为首批客家祖根地人文胜迹暨研学基地授牌，筹办世界客属第33届恳亲大会，充分发掘传播和利用客家文化资源，促进洛阳文旅融合发展。

12月

12月5日 《中原早期青铜时代——聚落与礼器专题研究》在二里头夏都遗址博物馆举行首发仪式，进一步推进二里头文化研究向纵深、全面发展。

12月9日 全国文物考古与保护利用产教融合共同体在洛阳职业技术学院成立，系全国首个文博行业产教融合共同体。

国家文物局举办新闻发布会，发布中华文明探源工程最新成果。发布会透露，二里头遗址中心区新发现多条道路和道路两侧的墙垣，把二里头都城分为多个方正、规整的网格区域，是二里头进入王朝国家的最重要标志。

12月12日 河南省文化和旅游厅公示了第九届河南省优秀剧本征集活动获奖名单，洛阳市推荐选送的《箱子里的没奈何》《故纸新梦》两部话剧剧本获得二等奖。

由国家体育总局群体司主办的 2023 最美社会体育指导员暨活力体育组织征集活动结果揭晓，洛阳市啦啦操运动协会入选"活力体育组织"名单。

"洛阳·牡丹颂"汉服文化展示中心揭牌，将打造集创意设计、沉浸体验、非遗展示和新零售于一体的汉服文化打卡地。"洛阳·牡丹颂"汉服文化展示中心位于洛龙区李楼街道三川大道与通顺街交叉口南，由市民营经济发展促进中心、市工信局依托浩洋服饰李楼产业基地打造。

12 月 31 日 第八届中国"当日"艺术展、"向新·探索·跨越"新联会会长论坛、2023 年度河南省新的社会阶层人士统战工作汇报会等系列活动在洛举行。

Abstract

The report to the 20th National Congress of the Communist Party of China points out that we will encourage positive interplay between culture and tourism and advance deeper integration of the two sectors. In September 2021, the Henan Provincial Standing Committee of CPC listed the "Integration of Cultural Tourism and Cultural Creative Industries" as one of the "Ten Strategies" to be implemented in Henan Province. In December of the same year, the People's Government of Henan Province issued "14th Five-Year Plan for Integrated Development of Cultural Tourism and Cultural Creative Industries of Henan Province", in which the vigorous implementation of integrated development strategy of cultural tourism and cultural creative industries was proposed; the general principle of "going online, going to the people, remaking the brands, creating new things, promoting culture, and forging the soul" was confirmed; and the goals of promoting innovative ideas, breaking-through glass ceilings, standing out and standing tall, and making a new path for the integrated development of cultural tourism was put forward. The Plan also specifically proposed to "build an all-encompassing destination for Tang culture in Luoyang, and make Luoyang an international cultural exchange center or the 'Cultural Capital of East Asia' ". In 2023, the Luoyang Municipal Party Committee and the People's Government of Luoyang will implement the important arrangements of the Party and the country; build on their own rich cultural resources;

Abstract

consolidate the foundation of cultural construction; and deeply promote the integrated development of cultural tourism. Based on the concept of "disruptive creativity, immersive experience, young people's consumption, and mobile communication", Luoyang will create a new nationwide highland in the field of immersive experience, and accelerate the development of cultural tourism and creative industries in Luoyang. Notable advances has been made in many areas: a new cultural tourism development concept has been formed; the public service system has been improved constantly; the quality of public cultural sites has been upgraded; the supply of public cultural services has become richer and better; the public cultural teams are growing; characteristic cultural and artistic activities are booming; Script-murder and other cultural and artistic entertainments are emerging; Hanfu economy is extremely popular; Peony Culture Festival of Luoyang has been successfully held; the brand of Luoyang Heluo Cultural Tourism Festival has been further promoted; new progress has been made in the revitalization and utilization of historical and cultural blocks; the protection and repair of historical and cultural blocks in the east, west and south corners of the old city have made rapid progress; common knowledge has been popularized through multiple channels; publicity and promotion has been helpful to the development and protection of historical and cultural blocks; the development of the cultural tourism industry has achieved remarkable results; the influence of cultural tourism projects has been increased rapidly; "new hot spots of integration of culture and tourism" can be trending rapidly through mobile devices; the construction of Luoyang as a national cultural and tourism consumption demonstration city has been advanced; the positive spillover effect of diversified cultural and artistic activities is prominent; the protection and inheritance of intangible cultural heritage are highlighted; the "Enjoy Luoyang" cultural and tourism consumption platform has been successfully created; cultural exchanges and cooperation are gradually getting better; exchange activities between governments are frequent, wide-ranging, and flexible in form; various competitions and selection activities are held with rich contents and outstanding results; the communication function of festivals and exhibitions is enhanced; high-end and systematic digital marketing is increasingly used. While significant achievements have been made in promoting the integration of culture and tourism, certain shortcomings and deficiencies also exist: the allocation of public cultural resources is unbalanced; the construction of the cultural inheritance and innovation system is imperfect; the level of systematization of the cultivation and development of new integration formats of culture and tourism in Luoyang is low; the internationalization level of the national cultural and tourism consumption demonstration city needs to be further improved; the development and protection of historical and cultural blocks are facing some difficulties; the level of industrialization of the Hanfu economy is relatively low; the development and industrialization of red cultural resources is lagging far behind. In order to further promote the high-quality development of the integration of culture and tourism in Luoyang, it is recommended to take multiple measures in the following 7 aspects: improve Luoyang's public cultural service capabilities; protect and integrate the construction of Luoyang's cultural inheritance and innovation system; accelerate the cultivation and industrialization of new integration formats of culture and tourism in Luoyang; further improve the internationalization level of the national cultural and tourism consumption demonstration city; take advantage of the situation to solve the problems in development and protection of historical and cultural blocks in Luoyang; significantly improve the level of industrialization of the Hanfu economy; accelerate the development and industrialization of red cultural resources.

In 2024, Luoyang will continue to implement the strategy of advancing deeper integration of culture, tourism and creative industries; consolidate the new concept of cultural tourism development; focus on activating the urban economy;

revitalize Heluo cultural tourism resources; vigorously develop platform economy; innovate cultural tourism product forms; maintain the popularity of cultural tourism; fully release consumption potential; and promote high-quality integration of culture and tourism.

Contents

I General Report

B.1 Report on Luoyang's Cultural Construction Development
in 2023-2024
—*Further Advancing High-quality Development of Integration
of Culture and Tourism*   *Zhang Yafei，Ren Chengyuan* / 001

Abstract: In recent years, the Luoyang Municipal Party Committee and the People's Government of Luoyang have been implementing the important arrangements of the Party and the country. Based on the concept of "disruptive creativity, immersive experience, young people's consumption, and mobile communication", Luoyang builds on its own rich cultural resources, consolidates the foundation of cultural construction, and deeply promotes the integrated development of cultural tourism. As a result, notable advances has been made in many areas: the public service system has been improved constantly; characteristic cultural and artistic activities are booming; new progress has been made in the revitalization and utilization of historical and cultural blocks; the construction of Luoyang as a national cultural and tourism consumption demonstration city has been advanced; cultural exchanges and cooperation are gradually getting better. While significant achievements have been made, certain shortcomings and deficiencies also exist: the allocation of public cultural resources is unbalanced; the construction of the cultural inheritance and innovation system is imperfect; the

Contents

level of systematization of the cultivation and development of new integration formats of culture and tourism in Luoyang is low; the internationalization level of the national cultural and tourism consumption demonstration city needs to be further improved; the development and protection of historical and cultural blocks are facing some difficulties; the level of industrialization of the Hanfu economy is relatively low; the development and industrialization of red cultural resources is lagging far behind. This report suggests to take multiple measures in the following aspects in the future to advance high-quality development of integration of culture and tourism: improve Luoyang's public cultural service capabilities; protect and integrate the construction of Luoyang's cultural inheritance and innovation system; accelerate the cultivation and industrialization of new integration formats of culture and tourism in Luoyang; further improve the internationalization level of the national cultural and tourism consumption demonstration city; take advantage of the situation to solve the problems in development and protection of historical and cultural blocks in Luoyang; significantly improve the level of industrialization of the Hanfu economy, and accelerate the development and industrialization of red cultural resources.

Keywords: Strategy of Integration of Culture and Tourism; Hanfu Economy; New Life in the Old Capital; Historical and Cultural Blocks; Red Cultural Resources

Ⅱ Reports on Public Service

B.2 Report on the Construction and Development of
Luoyang's Public Cultural Service System
Du Yufang, Zhang Yafei / 039

Abstract: In recent years, Luoyang City has comprehensively promoted the construction of a public cultural service system with the goal of improving the level of public cultural services. By upgrading the quality of public cultural sites, continuously enriching the supply of public cultural services and developing and strengthening the public cultural teams, a public cultural service system covering urban and rural areas, with complete, convenient and effective functions, has been initially formed. Although certain achievements have been made, there are still realistic problems in the process of building a public cultural service system, such as unbalanced allocation and low quality of public cultural resources, imperfect management system, and low level of marketization and socialization. This article comprehensively sorts out the development status and existing problems of the construction of Luoyang's public cultural service system, and on this basis puts forward corresponding countermeasures and suggestions.

Keywords: Public Cultural Facilities; Public Cultural Service; Resource Allocation

B.3 Report on the Development of Luoyang's Cultural and
Artistic Activities   *Li Yan* / 059

Abstract: Carrying out cultural and artistic activities extensively is an important way to safeguard people's cultural rights and interests, improve people's quality of life, and make up for the shortcomings in cultural development. Luoyang's cultural tourism market is improving and providing strong support for the development of Luoyang's cultural and artistic activities. Luoyang's cultural and artistic activities mainly include Script-murder related activities, Hanfu experience activities, Peony Culture Festival, Heluo Cultural Tourism Festival and other exciting activities. At the same time, Luoyang's cultural and artistic activities still have shortcomings and deficiencies, such as relatively backward construction of cultural infrastructure, insufficient organization and planning capabilities, lack of publicity channels, and weak innovation capabilities. To do a good job with Luoyang's cultural and artistic activities, it is necessary to deepen understanding, strengthen leadership, increase investment, attach importance to cultural team building, vigorously carry out mass cultural activities, enhance Luoyang's popularity and reputation, strengthen industry supervision, and stimulate consumption potential. We should always uphold the firm stance of "literature and art for the people", create more excellent works, contribute more spiritual food, make cultural and artistic activities a bridge to communicate with the masses, continuously expand the participation of the masses, and enhance people's sense of cultural gain and happiness with high-quality supply of cultural products.

Keywords: Luoyang; Cultural and Artistic Activities; Supply of Cultural Products

B.4 Report on the Construction and Development of Luoyang's Cultural Inheritance and Innovation System

Wang Junjie / 079

Abstract: Luoyang is rich in historical and cultural resources, and has a superior geographical location as both the birthplace of Zhongyuan culture and the core area of Heluo culture. In the new era, the healthy development of Luoyang's culture requires inheritance and innovation. Cultural inheritance and innovation can promote the development of culture itself, make full use of cultural industry's demonstration role, and establish a good city image. Today, Luoyang's cultural resource database has taken shape, and the protection and inheritance of intangible cultural heritage, as well as the protection, research and utilization of ancient books have been continuously strengthened. However, there are still some shortcomings, such as unclear investigation of cultural heritage, imperfect cultural heritage management system, insufficient cultural inheritance and innovation, and inadequate integration of culture and tourism. We must continue to promote the implementation of various policies, strengthen the protection of cultural heritage resources, innovate on the basis of cultural heritage, deeply explore urban culture, and accelerate the deep integration of culture and tourism.

Keywords: Luoyang; Cultural Resources; Inheritance and Innovation System

B.5 Research on the Path of Building Luoyang as a
Youth-Friendly City　　　　　　　　　　　　*Han Linlin* / 095

Abstract: Youth is the backbone of urban construction, and the development of youth is related to the future prospects of a city. Since the proposal of building Luoyang as a youth-friendly city, Luoyang has continuously introduced pragmatic and inclusive youth-specific policies and continuously enhanced the attraction and cohesion of Luoyang's urban construction to young people. This article expounds on the background and basic situation of Luoyang's construction of a youth-friendly city, focuses on analyzing the current situation of Luoyang's construction of a youth-friendly city, puts forward the problems and challenges in bringing Luoyang and young people together, clarifies the realistic path for Luoyang to build a youth-friendly city, and gives relevant suggestions on the mutual growth of young people and Luoyang from the following aspects: strengthen the ideological and political guidance of youth, make good use of the work joint conference mechanism, improve youth employment and entrepreneurship ecology, improve young people's housing security system and continuously enrich young people's cultural life.

Keywords: Urban Development; Talent Policy; Youth-friendly; Employment and Entrepreneurship; Luoyang

Ⅲ Reports on Industries

B.6 Research on Development of Luoyang's Cultivation of
New Integration Formats of Culture and Tourism
　　　　　　　　　　　　Ren Chengyuan, Cui Jiangyan / 110

Abstract: The report to the 20th National Congress of the Communist Party of China points out that we will encourage positive interplay between culture and tourism and advance deeper integration of the two sectors. Luoyang City has accelerated the cultivation of new integration formats of culture and tourism, put forward the integrated development concept of "disruptive creativity, immersive experience, young people's consumption, and mobile communication", vigorously developed new cultural and tourism formats, and made Luoyang's cultural and tourism extremely popular. While the integration of culture and tourism is booming, Luoyang still has problems in terms of meeting the development needs of the new cultural and tourism industry, such as the small number of new formats, inadequate creation of new cultural and tourism consumption scenes, insufficient linkage and integration of new formats, imperfect extension of industrial chains, and the need to improve the public service system. We should strengthen key cultural and tourism projects, extend the development chain of the new cultural and tourism industry, continuously activate consumption potential, strengthen new development momentum, further improve policy guarantees, and cultivate more new integration formats of culture and tourism.

Keywords: Integration of Culture and Tourism; New Formats; Industrial Chain

B.7 Report on the Development of Luoyang Promoting the Construction of A National Cultural and Tourism Consumption Demonstration City   *Liu Fanjin, Ding Yewei* / 126

Abstract: In 2016, Luoyang was successfully selected as one of the first national cultural consumption pilot cities. In 2020, Luoyang was officially selected as one of the first national cultural and tourism consumption demonstration cities. From being selected as a cultural consumption pilot city to becoming a cultural and tourism consumption demonstration city, Luoyang has achieved a great leap forward in development. This is a full recognition of Luoyang's cultural and tourism achievements by the country and Henan Province. It is also the fruitful result of Luoyang's efforts to build an international cultural exchange center and an international cultural and tourism city since the 13th Five-Year Plan. In recent years, Luoyang has continuously promoted the deep integration of culture and tourism, innovated the forms of cultural tourism products, launched colorful cultural and tourism consumption activities. All these measures have been highly praised by a large number of tourists at home and abroad, and significantly enhanced the popularity and reputation of Luoyang as an international cultural tourism city.

Keywords: Luoyang; National Cultural and Tourism Consumption Demonstration City; Leading by Creativity; Crossover Integration; Immersive Experience

B.8 Strategy Research on Promoting the Construction of Historical and Cultural Blocks in Luoyang　　*Wu Tingting* / 148

Abstract: The historical and cultural blocks are the real carriers of the continuation of a city's historical and cultural heritage, as well as the important cultural symbols of a city and the concentrated embodiment of its characteristics. General Secretary Xi Jinping has repeatedly emphasized that "history and culture are the soul of a city". As a famous historical and cultural city, Luoyang has historical and cultural blocks at the east, west and south corners of the old city and in Jianxi Industrial Heritage Sites, which represent Luoyang's profound historical culture and red industrial culture respectively. The development, protection and utilization of these historical and cultural blocks are of great significance to the continuation of Luoyang's cultural core. In recent years, Luoyang has effectively promoted the protection and utilization of these historical and cultural blocks. Due to the differences in the cultural backgrounds of the two sites, the development, protection and utilization of them should fully reflect the principle of adapting measures to local conditions and taking advantage of the situation, so the relevant work can be carried out reasonably and effectively.

Keywords: Historical and Cultural Blocks; Cultural Industry; Industrial Heritage

Contents

Ⅳ Reports on Grass-roots Level

B.9 Report on the Development of Culture and Tourism

in Laocheng District　　　　　　　　　　*Xie Jingjing* / 165

Abstract: 2023 is a year when the impact of the epidemic is waning and the national economy gradually recovers and improves. The integrated development of culture and tourism in Laocheng district of Luoyang has risen to the challenge and has gained momentum. It has achieved good results and entered a new stage of high-quality development. However, there are also problems and shortcomings that hinder high-quality development. Based on the development of Laocheng district, this article comprehensively summarizes the overall situation of the development of culture and tourism in the old city in 2023, including resource overview, the current situation of integration of culture and tourism, and the main existing problems. In order to provide suggestions for promoting the quality and efficiency of the cultural and tourism industry in Laocheng district of Luoyang, this article also proposes countermeasures for the development of culture and tourism in 2024 from the following aspects: strengthen the protection of historical and cultural cities and cultural relics; create a cultural and tourism brand with national influence; improve the management level of the cultural and tourism market; continuously pay attention to the construction of key projects; vigorously promote the in-depth integration of culture and tourism; and focus on attracting and cultivating talents for the development of the cultural and tourism industry.

Keywords: Laocheng District; Cultural and Tourism Industry; Integration of Culture and Tourism; High-quality Development

B.10 Investigation on the Development of Integration of Culture and Tourism in Mengjin District

Fan Xiao, Zhang Wenqi and Han Tao / 192

Abstract: The integrated development of culture and tourism is a strategic decision made by the Central Committee with Comrade Xi Jinping as the core, based on the overall situation of the Party and the country and with a good grasp of the laws of cultural and tourism development. The Henan Provincial Standing Committee of CPC identified the integration strategy of culture, tourism and creative industries as one of its "Ten Strategies", and the Luoyang Municipal Party Committee proposed a working concept of "disruptive creativity, immersive experience, young people's consumption, and mobile communication". These principles provide direction for the cultural tourism work in Mengjin District. This article studies and analyzes the overall condition of Mengjin District's cultural tourism resources, main experiences and practices, as well as outstanding problems to provide a new path for promoting the high-quality development of the integration of culture and tourism in Mengjin, and making contributions to Luoyang's economic and social development.

Keywords: Cultural Industry; Integration of Culture and Tourism; High-quality Development

B.11 Report on Yiyang County's Cultural Development

Li Linlin, Li Wanjun, Wang Peiniao, Wen Ru and Fan Nali / 211

Abstract: Yiyang County promotes the integration of culture and tourism around "high-quality development". On the basis of vigorously doing a good job in cultural undertakings, it promotes the "5118" key tasks in accordance with the "1228" overall work layout; specializes in and improves "five major cultural and tourism brands", such as Luoshui Changgu; vigorously develops Leisure trips, study tours, outdoor sports, high-end home-stays and other hot industries; coordinates the construction of major cultural and tourism infrastructure, the introduction and cultivation of high-quality market entities, the innovation of cultural and tourism marketing models, the creation of urban cultural and tourism IPs, and the cultivation of the Internet celebrity economy. All these measures will make contributions to the creation of a new highland of the cultural and tourism industry.

Keywords: Cultural Undertakings; Cultural Industry; Cultural Tourism; Yiyang County

B.12 Report on Luanchuan County's Development of the All-Area Tourism *Wang Yifan, Wang Yaqi* / 230

Abstract: This article focuses on the development of the All-Area Tourism in Luanchuan County. First, from the perspective of tourism resources in Luanchuan County, namely, natural geography, tourism resources and infrastructure, this article shows that Luanchuan has superior natural conditions, rich resources and relatively complete tourism infrastructure. Then, the current situation of tourism across Luanchuan County is discussed. Since it was included in the National All-Area Tourism Demonstration Zone in 2020 and received corresponding policy support, Luanchuan has made remarkable achievements in promoting county economic development, promoting integration of culture and tourism, achieving green development and improving service quality. At the same time, this article also points out the problems existing in Luanchuan's All-Area Tourism: investment should be strengthened, public service facilities need to be improved, tourism products development needs to be upgraded, and the quality of practitioners needs to be improved. Finally, this article proposes optimization suggestions, such as increasing capital supply, comprehensively optimizing urban tourism functions, focusing on creating characteristic cultural and tourism brands, and continuously strengthening tourism talent management.

Keywords: All-Area Tourism; Tourism Resources; Tourism Services; Policy Environment

B.13 Problems and Countermeasures in Promoting the Reconstruction of A New Format of Culture and Tourism in Song County

Song County Party School Research Group / 242

Abstract: In recent years, Song County has built on its rich cultural and tourism resources. Its strategic goal is "enriching the people through tourism" and its focus is tourism. The county has been committed to creating a new format of culture and tourism. The new format is led by construction of a high-end homestays. Its essence is a combination of health care, culture and tourism. The new format will advance the in-depth integration and development of culture and tourism, continuously promote the brand of "Lake and Mountain Sanctuary · Song County Loves You", and make contributions to rural revitalization. This article summarizes the current status of the integrated development of the new cultural and tourism industry in Song County, as well as the problems it faces, with the hope of providing a path for the reconstruction of a new format of culture and tourism in Song County.

Keywords: New Format of Culture and Tourism; Integration of Culture and Tourism; Reconstruction of Formats

B.14 Report on Luolong District's Cultural Development

Guan Shuyi / 255

Abstract: Culture is both soft power and hard power. It is not only the spiritual source for shaping core values, but also the theoretical guidance for generating new quality productivity. Therefore, cultural construction is related to the people's growing demand for a better life, and is also an important means to promote the high-quality development of Luolong District. At present, the overall development of cultural construction in Luolong District is showing an upward and positive trend, but the realization of high-quality cultural development in Luolong District hasn't been fully achieved due to shortcomings such as lack of investment, the need to upgrade the structure of the public cultural system, the weak construction of the talent team, the loose integration of culture and tourism, and the insufficient supervision of the cultural market. Government-led supervision and diversified participation in cultural market construction, digital promotion of cultural heritage protection, and accelerated promotion of in-depth integration of culture and tourism are still the future directions for cultural development in Luolong District.

Keywords: Luolong District; Integration of Culture and Tourism; Cultural Industry

V Reports on Subjects

B.15 Report on Luoyang's Digital Innovation of Culture
and Tourism   *Li Xiaohan* / 276

Abstract: General Secretary Xi Jinping put forward the requirements of "seven focuses" for the inheritance and development of China's excellent traditional culture, one of which is to "focus on continuing the Chinese cultural vein and promoting the creative transformation and innovative development of China's excellent traditional culture". Digital technology has injected new vitality into traditional culture and continuously created new cultural expressions. With the in-depth implementation of the promotion of public cultural digitization, the implementation of the digitization strategy of the cultural industry, and the acceleration of the digital transformation of the cultural tourism industry, the future development trend of the cultural tourism industry will be the integration of science, technology, culture and tourism. On the path to high-quality development of cultural tourism, Luoyang, with the excellent traditional Chinese culture as its foundation, museums and cultural resources as its support, and the entire city as its carrier, has applied a variety of new digital technologies, such as artificial intelligence and virtual reality, to create many new immersive cultural tourism products, which are deeply loved by the public.

Keywords: High-quality Development of Cultural Tourism; Digitization of Culture and Tourism; Creative Scenes; Luoyang Story

B.16 Report on the Development of Luoyang's Script-Murder Industry *Cui Jiangyan, Ren Chengyuan* / 293

Abstract: Script-murder is a role-playing game (RPG) in which the players solve murder mysteries by reasoning. It is gradually becoming a new offline entertainment. In recent years, Luoyang has seized the "trend" of the cultural tourism industry and attached more and more importance to the development of the script-murder industry. Luoyang has rich historical and cultural resources, which can be transformed into the advantages of the script-murder industry. In addition, Luoyang has the advantages of low cost and great potential in developing the script-murder industry. Luoyang City has seized the opportunity in recent years, and has issued a series of industrial policies. Luoyang has held many industry exchange meetings, encouraged more companies to come, and striven to make Luoyang China's "script entertainment capital". It has adopted the idea of "script+", which means to promote the integrated development of script-murder industry and other industries through "script + performance", "script + Party building", "script+scenic spot", "script+museum", "script+home-stays", "script+festival activities", etc.. All forces from all directions have been gathered through parks such as Dahehui Script Industrial Park, and fruitful results have been achieved. However, Luoyang's Script-murder industry still has some problems in the development of upstream special scripts, the construction of midstream script distribution platforms, and the scale of downstream stores. In the future, Luoyang should make further efforts in the development of special scripts, the training and cultivation of talents for the script-murder industry, the construction of industrial parks, the integrated development of industries, the innovative use of emerging technologies, and the healthy standardization of industries.

Keywords: Script-murder; Luoyang; Cultural and Tourism Industry

B.17 Report on the Development of Luoyang's Hanfu Economy

Zhang Baoli / 304

Abstract: Clothes are the culture we wear. Hanfu is not only a representative of traditional Chinese clothing, but also an important carrier for promoting the excellent traditional Chinese culture. In recent years, Luoyang City has highlighted a new cultural tourism concept of "disruptive creativity, immersive experience, young people's consumption, and mobile communication". Relying on its unique historical and cultural resources, and seizing the development opportunities of the Hanfu industry, the Hanfu economy has realized explosive growth and injected new impetus into Luoyang's economic development. This article is based on first-hand research materials through various forms such as investigation, visits, and interviews. By carefully sorting out and summarizing this information, it analyzes the advantages and the problems of Luoyang's Hanfu industry, and puts forward targeted countermeasures and suggestions for the development of the Hanfu economy based on the successful experience and practices of other places. The research will help Luoyang seize the new trend of Hanfu industry, further explore the development potential of Hanfu economy in Luoyang, build "Hanfu" into a new city business card, make Hanfu more "trending" and "outstanding", and further promote the development of Luoyang's cultural and tourism industry.

Keywords: Hanfu Industry; Immersive Experience; New Format of Culture and Tourism

Ⅵ Case Study

B.18 Report on Development of the Protection and Utilization of Luoyang's Red Cultural Resources *Su Shanying* / 319

Abstract: Luoyang has rich red cultural resources, which are densely set in space, successively used in time and diversified in types, but the protection, popularity and utilization rate of the red cultural resources are relatively low. In terms of protection and utilization, there are the following problems: the value of red culture is constantly losing due to buildings lying idle and in ruins; the popularity is far lower than that of traditional cultural resources due to lack of publicity; static display and tours are the main means of display due to low level of activation and utilization; emphasis on the development of red material cultural heritage while insufficient excavation of red spiritual resources. However, in the process of protection and utilization, it has also accumulated special experiences, such as following the government's leadership, integrated development of memorial halls and red cultural blocks, emphasis on corporate responsibility, harmonious development between industrial heritage protection and corporate cultural inheritance, innovation of Party schools, and deepening of Party spirit through script entertainment. In order to further explore red resources and inherit the red gene, we should combine comprehensive protection with classified development; take measures according to local conditions under the policy of each plan for each scene to maximize the value of red cultural resources; take advantage of the historical and cultural city to integrate, reorganize and develop different red boutique tourism routes to enhance the popularity of red cultural resources; solve funding difficulties through multiple channels, including government, corporations and private sectors; innovate thinking methods and communication forms to restore the red history and revolutionary spirit contained in red cultural resources.

Keywords: Luoyang; Red Cultural Resources; Protection and Utilization

Contents

B.19 A Brief Analysis of the Cultural Economy Phenomenon
and Development Path of Laojun Mountain

Hu Jianwu, Hong Wenchao, Li Yinzhi, Wu Xinyu,
Shen Jianbo and Zhang Ji / 333

Abstract: Based on the development status of Laojun Mountain in Luanchuan, Luoyang, a national AAAAA tourist attraction, this article summarizes its experience of using the cultural economy to illuminate Henan's cultural tourism; analyzes the bottleneck problems encountered by Laojun Mountain Cultural Tourism Group in the process of exploring cultural economy and economic culture; and gives a bright outlook for Laojun Mountain cultural economy phenomenon and the innovative development path of cultural tourism. This article proposes: use culture to forge the soul and promote the industrialization of the cultural tourism; use industry to shape the soul and promote the integration of cultural tourism industry; use talents to promote the high-quality integration of culture and tourism; and take demand as the core to promote the modernized integration of culture and tourism.

Keywords: Laojun Mountain; Cultural Economy; Integration of Culture and Tourism

B.20 Investigation on Construction of the Ancient Capital
Cultural Experience Area in Luoyi Ancient City

Miao Ling, Dong Yundi / 348

Abstract: Luoyi Ancient City, also known as the "Central Plains Ferry", is Henan's first "Living Intangible Cultural Heritage Museum". It is located in the old city of Luoyang and is the most important window for displaying Luoyang's history and culture. Based on a detailed summary of the basic situation and development characteristics of Luoyi Ancient City, this article explains its positive practice and specific measures in protecting, revitalizing and inheriting the ancient capital culture from four aspects: building an ancient capital cultural experience area, retaining the old Luoyang scenes, creating a new Luoyang image, and expanding the brand of Luoyi Ancient City. Finally, this article puts forward some in-depth thinking and gives a bright outlook for the future direction of the construction of a high-quality ancient capital cultural experience area in Luoyi Ancient City from the perspectives of overall promotion, protection and scientific utilization, cultural characteristics enhancement, and improvement to people's livelihood.

Keywords: Luoyi Ancient City; Ancient Capital Cultural Experience Area; Brand Building

社会科学文献出版社

皮书

智库成果出版与传播平台

✤ 皮书定义 ✤

皮书是对中国与世界发展状况和热点问题进行年度监测，以专业的角度、专家的视野和实证研究方法，针对某一领域或区域现状与发展态势展开分析和预测，具备前沿性、原创性、实证性、连续性、时效性等特点的公开出版物，由一系列权威研究报告组成。

✤ 皮书作者 ✤

皮书系列报告作者以国内外一流研究机构、知名高校等重点智库的研究人员为主，多为相关领域一流专家学者，他们的观点代表了当下学界对中国与世界的现实和未来最高水平的解读与分析。

✤ 皮书荣誉 ✤

皮书作为中国社会科学院基础理论研究与应用对策研究融合发展的代表性成果，不仅是哲学社会科学工作者服务中国特色社会主义现代化建设的重要成果，更是助力中国特色新型智库建设、构建中国特色哲学社会科学"三大体系"的重要平台。皮书系列先后被列入"十二五""十三五""十四五"时期国家重点出版物出版专项规划项目；自2013年起，重点皮书被列入中国社会科学院国家哲学社会科学创新工程项目。

权威报告·连续出版·独家资源

皮书数据库

ANNUAL REPORT(YEARBOOK) DATABASE

分析解读当下中国发展变迁的高端智库平台

所获荣誉

- 2022年，入选技术赋能"新闻+"推荐案例
- 2020年，入选全国新闻出版深度融合发展创新案例
- 2019年，入选国家新闻出版署数字出版精品遴选推荐计划
- 2016年，入选"十三五"国家重点电子出版物出版规划骨干工程
- 2013年，荣获"中国出版政府奖·网络出版物奖"提名奖

皮书数据库　　"社科数托邦"微信公众号

成为用户

登录网址www.pishu.com.cn访问皮书数据库网站或下载皮书数据库APP，通过手机号码验证或邮箱验证即可成为皮书数据库用户。

用户福利

- 已注册用户购书后可免费获赠100元皮书数据库充值卡。刮开充值卡涂层获取充值密码，登录并进入"会员中心"—"在线充值"—"充值卡充值"，充值成功即可购买和查看数据库内容。
- 用户福利最终解释权归社会科学文献出版社所有。

卡号: 582563276419
密码:

数据库服务热线: 010-59367265
数据库服务QQ: 2475522410
数据库服务邮箱: database@ssap.cn
图书销售热线: 010-59367070/7028
图书服务QQ: 1265056568
图书服务邮箱: duzhe@ssap.cn

法律声明

"皮书系列"（含蓝皮书、绿皮书、黄皮书）之品牌由社会科学文献出版社最早使用并持续至今，现已被中国图书行业所熟知。"皮书系列"的相关商标已在国家商标管理部门商标局注册，包括但不限于LOGO（ ）、皮书、Pishu、经济蓝皮书、社会蓝皮书等。"皮书系列"图书的注册商标专用权及封面设计、版式设计的著作权均为社会科学文献出版社所有。未经社会科学文献出版社书面授权许可，任何使用与"皮书系列"图书注册商标、封面设计、版式设计相同或者近似的文字、图形或其组合的行为均系侵权行为。

经作者授权，本书的专有出版权及信息网络传播权等为社会科学文献出版社享有。未经社会科学文献出版社书面授权许可，任何就本书内容的复制、发行或以数字形式进行网络传播的行为均系侵权行为。

社会科学文献出版社将通过法律途径追究上述侵权行为的法律责任，维护自身合法权益。

欢迎社会各界人士对侵犯社会科学文献出版社上述权利的侵权行为进行举报。电话：010-59367121，电子邮箱：fawubu@ssap.cn。

社会科学文献出版社